Zu diesem Buch

Georgette Heyer, geboren am 16. August 1902, schrieb mit siebzehn Jahren ihren ersten Roman, der zwei Jahre später veröffentlicht wurde. Seit dieser Zeit hat sie eine lange Reihe charmant unterhaltender Bücher verfaßt, die weit über die Grenzen Englands hinaus Widerhall fanden. 1925 heiratete sie den Bergbauingenieur George Ronald Rougier und ging mit ihrem Mann für drei Jahre nach Ostafrika. Georgette Heyer starb am 5. Juli 1974 in London.

Zu ihren bekanntesten Werken, die sie vornehmlich als eine vorzügliche Kennerin der Epochen des englischen Rokoko und Biedermeier ausweisen, gehören die in der rororo-Taschenbuchreihe erschienenen Romane «Die drei Ehen der Grand Sophy» (Nr. 2001), «Der Page und die Herzogin» (Nr. 2002), «Venetia und der Wüstling» (Nr. 2003), «Penelope und der Dandy» (Nr. 2004), «Die widerspenstige Witwe» (Nr. 2005), «Frühlingsluft» (Nr. 2006), «Serena und das Ungeheuer» (Nr. 2007), «Lord ‹Sherry›» (Nr. 2008), «Ehevertrag» (Nr. 2009), «Liebe unverzollt» (Nr. 2010), «Barbara und die Schlacht von Waterloo» (Nr. 2011), «Der schweigsame Gentleman» (Nr. 2012), «Heiratsmarkt» (Nr. 2013), «Die Liebesschule» (Nr. 2014), «Ein Mädchen ohne Mitgift» (Nr. 2015), «Eskapaden» (Nr. 2016), «Findelkind» (Nr. 2017), «Herzdame» (Nr. 2018), «Lord John» (Nr. 4560), «Königliche Abenteuer» (Nr. 4785), «Der tolle Nick» (Nr. 5067), «Der Eroberer» (Nr. 5406) und «Der Unbesiegbare» (Nr. 5632).

Überdies schrieb Georgette Heyer die erfolgreichen Detektiv-Romane «Ein Mord mit stumpfer Waffe» (Nr. 1627), «Mord ohne Mörder» (Nr. 1859), «Der Trumpf des Toten» (Nr. 4069) und «Mord beim Bridge» (Nr. 4325).

Georgette Heyer

Ehevertrag

Roman

rororo

Rowohlt

Titel der Originalausgabe «A Civil Contract»
Aus dem Englischen übertragen von Grete Friedmann
Umschlagbild Eva Kausche-Kongsbak
Umschlagentwurf Manfred Waller

141.–170. Tausend April 1986

Veröffentlicht im Rowohlt Taschenbuch Verlag GmbH,
Reinbek bei Hamburg, Mai 1967

Gesamtherstellung Clausen & Bosse, Leck
Printed in Germany
500-ISBN 3 499 12009 7

Für
Pat Wallace
in Liebe

1

Die Bibliothek der Priorei Fontley lag gleich den meisten Haupträumen des weitläufigen Gebäudes gegen Südosten und gab den Blick auf einen naturbelassenen Garten und eine Reihe von Pappeln frei, die als Windschutz dienten und dem Auge die Eintönigkeit des dahinter liegenden Moores verbargen. An diesem Märznachmittag gelang es der Sonne nicht, durch die Spitzbogenfenster zu dringen, und der Raum wirkte düster. Der Teppich, die Draperien und die metallbeschlagenen Lederfolianten auf den geschnitzten Bücherregalen sahen nicht minder verwittert aus als die Uniform des Mannes, der reglos am Schreibtisch saß, die Hände über einem Stoß von Papieren gefaltet hatte und auf eine Gruppe gelber Narzissen starrte, die in dem Winde nickten, der um die Ecken des Gebäudes seufzte und wie ein Schatten über den ungemähten Rasen strich.

Die Uniform zeigte die senfgelben Aufschläge und die Silbertressen des 52. Regiments. Sie war so fadenscheinig wie der Teppich, aber trotz ihrer Schäbigkeit wirkte sie in diesem friedlichen Raum genauso fehl am Platz, wie sich ihr Träger in seiner ungewohnten Umgebung fühlte.

Dazu hatte er allerdings keine Veranlassung. Die Priorei war sein Geburtshaus und sein Eigentum. Seit er erwachsen war, hatte er jedoch viele Jahre lang in Gegenden gelebt, die sich kraß von den verträumten Mooren und dem Heideland Lincolnshires unterschieden, und die plötzliche Versetzung aus der großartigen Szenerie der Pyrenäen hatte sich zu unerwartet vollzogen und war von zu vielen Hiobsbotschaften begleitet gewesen, um ihm anders als ein böser Traum zu erscheinen, aus dem ihn im nächsten Augenblick ein Trompetensignal wecken mußte, oder ein durchgehendes Packtier, das sich in einem Halteseil seines Zeltes verfangen hatte, oder auch nur die allgemeine Geschäftigkeit eines Feldlagers in der Morgendämmerung.

Die Briefe aus England hatten ihn am letzten Tag des Januar erreicht. Als erstes hatte er das Schreiben seiner Mutter gelesen, das sie ihm, noch ganz unter dem Eindruck ihres Verlustes stehend, geschickt hatte, um ihm mit kaum zu entziffernden und oftmals durchgestrichenen Zeilen den Tod seines Vaters mitzuteilen. Die Nachricht löste in ihm eher Bestürzung als Kummer aus, da er den verstorbenen Vicomte nur sehr oberflächlich gekannt hatte, denn obwohl Lord Lynton jedem seiner Sprößlinge mit rauher Herzlichkeit begegnet war, hatten doch die häuslichen Tugenden nicht eben zu seinen stärksten Seiten gezählt. Als enger Freund des Prinzregenten fand er die Gesellschaft des Prinzen um so vieles anregender als jene seiner eigenen Familie, daß er nur geringe Zeit zu Hause verbrachte und keinen Gedanken an die möglichen Vorlieben und Eigenschaften seines einzigen überlebenden Sohnes und seiner beiden Töchter verschwendet hatte.

Der Tod hatte ihn auf der Jagd ereilt. Gleich beim Aufbruch überschlug sich sein Pferd, als es einen Graben nehmen sollte. Für einen unerschrokkenen und oftmals tollkühnen Reiter war das wohl kein überraschendes Ende. Bedeutend mehr überraschte es seinen Sohn, daß Lord Lynton entgegen dem Rat und den Vorstellungen seiner Freunde ein bockiges junges Pferd ohne Jagderfahrung geritten hatte. Lord Lynton war ein leichtsinniger Reiter, aber er war kein Narr. Sein Stammhalter, der mit dem lärmenden Beginn eines jeden Jagdausfluges wohl vertraut war, schloß, daß sein Vater gewettet hatte, diesen jungen Hengst meistern zu können, und er folgte dem mütterlichen Befehl, seine Offizierslaufbahn augenblicklich an den Nagel zu hängen und nach England zurückzukehren, wo seine Anwesenheit dringend erforderlich war.

Der neue Lord Lynton (aber es sollte viele Wochen dauern, ehe er auf eine andere Anrede als Hauptmann Deveril reagierte) vermochte dem Brief seiner Mutter keinerlei Hinweis zu entnehmen, warum er einen Kurs einschlagen sollte, der ihm so aus tiefstem Herzen zuwider war. Der Brief von Lord Lyntons Anwalt war weniger bombastisch, dafür aber deutlicher gewesen.

Er hatte ihn zweimal gelesen, ehe er imstande war, das Ausmaß seines Unglücks zu begreifen, und er las ihn noch oft durch, bevor er ihn seinem Oberst vorlegte.

Niemand hätte ihm mit größerem Verständnis begegnen können, und es wäre Adam Deveril auch unmöglich gewesen, jemand anderem diesen Brief zu zeigen. Oberst Colborne hatte ihn gelesen, ohne die Miene zu verziehen, und hatte ihm nicht sein Mitgefühl aufgedrängt. «Sie müssen fahren», hatte er gesagt. «Ich gewähre Ihnen zur Regelung Ihrer Familienangelegenheiten sofort Urlaub, aber Sie werden natürlich die Offizierslaufbahn aufgeben.» Dann, als ahnte er die Gedanken, die sich hinter Adams strammer Haltung verbargen, fügte er hinzu: «Vor einem Jahr noch wäre es schwierig gewesen zu entscheiden, ob Sie Ihre Pflicht hier oder bei Ihrer Familie zu erfüllen haben, heute aber ist die Antwort klar. Wir werden Soult bald endgültig in die Flucht geschlagen haben. Ich will nicht behaupten, daß man Sie hier nicht vermissen wird. Sie werden uns fehlen – verdammt fehlen! –, aber Ihre Abwesenheit wird das Geschick Ihres Regimentes nicht beeinflussen. Die Antwort lautet eindeutig: Sie müssen heim nach England fahren.»

Er hatte es natürlich gewußt und weder seinem Oberst noch seinem eigenen Gewissen widersprochen. Er war mit dem ersten auslaufenden Schiff abgereist, hatte in London kurz unterbrochen und seinen Anwalt beauftragt, den Umfang seiner Verschuldung festzustellen, und seinen

Schneider, ihn so rasch wie möglich mit Garderobe auszustatten, die einem Zivilisten in tiefer Trauer angemessen war, und hatte sich dann eiligst nach Lincolnshire begeben.

Seine Garderobe war noch nicht eingelangt, wohl aber hatte die Nachricht Fontley erreicht, daß sich sein Regiment bei der Schlacht von Orthes ausgezeichnet hatte. Diese Meldung hatte gleichzeitig Jubel und Sehnsucht bei ihm ausgelöst. Am Vortage war Mr. Wimmering auf Fontley erschienen. Er hatte die Nacht in der Priorei verbracht, aber die jüngere Miss Deveril glaubte kaum, daß er mehr als zwei oder drei Stunden geschlafen haben konnte, da er sich mit ihrem Bruder bis zum Morgengrauen eingeschlossen hatte. Er benahm sich den Damen gegenüber äußerst wohlerzogen, also war es recht herzlos von ihr, ihn einen Unglücksraben zu nennen. Auch dem neuen Vicomte brachte er die größte Höflichkeit und Geduld entgegen und beantwortete alle Fragen, ohne sich anmerken zu lassen, daß er den Erben Fontleys beklagenswert unkundig fand.

Adam sagte mit einem Lächeln in seinen müden grauen Augen: «Er muß mich für einen Dummkopf halten, weil ich so viele törichte Fragen stelle. Mir sind jedoch all diese Begriffe völlig neu, muß Er wissen. Um Geschäfte hatte ich mich nie gekümmert, daher verstehe ich auch nichts davon und muß mir die nötigen Kenntnisse erst allmählich aneignen.»

Mr. Wimmering wehrte sich entsetzt gegen den Verdacht, Seine Lordschaft als Dummkopf zu betrachten, aber er bedauerte zutiefst, daß der verblichene Vicomte es nicht der Mühe wert gefunden hatte, seinen Sohn in sein Vertrauen zu ziehen. Der Verstorbene hatte es aber sogar für überflüssig erachtet, seinen Hausjuristen restlos in seine Vorhaben einzuweihen, und so waren an der Börse von Mittelsmännern, die Wimmering bedauerlicherweise nicht kannte, verschiedene Transaktionen durchgeführt worden. Er sagte bekümmert: «Ich hätte Seiner Lordschaft manche Investitionen nicht empfehlen können, die er vornahm. Aber Seine Lordschaft war mit einem unbeschwerten Naturell gesegnet – und ich muß zugeben, daß er einige gewagte Spekulationen, vor denen ich als Geschäftsmann ihn nur hätte warnen müssen, zu einem glücklichen Ende gebracht hat.» Er nahm eine Prise Schnupftabak aus seiner verbeulten Silberdose, auf die er mit einer nikotingebräunten Fingerspitze getrommelt hatte, und setzte hinzu: «Ich kannte Euren hochverehrten Herrn Vater gut, Mylord, und es ist meine langgehegte Überzeugung, daß es seine größte Hoffnung war, das ihm zugefallene Erbe, das, wie er wußte, einmal auf Euch übergehen würde, wieder zur früheren Blüte zu bringen. Die waghalsige und – Gott sei's geklagt! – unselige Spekulation, in die er sich kurz vor seinem unerwarteten Hinscheiden einließ –» Er brach ab und ließ seinen Blick von Adams Gesicht zur Allee der schwankenden Baumkronen jenseits des Gartens wandern. Dann fuhr er fort, als richtete er den Rest seiner Worte an sie: «Man darf niemals vergessen, daß der Verstorbene ein, wie ich bereits bemerkte, beneidenswert unbeschwertes Naturell besaß. Du lieber Himmel, ja! Wenn ich für jedes Mal, da Seine Lordschaft einen Rückschlag an der Börse erlitt, ohne sich seinen Optimismus dadurch auch nur im geringsten dämpfen zu lassen, hundert Pfund hätte, wäre ich heute ein reicher Mann. Das darf ich wohl behaupten.»

Darauf erübrigte sich jede Antwort. Statt weitere Versicherungen abzuwarten, sagte Adam nüchtern: «Sag Er mir in ungeschminkten Worten, wie es um meine Angelegenheiten steht, Wimmering.»

Ungeschminkte Worte in einer Situation von äußerster Delikatesse anzuwenden, war Wimmering zutiefst verhaßt. Die Autorität dieser gemessenen Stimme veranlaßte ihn jedoch, mit ungewohnter Offenheit zu sagen: «Schlimm, Mylord.»

Adam nickte. «Wie schlimm?»

Mr. Wimmering legte seine Fingerspitzen pedantisch gegeneinander und erwiderte ausweichend: «Es ist ein in höchstem Maße unglücklicher Umstand, daß der Großvater Eurer Lordschaft verstarb, ehe der dahingegangene Lord Lynton volljährig war. Es war seine Absicht, neue Pächter auf seinen Gütern anzusiedeln. Damals stand mein Vater, wie ich Eure Lordschaft nicht erst zu erinnern brauche, zu dem Vierten Vicomte in der gleichen Beziehung wie ich zu dem Fünften und – wenn ich mir erlauben darf, diesen Wunsch zu äußern – hoffentlich in Hinkunft auch zu Eurer Lordschaft. Als Ihr, Mylord, die Volljährigkeit erreichtet, war es mein ehrliches Bemühen, Euren hochverehrten Herrn Vater zu bewegen, eine Unterlassung gutzumachen, die durch die verschlungenen Wege des Schicksals unvermeidlich geworden war. Seine Lordschaft erachtete jedoch den Augenblick als nicht opportun für die Durchführung eines Planes, der ihm, wie ich versichern darf, sehr am Herzen lag. *Eure* Anwesenheit, Mylord, wäre dazu erforderlich gewesen. Es ist sicherlich überflüssig, jene Umstände in Eurem Gedächtnis wachzurufen, die es für Euch damals äußerst schwierig gemacht hätten, um Urlaub anzusuchen. Es war die Schlacht der Koalitionsmächte! Es scheint, als wäre es gestern gewesen, daß wir so atemlos die Nachrichten über diesen Kampf verfolgten, und Lord Wellington die Offiziere und Mannschaft des Regimentes Eurer Lordschaft mit seinem Lob auszeichnete.»

«Soviel ich Seinen Ausführungen zu entnehmen glaube, war das Gut selbst damals schon mit Schulden belastet?» unterbrach Seine Lordschaft.

Mr. Wimmering neigte das Haupt in bekümmerter Zustimmung, hob es jedoch wieder, um dem Zugeständnis einiges seiner Schwere zu nehmen. «Aber Lady Lyntons Wittum wurde gesichert.»

«Und die Anteile meiner Schwestern?»

Wimmering seufzte. Nach kurzem Schweigen bemerkte Adam: «Die Lage scheint verzweifelt zu sein. Was muß ich tun?»

«Ernst, Mylord, aber nicht verzweifelt», widersprach Wimmering.

«Wir dürfen die Hoffnung nicht verlieren.» Er hob die Hand, als Adam auf den Stoß von Papieren auf seinem Schreibtisch deutete. «Ich bitte Eure Lordschaft, den Forderungen, die unter diesen Umständen unvermeidlich waren, keine zu große Bedeutung beizumessen. Keiner der Gläubiger drängt auf sofortige Bezahlung. Eine gewisse Besorgnis war zu erwarten. Dieser zu begegnen, muß meine vordringlichste Aufgabe sein, und ich habe bereits einige Schritte in dieser Richtung unternommen. Ich bin weit davon entfernt, an der Begleichung all dieser Forderungen zu verzweifeln.»

«Ich bin kein hervorragender Rechner», versetzte Adam, «aber ich glaube, daß die Gesamtsumme dieser Verpflichtungen die mir zur Verfügung stehenden Aktiven übersteigt.» Er griff nach einer Liste und prüfte sie sorgfältig. «Wie ich sehe, hat Er für die Rennpferde keinen Schätzwert eingesetzt. Ich finde jedoch, daß man sie sofort verkaufen sollte. Ebenso das Stadtpalais.»

«Auf gar keinen Fall!» unterbrach Wimmering erschrocken. «Ein solcher Entschluß würde die schlimmsten Folgen nach sich ziehen! Glaubt mir, Mylord! Darf ich wiederholen, daß ich es mir angelegen sein ließ, die Unruhe der Gläubiger zu zerstreuen. Alles weitere wird sich mit der Zeit finden.»

Adam legte die Aufstellung beiseite. «Ich bin mir über meine Lage bereits im klaren. Sie heißt Ruin, oder nicht?»

«Eure Lordschaft sehen die Dinge zu düster. Der Schock hat Euch verwirrt. Aber wir brauchen nicht zu verzweifeln.»

«Nein, wenn ich die nötige Zeit und die Mittel hätte, könnte ich vielleicht unseren Besitz noch retten. Zu Lebzeiten meines Großvaters war Fontley doch gewiß ein sehr ertragreiches Gut. Seit ich zu Hause bin, habe ich die Grundstücke mit dem Gutsverwalter besichtigt und versucht, in einer Woche all das von ihm zu lernen, was ich als kleiner Junge hätte lernen sollen. Statt dessen –» er lächelte trocken – «war ich auf die Militärlaufbahn versessen. Man weiß das Wichtige oft nicht vom Umwichtigen zu unterscheiden oder besitzt nicht den nötigen Weitblick. Aber das Klagen hilft mir nicht aus meiner Verlegenheit. Der Boden hier ist genauso reich wie jeder andere in Lincolnshire, aber wie viel wäre zu tun! Und hätte ich die Mittel dazu, so wäre es vor allem mein Wunsch, die Hypotheken einzulösen, und dazu fehlt mir natürlich jede Möglichkeit!»

«Nicht der gesamte Besitz ist belehnt, Mylord. Ich flehe Euch an, seid nicht –»

«Zum Glück nicht der gesamte Besitz! Haus und Erbgut sind frei. Kann Er mir sagen, mit welchem Preis wir es veranschlagen können? Beide sind vernachlässigt, aber die Priorei gilt allgemein als schön und hat außerdem historischen Wert.»

«Ihr wollt Fontley verkaufen?» rief Wimmering entsetzt. «Eure Lordschaft belieben zu scherzen!»

«Durchaus nicht», erwiderte Adam gefaßt. «Ich glaube nicht, daß mir jemals weniger zum Scherzen zumute war. Wenn Er mir einen Weg zeigen kann, diese Schuldenlast zu löschen und meine Schwestern zu versorgen, ohne Fontley zu verkaufen – aber das kann Er nicht, oder?»

«Mylord», setzte Wimmering an, der seine Fassung wiedergewonnen hatte. «Ich bin überzeugt, daß ich dazu imstande sein werde. Es mag keine einfache Aufgabe sein, aber mir kam der Gedanke – falls ich mir erlauben darf, ein sehr privates Thema anzuschneiden?»

Adam sah ihn erstaunt an, nickte aber.

«Unglückliche Situationen wie diese sind nicht so rar, wie es zu wünschen wäre, Mylord», sagte Wimmering, wobei er geflissentlich seine Finger betrachtete. «Ich könnte Euch von Fällen aus meiner eigenen Praxis erzählen, in denen bedauernswert zusammengeschrumpfte Vermögen eines hervorragenden Hauses durch eine sinnvolle Verbindung wieder aufgefüllt wurden.»

«Du liebe Zeit, schlägt Er mir etwa vor, eine reiche Erbin zu heiraten?» fragte Adam.

«Dieser Ausweg wird oft eingeschlagen, Mylord.»

«Das mag wohl stimmen, aber ich fürchte, daß Er von mir diesen Ausweg nicht erwarten darf», erwiderte Adam. «Ich glaube nicht, mit reichen Erbinnen bekannt zu sein, und würde mich bestimmt auch nicht als einen erstrebenswerten Bewerber betrachten.»

«Ganz im Gegenteil, Mylord! Ihr seid von vornehmer Abstammung, habt einen Titel, besitzt sehr beträchtliche Güter und einen Landsitz von – wie Ihr selbst bemerktet – historischem Wert.»

«Von Ihm hätte ich nie solchen Unsinn erwartet», unterbrach Adam ihn. «Diese meine Besitzungen muten so lange prächtig an, bis man sie ein wenig abklopft – dann klingen sie nämlich hohl. Aber wie dem auch sei, habe ich nicht die Absicht, mich zu Markte zu tragen.»

Sein Tonfall hatte etwas Endgültiges, und Wimmering nahm die Ablehnung mit einer Verneigung zur Kenntnis. Im Augenblick genügte es ihm, den Erben auf diesen Gedanken gebracht zu haben. Er mochte davor zurückscheuen, aber Wimmering hatte eine gute Meinung von seinem gesunden Menschenverstand und er hoffte, daß er, sobald er sich von dem Schock, am Rande des Ruins zu stehen, erholt hatte, die Vorteile dieses, wie sein Ratgeber dachte, einfachen Weges aus seinen Schwierigkeiten erkennen würde. Es war eine glückliche Fügung, daß sein Herz noch frei war – *falls* es das war. Es war Wimmering bekannt, daß der junge Lord Lynton vor einem Jahr die Tochter Lord Oversleys zu lieben wähnte; eine Verlobung war jedoch nie bekanntgeworden, und die Verbindung hatte nicht die Zustimmung des Fünften Vicomte gefunden. Der Fünfte Vicomte hatte – genau wie Wimmering – für seinen Sohn eine reiche Heirat im Sinne gehabt. Und soweit Wimmering über Lord Oversleys Verhältnisse informiert war, brachte dieser einer solchen Verbindung ebenfalls keinerlei Begeisterung entgegen. Miss Julia war eine anerkannte Schönheit, und wenn jemand die Verlegenheit Lord Lyntons richtig abzuchätzen wußte, dann mußte es sein alter Freund Oversley sein. Nein, Wimmering neigte zu der Annahme, daß der verstorbene Lord Lynton völlig richtig gehandelt hatte, als er die Angelegenheit als unernste Kinderliebe abtat.

«Und jetzt redet sich mein Sprößling ein, Oversleys Tochter zu lieben!» hatte Seine Lordschaft in einem Augenblick der Entrüstung gesagt. «Nichts als Hirngespinste! Hat nie einen Blick an die Kleine verschwendet, ehe er mit der Kugel in der Hüfte heimgeschickt wurde! Er kennt sie, seit er zur Mount Street hinüberwatscheln konnte. Zwei Naseweise, nichts weiter. *Mir* wird dieser romantische Unsinn keine schlaflose Stunde bereiten!»

Auch Wimmering zerbrach sich darüber nicht den Kopf. Der junge Vicomte hatte empört den Vorschlag abgelehnt, sich nach einer passenden Erbin umzusehen, hatte aber mit keinem Wort erwähnt, daß sein Herz bereits gebunden sei. Es war kein Wunder, daß er die Schmerzen und die Bedrückung der vielen Monate, in denen er sich immer wieder der Hand des Chirurgen ausliefern mußte, durch einen kleinen Flirt mit der entzückenden Miss Oversley erleichtert hatte. Noch konnte es wundernehmen, daß ein romantisches junges Mädchen die Werbung eines Helden von Salamanca ermutigte. Nach Wimmerings Ansicht würde es bedeutend eher an ein Wunder grenzen, wenn eine so kindliche Schwärmerei die Trennung überlebt haben sollte.

Die Bedenken Seiner Lordschaft, ein willkommener Anwärter auf die Hand einer Tochter aus reichem Hause zu sein, teilte Wimmering keinesfalls. Lord Oversley mochte die Verbindung nicht begrüßen, aber Wimmering dachte auch nicht an Eltern im gesellschaftlichen Range der Oversleys. Der Vicomte war sichtlich gar nicht auf den Gedanken verfallen, daß er in den Reihen der reichen Kaufleute nach einer Braut Ausschau halten mußte. Vermutlich würde ihm dieser Vorschlag zu Beginn mißfallen, aber er schien ein vernünftiger junger Mann zu sein, von dem anzunehmen war, daß er beinahe alles tun werde, um den Sitz zu halten, der seit vielen Generationen das Heim der Deverils war. Eine solche Heirat wäre durchaus nicht ungewöhnlich. Es stand nirgends geschrieben, daß Seine Lordschaft die Tochter eines vulgären Emporkömmlings heiraten mußte. Mr. Wimmering konnte jederzeit mit einem Dutzend überaus manierlicher Kaufherren aufwarten, die ihren Ehrgeiz darein setzten, ihre Töchter die gesellschaftliche Leiter hinauf zu bugsieren. Im großen und ganzen jedoch neigte er eher dazu, die ideale Braut in dem einen oder anderen der großen Bankhäuser zu suchen. Solche Verbindungen kamen häufig zustande. Es war überdies anzunehmen, daß das Mädchen an Seiner Lordschaft gefallen finden würde, es sei denn, es hätte sehr verstiegene Ideale. Er war ein gutaussehender junger Mann, wenngleich er nicht die Blicke so auf sich zog wie sein Vater. Er war schlank und sensibel und besaß ein überaus gewinnendes, herzerfrischendes Lächeln. Er sah älter als seine sechsundzwanzig Jahre aus, denn in seinem Gesicht hatten sich durch das ständige Blinzeln seiner Augen im sengenden Sonnenlicht einige Falten eingegraben, und seine Haut war von Wind und Wetter gegerbt. Er war durchschnittlich groß, wohlproportioniert, besaß aber nicht den kräftigen Körperbau seines Vaters; ja, hätte seine Haltung nicht eine gewisse Zähigkeit verraten, die die Muskeln in seinem hageren Körper ahnen ließ, hätte man ihn für gebrechlich halten mögen, so mager war er. Beim Gehen zog er das eine Bein unmerklich nach, aber diese Erinnerung an Salamanca schien ihn kaum zu inkommodieren. Er hatte Glück gehabt, daß man ihm das Bein nicht abgenommen hatte, wenn er damals wohl auch anderer Meinung gewesen sein mochte. Wimmering wußte nicht, wie vielen schmerzhaften Operationen er sich hatte unterziehen müssen, ehe es den Chirurgen gelungen war, die Kugel und sämtliche Knochensplitter zu entfernen, aber er machte jene Wochen für die unauslöschlichen Spuren im Gesicht Seiner Lordschaft verantwortlich.

Er berührte den Heiratsplan nicht weiter, sondern widmete sich stattdessen der Aufgabe, dem Vicomte bei der Entwirrung der unübersichtlichen Vermögensverhältnisse seines Vaters getreulich beizustehen. Es bereitete ihm ehrlichen Kummer zu sehen, wie sich die Sorgenfalten immer tiefer um die seelenvollen Augen des jungen Mannes eingruben, aber er versuchte nicht, die Schwere seiner Last zu bagatellisieren. Je klarer Mylord seine Schwierigkeiten erkannte, desto eher würde er seinen Widerwillen gegen eine Geldheirat überwinden. Als Wimmering die Priorei verließ, befand er sich in zuversichtlicher Stimmung, denn seine Meinung über die Vernunft seines neuen Herrn war beträchtlich in die Höhe geklettert. Er hatte die entmutigenden Enthüllungen gefaßt hingenommen, ohne sich gegen sein Schicksal aufzubäumen oder bittere Worte zu verlieren. Wenn er seinem Vater Vorwürfe machte, so tat er es im stillen; eher schien er dazu zu neigen, sich selbst zu tadeln. Zweifellos war er im Augenblick wie betäubt, aber sobald er sich erst erholt hatte, würde er mit größerer Gelassenheit überlegen und bei seiner Suche nach einem Ausweg an jenen Vorschlag zurückdenken, der ihm unterbreitet worden war, und vielleicht auch diesen in Ruhe erwägen.

Mr. Wimmering war kein warmherziger Mensch, aber als er sich von Adam verabschiedete, empfand er den uneigennützigen Wunsch, ihm zu helfen. Er benahm sich vorbildlich: unvergleichlich besser als sich sein Vater unter dem Eindruck unerwarteter Schwierigkeiten benommen hatte. Als er Wimmering zu einem seiner eigenen Wagen begleitete, der Wimmering auf der ersten Etappe seiner Reise nach London bis Market Deeping bringen sollte, sagte er mit seinem gewinnenden Lächeln: «Ich fürchte, Er wird unbarmherzig durchgerüttelt werden. Die Straße ist genauso schlecht wie die Straßen Portugals. Ich danke Ihm, daß Er eine so mühevolle Fahrt auf sich nahm. Ich bin Ihm sehr verbunden! In wenigen Tagen werde ich in der Stadt sein, sobald ich hier einige Angelegenheiten geregelt und mich mit meiner Mutter besprochen habe.»

Er schüttelte Wimmering die Hand und wartete, bis die Kutsche sich in Bewegung gesetzt hatte, ehe er sich wieder in die Bibliothek begab.

Abermals nahm er hinter seinem Schreibtisch Platz, um in den Wust von Papieren ein wenig Ordnung zu bringen, aber als er einen achtunggebietenden Stapel von Rechnungen aufgetürmt hatte, saß er lange Zeit reglos und blickte durch das Fenster auf die Narzissen, ohne sie wahrzunehmen.

Das Geräusch einer geöffneten Tür riß ihn aus seinen Grübeleien. Er wandte sich um und sah, daß seine jüngere Schwester zur Tür hereinspähte.

«Ist er fort?» fragte sie mit Verschwörerstimme. «Darf ich eintreten?»

Seine Augen blitzten belustigt auf, doch er erwiderte mit angemessenem Ernst: «Ja, aber paß auf, daß dich keiner sieht!»

Sie zwinkerte ihm begeistert zu: «Von all meinen Verwandten mag ich dich am liebsten», gestand sie und trat auf den Sessel zu, in dem kurz vorher noch Wimmering gesessen hatte.

«Sehr liebenswürdig!»

«Obzwar das nicht viel zu bedeuten hat», setzte sie nachdenklich hinzu, «denn Tanten, Onkel und Cousins zähle ich nicht mit. Daher sind wir jetzt nur mehr zu viert. Und um dir die Wahrheit zu sagen, Adam, habe ich Papa nur geliebt, weil das meine Pflicht war, und Stephen überhaupt nicht. Natürlich hätte ich Maria lieben können, wäre sie nicht vor meiner Geburt gestorben, aber ich glaube kaum, daß ich sie gemocht hätte, denn nach Mamas Worten zu schließen, war sie ein gräßliches Kind.»

«Lydia! Mama sagt nie etwas dergleichen!» wies Adam sie zurecht.

«Nein, genau das Gegenteil! Sie sagt, Maria war zu gut für diese Welt. Begreifst du jetzt, was ich meine?»

Er konnte es nicht leugnen, gab jedoch mit mühsam unterdrücktem Gelächter zu bedenken, daß Maria, wäre sie nicht bereits mit sechs Jahren gestorben, ihrer beklemmenden Tugendhaftigkeit vielleicht entwachsen wäre. Lydia pflichtete ihm ohne rechte Überzeugung bei und wandte ein, daß auch Charlotte ungemein tugendhaft sei. «Und ich bin Charlotte aufrichtig zugetan», versicherte sie ihm.

«Und Mama bestimmt auch?»

«Natürlich; das ist ja meine Pflicht», versetzte sie würdevoll.

Er war verblüfft. Nachdem er sie flüchtig gemustert hatte, fand er es jedoch ratsam, sich jeder Äußerung zu enthalten. Er kannte sie nicht genau, denn sie war neun Jahre jünger als er und wenn sie ihn auch während seiner schleppend vorangehenden Genesung oft mit ihren unreifen Ansichten erheitert hatte, waren ihre Besuche an seinem Krankenbett durch ihren umfangreichen Stundenplan immer eng begrenzt gewesen.

Miss Keckwick, eine Gouvernante von unbestimmbarem Alter und respekteinflößendem Äußeren, hatte Lydia regelmäßig nach Ablauf einer halben Stunde aus dem Zimmer ihres Bruders abberufen; sei es wegen einer Unterrichtsstunde in italienischer Sprache oder einer Übungsstunde an der Harfe. Die Früchte ihres unverdrossenen Fleißes waren Adam bisher verborgen geblieben, denn obwohl das lebhafte Gesicht seiner Schwester auf wache Intelligenz schließen ließ, hatte sie doch nie geruht, sich Zeichen jener Gelehrsamkeit anmerken zu lassen, die von einem Zögling einer in so vielen Künsten beschlagenen Lehrmeisterin wie Miss Keckwick zu erwarten war.

Er fragte sich im stillen, warum sie um so vieles ansprechender wirkte als ihre ältere und bedeutend schönere Schwester, als sie aus einer privaten Träumerei aufschreckte und ihn mit der Frage aus dem Gleichgewicht brachte: «Sind wir ruiniert?»

«Oh, das ist ein großes Wort. So schlimm wird es bestimmt nicht werden!»

«Ich will dir lieber gleich sagen», unterbrach ihn Lydia, «daß ich keine dumme Gans bin, wenn ich mich auch immer entschieden gegen eine umfassende Bildung gewehrt habe, von der ich rasch erkannte, daß ich sie niemals brauchen würde. Selbst Charlotte weiß, daß wir seit *Jahren* knapp vor einer Katastrophe standen, und niemand kann behaupten, daß ihr Verstand brillant ist. Und außerdem, Adam, bin ich bereits siebzehn, besitze einen reichen Schatz an Erfahrungen und habe die Absicht, dir zu helfen, wenn es in meiner Macht steht. Erspare es mir also bitte, mich mit dieser ‹Das-geht-dich-gar-nichts-an-Stimme› anzusprechen.»

«Ich bitte um Vergebung», entschuldigte er sich hastig.

«*Sind* wir ruiniert?»

«Es hat fast den Anschein, fürchte ich.»

«Dachte ich's doch! Mama sagt seit Wochen, daß sie jeden Moment darauf gefaßt ist, kein Dach mehr über dem Kopf zu haben.»

«Dazu wird es nicht kommen», versicherte er ihr. «Sie wird ihr Wittum haben – weißt du, wieviel das ist?»

«Ja, aber sie sagt, es ist ein lumpiger Betrag, und wir werden von Schwarzbrot leben müssen – und damit, Adam, wird Mama sich *niemals* abfinden.»

«Sie übertreibt. Ich hoffe, sie wird sich einige Annehmlichkeiten leisten können. Sie wird etwa achthundert Pfund Sterling pro Jahr haben – das ist zwar kein Vermögen, aber doch zumindest ein Einkommen. Mit einer gewissen Sparsamkeit –»

«Mama hat niemals sparen gelernt», warf Lydia ein.

Er lächelte. «Und du?»

«Oh, ich habe mich bloß mit Nationalökonomie befaßt und die nützt mir gar nichts! Ich mag nicht viel davon verstehen, aber ich weiß, daß es etwas mit der Verteilung des Reichtums zu tun hat. Deshalb habe ich auch beschlossen, mich nicht selbst damit zum besten zu halten, da ich ja keinen Reichtum besitze, den ich verteilen könnte.»

«Hat die überaus gelehrte Miss Keckwick dir keinen Unterricht in Haushaltsökonomie erteilt?»

«Nein. Ihr Geist bewegt sich in höheren Sphären. Außerdem weiß jeder, was *das* heißt! Es bedeutet, daß das Abendessen aus einem einzigen Gang besteht, daß man nicht annähernd genügend Lakaien hat, und sich die Kleider selbst näht, was absolut zwecklos ist, denn wenn man kein Geld hat, ist es eine hirnverbrannte Zeitvergeudung, zu lernen, wie man es sparen kann. Mama wird nicht sparen – aber ich dachte nicht an sie, sondern an dich und Fontley.» Sie blickte ihn aus ernsten Augen an. «Mama sagt, daß wir Fontley verlieren werden. Ist das wahr? Bitte, Adam, sag es mir!» Sie las die Antwort von seinem Gesicht ab und senkte den Blick. Nachdem sie ihr Musselinkleid über den Knien sorgfältig zurechtgezupft hatte, sagte sie: «Das nenne ich eine wahrhaft *abstoßende* Vorstellung!»

«Ich auch», stimmte er ihr traurig bei. «Zu abstoßend, um darüber zu sprechen, ehe ich mich ein wenig daran gewöhnt habe.»

Sie blickte auf. «Ich weiß, daß es für dich noch viel schlimmer ist, und will auch nicht in Klagen ausbrechen. Aber mich dünkt, wir sollten mit aller Macht versuchen, Fontley zu retten. Ich habe viel darüber nachgedacht, und es ist mir klar, daß es nun *meine* Pflicht ist, eine Heirat mit einem reichen Manne einzugehen. Glaubst du, wird es mir gelingen, wenn ich es mir vornehme?»

«Nein, ganz bestimmt nicht! Meine liebe, gute Lydia –»

«Nun, ich denke doch», widersprach sie entschlossen. «Natürlich sehe ich ein, daß ein oder zwei kleinere Hürden zu umgehen sein werden, besonders, da ich noch mein Gesellschaftsdebüt vor mir habe. Mama hatte die Absicht, mich in dieser Saison einzuführen, weißt du, aber das kann sie nicht tun, solange wir noch alle schwarze Handschuhe tragen, und ich gebe zu, daß ohne Debüt –»

«Wer hat dir diesen Unsinn eingeredet?» unterbrach Adam sie.

Sie sah ihn erstaunt an. «Das ist kein Unsinn! Ja, weißt du denn nicht, welch große Hoffnungen Mama darauf setzte, daß Charlotte eine glänzende Partie machen würde? Es wäre auch beinahe dazu gekommen, bloß wollte sie den Antrag wegen Lambert Ryde nicht annehmen. Und ich muß sagen, daß ich ihr das nicht verzeihen kann. Nur ein dummes Gänschen konnte sich nicht ausmalen, wohin das führen würde, und Mama hat auch tatsächlich *wochenlang* von nichts anderem als von Maria gesprochen, und daß *sie* sich niemals so leichtfertig über ihre Pflicht hinweggesetzt haben würde wie die arme Charlotte.»

«Ryde?» fragte Adam, ohne sich um den recht unpassenden Rest dieser Rede zu kümmern.

«Ja, entsinnst du dich seiner nicht mehr?»

«Doch, aber ich sah ihn noch nicht seit meiner Heimkehr und –»

«Nein, nein, er ist verreist. Er mußte sich nach Edinburgh begeben, weil eine seiner schottischen Tanten gestorben ist und er der Kurator oder etwas Ähnliches war. Adam, *du* wirst es doch Charlotte nicht verbieten, ihn zu heiraten, nicht wahr?»

«Du lieber Himmel, wie käme ich dazu? Wollen sie noch immer heiraten?»

«Ja, und du kämst sehr *wohl* dazu. Charlotte ist noch nicht volljährig, und du weißt, daß du ihr Vormund bist.»

«Ja, aber –»

«Falls du fürchtest, etwas gutzuheißen, was Papa nicht billigte, kann ich dir versichern, daß der Widerstand nicht von ihm, sondern von Mama rührte», klärte Lydia ihn bereitwillig auf. «Er sagte, sie müsse sich betten, wie sie wolle, er schere sich keinen Pfifferling darum.» Nach einer nachdenklichen Pause fuhr sie fort: «Es sollte mich gar nicht wundernehmen, wenn du Mama mit diesem Gedanken aussöhnen könntest, da wir jetzt doch ruiniert sind. Sie wäre natürlich nicht glücklich darüber – und ich muß zugeben, daß es auch mir als bodenlose Verschwendung erscheint, wenn ein Mädchen wie Charlotte sich an Lambert Ryde fortwirft! Aber das ist jedenfalls kein Grund zur Verzweiflung. Ich kann nicht sagen, daß zu meinem Bekanntenkreis viele *junge* Herren zählen, aber ich weiß, daß ich bei den alten prächtig ankomme, denn sooft Papa einige seiner Freunde hier zu Gast hatte, verstanden wir uns vortrefflich! Und soviel ich entdecken konnte, sind es immer die *Alten*, die das große Vermögen besitzen. Ich wüßte wirklich nicht, was ich gesagt habe, um dich zum Lachen zu bringen!»

«Nein, nein, ganz recht – verzeih mir noch einmal», bat Adam. «Du hast dich sicher mit Wimmering unterhalten, nicht wahr?»

«Nein. Warum?» fragte sie erstaunt.

«Das ist nämlich genau der Rat, den er mir erteilte: eine vorteilhafte Ehe einzugehen.»

«Oh!» rief sie aus, und dieser Vorschlag ließ sie in tiefe Grübelei versinken. Dann schüttelte sie den Kopf. «Nein, du nicht! Charlotte sagt, daß für einen Menschen, der sein Herz bereits vergeben hat, der bloße Gedanke, jemand anderen als den Auserwählten zu heiraten, unerträglich ist.»

Adam mußte entdecken, daß seine kleine Schwester genauso taktlos wie unterhaltsam zu sein verstand, und versetzte mit gut gespielter Unberührtheit: «Tatsächlich? Nun, da ich annehme, daß sie darüber besser Bescheid wissen muß als ich, will ich nicht weiter auf diese Frage eingehen.»

«Hast du Julia in London besucht?» erkundigte sich Lydia, der seine Zurechtweisung nicht zu Bewußtsein gekommen war. «Die Oversleys haben nämlich zu Beginn des Monats Beckenhurst verlassen.» Sie bemerkte seine augenblickliche Verschlossenheit und fragte besorgt: «Hätte ich das nicht erwähnen dürfen? Aber sie hat mir selbst davon erzählt.»

Adam begriff, daß seine Rettung nur in der Offenheit lag und sagte: «Ich weiß nicht, was sie dir erzählt haben mag, Lydia, aber ich wäre dir dankbar, wenn du es vergäßest. Wir waren einander zugetan, aber niemals versprochen. Ich habe vorläufig in der Mount Street noch keine Aufwartung gemacht, aber natürlich muß ich das nachholen, sobald ich wieder in London bin, und – nun, weiter ist darüber nichts zu sagen.»

«Nimmst du an, daß Lord Oversley dir Julias Hand verweigern wird, weil du jetzt ruiniert bist?» fragte sie.

«Er wäre ein sehr schlechter Vater, wenn er mir unter diesen Umständen seine Tochter zur Frau gäbe», antwortete er so munter, wie er nur konnte.

«Nein, das ist aber eine schreiende Ungerechtigkeit!» rief sie. «Zuerst mutet man dir zu, Papas Schulden zu begleichen, die dich gar nichts angehen, und jetzt mußt du auf Julia verzichten! Alles lastet auf deinen Schultern, und dabei bist du weniger zu tadeln als wir alle! Mama glaubt ja, daß sie es ist, die Mitleid verdient, aber das sind Flausen – und wenn du noch so mißbilligend dreinschaust, Adam, es *sind* Flausen! In Wahrheit bist einzig du es, dem Mitleid gebührt! Mama wird ihre Witwenrente haben, Charlotte ihren Lambert heiraten, und ich bin nun felsenfest entschlossen, einen vermögenden Mann zu ehelichen!» Sie lächelte ihn herzlich an. «Natürlich müßte es für dich oder Charlotte höchst unerfreulich sein, eine Vernunftehe einzugehen, aber mir macht das gar nichts aus, das darfst du mir getrost glauben! Es ist nämlich so, daß – nun, ja, wie soll ich sagen, daß mir Regungen des Herzens fremd sind. Außer», fügte sie in natürlicherem Ton hinzu, «daß ich mich in einen Lakaien verliebte, als ich zwölf war, und auch das war *keine* lang anhaltende Leidenschaft, und da er tief unter mir steht, brauchen wir darüber kein weiteres Wort mehr zu verlieren. Kennst du irgendwelche reiche alte Herren, Adam?»

«Ich fürchte, nein. Und selbst wenn ich sie kennte, würde ich sie wohl vor dir zu verbergen wissen! Eher lasse ich mir Fontley nehmen, als daß ich zusehen würde, wie du dich dafür opferst. Und wenn du bis heute auch noch nie verliebt gewesen bist, kann doch niemand voraussehen, was die Zukunft für dich birgt, und überlege doch, wie überaus lästig es dann für dich wäre, an einen reichen Greis gebunden zu sein!»

«Ja», pflichtete sie ihm bei, «aber ich glaube, man muß bereit sein, für seine Familie Opfer zu bringen. Und außerdem könnte er bis dahin ja schon tot sein!»

«Sehr richtig! Und sollte er noch nicht das Zeitliche gesegnet haben – obwohl das höchst unwahrscheinlich ist –, könnten wir ihn mit einigen unauffälligen Tropfen Gift immer noch ins Jenseits befördern.»

Diese Vorstellung gefiel Lydia so ungemein, daß sie in perlendes Gelächter ausbrach. In diesem wenig glücklichen Augenblick öffnete sich die Tür und Lady Lynton, hinter sich eine lange Schleppe aus schwarzem Krepp und Spitze nachschleifend, trat, auf den Arm ihrer älteren Tochter gestützt, ins Zimmer. Auf der Schwelle blieb sie stehen und sagte mit schwacher, ungläubiger Stimme: «*Gelächter,* meine Lieben?»

Charlotte, die ebenso gütig wie schön war, sagte: «Es war so erquicklich anzuhören! Lydia hat es immer zuwege gebracht, Adam ein Lachen zu entlocken, selbst als er Schmerzen litt, nicht wahr, Mama?»

«Ich freue mich, daß es auf Fontley irgend jemanden gibt, der gegenwärtig zu lachen vermag», äußerte Lady Lynton.

Weder ihr Tonfall noch ihre Miene verrieten eine Spur dieser Freude, aber ihre Kinder hüteten sich, sie einer leeren Phrase zu zeihen. Nachdem sie das Unbehagen der Schuldigen mit einem schmerzerfüllten Seufzer voll gemacht hatte, erlaubte sie Charlotte, sie zum Sofa zu geleiten, auf das sie niedersank. Charlotte rückte ihr ein Kissen unter den Kopf, schob ihr einen Schemel unter die Füße und zog sich in einen Sessel an der gegenüberliegenden Seite des Kamins zurück, wobei sie ihrem Bruder einen ängstlich fragenden Blick zuwarf. Zwischen den beiden Geschwistern herrschte eine auffallende Ähnlichkeit. Beide gerieten ihrer Mutter nach, im Gegensatz zu der größeren und dunkelhaarigen Lydia, die das Ebenbild ihres Vaters war. Lady Lyntons oft wiederholter Ausspruch, Charlotte sei die Wiedergeburt ihrer eigenen Jugend, stellte keine großen Anforderungen an die Vorstellungskraft des Beschauers. Wenn die Jahre auch die blonde Schönheit der Witwe hatten dahinwelken lassen und das nicht leichte Leben an der Seite ihres Mannes eine mürrische Maske über ihre klassische Züge gelegt hatte, war sie doch nach wie vor eine bemerkenswert attraktive Frau.

«Ich nehme an», sagte sie, «daß jener Mann unser Haus verlassen hat. Vielleicht hätte ich erwartet, daß er es passend finden würde, sich von mir zu empfehlen. Aber zweifellos muß ich mich daran gewöhnen, als Person ohne Rang und Einfluß behandelt zu werden.»

«Der Tadel für diese Unterlassungssünde trifft wohl mich, Mama», erwiderte Adam. «Wimmering war sehr daran gelegen, Ihnen seine Aufwartung zu machen, aber ich ließ es nicht zu, da ich wußte, daß Sie sich zur Ruhe gelegt hatten. Er trug mir daher auf, ihn bei Ihnen zu entschuldigen.»

«Oh, ich bin dankbar, daß es mir erspart blieb, ihn noch einmal vor die Augen zu bekommen», bekannte Lady Lynton etwas inkosequent. «Ich habe ihn nie leiden mögen, nie! Und nichts kann mich von der Überzeugung abbringen, daß wir unser Unglück einzig jener Ungeschicklichkeit verdanken, mit der er die Agenden deines armen Vaters betrieb.»

Wieder vermittelte Charlotte. «Dürfen wir wissen, wie es um uns steht, Adam? Wir glauben, daß keine Enthüllung bitterer sein kann, als es unsere Vorahnungen sind, nicht wahr, Mama? Die Wahrheit wird uns kaum entsetzen, selbst wenn wir hoffnungslos vor dem Ruin stehen.»

«Mich kann *keinerlei* Wahrheit entsetzen», sagte ihre Mutter. «Nach den vielen Schicksalsschlägen, die ich zu erdulden hatte, bin ich gegen Unheil gewappnet. Ich möchte nur erfahren, wann ich darauf gefaßt sein muß, kein Dach mehr über dem Kopf zu haben.»

«Dazu wird es niemals kommen, das verspreche ich, Mama», erwiderte Adam. «Ich hoffe im Gegenteil, daß Sie in zumindest einigermaßen angenehmen Verhältnissen leben werden, selbst wenn keiner von uns auf Fontley bleiben kann.»

Charlotte fragte mit versagender Stimme: «Müssen wir Fontley verkaufen? Gibt es nichts, um das zu verhindern?»

Er blickte auf die glimmenden Buchenscheite im Kamin und antwortete bloß mit einem leichten Kopfschütteln. Die Tränen traten ihr in die Augen, aber ehe sie zu weinen begann, lenkte Lydia sie mit dem ungerührten Hinweis ab, daß sie glaube, Mama stehe kurz vor einem ihrer Anfälle.

Die Witwe sah tatsächlich beängstigend aus, und obwohl sie sich genügend erholte, sobald ihr ein Riechfläschchen unter die Nase gehalten worden war, um nach Hirschhornsalz zu verlangen, war sie doch erst, nachdem dieses Belebungsmittel von ihrer jüngeren Tochter herbeigeholt und ihr von Charlotte an den Mund gehalten worden war, imstande, den Kopf vom Kissen zu heben und mit tapferer, wenngleich brechender Stimme zu murmeln: «Ich danke euch, meine Lieben! Bitte kümmert euch nicht um mich! Es war nichts! Es haben bloß meine armen Nerven versagt, weil dieses so schreckliche Los mir auf *diese* Art verkündet wurde –! Du bist so lange Zeit ein Fremder in deinem Hause gewesen, mein teurer Adam, daß du natürlich nicht wissen kannst, wie schwach meine Konstitution ist!»

«Sie müssen mir verzeihen, Mama! Ich hatte nicht die leiseste Absicht, Sie derart aufzuregen», sagte Adam. «Es erschien mir zu grausam, vor Ihnen geheimzuhalten, was Sie früher oder später ja doch erfahren müssen.»

«Sicher hast du gehandelt, wie du es für richtig fandest, mein lieber Sohn. Mein Erstgeborener!» Die Witwe streckte ihm eine zerbrechliche Hand entgegen. «Aber wäre mir dein Bruder erhalten geblieben, *er* hätte begriffen, wie niederschmetternd dieser Schlag für mich sein muß! Ach, mein armer Stephen! Immer so rücksichtsvoll, immer meine Sentiments so genau erfühlend!»

Da sich die Laufbahn ihres jüngeren Sohnes, die ein jähes Ende fand, als er noch in Oxford weilte, durch eine hochgradige Mißachtung eines jeden Wunsches außer seiner eigenen ausgezeichnet hatte, bewirkte dieser Ausruf, daß die ihr verbliebenen Kinder einander vielsagend anblickten.

Während Adam sich bemühte, sie davon zu überzeugen, daß ihre Witwenrente durchaus nicht bitterer Armut gleichzusetzen war, rief Lydia plötzlich aus: «Hat Dawes also doch recht behalten! Ich wollte es nicht glauben, aber seht doch! Diese betrügerischen Kaufleute senden uns Rechnungen für Dinge, die Papa niemals kaufte, Adam!»

Er wandte sich rasch um und sah, daß sie ernsthaft jenen Stoß von Rechnungen prüfte, den er auf dem Schreibtisch liegengelassen hatte. Ehe er noch eingreifen konnte, bewies sie eine peinliche Lücke in ihrer Weltgewandtheit. «Papa schenkte Ihnen doch niemals ein Kollier aus Smaragden und Brillanten, nicht wahr, Mama? Aber hier fordern Rundell & Bridge eine geradezu haarsträubende Summe für solch ein Kollier! Was sind das doch für schamlose Betrüger!»

Diese Enthüllung wirkte auf die Witwe wie ein Blitzschlag. War sie noch vor kurzem angesichts der Bemühungen ihrer beiden Ältesten, ihr die Zukunft in freundlicheren Farben auszumalen, in haltlose Verzweiflung gestürzt, so setzte sie sich kerzengerade auf und rief: «*Was?*»

«Lydia, du legst diese Rechnungen sofort auf meinen Tisch zurück», befahl Adam tödlich verlegen.

«Aber, Adam –»

«Brillierte damit vor meiner Nase», stöhnte Lady Lynton. «Das hätte ich mir denken können! In der Oper, und ich fand es noch besonders gewöhnlich! Genau, was man von einer solchen Kreatur erwarten konnte! Ach, wie sich die Teile zum Ganzen fügen! *Wir* mußten uns in Lumpen hüllen, aber er stellte sein Vermögen jeder Hetäre zur Verfügung, die ihm zu gefallen verstand!»

«Großer Gott!» rief Lydia mit weitgeöffneten Augen. «Sie glauben doch nicht, daß Papa – *Papa* – eine, eine –»

«Halt den Mund», sagte Adam brüsk, entwand ihr die Rechnung und warf sie in eine der Schreibtischladen.

Sie sah, daß er wütend war, und bat ihn augenblicklich um Verzeihung, aber ganz offensichtlich machte ihr ihre eigene Indiskretion nicht halb soviel zu schaffen wie die Vorstellung, daß ein weibliches Wesen die Aufmerksamkeiten eines Mannes willkommen heißen konnte, der so hochbetagt war wie ihr Vater, der nicht weniger als zweiundfünfzig Jahre gezählt hatte. Charlotte, die Sinn für Humor nicht zu ihren Vorzügen zählen durfte, fühlte sich daher verpflichtet, Adam später zu erklären, daß die Verstocktheit der lieben Lydia wohl eher für Unschuld als Verworfenheit spräche.

Lady Lynton hatte jahrelang die Extravaganzen ihres Gatten mit wohlerzogener Gleichgültigkeit hingenommen, aber dieses Smaragdkollier riß sie aus einem Grund, den ihre Kinder nie zu entdecken vermochten, aus ihrer Lethargie. Die Empörung trieb ihr das Blut in die Wangen, und sie vergaß sich so weit, einige der früheren Entgleisungen Seiner Lordschaft zu erwähnen, wobei sie allerdings unterstrich, daß sie imstande gewesen sei, sie zu vergeben. Das Smaragdkollier jedoch, das sie als Brot bezeichnete, das ihren Kindern vom Munde geraubt worden war, und sie mit seinem herausfordernden Gefunkel verhöhnt hatte, war, wie sie versicherte, zu *viel!* Für Lydia war es gewiß zu viel, denn sie stieß ein ersticktes Gekicher aus, womit sie ihrer leidgeprüften Mutter wieder ihre Anwesenheit ins Gedächtnis rief. Lady Lynton stellte darauf bedauernd fest, daß ihrer Tochter jedes Taktgefühl mangle. Es schien ihr einen gewissen Trost zu gewähren, zu konstatieren, daß Lydia stets genau wie ihr Vater gewesen sei. Dennoch forderten die bedauerlichen Untugenden dieses jungen Mädchens einen Vergleich mit den Vorzügen der kleinen Maria heraus und ließen die Witwe die Grausamkeit des Schicksals beklagen, das ihr jene beiden Kinder entrissen hatte, die ihr in ihrer Stunde der Not hilfreich beigestanden wären. Eine Betrachtung führte zur anderen und so dauerte es nicht lange, bis Adam wegen seiner groben Gefühllosigkeit verurteilt wurde, während Charlotte, die ihr Bestes tat, um ihre Mama zu beruhigen, ein anklagendes Kopfschütteln dafür erntete, daß sie es überhaupt noch wagte, hocherhobenen Hauptes einherzuschreiten, nachdem sie so mutwillig jene Möglichkeit ausgeschlagen hatte, die es an ihr hatte sein lassen, das Unheil von Fontley abzuwenden.

«Meinen Lippen wird nie auch nur ein *einziges* Wort der Mißbilligung entfliehen», sagte sie heroisch. «Ich staune bloß über dich, meine Gute, denn meiner Natur ist jede Spur von Eigensucht völlig fremd. Armes Kind! Oh, daß du diesen Tag nie bereuen mögest, an dem du den ehrenvollen Antrag ausschlugst. Beklommenen Herzens erwarte ich, daß die Aufmerksamkeiten des jungen Ryde jetzt, da wir am Bettelstab angelangt sind, nachlassen werden.»

Darin jedoch irrte sie. Keine vierundzwanzig Stunden waren nach dieser Unglücksprophezeiung verstrichen, als Mr. Ryde Adams Hand drückte und sagte: «Bei Gott, es ist eine Freude, dich wiederzusehen, Adam, und du scheinst auch wieder bei Kräften zu sein. Du weißt, wie sehr ich den Grund deines Hierseins bedaure! Was mußt du für einen üblen Eindruck von mir gewonnen haben, aber ich verließ mich darauf, daß Charlotte dir alles erklären würde. Ich war nicht zu Hause – eine meiner alten Tanten hat ins Gras gebissen, und es blieb mir nichts übrig, als mit der nächsten Eilpost nach Schottland zu reisen. Bei all dem Klimbim der Anwälte und den beiden anderen alten Tanten, die mir an den Rockschößen hingen, dachte ich schon, ich könnte überhaupt nicht mehr zurückkommen! Aber es hätte keinen Sinn gehabt, einfach davonzulaufen, ehe alles geregelt war. Dann hätte ich ein zweites Mal nach Schottland fahren müssen und *das* will ich nicht, es sei denn, um meine Hochzeitsreise mit Charlotte dorthin zu unternehmen!» Er lachte schallend und fuhr fort: «Du hast doch nicht die Absicht, unsere Heirat zu verbieten, wie? Ich würde es dir nicht raten, alter Freund!»

Adam schüttelte lächelnd den Kopf. «Das würde ich niemals wagen! Aber ich glaube, du mußt erfahren, daß es um Fontley sehr schlecht bestellt ist, Lambert. Ich werde mir die größte Mühe geben, wenigstens einen Teil von Charlottes Mitgift aufzubringen, aber es wird bedeutend weniger sein, als ihr zusteht oder du mit Recht erwarten könntest.«

«So?» versetzte Lambert. «Räumst mir wohl die Möglichkeit ein, Fersengeld zu geben, wie? Hochanständig von dir und genau, was man von dir erwarten kann. Aber allen Ernstes und Spaß beiseite! Ich bedaure das Vorgefallene aus tiefstem Herzen, aber es überrascht mich nicht. Ich will dir nicht vorenthalten, daß mein erster Gedanke, als Charlotte mir die Nachricht sandte, der war, daß wir jetzt endlich getraut werden können! Membury Place läßt sich zwar nicht mit Fontley vergleichen, aber wenn mein Vermögen auch nicht gewaltig ist, erlaubt es mir doch einen genügend großen Vorsprung vor meinen Verpflichtungen, um eine Frau standesgemäß zu erhalten – und Lydia ebenfalls, falls sie zu uns ziehen wollte.»

Er erkundigte sich, ob Adam gezwungen sei, Fontley zu verkaufen und als dieser erwiderte, das befürchte er, machte er ein ernstes Gesicht und nannte das eine böse Sache, die Charlotte sehr zu Herzen gehen würde. «So nahe von Fontley zu wohnen und Fremde hier aus und ein gehen zu sehen, weißt du? Ich wollte, ich könnte dir helfen, aber das liegt nicht in meiner Macht. Das einzige, was ich tun kann», fügte er mit seinem stets die Oberhand gewinnenden Lachen hinzu, «ist, dir Charlotte abzunehmen!»

Es wäre zuviel von Lady Lynton erwartet gewesen, sich leicht mit dem Gedanken auszusöhnen, daß ihre Tochter bloß einen kleinen Landjunker heiratete; schließlich jedoch gab sie zögernd ihre Zustimmung, da ihr dies noch immer leichter fiel, als für Charlotte aus ihrem Wittum zu sorgen. Zwar behielt sie sich das Recht vor, die Verbindung zu beklagen, mußte jedoch zugeben, daß sie Charlotte nicht zur Schande gereichte: Lambert war zwar nicht vornehmer, aber angesehener Herkunft und sein Vermögen, das ihr ehemals als Bettel erschienen war, hatte nun im Lichte ihrer eigenen unglücklichen Lebensumstände die Ausmaße eines beträchtlichen Einkommens angenommen. Die Heirat vermochte sie nicht zu begeistern, aber sie mußte ihrem Sohn gestehen, daß Lambert sich großmütig und liebevoll benommen hatte.

Auch Lydia erkannte Lamberts freundliches Ansinnen an, beteuerte Adam jedoch, daß nichts sie dazu bewegen könnte, in seinem Hause zu leben.

«Nein, das wirst du selbstverständlich auch nicht», erwiderte er. «Du wirst bei Mama wohnen.»

«Ja, das ist mir immer noch lieber, so sonderbar es auch klingen mag», sagte sie, was keine günstigen Auspizien verhieß. «Ich hoffe, Lambert die ihm gebührende Wertschätzung entgegenzubringen, aber es wäre eine Qual, gezwungen zu sein, unter einem Dach mit einem Menschen zu leben, der pausenlos lustig ist und soviel lacht! Glaube mir, selbst wenn uns alle ein Erdbeben verschlänge, würde er dem Unglück eine komische Seite abzugewinnen verstehen! Bringt er dich nicht *auch* manchmal dazu, daß sich dir sämtliche Haare sträuben?»

Er konnte es nicht bestreiten. Er kannte Lambert, seit sie beide kleine Jungen gewesen waren, und mochte ihn herzlich gerne, aber seine nie erlahmende Heiterkeit reizte ihn manchmal genau wie Lydia. Dennoch mußte er Lamberts guten Charakter anerkennen, und als er Charlotte in einer Wolke der Glückseligkeit einherwandeln sah, vermochte er der Heirat, wenn nicht mit Begeisterung, so doch mit Erleichterung entgegenzusehen. Daß ihre Zukunft gesichert erschien war der einzige Hoffnungsstrahl, den er auf seine Londoner Reise mitnahm, die er zu Beginn der Woche antrat.

2

Das Stadtpalais der Lyntons lag in der Grosvenor Street und war ein geräumiges Herrenhaus, das von seinem letzten Eigentümer in den Tagen entschwundenen Wohlstandes um einige hübsche Räume vergrößert und aufgestockt worden war. Die Einrichtung zeugte von altmodischer Eleganz, aber als Adam das Haus aufschloß, waren sämtliche Möbel mit Schonbezügen versehen und die Ziergegenstände von den Kaminsimsen geräumt worden. Beinahe die einzige Sparmaßnahme des verstorbenen Vicomtes hatte in der Schließung seines Londoner Palais' während der Wintermonate bestanden. Wenn er nicht die Gastfreundschaft des Carlton House genoß, zog er es vor, kostspielig und luxuriös im Clarendon zu wohnen.

Auch Adam zog in ein Hotel, aber nicht ins Clarendon. Nachdem der Hausmeister ihn durch sämtliche Räume des Palais geleitet hatte, wußte Adam, daß er auf diesen Teil seiner Besitzungen ohne Bedauern verzichten konnte; je eher er das Haus loswurde, desto lieber sollte es ihm sein.

Die Stallungen in Newmarket waren bereits gemeinsam mit dem Jagdhaus in Metlon Mowbray und den sechzehn Jagdpferden des Verstorbenen zum Verkauf ausgeschrieben. Wimmering erhob keinen Einspruch gegen die Veräußerung des Rennstalles, protestierte aber heftig gegen den Verkauf der Jagdpferde. «Das wird einen schlechten Eindruck erwecken, Mylord», gab er zu bedenken. «Ich kann es nicht gutheißen.» Adam gefiel es ebenfalls nicht, aber er blieb fest. Noch in der gleichen Woche wurden sie zu Tattersall gebracht. Der Lyntonsche Haushalt zerfiel. Das war kein angenehmer Gedanke, und die Pferde konnten zu Ende der Jagdsaison auch nicht annähernd jenen Preis erzielen, den sein Vater für sie erlegt hatte, aber zumindest blieben Adam die Kosten für ihren Unterhalt erspart. Wimmering sprach noch immer davon, daß man die Gläubiger nicht in Panik versetzen dürfe, aber seine weiteren Nachforschungen in der Geldgebarung seines verstorbenen Klienten hatten nichts zutage gefördert, das Adam zu der Annahme ermutigen konnte, er hätte durch das Hinauszögern des Unvermeidlichen etwas zu gewinnen; und sein ständig wiederholtes Flehen, den ursprünglichen Status der Deverils wieder herzustellen, bewirkte bloß, seinen Auftraggeber, dessen Nerven bereits bis zum Zerreißen gespannt waren, vollends zu erschöpfen. Einzig seine unerschütterliche Wohlerzogenheit bewog Adam, Wimmering geduldig anzuhören, aber kein Vorschlag, den ihm sein Anwalt unterbreitet hatte, überzeugte ihn so weit, daß er von jenem Kurs abschwenkte, den ihm sein eigenes Urteilsvermögen vorgeschrieben hatte. Nie erfuhr er, wie sehr seine Höflichkeit Wimmering verwirrte, oder mit welcher Erleichterung dieser verängstigte Mensch einen Wutausbruch begrüßt hätte.

Sich ganz auf seinen gesunden Menschenverstand verlassend, hatte er eine persönliche Unterredung mit seinem Bankier in Charing Cross geführt. Wimmering flehte ihn an, derlei Agenden seinen erfahrenen Händen zu überantworten, aber Adam fand, es sei an ihm, Drummond persönlich aufzusuchen. «Die Drummonds waren seit jeher die Bankiers unserer Familie», entschied er. «Sie haben uns niemals übervorteilt. Ich denke, ich spreche lieber selbst mit Drummond.»

Mr. Wimmering mochte die Mundwinkel verziehen – eines stand fest: er hätte niemals so viel bei Drummond erwirkt wie Adam.

Drummonds Bank war ein alteingesessenes Unternehmen, zu dessen Kunden kein Geringerer als Seine Majestät König George selbst zählte. Der Name Deveril erschien bereits in den frühesten Aufzeichnungen der Bank, und Mr. Charles Drummond sah deshalb schweren Herzens dem Besuch des neuen Lord Lynton entgegen. Beklommen erwartete er Ansinnen, denen er unmöglich seine Zustimmung erteilen konnte. Adam war ihm zwar nicht völlig unbekannt, doch hatte er bisher keine Gelegenheit gehabt, sich eine Meinung über ihn zu bilden. Er entsann sich seiner bloß als eines bescheidenen Offiziers, der seinem verschwenderischen Vater nicht im geringsten glich; und wenn dies auch zugegebenermaßen ein Zug war, der für ihn sprach, bereitete er Mr. Drummond doch nicht auf einen Klienten vor, der ihn nicht nur ohne Einschränkungen in sein Vertrauen zog, sondern obendrein noch mit einem Lächeln sagte, das ebenso gewinnend wie schuldbewußt war: «Unter diesen Voraussetzungen, Sir, muß es unverzeihlich wirken, daß ich Sie bitte, mich weiterhin von einem Konto abheben zu lassen, das bereits beträchtlich überzogen ist, aber ich hoffe, Ihnen den Beweis meiner Fähigkeit erbringen zu können, meine Schulden zurückzuzahlen. Ich habe, so gut ich es verstehe, eine Art Gegenüberstellung zwischen Aktiven und Passiven ausgearbeitet, und ich ersuche Sie, diese Aufstellung gründlich zu studieren, wenn auch der exakte Wert einiger meiner Aktiven ein hypothetischer sein muß.»

Damit hatte er die Unterlagen Mr. Drummond vorgelegt, der sie voll böser Vorahnungen durchblätterte. Mit nicht geringem Entsetzen mußte er feststellen, daß Adams Erwartungen sich nicht auf *ein* verläßliches Faktum oder eine Spekulation stützten, die dazu geeignet war, das Herz eines angesehenen Bankiers höher schlagen zu lassen. Sobald er diesen Schock überwunden hatte, machte er eine weitere Entdeckung, von der er später seinem Sohn berichtete.

«Der junge Mann ist genau wie sein Großvater. Er hat die gleiche ruhige Art und trägt denselben kühlen Kopf auf seinen Schultern: Er wird sich durchsetzen.»

Von Charing Cross nahm Adam eine Mietskutsche zur Mount Street und betrat unter heftigem Herzklopfen die Stufen zum Hauptportal.

Er wurde in Lord Oversleys Bibliothek geführt. Seine Lordschaft erhob sich mit dem Ruf: «Adam, mein lieber Junge!» aus dem Stuhl, trat rasch auf ihn zu, faßte nach seiner Hand und heftete seine erfahrenen, freundlichen Augen eindringlich auf seinen Besucher. «Sie Ärmster! Ihnen sprechen die Sorgen aus dem Gesicht! Und das kann mich nicht wundernehmen! Aber Sie *sind* doch wieder gesund, nicht wahr? Ich sehe, daß Sie ein ganz klein wenig hinken. Schmerzt Ihr Bein Sie noch?»

«Nein, Sir, es geht mir ausgezeichnet. Und was meine bedrückte Miene betrifft, so erweckt wohl mein schwarzer Mantel diesen düsteren Eindruck.»

Oversley nickte verständnisvoll. Er war ein Mann, der seinen fünfzigsten Geburtstag schon einige Jährchen hinter sich hatte und mit der Mode ging, ohne extravagant gekleidet zu sein. Sein liebenswürdiges Antlitz zeichnete sich durch eine aus dem Herzen kommende Leutseligkeit aus. Er zog einen Stuhl für Adam heran. «Ich will Ihnen nicht erst versichern, wie sehr ich Ihren Verlust bedaure; Sie müssen sicher selbst fühlen, wie nahe mir Ihr Schicksal geht! Ihr Vater zählte zu meinen ältesten Freunden, und obzwar sich unsere Wege trennten, blieben wir doch gute Bekannte. Nein, nein, ich will mir Ihnen gegenüber jede Förmlichkeit ersparen, Adam: Wie schlimm steht es denn um Sie?»

«Sehr schlimm, Sir», erwiderte Adam. «Ich hoffe, schuldenfrei aus der Erbschaft hervorzugehen. Mehr läßt sich leider kaum erwarten.»

«Habe ich's doch befürchtet! Ich traf Ihren Vater im Brooks-Club, keine acht Tage vor dem Unfall –» Er brach ab und sagte nach kurzem Zögern: «Ich möchte mit Ihnen darüber sprechen. Er hat die Mäuler nicht zum Stillstand kommen lassen, und es wäre eine Lüge, zu behaupten, daß niemand klatschte. Der Unfall mußte Gemunkel auslösen, und daher stürzen sich die Gläubiger wie ein Hornissenschwarm auf Sie.» Er maß Adam abermals mit einem seiner weltklugen Blicke. «Ah, Sie haben eine teuflische Zeit durchzustehen! Aber das ist es nicht, was ich sagen wollte. Ich habe viel über den Unfall nachgedacht. Er hat ihn nicht heraufbeschworen. Er mag bankrott gewesen sein, aber so wahr ich hier sitze, hat er sich nicht mit Absicht den Hals gebrochen. Sie hatten doch wohl diesen Verdacht, nicht wahr?»

«Ich weiß nicht recht», erwiderte Adam. «Ich bemühe mich, *nicht* daran zu denken.»

«Nun, dann werden Sie jetzt daran denken, mein Junge», sagte Oversley scharf. «Wenn er einen Punkt hinter sein Leben hätte setzen wollen, hätte er verläßlichere Mittel und Wege dazu gefunden. Herrgott im Himmel, kein Mensch wußte besser als Bardy Lynton, daß ein gewollter Sturz weit eher zu gebrochenen Rippen als zu einem gebrochenen Hals führt! Nein, nein, dieser Gedanke lag ihm völlig fern! Ich kannte Bardy! Er war ein viel zu unerschrockener Mann, um zu kneifen, und all seinen Fehlern zum Trotz weitaus zu ehrenhaft, Sie an seiner Stelle die Suppe auslöffeln zu lassen!» Er schaltete eine Pause ein und legte Adam die Hand mit festem Druck aufs Knie. «Gott weiß, daß Sie alle Ursache haben, ihm gram zu sein, aber gehen Sie nicht zu streng mit ihm ins Gericht! Er war zu jung, als er sein Erbe antrat. Wenn ein Jüngling seines Formats so reich ist, wie er es war, und niemand da ist, der die Zügel straff in der Hand hält –»

«Oh, nein, nein!» warf Adam rasch ein. «Welches Recht besäße ich zu verurteilen? Ich wußte nicht, wie ernst die Dinge lagen, aber es war mir bekannt, daß er Sorgen hatte. Er sagte oft, daß wir uns nicht mehr lange über Wasser halten würden. Ich schenkte dem keine Beachtung – Geld schien immer reichlich vorhanden zu sein, und mein einziger Wunsch galt dem bunten Rock! Hätte ich weniger daran und mehr an Fontley gedacht –!»

«Genug!» unterbrach Oversley ihn. «Sie hätten gar nichts tun können, also ersparen wir uns das leere Gerede! Wir wollen gar nicht davon sprechen, wie stolz er auf Sie war – Himmel, Sie hätten ihn erleben müssen, als Sie für Ihre Tapferkeit offiziell erwähnt wurden – er wollte Sie auch gar nicht wissen lassen, wie tief er in der Kreide stand. Dachte stets, das Blatt würde sich wenden, und er könnte alles wieder einrenken! Und ich muß zugeben, daß er manche erstaunliche Glückssträhne hatte», fügte Seine Lordschaft nachdenklich hinzu. «Das Malheur war nur – Aber bei einem fanatischen Spieler ist es ja immer das gleiche! Na schön, Schwamm drüber! Wenn Sie aber meinen, die Schuld für die Folgen jemand anderem als Ihrem Vater in die Schuhe schieben zu müssen, dann wenden Sie sich lieber an Stephen als an Ihre eigene Adresse. Was hat dieser junge Taugenichts Bardy doch von Anbeginn an für Unsummen gekostet! Mehr will ich nicht darüber sagen, Adam: Der arme Bursche hat seine Rechnung beglichen.»

Eine Weile schwiegen beide, bis Adam sagte: «Davon weiß ich nichts.

Für eines aber muß ich mir selbst die gleichen Vorwürfe machen, Sir, die Sie mir machen werden.»

Oversley erwiderte mit einer Herzlichkeit, mit der er versuchte, sich über die peinliche Klippe hinwegzuretten: «Nein, ich mache Ihnen keine Vorwürfe. Ich will nicht erst lange so tun, als wüßte ich nicht, worauf Sie anspielen. Kurz und gut, ich hätte es niemals gestatten dürfen, daß Sie meiner Tochter die Cour schnitten – das wußte ich die ganze Zeit über!» Er lächelte trocken. «Sie wissen, Adam, daß mir niemand als Schwiegersohn herzlicher willkommen wäre als Sie. Aber ich wußte, daß Ihre Vermögensverhältnisse nicht im Lot waren, und ich hätte Sie mit einer Bemerkung entmutigen müssen, sobald ich erkannte, woher der Wind wehte. Ich hielt die Sache bloß für einen harmlosen Flirt, und beim Himmel, Sie hatten zu jener Zeit eine Aufheiterung bitter nötig. Ich hätte mir nie träumen lassen, daß diese kleine Romanze Ihre Rückkehr zur Armee überleben würde. Und sicher hätte sie das auch nicht, zumindest nicht von Julias Seite, wäre es nicht zu diesem Unfall Ihres Vaters gekommen. Sehen Sie, Julia wird von allen Seiten umschwärmt und kann sich nicht über einen Mangel an Bewerbern beklagen. Seit sie in die Gesellschaft eingeführt wurde, zappeln sie alle hinter ihr her und belegen sie mit den lächerlichsten Namen: Kobold – Sylphide – Nymphe – phh!» sagte Seine Lordschaft abfällig, aber der Stolz spiegelte sich in jedem seiner Worte. «Genug, um dem Küken den Kopf zu verdrehen. Also ich will nicht behaupten, daß sie nicht todunglücklich war, als Sie nach Spanien fuhren, denn sie war es. Ja, ihre Mutter redete sich sogar ein, sie würde vor Kummer noch erkranken, aber das war läppisches Gerede. Ein Mädchen, das täglich ein Dutzend Blumensträuße empfängt, siecht nicht an gebrochenem Herzen dahin! Und wenn Sie mich fragen, Adam – und das sage ich jetzt beileibe nicht, um Sie zu verletzen! –, hätte sie dieses kindliche Intermezzo längst vergessen, wenn nicht irgendein Schwachkopf sie ‹die Unerreichbare› genannt hätte. Das schoß natürlich den Vogel ab. Darauf setzte sie sich in den Kopf, ihr Wort einem tapferen Soldaten verpfändet zu haben und umgab Sie mit einem solchen Glorienschein, daß Sie sich baß verwundern würden! Obendrein ereilte dann den armen Bardy der Tod, und wir konnten ihr nicht verheimlichen, daß Sie in der Patsche sitzen. Und jetzt weigert sie sich standhaft, jemals von Ihnen zu lassen, was mich recht in Verlegenheit bringt – das heißt, mich in Verlegenheit brächte, wenn ich Sie nicht zu genau kennte, um anzunehmen – verdammt noch einmal Adam, es kommt mir verteufelt hart an, es Ihnen zu sagen, aber –»

«Sie brauchen es nicht auszusprechen, Sir», fiel Adam ihm ins Wort, erhob sich und trat mit raschen, hinkenden Schritten ans Fenster. «Natürlich ist es unmöglich! Das wußte ich, sobald ich zum erstenmal mit meines Vaters Anwalt gesprochen hatte. Ich hätte unverzüglich zu Ihnen eilen müssen – ich bitte wegen dieser Unterlassung um Vergebung. Ich hoffte, die Lage würde nicht ganz so düster aussehen, wie Wimmering sie mir beschrieb. Leider ist sie noch um einige Grade finsterer. Ich bin nicht in der Lage, ein Mädchen um seine Hand zu bitten. Zwar hätte ich mir das niemals träumen lassen, aber ich wünschte – jawohl, ich wünschte es aus ganzem Herzen – sie hätte mich vergessen!» Seine Stimme bebte. Er machte den tapferen Versuch, seine Gefühle zu verbergen, und sagte: «Dann wäre ich nicht verpflichtet gewesen, meine Werbung zu widerrufen, was ich nun tun muß. Dies ist der eigentliche Grund meines Besuches.»

Auch Lord Oversley erhob sich, ging auf ihn zu, um ihm die Hand auf die Schulter zu legen, und sagte: «Ich weiß, mein Junge, ich weiß! Und wenn ich ein reicher Mann wäre –»

Er wurde unterbrochen. Die Tür flog auf und man hörte eine Männerstimme ausrufen: «Nein, verwünscht, Julia, du kannst nicht –!» Er und Adam wandten sich um. Auf der Schwelle stand Miss Oversley. Mit einer Hand umklammerte sie krampfhaft die Klinke, während sie in der anderen Hand noch ihre Reitgerte und die Handschuhe hielt.

Eine Sekunde verharrte sie reglos. Ihre Lippen waren vor Erregung leicht geöffnet und ihre Augen, beinahe zu groß für das zarte Gesicht, glänzten erwartungsvoll. Sie gab wirklich ein bezauberndes Bild ab. Sie war ein zartes Geschöpf; so zerbrechlich, daß es leicht zu verstehen war, weshalb ihre Bewunderer sie Sylphide nannten. Selbst die flaumigen Löckchen, die unter ihrem großen Hut hervorlugten, waren wie ein Seidengespinst, und ihr strenggeschnittenes Reitkleid betonte erst recht ihren feenhaften Reiz.

Adam starrte sie mit unverhüllter Verzückung an. Sie ließ Handschuhe und Reitgerte fallen, lief auf ihn zu und stieß mit melodischer, entzückter Stimme aus: «Ich wußte es! Sie konnten mir nicht so nahe sein, Adam, ohne daß ich es fühlte!»

Ihr auf dem Fuße folgte ihr Bruder Charles, der seinem Vater leise erklärte: «Sie entdeckte den Hut in der Diele und erriet die Zusammenhänge! Schoß wie ein Pfeil davon, ehe ich erfaßte, was sie im Schilde führte.»

Sie wäre in Adams Arme gestürzt, wenn er sie nicht daran gehindert hätte, indem er sie an den Handgelenken ergriff, daß es schmerzte, und sie von sich abhielt. Er war sehr bleich und seine Stimme wollte ihm nicht gehorchen. Alles, was er zu stammeln vermochte, war ihr Name. Er neigte den Kopf, um ihre Hände zu küssen.

Lord Oversley sagte mit fester Stimme: «Etwas weniger Dramatik, Julia, wenn ich bitten dürfte! Wir alle freuen uns, Adam wieder zu Hause zu wissen, aber das ist noch lange kein Grund für dieses Betragen. Ich glaube nicht, daß Sie Charlie bei Ihrem letzten Besuch in England gesehen haben, Adam, aber ich wette, ihr habt einander nicht vergessen.»

Sein Sohn unterstützte ihn sofort in seinem Bestreben, eine Ablenkung zu schaffen, und sagte unverzüglich: «Himmel, nein! Das heißt, ich kann mich an *Sie* erinnern, Lynton, wenn Sie mich Ihrerseits vielleicht auch nicht mehr kennen. Wie geht es Ihnen?»

Adam gab Julias Hände frei. Er war noch immer blaß, antwortete jedoch mit annehmbarer Fassung: «Natürlich erinnere ich mich Ihrer! Allerdings gestehe ich, daß ich Sie vielleicht nicht wiedererkannt hätte.»

«Natürlich, ich war noch ein Schuljunge, als Sie zur Armee gingen. Mein Gott, wie ich Sie beneidete!»

«Adam!» sagte Julia stockend. «Oh, was hat Papa Ihnen gesagt?»

«Ich flehe dich an, Julia», unterbrach Oversley sie wütend. «Ich habe gar nichts gesagt, was Adam nicht auch selbst sagt, also –»

«Oh, *nein*!» rief sie aus und wandte ihre in Tränen schwimmenden Augen Adam zu. «Nein, nein, ich glaube es nicht! Sie haben sich nicht verändert! Ich weiß, daß Sie sich nicht verändert haben!»

«Nein, das ist es nicht, aber –»

«Sie sollten sich schämen, Adam!» sagte sie mutwillig. «Nein, ich bin ernstlich böse! Man müßte Sie ausschelten! Dachten Sie denn, *ich* wäre ein flatterhaftes Geschöpf? Oder ich machte mir auch nur das geringste aus Reichtümern? Ich habe gute Lust, Sie ernstlich zu tadeln.»

Sie hatte ihm die Hände wieder entgegengestreckt, und auf ihren bebenden Lippen schwebte ein verführerisches Lächeln. Er ergriff ihre Hände, wagte jedoch nicht, ihr ins Gesicht zu blicken, und sagte mit gesenkten Augen: «Ich habe die Standhaftigkeit Ihres Herzens niemals angezweifelt. Aber als ich – als wir – als ich die Vermessenheit besaß, Ihren Vater zu fragen, ob –» Er brach ziemlich entmutigt ab und fuhr nach kurzer Pause fort: «Damals dachte ich, ich wäre in der Lage, Ihnen ein angemessenes Leben zu bieten. Die häßliche Wahrheit jedoch ist, daß ich nicht einmal imstande bin, für meine Schwestern zu sorgen. Wenn ich mich jetzt Heiratsgedanken hingäbe, wäre ich der größte Schurke, der ungehenkt umherläuft – und Ihr Vater wäre um nichts besser, wenn er meine Werbung auch nur in Erwägung zöge», schloß er mit dem Versuch eines Lächelns.

Sie warf ihrem Vater einen triumphierenden Blick zu und verkündete dreist: «Pah! Als ob wir Papa nicht um den Daumen wickeln könnten! Äffchen!»

Adam hob den Blick. «Julia, Sie haben mich nicht verstanden. Teuerste, es handelt sich nicht darum, eine Zeitlang unter schwierigen Voraussetzungen zu leben. Ich – ich habe Ihnen gar nichts zu bieten. Innerhalb weniger Wochen werde ich nicht einmal mehr ein Heim besitzen.»

Sie starrte ihn ungläubig an. «Kein Heim? Aber – aber Fontley –?»

«Ich habe beschlossen, Fontley zu verkaufen.»

Eine Weile herrschte betroffene Stille. Charles Oversley warf seinem Vater einen überraschten Blick zu, aber Oversley musterte Adam mit plötzlich gerunzelten Brauen. Julia rief mit zitternder Stimme: «Oh, nein, nein, nein!»

Adam blieb stumm.

Sie entzog ihm ihre Hände. «Das können Sie nicht tun! Oh, wie bringen Sie es bloß übers Herz, das zu sagen! Das liebe, liebe Fontley! All die Erinnerungen, die sich darum ranken! Es ist seit urdenklichen Zeiten das Heim der Deverils!»

«Ach, Unsinn, Ju!» wies ihr Bruder sie zurecht. «Das ist gar nicht möglich. Es ist eine Priorei. Das ist das gleiche wie ein Kloster, nicht wahr? Die Auflösung der Klöster – nun, ich weiß nicht mehr genau, wann sie stattfand, aber jedenfalls können bis dahin keine Deverils dort gewohnt haben – es sei denn – nein, unmöglich», folgerte er. «Die Geistlichen lebten doch im Zölibat. Mit den urdenklichen Zeiten stimmt es also nicht.»

Gegen seinen Willen mußte Adam lachen. «Da haben Sie ganz recht. Der erste Deveril, über den wir Genaues wissen, ließ sich in Leicestershire nieder. Auf Fontley gab es erst seit 1540 Deverils – und der erste von ihnen war, soviel ich entdecken konnte, ein reichlich rauher Geselle.»

«Höchstwahrscheinlich», pflichtete Mr. Oversley ihm gewichtig bei. «Mich dünkt, daß die meisten jener Knaben wahre Galgenvögel waren. Ja, denkt doch nur an jenen Oversley, dem wir *unser* Vermögen verdanken! Der zechte und spielte auch nicht schlecht, stimmt's Papa?»

«Leider hast du nur zu recht», gab sein Vater schmunzelnd zu.

«Ach, sprecht doch nicht so, sprecht doch nicht so!» jammerte Julia. «Wie könnt ihr bloß alles ins Lächerliche ziehen! Adam, das war nicht Ihr Ernst! Fremde auf Fontley? Oh, nein, bei dieser Vorstellung schnürt sich mir das Herz zusammen! Die Haine und die Alleen! Die Ruinen der Kapelle, in der ich so oft saß und die Vergangenheit so lebendig um mich empfand, als sei ich selbst ein Teil davon und könnte die Geister der verstorbenen Deverils erblicken, die dereinst dort gelebt haben.» Sie brach ab, ließ ihren Blick von einem zum anderen wandern und rief leidenschaftlich: «Ach, ihr habt kein Gefühl dafür! Nicht einmal Sie, Adam? Wie ist das nur möglich? Bei Charlie sehe ich das ein, aber bei *Ihnen*?»

«Mir ist lieber, keinen Sinn für derlei Vorstellungen zu haben», sagte ihr Bruder. «Wenn du jemals einen Geist erblicktest, würdest du zähneklappernd auf und davon laufen. Außerdem erinnere ich mich genauso gut an die Ruinen wie du, wahrscheinlich sogar noch viel besser. So oft wir in Fontley waren, spielten wir dort Verstecken, und es war ein Mordsspaß.»

«Es gab auch andere Zeiten», sagte Julia leise. «Es beliebt Ihnen, den Unempfindlichen zu mimen, Adam, aber ich kenne Sie zu genau, um mich täuschen zu lassen. Sie teilten stets meine Gefühle. Diese Zurückhaltung wurde Ihnen bloß von Papa aufgezwungen.»

«Ich bin gegen den Verlust Fontleys nicht unempfindlich», versetzte Adam ernst. «Es wäre absurd, das vorgeben zu wollen. Wenn ich Ihnen gefühllos erscheine, so kommt das daher, daß mir Fontley zu viel bedeutet, als daß ich darüber sprechen könnte.»

Sie begriff ihn sofort und sagte: «Oh, wie ich Sie quäle! Und wie dumm ich bin! Ich verstehe Sie – natürlich verstehe ich Sie! Und wir werden nicht mehr davon sprechen oder auch nur daran denken! Und ich verspreche Ihnen, daß ich nie ein Wort der Klage verlieren werde. Könnten Sie in einem bescheidenen Häuschen glücklich werden? Ich schon. Wie oft habe ich mir gewünscht, in einem anspruchslosen Haus mit weißgetünchten Wänden, einem Schindeldach und einem entzückenden kleinen Gärtchen zu leben! Wir werden eine Kuh haben, und ich werde lernen, wie man melkt und Butter und Käse macht. Und einige Hühner wollen wir uns anschaffen und Bienenstöcke und ein paar Schweine. Damit und mit unseren Büchern und einem Pianoforte werden wir unsagbar reich sein, und nichts wird uns zu unserem Glück fehlen.»

«Gar nichts?» fragte ihr realistischer Bruder ungerührt. «Nun, wenn du die Absicht hast, eure Mahlzeiten selbst zu kochen, wird Lynton in kürzester Zeit vieles zu seinem Glück fehlen! Und wer, ich bitte dich, soll denn die Schweine schlachten und den Hühnerstall ausmisten?»

Die Spöttelei blieb wirkungslos. Julia war hingerissen von dem Bild, das sie entworfen hatte; und Adam, obgleich leicht belustigt, war zu gerührt, um zu lachen. Er vermochte nur den Kopf zu schütteln, und es blieb Lord Oversley überlassen, seine Tochter auf den Boden der Tatsachen herunterzuholen, was er auch mit der bündigen Bemerkung tat: «Ganz reizend, meine Liebe, aber völlig undurchführbar. Ich hoffe, Adam kann sich eine bessere Betätigung finden, als Schweine zu hüten. Ja, ich zweifle nicht daran, daß er das kann, und am leichtesten natürlich, wenn er ungebunden ist. Niemand kann es mehr bedauern als ich, daß sich das Blatt so gewendet hat, aber du mußt ein folgsames Mädchen sein und begreifen, daß eine Heirat gar nicht in Frage kommt. Adam ist der gleichen Überzeugung wie ich, also brauchst du mich nicht für einen Tyrannen halten, Herzchen.»

Sie vernahm das Urteil mit erblassenden Wangen und wandte ihre Augen Adam beschwörend zu. Die Antwort stand ihm deutlich im Gesicht, und sie brach in Tränen aus.

«Julia! Weinen Sie nicht, meine Schönste, ich bitte Sie!» flehte er sie an.

Sie sank auf einen Stuhl, vergrub das Gesicht in den Händen, und ihre zarte Gestalt zuckte unter heftigem Schluchzen. Zum Glück – da weder ihr Vater noch ihr Bruder das geringste Talent zeigten, mit dieser Situation fertig zu werden – kam in diesem Augenblick Lady Oversley ins Zimmer.

Sie war eine hübsche Frau; kräftiger als ihre Tochter, aber mit den gleichen großen blauen Augen und dem sensiblen Mund. «Ach, Herzchen, Herzchen! Nein, mein Liebling, mein Herzblatt!» rief sie bestürzt.

«Adam, Sie armer Junge! Ach, meine *armen* Kinder. Sch, Julia, schon gut! Sei still, mein Täubchen! Du darfst nicht so weinen, du wirst dich noch ganz krank damit machen, und denke doch, wie schmerzlich das für den armen Adam wäre! Mein Kätzchen, ich hatte ja keine Ahnung, daß du schon vom Reiten zurück seist! Oversley, wie *konnten* Sie nur? Sie müssen grenzenlos brutal zu ihr gewesen sein!»

«Wenn es brutal ist, ihr zu sagen, daß sie nicht unter einem Schindeldach leben und Geflügel und Schweine züchten kann, dann bin ich allerdings brutal gewesen, wie Adam auch», erwiderte Oversley nicht ohne eine gewisse Härte.

Lady Oversley hatte Julia inzwischen den Hut abgenommen und sie an ihre Brust gedrückt. Zärtlich wischte sie ihr die Tränen aus dem Gesicht. Bei dieser Antwort aber blickte sie auf und rief entsetzt: «Unter einem Schindeldach leben? Ach, nein, mein Zuckerpüppchen, das wäre kein guter Ausweg! Ich glaube, gerade unter Schindeldächern hausen die Ratten besonders gerne, wenn es auch nichts Romantischeres gibt als ein winziges Häuschen, und ich voll und ganz verstehen kann, warum dir das gefallen muß. Aber du würdest es erschreckend unbequem finden; es wäre weder für dich noch für Adam das Richtige, denn ihr seid beide gewohnt, auf so *völlig* anderem Niveau zu leben! Und was die Hennen betrifft, würde ich für mein Leben keine ständig brütenden Vögel züchten. Du weißt doch, wie es geht, wenn man ein paar Eier mehr in der Küche braucht: *nie* ist die Bäuerin imstande, sie zu liefern und behauptete immer, die Hennen legen nicht, weil sie brüten. Ja, und dann geben sie ein so *trauriges* Gegacker von sich, das du, mein Herzblatt, bei deiner Feinfühligkeit ganz unerträglich finden würdest. Und Schweine», schloß Lady Oversley schaudernd, «haben ein *höchst* unerfreuliches Odeur.»

Julia befreite sich aus der zärtlichen Umarmung, erhob sich und fuhr mit der Hand über die Augen. Mit einer von Schluchzen zugeschnürten Stimme wandte sie sich an Adam, der stocksteif hinter einem Sessel stand und die Hände in die Sessellehne gekrallt hatte. «Ich hätte jede Entsagung – jedes Ungemach ertragen! Vergessen Sie das nicht!» Sie lachte hysterisch auf und lief zur Tür. Dann wandte sie sich noch einmal um und sagte: «*Ich* habe keine Angst gehabt. Merken Sie sich das auch!»

«Na, das wahr wohl die niederträchtigste Bemerkung», entfuhr es Mr. Oversley, als die Tür hinter seiner Schwester ins Schloß fiel.

«Schweig, Charlie!» befahl seine Mama. Sie trat auf Adam zu und umarmte ihn herzlich. «Mein lieber Junge! Sie haben sich tadellos benommen, genau wie wir es von Ihnen voraussetzten. Das Herz tut mir weh um Sie! Aber verzweifeln Sie nicht. Ich bin überzeugt, Sie werden es überwinden! Denken Sie daran, was der Dichter sagt. Ich weiß nicht genau, *welcher* Dichter, aber es wird wohl Shakespeare sein, denn der ist es doch beinahe immer, wenn ich auch nicht begreifen kann, warum.»

Mit diesen schleierhaften, aber ermutigenden Worten zog sie sich zurück und empfahl Mr. Oversley, ihrem Beispiel zu folgen. Dieser war nur zu dankbar, dem Schauplatz der peinlichen Szene entfliehen zu können und verabschiedete sich von Adam. Sobald er sich entfernt hatte, sagte Adam: «Ich denke, Sir, daß auch ich jetzt gehen werde.»

«Ja, ja, gleich», sagte Oversley. «Adam, was Sie Julia wegen Fontley sagten – das ist doch wohl nicht Ihr Ernst? *So* schlimm wird es doch nicht sein?»

«Es war mein völliger Ernst, Sir.»

«Du lieber Gott! Aber Sie müssen vier- bis fünftausend Hektar guten Bodens besitzen!»

«Ja, Sir. Ein Großteil davon ist verschuldet und alles so vernachlässigt, daß der Pachtshilling auf etwas mehr als tausend Pfund im Jahr zusammengeschrumpft ist. Er könnte zehnmal soviel betragen, wenn ich die Mittel hätte –» Er brach ab. «Aber ich habe diese Mittel nicht und ich kann nur hoffen, daß jemand in glücklicheren Verhältnissen zu erkennen imstande ist, daß Gehöfte, die heute nicht mehr als zwölf Shilling pro Ar wert sind, in etwa fünf Jahren das Vierfache dieses Betrages abwerfen können. Ich glaube, daß wir auf Fontley um fünfzig Jahre zurück sind.»

Oversley beachtete ihn kaum, sondern rief aus: «Adam, dazu darf es nicht kommen! Ja, ja, ich weiß! Sie haben durchweg kurzfristige Pachtabkommen – keine ordentlichen Verträge – offenes Gelände – es wird zuviel Flachs und Senf angesetzt – schlechte Entwässerung – aber diese Übel lassen sich doch beheben!»

«Nicht von mir», erwiderte Adam. «Wenn ich zwanzig-, fünfzehn- ja selbst *zehn*tausend Pfund zur Verfügung hätte, glaube ich, daß sich vieles verbessern ließe – vorausgesetzt, daß ich schuldenfrei wäre, was ich leider nicht bin.»

Oversley sah ehrlich betroffen aus. Unruhig wanderte er im Zimmer auf und ab. «Ich hatte nicht gedacht – Ja, zum Teufel, was kann bloß in Bardy gefahren – Na, lassen wir das jetzt. Etwas muß geschehen! Fontley verkaufen! Und dann? Ja, ja, ich weiß! Sie begleichen die Schulden, sichern den Unterhalt Ihrer Schwestern, aber was wird aus Ihnen? Haben Sie das auch bedacht, mein Junge?»

«Ich wage zu behaupten, daß ich nicht völlig mittellos dastehen werde, Sir. Und selbst wenn – ich wäre nicht der erste Offizier, der von seinem Sold lebt! Ich habe noch nicht abgerüstet. Sobald ich meine Angelegenheiten geordnet habe –»

«Unsinn!» schnitt Oversley ihm das Wort ab. «Vor mir brauchen Sie nicht so zu tun, als bedeutete es Ihnen nicht mehr, Ihr Vaterhaus zu verkaufen, als ein Pferd auf den Markt zu bringen, dessen Gangart Ihnen nicht zusagt!» Er nahm seine Wanderung wieder stirnrunzelnd auf. Nach wenigen Augenblicken sagte er über die Schulter: «Wissen Sie, Julia ist nicht die Frau für Sie. Gegenwärtig glauben Sie mir nicht, aber eines Tages werden Sie froh sein, daß es so gekommen ist.» Als er keine Antwort erhielt, wiederholte er: «Es muß etwas geschehen! Ich geniere mich nicht Ihnen zu sagen, Adam, daß ich es als Ihre Pflicht ansehe, Fontley zu retten, was diese Rettung auch kosten mag.»

«Wenn ich eine Rettung wüßte, würde ich nicht nach den Kosten fragen», sagte Adam etwas müde. «Unseligerweise jedoch ist mir keine bewußt. Lassen Sie sich meinethalben keine grauen Haare wachsen, Sir! Ich werde meinen Weg schon finden. Darf ich mich jetzt verabschieden?»

«Augenblick!» sagte Oversley, der kurz aus tiefer Versunkenheit aufschreckte.

Adam fügte sich. Nichts unterbrach die tiefe Stille, während seine Lordschaft stirnrunzelnd den Teppich betrachtete. Nach einer langen Pause blickte er auf und sagte: «Ich glaube, ich kann Ihnen helfen. Ach, erstarren Sie nicht gleich zu Eis, ich biete Ihnen nicht an, Sie loszukaufen, mein guter Junge. Der Himmel weiß, ich täte es, wenn es in meiner Macht läge, aber es gelingt mir eben nur knapp, mein eigenes Haus über Wasser zu halten. Dieser verfluchte Krieg! Ah, und falls Bonaparte noch vor Jahresende geschlagen ist – haben Sie gehört, daß Bordeaux sich für die Bourbonen entschied? Das jüngste Ondit besagt, daß eine Deputation unterwegs ist, um Louis zur Rückkehr nach Frankreich einzuladen. Ich habe es aus gut informierter Quelle, daß man das erwartet. Ich weiß nicht, wie es ausgehen wird, und auf keinen Fall läßt sich schlagartig eine Konjunktur erwarten, wie die Antwort auch ausfällt. Nun, das wird die Zukunft entscheiden, und ich wollte mit Ihnen eigentlich über etwas ganz anderes sprechen. Mir fällt eben ein –» Er brach ab und schüttelte den Kopf. «Nein, besser, ich weihe Sie nicht ein – ich nehme nicht an, daß Ihnen mein Plan gefallen wird, und ich weiß nicht einmal, ob – Jedenfalls mag es die Mühe wert sein, die Fühler auszustrecken.» Er sah Adam unentschlossen an. «Sie fahren doch nicht sofort nach Fontley zurück, nicht wahr? Wo sind Sie abgestiegen?»

«Im Fenton, Sir. Nein, ich werde noch einige Tage bleiben. Es gibt noch vieles zu erledigen, und obwohl Wimmering überaus tüchtig ist – bedeutend erfahrener als ich! –, ist meine Anwesenheit doch erforderlich.»

«Gut!» sagte Oversley. «Im Augenblick habe ich Ihnen nur so viel zu sagen, Adam: Überstürzen Sie nichts, ehe *ich* gesehen habe, was ich tun kann. Mir kam da ein gewisser Einfall, aber vielleicht läßt er sich nicht durchführen. Je weniger man also darüber spricht, desto besser.»

3

Sobald Adam die Mount Street verlassen hatte, überfielen Lord Oversley Gewissensbisse, denn er fürchtete, Hoffnungen erweckt zu haben, die er vielleicht in Kürze wieder zerstören mußte. Seine Ängste waren jedoch unbegründet: Adam empfand nicht den leisesten Hoffnungsschimmer. Wenn es ihm im Augenblick einer schweren Gemütskrise möglich gewesen wäre, Oversleys Worten kritisch zu lauschen, hätte er wohl gefolgert, daß es sich um die Äußerungen eines wohlmeinenden Optimisten handle, denn er konnte sich nicht ausmalen, wie Oversley ihn aus seiner prekären Lage befreien sollte. Es war ihm jedoch nicht gelungen, aufmerksam zuzuhören. Für Stunden verdrängte der Zusammenbruch seiner privaten Hoffnungen alle übrigen Probleme, die auf ihn einstürmten. Er hatte seine Sorgen nicht vergessen, aber solange ihm noch die brechende Stimme seiner unwiderruflich verlorenen Geliebten in den Ohren klang und ihr anmutiges Gesicht lebhaft vor seinem Geiste stand, schrumpfte alles andere zu Nebensächlichkeiten zusammen.

In einem Winkel seines Verstandes war er sich wohl bewußt, daß seine augenblickliche Verzweiflung nicht ewig währen konnte und er ihr nicht nachhängen durfte, aber es brauchte lange, ehe er seine Gedanken von dem zu reißen vermochte, was hätte sein können, und sie statt dessen darauf konzentrierte, was sein mußte.

Vielleicht war es ein Glück, daß seine zahlreichen Pflichten ihm wenig Zeit zum Nachdenken ließen. Zwar wirkten sie eher aufputschend als beruhigend, aber sie hielten ihn pausenlos beschäftigt.

Eine Ablenkung, die ihm sowohl eine zusätzliche Sorge als auch eine unbeabsichtigte Belustigung bescherte, stellte sich in der Form eines langen Briefes seiner jüngeren Schwester ein, für den er zwei Shilling erlegen mußte. Lydia bat ob dieser Eigenmächtigkeit um Entschuldigung, setzte ihm jedoch auseinander, daß sie durch seine Abwesenheit von zu Hause nicht in der Lage gewesen war, einen Brief zu frankieren.

Sie hatte ihre Heiratspläne aufgegeben. Charlotte (Adam rief einen stillen Segen auf ihr Haupt hernieder) war der Ansicht, daß sich ein reicher und seniler Gatte nicht so schnell herbeizaubern ließe, wie es die Rettung des Familienvermögens erfordere. Da Lydia sich der Richtigkeit dieses Einwandes nicht verschließen konnte, warnte sie Adam schriftlich, sich nicht auf ihren ursprünglichen Plan zu verlassen. In dem liebevollen Versuch, seine bittere Enttäuschung zu mildern, versicherte sie ihm, daß sie, sollte es ihr zu einem späteren Zeitpunkt gelingen, ihr Ziel zu erreichen, ihre erste Aufgabe darin erblicken würde, ihren unseligen Gesponsen zu veranlassen, Fontley zurückzukaufen und es augenblicklich ihrem lieben Adam zu bescheren.

Mittlerweile schmiedete sie Pläne für ihren eigenen Unterhalt. Sie hielt es nur für recht und billig, Adam mitzuteilen, daß Mama, nachdem sie alle Mittel und Wege durchkalkuliert hatte, zu dem Entschluß gelangt war, daß, obwohl niemand an ihrer Bereitwilligkeit zweifeln dürfe, ihren letzten Bissen in den Mund einer verhungernden Tochter zu stopfen, sie absolut außerstande sei, mit dem elenden Bettel von einem Wittum auch noch ihre jüngere Tochter zu versorgen.

Mit sinkendem Herzen griff Adam nach dem zweiten Blatt des Schreibens und entdeckte, daß Mama den Entschluß gefaßt hatte, bei ihrer Schwester, Lady Bridestow, in Bath Zuflucht zu suchen. Dies, schrieb Lydia, würde niemals gut ausgehen, da Tante Bridestow schon bedeutend länger verwitwet sei als Mama.

Der genaue Sinn dieser Worte blieb Adam verborgen, aber er begriff, daß sie etwas Bedrohliches an sich hatten. Aus welchem Anlaß immer hatte die jüngere Miss Deveril erkannt, daß sie Mama kaum einen Trost bedeuten konnte, und deshalb hatte sie beschlossen, ihr Glück auf eigene Faust zu suchen, da nichts (dick unterstrichen) sie dazu bringen konnte, ihrem Bruder zur Last zu fallen. Es war ja eventuell möglich, daß ihr neuer Plan nicht seine Zustimmung finden würde, aber sie zweifelte nicht daran, daß sein gesunder Menschenverstand ihn mit Blitzesschnelle all die Vorteile erkennen lassen würde, die dieser Plan bot.

Voll bösester Vorahnungen wendete er das Blatt und mußte erkennen, daß seine schlimmsten Befürchtungen noch weit übertroffen wurden: die jüngere Miss Deveril (aber sie fand, daß sie sich eher Lovelace nennen sollte) hatte beschlossen, mit ihrer glänzenden Darstellung der bekanntesten Lustspielrollen sich den Weg zu Ruhm und unbeschränktem Reichtum über das Theater zu bahnen. Und Adam möge bitte nicht bezweifeln, daß sie das nötige Talent besäße! Als zu Weihnachten zahlreiche Gäste auf Fontley zu Besuch waren, hatten dramatische Aufführungen zur Tagesordnung gehört. «Was ihr wollt» war das Lieblingsstück gewesen, und durch einen unvorhergesehenen Glücksfall war die Dame, die für die Rolle der Maria auserkoren war, in letzter Minute erkrankt, und Lydia war für sie eingesprungen. Jedermann hatte ihr versichert, sie sei eine geborene Schauspielerin. Dieser einhelligen Meinung schloß sie sich durchaus an, bezweifelte jedoch in schöner Bescheidenheit, ob sie in tragischen Rollen erfolgreich sein würde. Die Komödie war ihre Stärke, und wenn damit auch manche Hosenrollen verbunden sein mochten, so war sie doch überzeugt, daß Adam keine ernstlichen Einwendungen dagegen erheben würde, was Charlotte auch sagen mochte. Kurzum, sie wäre ihm sehr verbunden, wenn er sich unter den Theaterdirektoren umsehen, den achtbarsten auswählen, ihn aufsuchen und ihm eröffnen würde, daß sich ihm die einmalige Gelegenheit bot, eine junge Schauspielerin engagieren zu können, die alle Voraussetzungen mitbrachte, um die Stadt im Sturm zu erobern, und den Vergleich mit routinierten Schauspielerinnen wie etwa Mrs. Jordan, Miss Mellon oder Miss Kelly nicht im geringsten scheute. Lächelnd las Adam zwischen den Zeilen, daß die Ankündigung von Miss Lydia Deveril (oder Lovelace) für jene Damen dann das Signal sein würde, wehen Herzens in Vergessenheit zu sinken.

Er mochte über die naiven Vorstellungen seiner Schwester lachen, aber sie waren nicht dazu angetan, ihn zu beruhigen. Die Erkenntnis, daß sie sich das hübsche Köpfchen darüber zerbrach, wie sie sich selbst ihren Unterhalt verdienen konnte, bekümmerte ihn, denn von Rechts wegen sollten all ihre Gedanken einzig um ihr gesellschaftliches Debüt kreisen. Die Sorge um seine kleine Schwester drängte seinen eigenen Kummer in den Hintergrund. Er nahm sich die Zeit, zwar nicht an einen achtbaren Theaterdirektor heranzutreten, jedoch Lydia eine taktvolle Antwort zu schreiben. Mit dieser Aufgabe war er eben befaßt, als ein Kellner eine Besucherkarte und eine in Lord Oversleys Handschrift an ihn adressierte Botschaft auf einem Silbertablett in seinen Privatsalon brachte.

«Der Herr wartet unten, Mylord!»

Adam griff nach der Karte und las sie stirnrunzelnd. Die Karte war größer als das übliche Format und der Name darauf war mit kunstvollen Schnörkeln eingraviert. Mr. *Jonathan Chawleigh* stand da zu lesen und darunter folgte eine Adresse auf dem Russel Square und eine weitere in Cornhill. Das schien äußerst merkwürdig. Ratlos wandte Adam sich Lord Oversleys Note zu. Die war ganz kurz und enthielt bloß die Bitte, *meinen guten Freund* Mr. Chawleigh zu empfangen und jedem Vorschlag, den dieser Herr ihm unterbreiten mochte, ein aufmerksames Ohr zu schenken.

«Bitte Er Mr. Chawleigh herauf», sagte Adam.

Die steife Haltung des Kellners und die maskenhafte Ausdruckslosigkeit seines Gesichtes, als er «Sehr wohl, Mylord», erwiderte, drückten tiefste Mißbilligung aus. Zwar wußte Adam nicht, was diesen Mr. Chawleigh zu ihm führen mochte, aber er ließ sich durch den Kellner nicht beeinflussen, sondern entließ ihn mit einem Kopfnicken und wartete alles Weitere ab. Daß Lord Oversleys etwas im Schilde führte, um ihm aus der Patsche zu helfen, lag auf der Hand. Was jedoch dieser unbekannte Mr. Chawleigh zu diesem Rettungsmanöver beitragen sollte, überstieg seine Vorstellungskraft.

Kurz darauf kehrte der Kellner zurück und kündigte Mr. Chawleigh an. Herein trat ein ungewöhnlich großer, stämmiger Mann mit buschigen Augenbrauen. Er blieb an der Schwelle stehen und musterte Adam mit durchdringendem Blick mißtrauisch und abschätzend.

Adam begegnete diesem Blick mit höflicher Ausdruckslosigkeit, fand aber keinen Gefallen an dieser unverschämten Musterung. Ein leichtes Lächeln und eine gewisse Arroganz malten sich auf seinen Zügen: Was zum Teufel fiel diesem Kerl, der wie ein Händler aussah, ein, ihn derart anzustarren?

Mr. Chawleigh war ein Mann mittleren Alters. Seine kraftstrotzende Gestalt steckte in einem altmodischen Anzug aus tabakfarbenem Wolltuch. Im Gegensatz zu seinem Gastgeber, der einen knappsitzenden Schösselrock aus schwarzem extrafeinem Tuch, Pantalons und Schaftstiefel trug, bevorzugte Mr. Chawleigh eine Mode, die seit vielen Jahren ausschließlich bei angesehenen Kaufleuten und vielleicht einigen wenigen Landedelleuten anzutreffen war, die keinen Ehrgeiz hatten, in der eleganten Welt eine Rolle zu spielen. Sein Rock war weit, und er trug Kniehosen mit Strümpfen und bequeme Schuhe mit eckigem Oberteil und Metallschnallen. Seine Hemdspitzen waren nicht übermäßig gestärkt und sein Halstuch mit mehr Ordnungssinn als künstlerischer Ambition geknotet. Seine farblose Kleidung wurde einzig von einer Weste belebt, die grasgrün und gold gestreift war. Selbst ein hasenherziger Stutzer hätte sich lieber auf dem Scheiterhaufen verbrennen lassen, als sich in diesem Aufzug auf die Straße zu wagen, aber er hatte zweifellos etwas Eindrucksvolles an sich, genau wie die Brillantnadel, die in Mr. Chawleighs Halstuch steckte, und der Smaragdring, der an seinem Finger funkelte. Auf den ersten Blick war er als vermögender Mann zu erkennen, aber mit seinen mächtigen, muskulösen Schultern, dem kurzen, breiten Nakken und der Gewohnheit, mit den Kiefern zu knirschen, als zermalme er wiederkäuend seine Überlegungen, erinnerte er Adam an einen angriffslustigen Stier.

«Mr. Chawleigh?» sagte Adam.

«So heiße ich. Jonathan Chawleigh: nicht mehr und nicht weniger! Was nicht heißen soll, daß ich mir nicht einen Vorspann dazu aneignen könnte, wenn mir daran läge. Aber das würde wohl wie die Faust aufs Auge passen, eh? Nein, nein, Jonathan Chawleigh ist gut genug für mich! Gut genug für einen jeden, wenn ich mir's recht überlege», setzte er nachdenklich hinzu. «Ich will Ihnen was verraten, Mylord: Sie werden in der ganzen City keinen Namen finden, der höheres Ansehen genießt, und wenn Sie jeden Winkel durchstöbern!» Dies stieß er in drohendem, herausforderndem Ton hervor, aber zu Adams Glück, der um eine Antwort ernstlich verlegen war, fuhr Mr. Chawleigh ohne Umschweife fort: «Also, was mich betrifft, so habe ich gern klare Tatsachen. Sie *sind* doch der Vicomte von Lynton?»

Verdutzt erwiderte Adam: «Ich bin Vicomte Lynton – ja.»

«Kein *von*?» erkundigte Mr. Chawleigh sich hellhörig.

«*Kein* von», bestätigte Adam mit bewundernswertem Ernst. «Wir Vicomtes sind, wie Sie wissen müssen, ein Teil dessen, was man als die Grundfesten des Adels bezeichnen könnte. Keiner unter dem Range eines Grafen hat Anspruch auf ein von.»

«Das hat mir Seine Lordschaft allerdings *nicht* gesagt», bemerkte Mr. Chawleigh. «Ich will nicht behaupten, daß es einen großen Unterschied macht, aber ich hätte eben gerne einen Grafen gehabt. Jedoch ist ein Vicomte immer noch besser als ein Baron. Mit einem Baron wäre mir überhaupt nicht gedient, das lasse ich mir nicht ausreden.» Wieder warf er Adam einen prüfenden Blick zu und prustete los: «Ach, Sie zerbrechen sich den Kopf, wer zum Kuckuck ich wohl bin und was ich von Ihnen wollen könnte, wie?»

Adam lachte. «Allerdings wüßte ich gerne, was Sie mit mir vorhaben, aber nicht, wer Sie sind, Sir. Sie sind Lord Oversleys Freund. Wollen Sie nicht Platz nehmen?»

Mr. Chawleigh ließ sich zu einem Stuhl geleiten, ohne seine pfiffigen Augen von Adams Gesicht zu wenden. «Das hat er Ihnen gesagt, wie? Sehr freundlich von ihm. Ich selbst wäre nicht so vermessen, das zu behaupten, obwohl ich nicht leugnen will, daß es mir ab und zu gelang, Seiner Lordschaft einen guten Tip zu geben, und er war immer äußerst leutselig. Aber ich bin kein Speichellecker, der mit seinen mächtigen Freunden prahlt: Lord X und Lord Y, was überdies nur Hohlköpfe beeindruckt. Merken Sie sich das!» ergänzte er und richtete einen dicken Finger auf Adam. «Es fällt mir nicht ein, mich unter den noblen Leuten in Mayfair anzusiedeln, weil ich genau weiß, daß ich mich damit doch bloß zum Gespött machen würde.» Er stärkte sich mit einer Prise Schnupftabak. «So geht's schon besser», verkündete er und putzte sich die Nase mit einem Taschentuch aus feinstem Leinen. «Hardmans 37, einen feineren Tabak gibt's nicht!» Er zwinkerte Adam zu. «Das ist also alles, was Sie über mich wissen, eh? Ein Freund Lord Oversleys!» Er überlegte das eine Minute. «Mehr hat er Ihnen nicht verraten, eh?»

«Nein», erwiderte Adam und fuhr lächelnd fort: «Da er mir sagte, es sei nicht nötig, mir mehr zu verraten.»

«Hm. Hat Ihnen nicht gesagt, was mich herführt? Dachte, er würde es tun – obwohl er sagte, er würde es mir überlassen, es Ihnen auf meine Manier zu unterbreiten. Verdammt, wenn das nicht ein schlauer Fuchs ist! Hat sicher gedacht, ich will mich nicht blind auf sein Urteil verlassen, ehe ich Farbe bekenne.» Er nickte und spießte Adam abermals mit seinen Blicken förmlich auf. «Wenn er Ihnen auch gesagt hätte, was ich bin, wüßten Sie, daß ich fest im Sattel sitze. Ich bin ein Mensch, der ein glattes, richtiges Geschäft schätzt – womit ich nicht sagen möchte, daß ich bei einem Abschluß nicht immer noch jedem Partner um eine Nasenlänge voraus bin, glauben Sie mir! Aber keiner kann behaupten, von Jonathan Chawleigh hereingelegt worden zu sein! Ich segle nicht unter falscher Flagge, weil mir das nicht liegt, und außerdem ist ein guter Name mehr wert als hundert Luftgeschäfte. Bei mir ist alles verbrieft und versiegelt und mein Ruf ist makellos, wo immer zwei Händler zusammenkommen. Sie werden wissen wollen, wie ich mein Geld machte, denn ich bin nicht als reicher Mann geboren worden!»

Der etwas ratlose Adam wollte schon jedes solche Interesse bestreiten, als ihn sein Instinkt warnte, daß er seinen enthüllungsfreudigen Besucher damit kränken würde. Er versuchte daher gespannt auszusehen. Mr. Chawleigh lächelte selbstgefällig und sagte: «Ich könnte wetten, Sie wären um nichts klüger, wenn ich's Ihnen verriete, Mylord, und so soll es auch sein: Schuster bleib bei deinen Leisten. Sie können mich einen Westindienkaufherrn nennen, weil ich so meine Laufbahn begann. Heute aber habe ich meine Finger in beinahe allem stecken, was Geld abwirft.»

«Sie verzeihen», sagte Adam. «Aber weshalb erzählen Sie mir das?»

«Es könnte sein», sagte Mr. Chawleigh und beobachtete ihn dabei scharf, «daß ich bereit bin, meine Finger in Ihre Angelegenheiten zu stecken, Mylord.»

«Das dachte ich mir bereits», erwiderte Adam. «Wenn jedoch Lord Oversley Sie informiert hat, daß in einer Transaktion mit mir Geld zu holen ist, dann muß ich Ihnen wohl gestehen, daß er Sie irreführte.»

«Wie dem auch sein mag, ich kann Ihnen auf den Kopf zusagen, Mylord, daß Ihre Kröten gerettet wären, wenn ich auch nur die Spitze meines kleinen Fingers in Ihre Angelegenheiten steckte. Angenommen, ich wäre bereit, die ganze Hand zu wagen?»

«Dann hätten Sie eine Fehlinvestition getätigt, Mr. Chawleigh. Ich weiß nicht, was Lord Oversley Ihnen erzählte, da ich aber ebensowenig für Luftgeschäfte übrig habe wie Sie, möchte ich Ihnen ohne Umschweife sagen, daß meine Besitzverhältnisse völlig aus den Fugen geraten sind. Ich glaube kaum, daß Sie Ihr Geld investieren, wenn Sie nicht zumindest die Chance eines beachtlichen Gewinnes wittern. Die habe ich Ihnen nicht zu bieten. Wenn Sie, wie ich vermute, daran denken, mir Geld gegen eine Hypothekarverschreibung zu leihen –»

«Hypotheken interessieren mich überhaupt nicht», unterbrach Mr. Chawleigh. «Obwohl es ein Kinderspiel für mich wäre, sämtliche Hypothekarverschreibungen von Ihnen aufzukaufen, und nie auch nur einen Penny dafür zu verlangen – wenn wir zu einer Einigung kommen! Ich will auch Ihren Besitz nicht kaufen. Es ist nicht Geld, auf das ich aus bin, Mylord, sondern etwas anderes, und Sie dürfen mir glauben, daß ich bereit bin, ein hübsches Sümmchen dafür springen zu lassen, um es zu kriegen – falls ich das Richtige finde, und ich glaube, es vielleicht gefunden zu haben. Abgesehen von dem, was Seine Lordschaft über Sie sagte, gefällt mir Ihr Aussehen, Mylord – und ich hoffe, Sie nehmen mir diese Bemerkung nicht übel.»

«Durchaus nicht», antwortete Adam belustigt und verblüfft. «Sie sind sehr gütig. Aber was wollen Sie eigentlich von mir?»

Mr. Chawleigh knirschte minutenlang mit den Kinnladen, als wüßte er nicht recht, wie er fortfahren sollte. Schließlich kratzte er sich den Kopf und rief: «Verdammt, ob mich je zuvor einer hat drängen müssen, auf den Kern eines Geschäfts zu kommen! Ich bin ein einfacher Mann, Mylord, und ich kann weder meine Vorschläge elegant verpacken, noch liegt mir was daran. Das wäre wohl eher Ihre Sache als die meine. Sie haben mir jedoch eine klare Frage gestellt, und ich will Ihnen ebenso direkt antworten: ‹Es ist Ihr Name, Mylord, um den es mir geht.› »

«Mein *Name*?»

«Richtiger gesagt», ergänzte Mr. Chawleigh, «Ihr Titel. Wenn ich auch einen Grafen im Sinn hatte, da ich annahm, einen Marquis doch nicht bekommen zu können. Auf einen Herzog hoffe ich gar nicht erst, denn ein Jonathan Chawleigh versteigt sich nicht auf den Mond! Herzoge stehen zu hoch über mir, das braucht man mir gar nicht erst unter die Nase zu reiben.»

«Mein Lieber, wovon *sprechen* Sie eigentlich?» fragte Adam mit lebhaftem Staunen. «Ich kann Ihnen meinen Titel nicht geben.»

«Verdammt, ich bin kein solcher Schwachkopf, das nicht selbst zu wissen», versetzte Mr. Chawleigh schroff. «Ich will ihn ja nicht für meine Person, sondern für meine Tochter!»

«Wie, bitte?»

Mr. Chawleigh hob beschwichtigend seine riesige Hand. «Nur ruhig Blut. Sie brauchen nicht gleich zur Salzsäule zu werden! Hören Sie erst, was ich zu sagen habe.»

«Sind Sie mit meinem Anwalt, Mr. Wimmering, bekannt?» verlangte Adam zu wissen.

«Nein, aber es soll mich freuen, ihn kennenzulernen – vorausgesetzt, daß wir uns einigen. Nicht, daß ich Sie weniger honett bedienen würde, ohne daß mir ein Anwalt dabei auf die Finger sieht, aber ich nehme es Ihnen nicht übel, daß Sie sicher sein wollen, nicht geprellt zu werden. Außerdem würde ich lieber alles mit einem Geschäftsmann besprechen. Auf diese Art kriegen wir alles prächtig und tadellos unter Dach und Fach.»

«Ich bitte um Vergebung, aber ich fürchte, einen falschen Eindruck erweckt zu haben. Diese Frage stellte ich bloß – ach, aus einem ganz anderen Grunde.»

«Tatsächlich? Nun, vielleicht kann ich mir diesen Grund vorstellen», erwiderte Mr. Chawleigh mit grimmigem Lächeln. «Glauben Sie nur ja nicht, daß ein ungehobelter Mensch auch gleich auf den Kopf gefallen sein muß! Ich kann mir ebenso rasch meinen Reim machen wie jeder andere in der Stadt. Sonst hätte ich es ja auch nicht zu einem Vermögen gebracht! Und wenn, was ich wette, Ihr Anwalt Ihnen empfohlen hat, eine Tochter aus reichem Hause zu heiraten, dann hat er bloß die Wahrheit gesagt, auch wenn Ihnen dieser Gedanke nicht behagt, wie ich merke.»

Adam fühlte sich durch die flinken Schlußfolgerungen und die gewaltige Persönlichkeit seines Besuchers in die Enge getrieben und versuchte, der Flut Einhalt zu gebieten: «Mr. Chawleigh, ich bitte Sie, nicht –»

«Augenblick, bitte!» schnitt Mr. Chawleigh ihm rundweg das Wort ab und erhob wieder die Hand, die die Größe eines Schinkens hatte. «Wenn Ihnen mein Plan nicht gefällt, sagen Sie es unumwunden, und niemand ist gekränkt. Aber ich kam her, um Ihnen ein Angebot zu machen – vorausgesetzt, daß Sie mir zusagen, und das tun Sie. Dieses Angebot werde ich jetzt machen, denn ich bleibe niemals auf halbem Wege stehen. Es ist keine Schande für Sie, daß Sie nicht gleich darauf losfahren, wie der Hahn aufs Korn – im Gegenteil, ich hätte unverzüglich kehrtgemacht, wenn Sie es getan hätten. Aber Sie vergeben sich nichts, wenn Sie mich zu Ende hören. Damit wir einander nicht mißverstehen, möchte ich sagen, daß ich eine recht genaue Vorstellung davon habe, wie sehr Ihnen das Wasser bis zum Halse steht. Das stört mich nicht, denn schließlich waren nicht Sie es, der so leichtfertig mit dem Vermögen umsprang. Das wäre natürlich was anderes: einem Spieler werfe ich mein Geld nicht in den Rachen, selbst wenn er mehr ist als ein Marquis. Seine Lordschaft versicherte mir, daß Sie weder wetten noch mehr spielen, als es in Ihren Kreisen üblich ist, und dagegen habe ich nichts einzuwenden, obwohl ich selbst überhaupt nie wette.» Er legte eine Pause ein, aber Adam hatte begriffen, daß nichts Geringeres als eine schwere Artilleriebrigade ihn zum Schweigen bringen konnte, und so schickte er sich ins Unvermeidliche und enthielt sich jeden Kommentars. Das schien Mr. Chawleigh zu behagen, denn er nickte und lächelte wohlwollend. «Also!» hob er an, und rückte sich in seinem Sessel zurecht wie einer, der eine lange Rede vom Stapel zu lassen beabsichtigt. «Sie werden mich fragen, was mir diese Idee in den Kopf gesetzt hat, Mylord, und ich will es Ihnen verraten. Ich habe keine weiteren Kinder oder Verwandten, die mir nahestehen, und hielt auch nie nach jemandem Ausschau, als Mrs. Chawleigh das Zeitliche segnete. Wohlgemerkt, so manche hätte mich gerne eingefangen, denn ich war damals ein recht temperamentvoller Mann, aber ich brachte es nie übers Herz, eine andere an ihre Stelle zu setzen. Sie war ein prächtiges Mädel, meine Mary! Kerngesund und von guten Eltern obendrein: Freisassen, und stolz darauf! Es hieß, sie hätte unter ihrem Stand geheiratet, als wir unser Los in einen Topf warfen, aber ich schwor, ihr bald ein erstklassiges Leben zu bieten und, bei Gott, das tat ich auch! Sie starb, als Jenny erst drei Jahre alt war. Im Kindbett verstarb sie und das Neugeborene mit ihr – was mir nicht weiter naheging, obwohl wir uns einen Jungen gewünscht hatten. Ich will mich nicht weiter darüber auslassen, sonst packt mich wieder der Kummer. Jedenfalls sagte Mrs. Chawleigh bei Jennys Geburt, weil sie annahm, ich sei enttäuscht, daß es kein Sohn war – ‹Jonathan›, sagte sie, ‹merk gut auf: Wir werden es noch erleben, daß die Kleine einen Lord heiratet. Denn so wie du in der Welt vorankommst›, sagte sie, ‹wüßte ich nicht, was sie daran hindern sollte!› Natürlich scherzte sie bloß, aber sie hatte uns mit dieser Bemerkung beiden einen Floh ins Ohr gesetzt, und kurz und gut, als sie starb, beschloß ich, Jenny so zu verheiraten, wie sie es gewünscht hatte. Und wenn Jonathan Chawleigh sich einmal etwas in den Kopf gesetzt hat, Mylord, dann läßt er sich nicht so leicht davon abbringen!»

Das glaubte Adam ihm gerne, aber er sagte höflich: «Glauben Sie nicht, daß Mrs. Chawleigh ihre Tochter lieber als Gemahlin eines Mannes von höherem Rang und größerem Vermögen gesehen hätte, als ich es zu bieten habe?»

«Ach, ganz bestimmt», erwiderte Mr. Chawleigh ohne überflüssiges Taktgefühl. «Aber sie war eine vernünftige Frau und hätte genauso rasch wie ich begriffen, daß es keinen Zweck hat, sich für ein Mädchen wie Jenny nach einem Marquis oder Grafen die Augen auszuschauen. Ich hab keine Kosten für ihre Erziehung gescheut, wohlgemerkt! Ich bin nicht schmutzig und habe keinem Penny nachgeweint, den ich für ihre Ausbildung springen ließ! Und soviel möchte ich sagen: Ich habe sie erstklassig herausgebracht! Jeder Zoll eine Dame, jawohl! Jeden Firlefanz hat sie mitgemacht: Sie spielt Klavier, kann singen und tanzen, Französisch und Italienisch, malt Aquarelle und hält sich kerzengerade – da ist nichts übersehen worden! Und was ihre Bildung betrifft, so sage ich oft, sie ist das reinste Lexikon! Ich habe sie nach Kensington zur Schule gechickt, wohlgemerkt! Sie hat das ja gar nicht gern gehabt, wollte lieber bei mir zu Hause bleiben, aber ich verstand es natürlich besser. Ich hätte ihr ja Erzieherinnen und Tanzlehrer und alles übrige kommen lassen können, aber da wäre sie doch nicht Kopf an Kopf mit den Töchtern aus erstklassigen Häusern gesessen, nicht wahr? So aber wuchs sie in der vornehmsten Umgebung heran, das lassen Sie sich gesagt sein! Jawohl, ich habe sie in Miss Satterleighs Höhere Töchterschule geschickt.» Heftiges Lachen erschütterte seinen Leib. «Wenn ich Ihnen sagen würde, was mich das gekostet hat, Mylord, Sie würden es nicht glauben! Diese alte Jungfer behauptet zwar, ein Blaustrumpf zu sein, aber ich sage Ihnen, sie hätte sich besser einen Wettladen statt einer Schule aufmachen sollen, denn ich wünsche nur, niemals einem unerbittlicherem Halsabschneider in die Hände zu fallen. Hat die Nase über meine Jenny gerümpft, bis ich ihr sagte, wieviel in meiner Geldkatze steckt. Dann allerdings –» Nachdenklich rieb er sich das Kinn und grinste. «Nun, ich muß zugeben, sie war ein verdammt gewitztes Weibsstück. Nicht viele können sich rühmen, Jonathan Chawleigh übervorteilt zu haben, aber sie ließ mich weißbluten, als sie begriff, daß ich jeden Preis zahlen würde, um mein Ziel zu erreichen! Und ich erreichte es, wohlgemerkt! Nun, ich habe nichts gegen ihre Geldgier, denn wenn das Internat auch nicht das war, was ich mir davon erhoffte, war das nicht Miss Satterleighs Schuld.» Er versank in kurzes Brüten, ehe er in einem Anfall von Vertrauensseligkeit gestand: «Ich habe meine Ware nie über ihren Wert veranschlagt, daher habe ich auch nicht die Absicht, Ihnen einzureden, daß meine Jenny eine Schönheit ist, denn das ist sie nicht. Wohlgemerkt: Sie ist bei Gott nicht häßlich! Weder schielt sie noch hat sie ein Pferdegebiß, nichts dergleichen! Ich muß allerdings zugeben, daß sie nicht eine ist, auf die sich alle stürzen. Sie ist sehr still, verstehen Sie, und verteufelt schüchtern. Das hat mich auf den Sand gesetzt, und ich leugne nicht, daß ich mich zuzeiten über sie geärgert hab, denn sie hatte genügend oft die Gelegenheit, Anschluß an die allererste Gesellschaft zu finden, wenn sie sich nur ein wenig darum bemüht hätte. Statt dessen verdrückte sie sich still in eine Ecke und blieb stumm wie ein Mäuslein, daß keiner sie nicht einmal bemerkte.

Ja, wenn sie wär wie Miss Julia –! Die nenne ich mir eine Schönheit! *Der* mangelt es nicht an Bewerbern, dafür lege ich meine Hand ins Feuer. Ja, das war die einzige Freundschaft, die Jenny im Internat schloß, und die mich hoffen ließ. Der Himmel weiß, warum die beiden Mädchen Gefallen aneinander fanden, denn sie haben rein gar nichts gemein, ganz davon zu schweigen, daß meine Jenny um zwei Jahre älter ist als Miss Julia. So wurde ich mit Lord Oversley bekannt. Nun, ich hatte Gelegenheit, ihm einmal einen guten Dienst zu erweisen, als er in einer Klemme steckte, und das hat ihn mir, wie man so sagt, ein wenig verpflichtet. Wir beide sind so verschieden wie Feuer und Wasser, aber wir stehen auf recht gutem Fuß miteinander. Er ist ein geradliniger Mann, und mit ihm kann ich ohne viel Umschweife sprechen. Das tat ich auch und erzählte ihm rundheraus, was ich für meine Tochter wollte. Natürlich erwarte ich nicht von ihm, daß er mir einen Lord für meine Jenny findet, aber ich bat, ob nicht Lady Oversley meine Jenny unter ihre Fittiche nehmen und ihr die Bekanntschaft des einen oder anderen Lord vermitteln könnte, und das geschah auch. Keiner hätte meinem Ansuchen freundlicher willfahren können, das muß ich schon sagen. Sie schleppte meine Jenny zu den verschiedensten großartigen Gesellschaften mit und lud sie überdies oft ein, einfach einen Tag bei Miss Julia zu verbringen. Dadurch wurde sie mit all den vornehmen Herren bekannt, die dort ihren Morgenbesuch abstatteten. Es ist nicht ihre Schuld, daß ihre Bemühungen fruchtlos blieben.» Er seufzte und schüttelte bekümmert den Kopf. «Nun, es passiert mir nicht oft, daß ich ratlos bin, aber ich gestehe, daß ich schon am Ende meiner Weisheit war, als Seine Lordschaft zu mir kam und mir vorschlug, es doch mit einem Vicomte zu versuchen, wo er in der Lage ist, mich mit genau dem richtigen Mann für mein Geld bekannt zu machen. Er sprach ganz offen mit mir und war voll des Lobes über Sie, Mylord, wenn ich so sagen darf, und erlauben Sie mir die Bemerkung, daß ich von diesem Vorschlag durchaus nicht entzückt war. Abgesehen davon, daß ein Vicomte eben doch kein Graf ist, wie man es auch drehen und wenden mag, wollte ich meine Jenny nicht jemandem anzuvertrauen, der bereit ist, um des Geldes willen zu heiraten. Nun seien Sie bloß nicht gleich eingeschnappt, Mylord! Lord Oversley sagte mir sofort, daß Sie vermutlich den Vorschlag nicht gutheißen würden – was ich mir zu bezweifeln erlaubte – Sie müssen schon verzeihen! –, bis er mir eröffnete, wer Sie sind. Zuerst nannte er Sie Lord Lynton und das verriet mir nichts weiter, als daß Ihr Vater der sogenannten Carlton-House-Clique angehörte und ein toller Lebemann war. Aber als er mir mitteilte, daß Sie Hauptmann Deveril seien – da sah die Sache natürlich gleich ganz anders aus.»

«So?» sagte Adam neugierig. «Ich wüßte zwar nicht, weshalb – aber fahren Sie bitte fort, Sir.»

«Ja», nickte Mr. Chawleigh. «Zwar hatte ich Sie noch nie vor die

Augen bekommen, aber mir schwante schon lange, daß meine Jenny Sie lieber sah als alle anderen Sprößlinge aus gutem Hause, die sie kannte.»

Verdutzt fragte Adam: «Ja, bin ich ihr denn schon begegnet?» Er brach ab. Zu spät begriff er, wie sehr ihn dieser unbeabsichtigte Ausruf verraten hatte.

Zu seiner größten Erleichterung war Mr. Chawleigh nicht gekränkt. «Ja, das sind Sie», erwiderte er nachsichtig. «Oft sogar, aber es überrascht mich nicht, daß Sie sich nicht erinnern können. So ergeht es ihr immer wieder: Sie läßt sich von den anderen Mädchen in den Schatten stellen. Sie neigt nicht zum Schwatzen, aber als Sie im Vorjahr in der Stadt waren, bis auf die Knochen abgemagert, was Sie einer Handvoll Chirurgen, wie sie sich nennen, zu verdanken hatten, obwohl ich sie ja eher für Schlächter halte, und nicht einer von ihnen wird jemals an mich auch nur anstreifen, da laß ich mich lieber mit einer Schaufel zu Bett legen und hab's überstanden – je nun, als Sie also schwermütig einherhumpelten», sagte Mr. Chawleigh, der überraschend wieder den Hauptfaden seines Gespräches aufgenommen hatte, «sprach sie öfters einmal von Ihnen. Nicht viel, verstehen Sie, aber doch genug, daß ich die Ohren spitzte. Scheint, daß Sie trotz Ihrer Verehrung für Miss Julia Zeit fanden, meiner Jenny kleine Artigkeiten zu sagen.»

Flüchtig zuckte die Erinnerung an ein fremdes Mädchen, das bei Julia zu Besuch war, durch Adams Gedächtnis, aber es war ihm völlig unmöglich zu sagen, wie sie ausgesehen hatte, oder was er getan haben mochte, ihr Wohlgefallen zu erregen. Vorsichtig vermied er es daher, eine Bekanntschaft vorzutäuschen. Mr. Chawleigh mochte redselig sein, aber niemand, der jemals seinen schlauen Blick auf sich hatte ruhen fühlen, konnte annehmen, daß er leicht zu hintergehen war.

«Nun, so steht es», sagte Mr. Chawleigh. «Darüber hinaus habe ich im Augenblick kaum mehr etwas zu sagen, außer daß ich keine Antwort erwarte, ehe Sie Zeit hatten, sich meinen Vorschlag in Ruhe durch den Kopf gehen zu lassen, Mylord.»

Adam erhob sich. «Sie sind sehr gütig, Sir, aber –»

«Nein, denken Sie drüber nach, ehe Sie sich festlegen», unterbrach ihn Mr. Chawleigh. «Glauben Sie mir, es ist immer schlecht, etwas zu überstürzen. Ich kann auch gar nicht vorhersagen, ob meine Jenny mehr Geschmack an dem Plan finden wird als Sie. Schlafen Sie erst darüber! Ja, und besprechen Sie sich mit Seiner Lordschaft oder mit Ihrem Anwalt. Sie sollen sicher sein, daß ich nicht bluffe, und haben bloß mein Wort, daß ich ein vermögender Mann bin.»

«Ich bin ganz überzeugt, daß Sie mir die volle Wahrheit gesagt haben, Sir, aber –»

«Das dürfen Sie auch, aber es ist nur vernünftig, daß Sie Erkundigungen einziehen. Jonathan Chawleigh kauft niemals die Katze im Sack, und: Wie du mir – so ich dir, ist mein Motto. Wenn die Ergebnisse zufriedenstellend ausfallen, wovon ich überzeugt bin, meine ich, daß Sie uns die Ehre erweisen sollten, eines Abends auf dem Russel Square mit dem fürlieb zu nehmen, was gerade auf den Tisch kommt, und bei dieser Gelegenheit Jenny ein wenig kennenzulernen. Es wird keine Gäste geben: nur ich, meine Jenny und Mrs. Quarley-Bix werden anwesend sein. Das ist die feine Dame, die ich angestellt habe, um Jenny Gesellschaft zu leisten und sie in vornehme Kreise einzuführen. Und warum ich sie eine feine Dame nenne, weiß ich wahrlich nicht, denn ich halte sie für nichts Besonderes. Ja, es gibt Tage, an denen ich mich frage, ob man mich mit ihr nicht tüchtig übers Ohr gehauen hat», sagte Mr. Chawleigh finster. «Es sollte mich nicht wundern, wenn ich entdeckte, daß sie mit diesen Quarleys nicht mehr verwandt ist als ich. Oder, falls sie es ist, zählt sie wohl zu jenen Versagern, die selbst in den besten Familien vorkommen, wie mir Seine Lordschaft verriet, und von den übrigen Verwandten geschnitten werden. Ich gebe ja zu, daß sie etwas von Modefragen versteht, aber man braucht sie nur einmal neben Lady Oversley zu stellen, um zu erkennen, daß sie ihr nicht das Wasser reichen kann. Außerdem setzte es bei der einzigen Spazierfahrt im Park, die ich mit ihr und Jenny unternahm, wohl ein heftiges Hüteziehen und Winken, aber keiner kam an unsere Equipage, um ein Wort mit uns zu wechseln. Allerdings», setzte er aufrichtig hinzu, «mag meine Anwesenheit im Landauer der Grund dafür gewesen zu sein, denn mich würde niemand zur vornehmen Gesellschaft zählen, und wenn ich mich noch so herausstaffierte! Tja, Mylord, es würde mich mächtig interessieren, was *Sie* denken, denn Sie gehören diesen Kreisen an – richtig nobel, wie ich sofort feststellte. Wohlgemerkt, falls Jenny einverstanden ist! Ich habe noch nicht mit ihr darüber gesprochen, aber ich will es nachholen.»

Adam hatte das unbehagliche Gefühl, von einer kräftigen Woge erfaßt worden zu sein, und versuchte verzweifelt, gegen diese Übermacht anzukämpfen. «Mr. Chawleigh, ich ersuche Sie dringend, nichts dergleichen zu tun. Ich bin mir vollauf bewußt – ich versichere Ihnen, von Ihrem Wohlwollen sehr gerührt zu sein –»

Wieder schnitt ihm die große, hoch erhobene Hand das Wort ab. «Überlegen Sie es!» empfahl Mr. Chawleigh freundlich. «Gefällt Ihnen mein Vorschlag nicht, wenn Sie ihn überschlafen haben, dann verliere ich kein Wort mehr, das verspreche ich! Aber denken Sie gründlich darüber nach! Ich weiß, daß Ihnen der Boden unter den Füßen eingestürzt ist und Sie versuchen, sich ehrenhaft aus der Affäre zu ziehen, und das flößt mir den größten Respekt ein. Wenn Sie jedoch meine Jenny zur Lady machen *und* sie außerdem gut behandeln – und ich bin überzeugt, daß Sie das täten, oder Sie hätten es mit mir zu tun! –, dann wären Sie alle Schulden und Hypotheken los. *Darauf* können Sie sich verlassen. Die Entscheidung liegt bei Ihnen, und ich will Sie nicht beeinflussen – meine Hand darauf!»

Mit diesen Worten streckte er ihm die mächtige Pranke entgegen und sagte, als Adam wie benommen seine Hand hineinlegte: «Ich sage jetzt Adieu, und das ist für den Augenblick mein letztes Wort.»

4

Adam blieb sich selbst überlassen und konnte sich von seinem überwältigenden Besucher erholen, was er alsbald tat. Er schwankte ein wenig zwischen Ekel und Belustigung, und dann strich er den Zwischenfall völlig aus seinem Gedächtnis. Kaum aber hatte er sich niedergelassen, um den unterbrochenen Brief an seine Schwester zu beenden, klang ihm ihre Stimme im Ohr: «Ich glaube, man muß bereit sein, für seine Familie Opfer zu bringen.» Sie war zweifellos dazu bereit, aber sie war zu jung, um die Schwere eines solchen Opfers zu erkennen, und sie hatte noch nie geliebt. Er lächelte, als er an ihren kindlichen Plan dachte, den sie für seine Rettung ausgeheckt hatte; aber sein Lächeln war unglücklich und bald erstarb es gänzlich. Er überlegte, wie sich wohl ihre Zukunft gestalten würde und versuchte, sich ihr Zusammenleben mit Lady Lynton in Bath auszumalen. Man hätte meinen können, dies sei keine so beklemmende Vorstellung, aber er sah diesem Schicksal schweren Herzens entgegen und beschloß, mit allen Mitteln zu versuchen, nicht nur zumindest einen Teil ihrer Mitgift aus den Überresten des Vermögens zu retten, sondern darüber hinaus auch ein Einkommen für sie zu sichern, denn er bezweifelte keine Minute, daß jede Sparmaßnahme Lady Lyntons auf Kosten Lydias gehen würde. Ein einziges Mal hatte er gewagt, ihr verschiedene Einschränkungen vorzuschlagen, wie zum Beispiel an Stelle einer horrend teuren Zofe ein bescheidenes Mädchen zu beschäftigen. Ihre Antwort hatte ihm völlig den Wind aus den Segeln genommen. Sie habe sich diese Maßnahme überlegt, sagte sie, und sich die Frage gestellt, ob der arme Papa wohl diesen unerfreulichen Wechsel von ihr erwartet hätte, worauf sie klar erkannte, er hätte das niemals gewollt.

«Und dagegen läßt sich gar nichts einwenden», hatte Lydia bemerkt, «denn es ist wahr! Er hätte bloß ‹Pah! Unsinn› gesagt.»

Adam fürchtete, daß seine Mutter bei Lydias Gesellschaftsdebüt zu sparen beginnen würde. Lady Lynton schätzte Geselligkeiten nicht. Große Gesellschaften hatten ihr nie Vergnügen bereitet und es war anzunehmen, daß sie Armut vorschützen würde, um diesen Teil ihrer Mutterpflichten zu vernachlässigen. Der Gedanke durchzuckte Adam, daß, wenn er selbst wohlhabend verheiratet wäre, seine Frau die Aufgabe übernehmen könnte, Lydia in die Gesellschaft einzuführen.

Aber der Gedanke verblaßte sofort wieder, er tauchte seine Feder ins

Tintenfaß und beendete seinen Brief an Lydia ziemlich unvermittelt, ohne ihr, wie er beabsichtigt hatte, von seiner Unterredung mit Mr. Chawleigh zu berichten.

Der Nachmittag verdüsterte sich durch eine Nachricht aus Wimmerings Kanzlei. Sein geplagter Anwalt hatte die beunruhigende Mitteilung über eine weitere Verpflichtung des verstorbenen Lord Lynton erhalten. Er fürchtete sehr, daß man sie einlösen würde müssen. Da er über diese Transaktion keinerlei Unterlagen besaß, erkundigte er sich, ob der jetzige Vicomte in den privaten Aufzeichnungen seines Vaters irgendeinen Hinweis darauf gefunden habe.

Adam gelangte zu der Erkenntnis, daß ein Selbstmörder nicht unbedingt geistig umnachtet sein muß, und machte sich seufzend an die Aufgabe, abermals den Stoß von Rechnungen seines leichtsinnigen Vaters durchzusieben.

Bei dieser Beschäftigung traf Lord Oversley ihn an.

«Ich habe nur wenige Minuten Zeit», sagte Oversley und schüttelte ihm die Hand, «aber ich fand, ich müßte mit Ihnen sprechen, falls Sie sich unüberlegt entscheiden sollten, ehe ich Gelegenheit hatte, Ihnen – Sie haben mit Chawleigh gesprochen, das weiß ich. Er kam schnurstracks von Ihnen zu mir gelaufen. Sie gefallen ihm sehr, und das hatte ich auch erwartet.»

«Sehr gütig von ihm», antwortete Adam. «Ich wollte, ich könnte ihm das Kompliment zurückgeben.»

«Ah!» sagte Seine Lordschaft. «Das habe ich befürchtet. Um so besser, daß ich mir die Zeit für diesen Besuch abstahl.»

«Du lieber Himmel!» rief Adam aus. «Sie können doch nicht angenommen haben – ausgerechnet Sie! –, daß auch nur die geringste Möglichkeit besteht, daß ich . . . Nein, es ist undenkbar!»

«Dann will ich Ihnen nicht verhehlen, Adam, daß Sie nicht der Mann sind, für den ich Sie hielt», sagte seine Lordschaft. «Und wenn Sie die beste Chance, die sich Ihnen bieten kann, um Fontley zu erhalten, Ihre Schwestern zu versorgen und sich selbst von Ihrer Schuldenlast zu befreien, in den Wind schlagen, dann muß *ich* sagen, daß ich es nicht nur bedaure, Ihnen die Hand meiner Tochter verweigert zu haben, sondern mich im Gegenteil überglücklich schätze!» Er sah, daß Adam zusammenzuckte, und fuhr in freundlicherem Tone fort: «Ich weiß, daß es eine verteufelt bittere Pille ist und durchaus nicht die Ehe, die Ihnen jemand gewünscht hätte, aber es ist nun leider einmal so, daß Sie in Teufels Küche stecken, mein Junge! Ich behaupte allen Ernstes, daß Sie es Ihrem Namen schulden, jede ehrenhafte Gelegenheit zu ergreifen, um sich aus Ihrer Verlegenheit zu befreien!»

«Ehrenhaft?» rief Adam erbittert. «Wenn ich mich an die Tochter eines ordinären Emporkömmlings verkaufe? Oh, nein! Nicht mich: meinen Titel!»

«Pah! Zu tragischen Tönen besteht keinerlei Veranlassung! Es ist ein sauberer Handel und einer, der bedeutend öfters abgeschlossen wird als Sie ahnen. Ja, ja, Sie glauben, in ewiger Liebe zu Julia entbrannt zu sein. Herrgott, wenn wir alle unsere erste Liebe heimführten, welche Heerscharen unpassender Ehen gäbe es da! Schlagen Sie sich das Mädchen aus dem Kopf! Nehmen Sie mein Wort dafür, daß sie nicht geeigneter ist, die Frau eines aktiven Offiziers zu sein als –»

«Das ist nicht nötig, Sir», wehrte Adam ab. «Wenn es mir nicht gelungen ist, sie mir aus dem Kopf zu schlagen, so versichere ich Ihnen doch, daß ich nicht daran denke, sie zu heiraten – oder jemand anderen.»

«Hören Sie, Adam!» beschwor Oversley ihn. «Wenn Sie von Mr. Chawleigh auf seine Tochter schließen, begehen Sie einen Irrtum! Sie ist keine Schönheit, aber ich hielt sie stets für ein angenehmes, wohlerzogenes Mädchen. Ich sehe nicht ein, warum sie Ihnen keine liebenswerte Frau sein sollte. Sie ist zwar ein wenig schüchtern, aber durchaus vernünftig, und Sie werden sich Ihrer nie schämen müssen. Und was Chawleigh betrifft, so glaube ich nicht, daß er Sie jemals in Verlegenheit setzen wird. Ja, ich weiß, daß er für seine Tochter ehrgeizig ist, aber er selbst hat kein Verlangen danach, in die gute Gesellschaft aufgenommen zu werden. Sie werden es nicht glauben, aber er hat meine Schwelle niemals übertreten. Ich bin ihm sehr verpflichtet und fürchtete schon, daß er das ausnützen würde, aber keine Spur davon! Er bat mich einzig darum, Jenny in die von ihm so bewunderten ‹erlauchten Kreise› zu bringen. Er schlug die einzige Einladung zum Abendessen in die Mount Street aus und sagte, er würde sich geehrt fühlen, in der Stadt mit mir zu speisen, weigerte sich aber, mich in meinem Hause aufzusuchen. Viele seiner Eigenschaften nötigen mir ehrlichen Respekt ab – und keiner genießt einen besseren Ruf in der City als er.»

«Ich bin von seiner Hochachtbarkeit überzeugt», sagte Adam, «aber ich fühle kein Verlangen, seine Tochter zu heiraten.»

«Kommen Sie auf die Erde zurück, Adam», sagte Oversley streng. «Es heißt – und ich glaube es –, daß er einer der reichsten Männer Englands ist, und seine Tochter wird sein gesamtes Vermögen erben! Er ist dafür bekannt, unbarmherzig seinen Vorteil zu verfolgen, aber er ist kein Geizkragen, und je mehr er für seine Jenny ausgibt, desto glücklicher scheint es ihn zu machen. Heiraten Sie Jenny, und Sie werden für den Rest Ihres Lebens auf Daunen gebettet sein. Sie werden nicht nur imstande sein, Fontley zu erhalten, sondern es in dem alten Glanz auferstehen zu lassen, in dem es zur Zeit Ihres Großvaters erstrahlte.» Er packte Adam an der Schulter: «Hören Sie auf mich, Sie junger Narr! Es steht Ihnen nicht zu, die einzige Chance auszuschlagen, die das Schicksal Ihnen eingeräumt hat, um zurückzugewinnen, was Ihr Vater vergeudete! Könnten Sie Fontley aus eigener Kraft wieder auf die Beine stellen, würde ich Ihnen nicht zu dieser Heirat raten, aber Sie können es eben nicht! Sie sprechen davon, wieder zu Ihrem Regiment zu stoßen, und ich billige Ihnen zu, daß Sie es dort zu höchstem Range bringen können. Wenn aber Fontley einmal Ihren Händen entglitten ist, so ist es für alle Zeiten für Sie verloren! Lassen Sie sich das durch den Kopf gehen und vergessen Sie nicht, daß Sie das Oberhaupt Ihres Hauses sind und es in Ihrer Macht steht, es vor dem Untergang zu bewahren – wenn Sie von dieser Macht Gebrauch machen wollen!» Seine Finger gruben sich tiefer in Adams Schulter. «Machen Sie keine Faxen», sagte er mit derber Herzlichkeit. «Es ist ein ehrbarer Handel, und Sie müssen nicht das Gefühl haben, mit falscher Münze zu zahlen. Das Mädchen weiß, daß Sie es nicht lieben. Und alles übrige – ich hätte Ihnen aufrichtig eine ausreichende Atempause gegönnt, um sich von Ihrem Schock zu erholen, aber glauben Sie mir, Adam, Sie *werden* sich erholen! Das ist alles, was ich zu sagen habe. Du lieber Himmel, wie spät es geworden ist! Ich muß fort!»

Ein rascher Händedruck und er ging, bedrückt zwar von Adams unglücklicher Miene, nicht aber (wie er später seiner Gemahlin mitteilte) ohne Hoffnung.

Tags darauf nahm Adam, der eine schlaflose Nacht verbracht hatte, Mr. Chawleighs Einladung schriftlich an. Zwei Tage später bestieg er eine Mietskutsche, um in dem Haus auf dem Russel Square zu speisen.

Er war für sechs Uhr eingeladen und aufmerksam gemacht worden, daß es sich um ein zwangloses Beisammensein handle, aber wenn er auch anfänglich gemeint hatte, daß ein Tagesanzug für diesen Anlaß vollauf genügen würde, hatten ihn später Zweifel beschlichen und ihn dazu bewogen, Frack, weiße Weste, schwarze Pantalons und Seidenstrümpfe, kurz also, korrekte Abendkleidung anzulegen. Vielleicht war er damit zu festlich adjustiert, aber er vermutete, daß ein legerer Aufzug von seinem Gastgeber als gewollte Brüskierung aufgefaßt werden könnte.

Es dauerte eine Weile, ehe er den Russell Square erreichte, der erst vor kurzem auf dem Grundstück des Bedford House entstanden war, als dieser Herzogsitz vor vierzehn Jahren niedergerissen wurde. Adam erinnerte sich vage, als Kind einmal Bedford House besucht zu haben, aber während die Kutsche langsam über die Pflastersteine rumpelte, verführte ihn seine Niedergeschlagenheit zu der Annahme, die Grenzen des Nobelviertels weit hinter sich gelassen zu haben. Endlich an seinem Ziele angelangt, war er jedoch von der Weite und stillen Würde des Platzes angenehm überrascht. Backsteinhäuser umsäumten ihn, die prächtig genug waren, um von den Häusermaklern als vornehme Wohnsitze angepriesen zu werden. Im Mittelpunkt dehnte sich ein eingezäunter Garten mit einigen Bäumen, Sträuchern und einer gigantischen Statue eines Mannes, der an einem Pflug lehnte.

Adam zahlte den Fuhrlohn und erklomm die niedrigen Stufen zu Mr.

Chawleighs Haustür. Sie wurde aufgerissen, ehe er Zeit fand, mehr zu tun, als die Hand zu dem schweren Messingklopfer zu erheben, und er wurde von einem – wie ihm schien – ganzen Aufgebot von Bediensteten mit tiefen Bücklingen ins Haus geleitet. Tatsächlich waren es nur vier, neben einem Butler, der bedeutend würdevoller wirkte als sein eigener auf Fontley, und ihn nun über die mit karmesinroten Teppichen ausgelegte Treppe in den Salon im ersten Stock führte und ihn mit sonorer Stimme anmeldete.

Es war noch taghell, aber wenngleich die Vorhänge vor den Fenstern noch nicht zurückgezogen worden waren, brannten bereits die Kerzen in dem prachtvollen Luster an der Decke und in allen Wandleuchtern. Der Glanz unzähliger Lichter blendete Adam im ersten Augenblick. Er hatte den verwirrenden Eindruck eines Gefunkels, in das sich gelbe Seide, vergoldete Spiegel, Stühle und Bilderrahmen mengten, ehe seine Aufmerksamkeit auf seinen Gastgeber gelenkt wurde, der ihm mit ausgestreckten Händen und einem Redeschwall entgegeneilte.

«Treten Sie ein, Mylord, treten Sie ein!» sagte er liebenswürdig. «Ich freue mich von Herzen, daß ich die Ehre habe, Sie hier willkommen zu heißen, und pünktlich auf die Minute obendrein, was ich nicht erwartete, nachdem mich meine Damen hier so ausgescholten haben, daß ich Sie zu einem so frühen Abendessen einlud! Nun ja, ich weiß, es ist nicht mondän, vor acht Uhr zu speisen, aber ich hoffe, Sie verzeihen mir, denn wenn ich gezwungen bin, auf mein Dinner zu warten, werde ich übellaunig, daß es nicht mit mir auszuhalten ist! Nein, aber wie bestürzt ich bin! Eure Lordschaft fuhren doch tatsächlich mit einer gewöhnlichen Mietdroschke! Ach, wenn Sie mir bloß gesagt hätten, daß Sie Ihre Equipage nicht in die Stadt mitgenommen haben, hätte ich meine eigene gesandt, um Sie abzuholen! Nun, zurück werden Sie nicht mit einer Droschke fahren, darauf haben Sie mein Wort! He, Butterbank, schick Er sofort zu den Ställen und lasse Er dort sagen, daß der Wagen später noch gebraucht wird!»

«Sir, Sie sind sehr zuvorkommend, aber ich versichere Ihnen, daß diese Mühe überflüssig ist», sagte Adam. «Lassen Sie um meinetwegen Ihren Kutscher nicht anspannen.»

Mr. Chawleigh fegte diesen Einwand mit der Bemerkung beiseite, daß seine Diener sichtlich alle ein Faulenzerdasein führten und es ihnen nur gut täte, etwas zu arbeiten.

Bis zu diesem Augenblick hatte seine mächtige Gestalt die beiden anderen Anwesenden vor Adams Blicken verborgen, aber nun fielen ihm seine Pflichten als Hausherr ein und er wandte sich um, die nötige Vorstellung vorzunehmen. Das tat er auf seine eigene Weise, indem er sagte: «Also hier haben wir Mrs. Quarley-Bix, Mylord, und das ist meine Tochter!»

Eine eckige Frauensperson kam herbei und sagte mit unangebrachter

Überschwenglichkeit: «Lord *Lynton*! Wie *geht* es Ihnen? Ich glaube, ich hatte bislang noch nicht das Vergnügen, Sie kennenzulernen, aber ich hätte Sie gewiß durch die Ähnlichkeit mit Ihrer teuren Mutter erkannt.»

Adam schüttelte die dargereichte Hand und murmelte mechanisch einige Höflichkeiten. Dankbar erkannte er, daß sein Instinkt ihn nicht getäuscht hatte, als er ihm eingab, im Frack zu erscheinen. Mrs. Quarley-Bix trug eine tief dekolltierte Robe aus dünnem, violettem Material, mit einer langen Schleppe und unzähligen Schleifchen. Auf ihrem Haupte thronte ein Turban, Glacéhandschuhe bedeckten ihre Arme, und sie trug ein Retikül und einen Fächer.

Die junge Dame, die feuerrot wurde und einen kleinen Knicks machte, als Adam sich ihr zuwandte, war noch pompöser gekleidet; obwohl ihr Kleid aus geblümtem Musselin ihren Jahren durchaus entsprach, war es doch so grauenhaft mit Spitzen und Florettseide überladen, daß man nur wenig vom Kleid selbst wahrnehmen konnte. Ihren Hals umschloß eine Perlenkette von erlesener Schönheit, Perlentropfen, die für ihren kurzen Hals viel zu schwer wirkten, baumelten von ihren Ohren, auf jedem Arm blitzten mehrere Armreifen und eine Nadel aus Rubinen und Brillanten stak in den Spitzen über ihrer Brust. Ein Laméumhang und Spangenschuhe vervollständigten eine Toilette, die nur die kritiklose Liebe ihres Vaters als vorteilhaft ansehen konnte.

Miss Chawleigh hatte nicht die Größe ihres Vaters geerbt. Mißgünstige Betrachter fanden oft, daß ihre Figur feist war. Adam war kein großer Mann, aber ihr Kopf überragte seine Schulter nur um eine Spur. Sie war wahrlich keine Schönheit, aber es haftete ihr nichts Abstoßendes an. Ihre Augen waren nicht groß, aber von einem klaren Grau, weit geöffnet (außer wenn sie belustigt war, dann verengten sie sich, bis sie nur mehr heiter blinzelten) und blickten ernst und nachdenklich. Ihr kunstvoll gekräuseltes und gewelltes Haar war mausfarben. Sie hatte einen kleinen, entschlossenen Mund, ein rundes Näschen und ihren Teint hätte man gut nennen können, wäre sie nicht unweigerlich tief errötet, sooft sie in Verlegenheit geriet.

Krasser hätte der Gegensatz zu Miss Oversley kaum sein können. In diesen Augen lockte kein feuchter Glanz, keine Verführung lag in ihrem Lächeln, keine Musik in ihrer monotonen Stimme, und weder ihre Erscheinung noch ihre Art erinnerten auch nur im entferntesten an eine Elfe. Wo Julia zu schweben schien, schritt sie kräftig und energisch aus und an Stelle von Julias unwiderstehlicher Koketterie umgab sie eine durch nichts zu erschütternde Nüchternheit. Sie hatte Freude an einer witzigen Bemerkung, aber sie erfaßte sie nicht immer, und sie sah aus, als besäße sie mehr Verstand als Feinfühligkeit.

Wenn Adam auch kein blitzartiges Erkennen durchzuckte, vermochte er sie doch mit jenem unauffälligen Wesen zu identifizieren, das er vor einem Monat so häufig in der Mount Street vorgefunden hatte. Er trat ihr mit seinem entwaffnenden Lächeln entgegen und sagte mit ungezwungener Liebenswürdigkeit: «Miss Chawleigh müssen Sie mir nicht vorstellen, Sir, denn wir sind alte Bekannte. Wie geht es Ihnen? Es dünkt mich eine kleine Ewigkeit, daß ich Sie zum letztenmal sah.»

Sie reichte ihm die Hand, antwortete jedoch nur mit einem kurzen, verkrampften Lächeln und einem scheuen Blick. Die Rosen auf ihren Wangen verdunkelten sich. Sie tat ihm in ihrer Verlegenheit ehrlich leid und er versuchte, ihr über den peinlichen Augenblick mit einer Bemerkung über die Weitläufigkeit des Russel Square hinwegzuhelfen. Das sei doch sicher der größte Platz Londons?

Da sie in hilflosem Schweigen verharrte, sprang Mr. Chawleigh ein, der entzückt war, ihm die Geschichte des Platzes zu erzählen, die Umstände, die ihn bewogen hatten, aus der Southampton Row hierher zu ziehen und die Höhe des Preises, den er für das Haus erlegt hatte, zu nennen.

«Es würde nicht zu mir passen, mich wie ein Pfau unter die Noblen von Mayfair zu mischen – wenn wir auch viele von ihnen bei Nr. 65 vorfahren sehen, seit dieser Kunstmaler sich hier angesiedelt hat, das muß ich schon sagen! Sie lassen sich von ihm konterfeien und die Porträts sind wunderbar, nichts zu sagen. Das darf man wohl voraussetzen, behaupte ich immer. Sie werden es kaum glauben, Mylord, aber er knöpft einem achtzig bis hundert Guineen für ein kleines Bildchen ab, für das ich keine hundert Shilling zahlen würde!»

«Ach, Sie ziehen alles ins Lächerliche, Mr. Chawleigh!» erhob Mrs. Quarley-Bix Einspruch. «Sie müssen wissen, Lord Lynton, daß hier die Rede von Mr. Lawrence ist. Was für ein Genie! Ich schwärme für seine Bilder und – darf ich es verraten, lieber Mr. Chawleigh – habe oft den Wunsch geäußert, Sie würden ihm den Auftrag geben, unsere reizende Miss Chawleigh zu porträtieren.»

«Ach, ich hatte einmal gute Lust dazu, aber als er begann, von vierhundert Guineen für ein lebensgroßes Gemälde zu faseln, wie ich es haben wollte, – denn wenn ich sie schon malen lasse, dann will ich auch 'was Richtiges! – na, da kehrte ich ihm den Rücken. Der will mich wohl schröpfen, dachte ich. Aber das ist noch nicht mein letztes Wort. Vielleicht, wenn sich die Dinge wunschgemäß entwickeln . . .» deutete er vielsagend an.

«*Sie*, Lord Lynton, sind doch gewiß in diesem Stadtviertel aus und ein gegangen, solange Bedford House noch stand, nicht wahr? Ach, es ist wirklich ein Jammer, daß es abgerissen wurde! Ein so vornehmes Gebäude! Mit so vielen Erinnerungen! Es muß Ihnen das Herz zusammenschnüren, den Platz so verändert vorzufinden.»

«Durchaus nicht», erwiderte Adam. «Ich glaube nicht, öfters als einmal in dem Palais gewesen zu sein, und damals war ich so jung, daß mir nur eine ganz verschwommene Erinnerung blieb.»

«Aber daß Sie mit dem Herzog bekannt sind, brauche ich wohl gar nicht erst zu fragen? Er ähnelt seinem Bruder, dem verstorbenen Herzog, so sehr, dem Sie natürlich oft begegnet sein müssen. Er war doch einer der Freunde Ihres Vaters, nicht wahr? Sie hatten beide ein ausgeprägtes Faible für die Landwirtschaft. Haben Sie die Statue des Fünften Herzogs auf dem Platz bemerkt? Sie stammt von Westmacott und ist eine seiner besten Arbeiten – wenn ich mir ein Urteil erlauben darf.»

«Ja, es ist eine schöne, große Statue», gab Mr. Chawleigh zu, «aber wie ein Pflug zu einem Herzog passen soll, das ist mir zu hoch. Das gleiche gilt für die Landwirtschaft. Die soll den Bauern überlassen bleiben und nicht den Herzögen. Schuster bleib bei deinen Leisten, sage ich immer.»

«Oh, aber ich versichere Ihnen, Sir, daß die Landwirtschaft jetzt sehr in Mode ist», rief Mrs. Quarley-Bix. «Ich glaube, es war Mr. Coke aus Norfolk, der sie zum *dernier cri* machte, und *er*, müssen Sie wissen –»

«Himmel, meine Gnädige, wie Ihnen der Schnabel geht», rief Mr. Chawleigh ungeduldig. «Ah, endlich läutet es zum Dinner! Jenny, meine Gute, du wirst uns hinunterführen und ich hoffe, du hast ein anständiges Mahl für Seine Lordschaft zusammengestellt, selbst wenn Schildkröten weder für Geld noch für gute Worte aufzutreiben waren. Aber ich warnte Sie, Mylord, daß Sie mit uns essen würden, was eben auf den Tisch kommt!» Dann schien er aber doch zu fürchten, daß Adam diese Bemerkung zu wörtlich auffassen und gekränkt sein könnte, und ergänzte: «Einfach, gut und reichlich, das ist meine Hausregel, und mir kommt nichts auf den Tisch, was ich nicht jederzeit ohne Verlegenheit einem Gast anbieten könnte, der zufällig zum Essen vorbeikommt. Was Jenny uns heute zu bieten hat, weiß ich nicht, aber so viel steht fest: Hammelragout und Bohnen haben Sie in Jonathan Chawleighs Haus nicht zu befürchten!»

Er hätte sich die Worte sparen können. Adam hatte sich mittlerweile ein ziemlich zutreffendes Bild von dem gemacht, was ihn erwartete, und er war nicht im geringsten von dem Aufgebot an Schüsseln und Zwischengerichten überrascht, unter denen sich der lange Eßtisch bog, obgleich auch die Kommode zur Bereitstellung des Mahls herangezogen worden war. Da es sich um eine zwanglose Zusammenkunft handelte, war nur ein einziger Gang vorgesehen, wofür Adam sehr dankbar war. Er war kein starker Esser und hatte sich jahrelang mit der Feldküche abgefunden, die oft genug aus Hasensuppe und einem mageren Huhn bestanden hatte, und selbst einem Gang, der ein Dutzend Nebengerichte umfaßte, Ehre anzutun, bedeutete ihm eine Strafe. Mr. Chawleigh sagte mit einer Handbewegung: «Hier ist Ihr Dinner, Mylord!» und beteiligte sich nachher kaum mehr an der Konversation. Seine ganze Aufmerksamkeit war nun auf das Essen gerichtet, er ließ kein Gericht aus und unterbrach diese hingebungsvolle Beschäftigung höchstens einmal, um sich dafür zu entschuldigen, daß kein Steinbutt vorhanden sei, oder um das Kalbsbries zu empfehlen, oder nach der Sauce zu verlangen.

Miss Chawleigh erklärte unbewegt, daß es durch die Stürme der letzten Tage unmöglich war, einen Steinbutt aufzutreiben, und Adam, dem nichts Besseres einfiel, beschrieb ihr scherzhaft die wenig appetitlichen Mahle, die er in Spanien genossen hatte. Sie lächelte und sagte: «Aber in Ihrem Quartier – und ich entsinne mich, daß Sie uns davon erzählt haben – gab es immer *paella*, und das war sehr gut. Ist das das richtige Wort?»

«Ja, genau, und es *war* gut. Eine Art Geschmortes, das jederzeit auf der Herdplatte stand – aber was drinnen war, habe ich nie entdeckt. Vermutlich von allem ein bißchen.»

«Ich mag Geschmortes nicht», ließ Mr. Chawleigh sich vernehmen. «Das sind Reste, sonst gar nichts, und die ißt man am besten in der Küche. Erlauben Sie mir, Ihnen eine Schnitte dieses Schinkens vorzulegen, Mylord?»

Adam lehnte ab, und Mrs. Quarley-Bix begann, vermutlich von dem liebenswürdigen Wunsch bewogen, die Konversation aufrechtzuerhalten, alle Söhne aus adeligen Häusern aufzuzählen, die zur Zeit in Spanien dienten, und deren Eltern entweder ihre alten Bekannten oder sogar entfernte Verwandte waren. Sie hegte nicht den leisesten Zweifel daran, daß Seine Lordschaft alle bestens kannte, aber da jene, die nicht in den Kavallerieregimentern dienten, bei den Ersten Infanteriewachen zu finden waren, vermochte er ihr keine erschöpfende Auskunft zu geben und war seinem Gastgeber für dessen Ablenkung dankbar, wenngleich er die Art und Weise derselben nicht eben schätzte.

«Zum Henker mit Lord X und The Honourable Y!» sagte Mr. Chawleigh. «Versuchen Sie einen Bissen von der jungen Ente, Mylord!»

Adam nahm das Angebot an, und während der Hausherr einige Schnitten von der Entenbrust tranchierte, wich er weiteren Erkundigungen nach seinen Militärfreundschaften damit aus, daß er Miss Chawleigh fragte, ob sie Lord Byrons jüngstes Gedicht gelesen hatte. Ihre Antwort überraschte ihn, denn statt sofort in Verzückung zu geraten, schüttelte sie energisch den Kopf und sagte: «Nein. Und ich habe auch nicht die Absicht, denn ich glaube, es handelt wieder von einem Wilden aus dem Orient und strotzt genauso von blutigen Schwertern wie der ‹Giaour›, den ich grauenhaft fand!»

«Oh, Miss Chawleigh, still, still!» rief Mrs. Quarley-Bix und warf die Hände in affektiertem Entsetzen hoch. «Der göttliche Byron! Wie können Sie nur so sprechen? *The bride of Abydos*! *Know ye the land where the cypress and myrtle Are emblems of deeds that are done in their clime* –»

«Ja, das ist sehr hübsch, aber schon die nächsten Zeilen halte ich für blanken Unsinn. Die Wut des Geiers mag sich in Sorge auflösen, obwohl mir das höchst unwahrscheinlich vorkommt, aber warum die Liebe der

Schildkröte zum Verbrechen entarten soll, das verstehe ich einfach nicht. Und nicht nur das», sagte sie resolut, «ich glaube es auch nicht.»

«Da haben Sie recht», pflichtete Adam ihr bei, den diese neue Auslegung ungemein amüsierte.

«Ich weiß nichts über die Liebe der Schildkröten, und andere Leute verstehen auch nicht mehr davon, wenn Sie mich fragen. Aber die beste Art sie zu kochen, ist die westindische Art, mit gut anderthalb Schoppen Madeira und einem Dutzend hartgesottener Eier obendrauf, und dann das Ganze unter den Rost geschoben», sagte Mr. Chawleigh.

«Lieber Mr. Chawleigh, hier liegt ein Mißverständnis vor. Der Dichter schreibt von der Turtel-*Taube*!»*

«Oh! Warum sagt er das nicht gleich? Ich glaube nicht, daß ich jemals Turteltauben gegessen habe, aber ich möchte fast annehmen, daß sie auch nicht anders schmecken als die übrigen Tauben. Ich habe ja nicht viel dafür übrig», sagte Mr. Chawleigh überlegend, «aber als ich noch ein Bub war, haben wir sie gern im Eierteig herausgebacken. Tauben im Teig, hießen sie.»

«So wie Wurst im Kuchenteig?» erkundigte sich Miss Chawleigh interessiert.

«Meine teure Miss Chawleigh, was sind das bloß für Themen?!» tadelte Mrs. Quarley-Bix. «Lord Lynton sieht ehrlich entsetzt aus.»

«Wirklich?» entgegnete Adam. «Dann muß mein Aussehen trügen.» Er wandte sich seiner Gastgeberin zu und sagte lächelnd: «Ich kann Ihnen nicht sagen, wie erfrischend es ist, auf ein weibliches Wesen zu stoßen, das nicht bei der bloßen Erwähnung von Byrons Namen in Verzückung gerät.»

«Lachen Sie mich aus?» fragte sie unbeholfen.

«Ganz bestimmt nicht! Ich verstehe nicht allzu viel von Gedichten, aber die Verse Lord Byrons werden doch sicherlich überschätzt.»

«Sehen Sie, genau das finde ich auch», erwiderte sie. «Aber ich habe schon längst bemerkt, daß mich Gedichte nicht so zu entzücken vermögen, wie sie es sollten, auch wenn ich mir die größte Mühe gebe. Dennoch habe ich mich gezwungen, die *Bride of Abydos* zu lesen.»

«Ohne Erfolg, wie ich zu prophezeien wage?»

Sie nickte schuldbewußt. «Ja – obwohl ich sicher durchgehalten hätte, wäre nicht aus der Bibliothek ein Paket mit zwei Büchern eingelangt, die ich dringend zu lesen wünschte. Da vermochte ich mich nicht länger auf Byron zu konzentrieren, und deshalb gab ich den Versuch auf. Und *eines* davon war durchaus angemessene Lektüre», verteidigte sie sich selbst und ergänzte, seiner fragend hochgezogenen Augenbraue zuliebe: «Mr. Southeys Nelson-Biographie. Haben Sie sie zufällig gelesen?»

«Ach, ja! *Das* ist wirklich ein hervorragendes Buch! Aber wie stand es

* Anm. d. Übers.: *Turtle* heißt sowohl Schildkröte als auch Turteltaube.

um das zweite Werk, Miss Chawleigh – das nicht ganz *so* angemessene – das Sie von Abydos fortlockte?»

«Nun, das war ein Roman», bekannte sie.

«Ein Roman wurde Lord Byron vorgezogen! Oh, Miss Chawleigh!» rief Mrs. Quarley-Bix verstört aus.

«Ja, ich *zog* ihn vor. Nicht nur das, ich wandte mich ihm ungemein erleichtert zu, denn er handelt von durchwegs alltäglichen, *wirklichen* Menschen und nicht von Piratenhäuptlingen oder Paschas, und es geschieht darin kein einziger Mord! Außerdem war er ungemein unterhaltsam, genau wie ich es erwartet habe.» Sie warf Adam einen schüchternen Blick zu und bemerkte mit leichtem Stottern: «Er stammt vom Autor von *Sense and Sensibility*, der – a-aber das werden Sie wohl kaum mehr wissen – mir gefiel, während M-miss Oversley ihn zu langweilig fand. Ich weiß noch, daß wir uns einmal in Ihrer Gegenwart darüber unterhielten.»

«Nein, ich kann mich nicht mehr daran erinnern», versetzte er, leicht errötend. «Aber es ist mir bekannt, daß Miss Oversley romantische Lektüre der nüchternen vorzieht. Sie hat auch eine besondere Vorliebe für Poesie.»

«Nun, jeder nach seinem Geschmack», sagte Mr. Chawleigh, der inzwischen seine Mahlzeit beendet hatte. «Aber ich muß schon sagen, ich weiß wirklich nicht, welchen Sinn es hat, Gedichte zu schreiben, außer, damit die Kinder sie in der Schule auswendig lernen. Was sie allerdings davon profitieren sollen, habe ich nie begriffen. Aber jedenfalls war es eine große Freude, Jenny ihre Gedichte aufsagen zu hören, und du hast sie dir immer wunderbar gemerkt.»

Mrs. Quarley-Bix warf Adam einen vielsagenden Blick zu, aber er wich ihm aus und ergriff die ihm durch den Herrn des Hauses eingeräumte Gelegenheit, Miss Chawleigh in einen Erinnerungsaustausch über die verschiedenen Balladen zu ziehen, die sie als Kinder hatten auswendig lernen müssen. Miss Chawleigh verlor ob diesen Vergleichen viel von ihrer Schüchternheit, was ihren Vater, sobald die Damen das Speisezimmer verlassen hatten, zu der Bemerkung veranlaßte, er könnte sehen, daß sie und Adam einander prächtig verstünden.

Sofort setzte Adam eine abweisende Miene auf, bemühte sich aber, seine Gereiztheit zu unterdrücken. Das gelang ihm zwar nicht zur Gänze, doch Mr. Chawleigh verfolgte das Thema nicht weiter, da er es im Augenblick für wichtiger hielt, daß Adam seinen Portwein gebührend würdigte. Gleich darauf erkundigte er sich, ob Adam seine Meinung über Mrs. Quarley-Bix teile. Adam antwortete ausweichend, denn wenn er sich auch keineswegs für die Dame erwärmen konnte, ließ es sich unschwer erraten, daß ihr Los kein leichtes war, und er empfand ehrliches Mitleid mit jedem Menschen, der gezwungen war, unter einem Dach mit Mr. Chawleigh zu leben, so daß er keine Lust zur Kritik verspürte.

«Nun, meiner Meinung nach ist sie nichts als eine Hochstaplerin», sagte Mr. Chawleigh. «Ich habe gehofft, Sie würden sie in ihre Schranken weisen, denn mir ist nichts widerlicher als Humbug. Und übers Ohr hauen lasse ich mich auch nicht gerne, und ich werde den Verdacht nicht los, daß mir genau das widerfuhr, als ich sie anstellte, damit sie Jenny Gesellschaft leiste. Wohlgemerkt, ich bin kein Knicker, aber ich will den vollen Gegenwert für mein Geld! *Ist* das der Fall, dann ist mir um keinen einzigen Penny leid, darauf können Sie Gift nehmen! Sie haben sicher die Perlen bemerkt, die meine Jenny trägt? Habe sie bei Rundell & Bridge gekauft, *achtzehntausend* habe ich dafür auf den Tisch geblättert, ohne mit der Wimper zu zucken, obwohl ich ihm natürlich einige Tausender herunterhandelte, ehe ich ‹Topp!› sagte, versteht sich.»

Er war nicht schwer dazu zu bewegen, über seinen Reichtum zu sprechen. Bis er fand, es sei an der Zeit, wieder zu den Damen zu gehen, hatte Adam von ihm erfahren, unter welchen Umständen er den schweren Tafelaufsatz erstanden und wieviel er für die verschiedenen Bilder gezahlt hatte, die an den Wänden hingen, wie es ihm geglückt war, das Dinnergedeck, das Adam ehrlich bewunderte, direkt auf dem Zollamt zu kaufen, und viele andere Erläuterungen ähnlicher Natur. Aus einer, wie ihm selbst erschien, perversen Freude an der Bloßstellung seines Gastgebers, hatte Adam ihn ermutigt, sich über sein Lieblingsthema auszulassen. Das Geschwätz vom Geld war abstoßend, aber nicht so peinlich, als Farbe bekennen zu müssen, ob er Miss Chawleigh ansprechend genug fände, um sie zu heiraten; denn daß diese Frage auf Mr. Chawleighs Lippen schwebte, wußte Adam genau.

Als sie den Salon betraten, fanden sie die Damen am Kamin vor, und Miss Chawleigh widmete sich einer Stickerei. Mrs. Quarley-Bix lenkte Adams Aufmerksamkeit sofort auf die Nadelarbeit und bat ihn, doch mit ihr das geschmackvolle Muster, das die liebe Miss Chawleigh selbst entworfen hatte, zu bewundern und ihr zu versichern, daß er nie zuvor etwas annähernd Schönes gesehen hätte.

«Ich sage immer, daß mich ihr Fleiß und ihre Leistungen beschämen. Zwar schmeichle ich mir, selbst nicht ungeschickt mit der Nadel umzugehen, aber *ihre* Stiche sind so akkurat, daß ich es kaum wage, meine eigene Arbeit fremden Augen preiszugeben. Auch ihr Klavierspiel ist hervorragend! Meine liebe Miss Chawleigh, ich hoffe, Sie werden uns heute noch eine musikalische Kostbarkeit bescheren? Gestatten Sie, daß ich nach dem Diener läute, damit er den Flügel öffnet? Für *Sie*, Lord Lynton, wird ihr Spiel ein Genuß sein, denn sie ist wirklich ausnehmend begabt.»

Er schloß sich sofort ihrer Bitte an und sagte, daß es ihm eine große Freude wäre, Miss Chawleigh spielen zu hören, aber sie entschuldigte sich so nachdrücklich, daß er sie nicht drängen wollte. Mrs. Quarley-Bix wandte sich hilfesuchend an Mr. Chawleigh, aber der tat nicht mit.

«Ach, sie spielt recht artig, und ich gebe zu, daß ich ab und zu gerne ein wenig Musik höre, aber für heute lassen wir es lieber», sagte er. «Ich habe Seiner Lordschaft von unserem Porzellan erzählt, mein Herzblatt, komm also zur Vitrine herüber und zeige ihm die wertvollsten Stücke, denn du verstehst davon mehr als ich, wie ich ihm bereits gesagt habe.»

Folgsam kam sie seiner Aufforderung nach. Da Adam jedoch zu wenig von Porzellan verstand, um sie in Fragen zu verwickeln, war diesem Versuch zur Förderung gemeinsamer Interessen kein Erfolg beschieden. Miss Chawleighs Kenntnisse mochten beträchtlich sein, aber ihr lag sichtlich nicht an Porzellan. Ihre trockenen Ausführungen erinnerten Adam weniger an ein Lexikon, mit dem Mr. Chawleigh seine Tochter einmal stolz verglichen hatte, als an einen technischen Leitfaden. Sie belehrte ihn über Weich- und Hartglasuren, erklärte ihm, daß das Kobaltblau auf einer Schüssel, die er bewunderte, mit einem Pinsel aufgetragen wurde, führte aus, daß die beiden schimmernd emaillierten Tierfiguren auf den Sockeln chinesische Fabelwesen seien, aber als sie seine Aufmerksamkeit auf die prachtvolle Form eines Tintenfasses aus St. Cloud-Porzellan lenkte, tat sie dies mit eintöniger, unbeteiligter Stimme, und ihre Hände griffen zwar behutsam nach einem rubinunterlegtem Teller der Yung-Cheng-Dynastie, aber es waren nicht die Hände eines Liebhabers. Unvermittelt gelangte Adam zu der überraschenden Einsicht, daß trotz ihrer mannigfachen Kenntnisse nicht sie es war, die all diese Schalen, Becher und Figuren liebte, sondern ihr Vater, der zärtlich eine *famille noire* Vase emporhob, zu der er nichts weiter zu sagen wußte, als: «Man fühlt es in den Fingerspitzen, Mylord! Das Echte ist unverkennbar!»

Es war sonderbar, daß ein Mann, der den Wert eines Bildes nach seiner Größe beurteilte, und sein Haus mit Pomp überlud, Porzellan nicht nur sammelte, sondern instinktiv zwischen Gut und Schlecht zu unterscheiden verstand. Sofort wurde Adams Interesse wach und er versuchte, Mr. Chawleigh in ein Gespräch über dieses Steckenpferd zu verwickeln. Kaum hatte dieser aber bemerkt, daß sich seine Tochter bescheiden in den Hintergrund zurückgezogen hatte, stellte er eine anmutige Capo-di-Monte-Gruppe in den Schrank zurück und sagte: «Ich weiß wirklich nicht, weshalb ich diese Dinge so gerne mag! Mit meiner Jenny müssen Sie sich darüber unterhalten, wenn Sie mehr erfahren wollen: Sie hat die notwendige Bildung, die mir fehlt.»

«Ich glaube nicht, daß Miss Chawleigh gekränkt sein wird, wenn ich mir die Bemerkung gestatte, daß Sie etwas besitzen, das wertvoller ist als theoretische Bildung, Sir.»

«Nein, da sagten Sie ein wahres Wort», meldete sie sich sofort. «Ich habe mir das Verständnis für Porzellan angeeignet, um Papa einen Gefallen zu tun, aber ich selbst besitze keine künstlerische Ader.»

«Ach, Miss Chawleigh, wie können Sie das behaupten?» schaltete sich die verläßliche Mrs. Quarley-Bix sofort ein. «Wenn ich an die bezaubernden Zeichnungen denke, die Sie verfertigen, Ihre Stickereien, Ihre musikalische Begab –»

«Ei, da fällt mir etwas ein», unterbrach Mr. Chawleigh. «Ich möchte Seiner Lordschaft Jennys Zeichnungen von diesem Platz zeigen. Kommen Sie mit mir in die Bibliothek hinunter, meine Beste, und helfen Sie mir beim Suchen.»

Man muß Mrs. Quarley-Bix zugute halten, daß sie ihr möglichstes tat, diesen plumpen Versuch, das junge Paar allein zu lassen, zu vereiteln. Aber all ihre Beteuerungen, daß Mr. Chawleigh die Zeichnungen in einer bestimmten Mappe finden würde, vermochten ihn nicht von seinem Vorhaben abzubringen. Sein Dickschädel vertrug keinen Widerspruch, und binnen weniger Minuten war es ihm gelungen, die widerstrebende Dame aus dem Salon zu entfernen, wobei er mit offenkundiger Unaufrichtigkeit erwähnte, daß sie beide unverzüglich zurückkehren würden.

Die Situation war peinlich, und Miss Chawleighs Unsicherheit trug nichts dazu bei, sie zu erleichtern. Sie lief puterrot an und brachte kein Wort hervor, und als Adam eine beiläufige Bemerkung fallen ließ, um den unbehaglichen Moment zu überbrücken, ergriff sie diesen Strohhalm nicht, sondern sah ihn vielmehr verzweifelt an und platzte heraus: «Entschuldigen Sie!» Dann preßte sie die Hände an ihre glühenden Wangen und wandte sich ab.

Im ersten Augenblick empfand er einzig Ungeduld darüber, daß sie sich so wenig zu fassen wußte. Sie hätte sich bloß seiner Führung anvertrauen müssen, und die Situation wäre gerettet gewesen. Ihr beschämter Blick, ihr Gestammel und selbst die hastige Art ihres Abwendens hatten das jetzt unmöglich gemacht. Wäre sie nicht so ehrlich verschreckt gewesen, hätte er beinahe annehmen können, daß sie ihn zu einer Erklärung zu nötigen versuchte.

Sie hatte sich an den Kamin zurückgezogen und sagte, sobald es ihr geglückt war, ihre Fassung einigermaßen wiederzufinden: «Es ist – es ist eine Zumutung, jemanden zu zwingen, meine Zeichnungen zu bewundern, und ich – ich hasse es, wenn Vater sie einem Besucher vorführt. Aber Papa –! Er läßt sich einfach nicht abhalten! Ich – ich bitte sehr um Vergebung!»

Er erkannte einen tapferen, wenn auch verspäteten Versuch einer unverfänglichen Erklärung, und sein Zorn legte sich. Nach kurzem Zögern sagte er: «Miss Chawleigh, wäre es Ihnen lieber, wenn ich Ihnen zustimmte, wie peinlich es ist, die eigenen Zeichnungen einem Gast aufgedrängt zu wissen, oder – oder unumwunden zu gestehen, daß wohl kaum zwei Menschen in einer peinlicheren Klemme steckten als wir.»

«Ja, ja! Es ist so demütigend!» sagte sie mit erstickter Stimme. «Ich wußte nicht, daß – daß Papa die Absicht hatte – heute schon – so bald –»

«Auch ich hatte keine Ahnung. Aber da es einmal geschehen ist, wäre es dumm von uns, so zu tun, als wüßten wir nicht, weshalb man uns so undelikat in die Arme wirft, nicht wahr?» Sie nickte und er fuhr mühsam, aber gefaßt fort: «Ich wollte, Sie sprächen offen mit mir. Ihr Vater versucht, zwischen uns eine Heirat zustande zu bringen, aber Ihnen widerstrebt seine Absicht, nicht wahr? Haben Sie keine Scheu, das zuzugeben. Wie sollten Sie es wünschen mich zu heiraten, da wir einander kaum kennen? Ich fürchte, daß Sie gezwungen wurden, mich heute gegen Ihren Willen zu empfangen. Glauben Sie mir, ein einziges Wort von Ihnen genügt, um dieses Kapitel zu beenden.»

Diese Offenheit beruhigte sie. Sie hatte ihm den Rücken zugekehrt gehabt und ins Feuer gestarrt. Nun aber wandte sie sich um und erwiderte: «Ich wurde nicht gezwungen. Papa würde das nie tun. Ich weiß, daß es diesen Anschein erwecken muß – und er hält auch gerne die Zügel in der Hand –, aber er liebt mich zu aufrichtig, um mich zu etwas zu zwingen. Außerdem ist er viel zu gütig, auch wenn er manchmal etwas – ein klein wenig rechthaberisch wirken mag.»

Er lächelte. «Ja, ein wohlwollender Despot, was vielleicht die schlimmste Spielart eines Tyrannen ist, weil man sich dagegen am schwersten wehren kann. Wenn alles mit den besten Absichten geschieht – und obendrein durch einen Vater, dem man Folgsamkeit schuldet –, erscheint es beinahe ungeheuerlich, sich aufzulehnen.»

Ihre Schamröte war einer auffallenden Blässe gewichen. «Ich würde mich nur ungern gegen ihn auflehnen, aber wenn es sein müßte, würde ich es bei einer Frage von dieser Tragweite tun. Aber dazu besteht kein Grund. Er *wünscht*, daß ich Sie heirate, Mylord, aber er *zwingt* mich nicht.»

Er runzelte die Stirn und betrachtete sie forschend, als wollte er ihre Gedanken lesen. «Die Tyrannei der Liebe?»

Sie schüttelte den Kopf. «Nein. Es würde mich bekümmern, ihn kränken zu müssen, aber ich würde nicht zögern es zu tun, wenn – wenn mein Herz bereits vergeben oder mir sein Vorschlag unangenehm wäre.» Die Worte lösten sich klar, aber unter sichtlicher Selbstüberwindung von ihren Lippen. Sie trat zu einem Stuhl und setzte sich. «Sie baten mich offen zu sein, Mylord. Ihre Gesellschaft ist mir nicht unangenehm. Wenn Sie glauben – wenn Sie meinen, es ertragen zu können –» Sie verstummte und fuhr nach einer kurzen Pause fort. «Ich bin nicht romantisch. Ich habe ausgezeichnet begriffen, weshalb – und ich erwarte nicht – Sie selbst sagten, daß wir einander kaum kennen.»

Er mußte sich zwingen, nicht augenblicklich den Rückzug anzutreten und sagte sich, daß ihre Einwilligung in die vorgeschlagene Heirat um nichts kaltblütiger war als seine eigene. Seine Wangen waren ebenso bleich wie die ihren, als er mit gepreßter Stimme antwortete: «Miss Chawleigh, wenn Sie meinen, daß *Sie* es ertragen könnten, so werde ich mich glücklich schätzen. Ich will kein falsches Spiel mit Ihnen treiben. Es wäre eine Beleidigung, wollte ich jetzt jene Einsprüche erheben, die in dieser Situation wohl üblich sind, aber ich meine es aufrichtig, wenn ich sage, daß ich versuchen werde, Sie glücklich zu machen, wenn Sie mir die Ehre erweisen wollen, mich zu heiraten.»

Sie erhob sich. «Ich *werde* glücklich sein. Verschwenden Sie daran keine Gedanken! Ich will gar nicht, daß Sie es *versuchen* – bloß wohl fühlen sollen Sie sich. Ich hoffe, das erreichen zu können. Und Sie werden mir sagen, was Sie von mir erwarten – oder wenn ich etwas tue, was Ihnen mißfällt – nicht wahr?»

Er war überrascht und ein wenig gerührt, aber er sagte, als er ihre Hand ergriff: «Aber ja. Sooft ich in Wut gerate oder es müde bin, mich behaglich zu fühlen.»

Sie sah ihn groß an, dann entdeckte sie den Schalk in seinen Augen und mußte unvermittelt lachen «Oh –! Nein, ich *verspreche*, ich werde mich nicht darüber ärgern!»

Er führte ihre Hand an die Lippen und gab ihr dann einen flüchtigen Kuß auf die Wange. Sie zuckte nicht zurück, sah aber nicht so aus, als ob sie Vergnügen daran fände. Und da er nicht das Verlangen hatte, sie zu küssen, gab er ihre Hand erleichtert frei, ohne beleidigt zu sein.

5

Die Verlobung wurde unverzüglich bekanntgegeben und der Hochzeitstag einen Monat darauf, für den 20. April festgesetzt. Ob aus Ungeduld, seine Tochter in den Adelsstand erhoben zu sehen, oder aus Angst, daß Adam es sich anders überlegen könnte, war Mr. Chawleigh bestrebt, den Handel unter Dach und Fach zu bringen, und konnte nur mit Mühe davon abgehalten werden, die Nachricht von der bevorstehenden Hochzeit auf der Stelle in der *Gazette* und der *Morning Post* veröffentlichen zu lassen. Er sagte in einem Anfall taktloser Aufrichtigkeit, je rascher die Neuigkeit sich herumspräche, desto günstiger wäre es für Adam. Trotzdem aber mußte er zugeben, daß es unpassend wäre, die Zeitungen von der Trauung zu verständigen, ehe Adam seiner Familie davon Mitteilung gemacht hatte.

Mr. Chawleigh sollte noch eine weitere Enttäuschung erfahren. Inmitten seiner Pläne für die Hochzeit, die in ihrem Prunk alles Dagewesene in den Schatten stellen sollte, wurde er durch den leisen Hinweis gebremst, daß der Todesfall in der Familie seines künftigen Schwiegersohnes seinen Wünschen enge Grenzen setzte. Adam bestand auf einer schlichten privaten Hochzeitsfeier, zu der nur die engsten Verwandten und nächsten Freunde beider Beteiligten eingeladen werden durften. Das war ein schwerer Schlag und hätte ein heftiges Donnerwetter auslösen können, hätte Jenny nicht in ihrer unverblümten Art gesagt: «Jetzt reicht es aber, Papa! Es wäre einfach unpassend!»

In anderen Häusern wurde die Nachricht ganz verschieden aufgenommen. Lord Oversley sagte, er sei verdammt froh darüber, und Lady Oversley brach in Tränen aus. Wimmering war im ersten Augenblick wie vor den Kopf geschlagen, faßte sich jedoch rasch, gratulierte seinem Klienten und schloß die Bitte an, ihm auch in Zukunft sämtliche finanzielle Transaktionen zur Erledigung zu überlassen. Genau wie Mrs. Quarley-Bix barst er beinahe vor Begeisterung und der einzige Wermutstropfen war Adams unveränderter Entschluß, das Stadtpalais zu verkaufen. Auf die Vorstellungen, daß er nun dringender denn je ein Haus in London benötigte, versetzte er, daß er ein Haus von bescheideneren Ausmaßen als jenes in der Grosvenor Street zu mieten beabsichtige und tat den Einwurf, daß ein Mietshaus einen schlechten Eindruck erwecken könnte, mit einer ungeduldigen Handbewegung ab.

Adam teilte Lady Lynton seine Verlobung schriftlich mit und schützte Geschäfte vor, die es ihm nicht erlaubten, nach Fontley zurückzukehren. Er brachte es nicht über sich, das unvermeidliche Staunen, die Fragen und vielleicht die Mißbilligung über sich ergehen zu lassen, die seiner Eröffnung folgen mußten; und er wußte sich der Aufgabe, Mr. Chawleigh mündlich zu schildern, nicht gewachsen. Brieflich konnte er ihn als reichen Kaufmann beschreiben, den eine langjährige Freundschaft mit Lord Oversley verband, und Lady Lynton würde nicht wissen, wie schwer es ihm fiel, fließend über Jennys sittsames Betragen, ihr außerordentliches Einfühlungsvermögen und ihre wohlgeformte Gestalt zu berichten. Er schloß den Brief mit der an seine Mutter gerichteten Bitte, nach London zu kommen, um ihre zukünftige Schwiegertochter kennenzulernen, aber er hielt es für ratsam, mit gleicher Post ein kurzes und bedeutend ungeschminkteres Schreiben an seine ältere Schwester zu senden.

> «Charlotte, ich rechne damit, daß du Mama in die Stadt bringen wirst. Führe ihr vor Augen, wie wenig schicklich es wäre, sich dieser Pflicht zu entziehen. Der Anstandsbesuch *muß* erfolgen. Wenn sie an ihrem Plan, sich in Bath niederzulassen, weiterhin festhält, bitte ich sie zu bestimmen, welche Möbelstücke des Palais sie für ihren eigenen Bedarf zu behalten wünscht. Diese Entscheidung in ihrer Abwesenheit zu fällen, ist unmöglich. Sag ihr das, sollte sie sich einem ihrer Wutanfälle hingeben.»

Ehe seine Briefe noch Fontley erreichten, wurde die Nachricht von seiner Verlobung veröffentlicht, und schlagartig änderte sich sein Alltag. Gläubiger, die ihn unablässig gemahnt hatten, seine Schulden bei ihnen zu begleichen, beteuerten ihm nun, wie glücklich sie sich schätzen würden, seine Kundschaft zu erhalten. Schneider, Kurzwarenhändler, Juweliere und Equipagenbauer bemühten sich um sein Interesse. An der Spitze dieser eifrig um seine Gunst buhlenden Lieferanten stand die Firma Schweitzer & Davidson, deren unbezahlte Rechnung für an den Fünften Vicomte ausgefolgte Garderobe eine vierstellige Zahl aufwies.

Selbst der ältere Drummond gestattete sich ein leise triumphierendes Lächeln, als er seinen Sohn auf die Ankündigung aufmerksam machte. «Wir Drummonds werden Seiner Lordschaft jeden gewünschten Kredit einräumen, mein Junge.»

«Ja, Sir, das kann ich mir denken», erwiderte der jüngere Drummond ehrerbietig.

Diese Nebenerscheinungen seiner Verlobung bildeten eine willkommene Abwechslung von den stürmischen Forderungen, denen Adam vordem pausenlos ausgesetzt gewesen war, aber das Wissen, daß er selbst die Beflissenheit der Direktion und des Personals des Hotels Fenton dem Golde Chawleighs verdankte, trug nicht dazu bei, ihn glücklich zu machen. Und der Brief Miss Oversleys war erst recht nicht dazu angetan, seine Stimmung zu heben.

Mama hatte Julia die Neuigkeit mit den Worten mitgeteilt: «Julia, mein Täubchen, du mußt tapfer sein!» und ihr eine Ausgabe der *Gazette* in die Hand gedrückt. Sie war tapfer gewesen und ihre verständnisinnige Mutter hatte sie dabei unterstützt, aber die Nachricht hatte sie erschüttert, und sie fühlte, daß ihr Gemüt nicht so bald wieder seine Heiterkeit zurückerlangen würde. Die Tränen machten ihr das Schreiben schwer, aber sie wünschte ihm von Herzen Glück und hatte ihre widerstrebende Hand gezwungen, auch eine Note an Miss Chawleigh abzufassen, «die ich einstmals für meine Freundin hielt». Sie verließ die Stadt, um ihre Großmama in Tunbrigde Wells zu besuchen, da Mama es für weiser erachtete, vorderhand jedem zufälligen Zusammentreffen mit Adam aus dem Wege zu gehen.

Mit der nächsten Post traf von den verschiedensten Verwandten ein Stoß Briefe ein, die von der kategorischen Forderung seiner Tante Bridestow zu erfahren, *wer* denn eigentlich diese Miss Jane Chawleigh sei, bis zu einem gefühlsseligen Erguß einer altjüngferlichen Cousine reichten, die überzeugt war, daß Miss Chawleigh das liebenswerteste Mädchen unter der Sonne sein müßte, was Adam erkennen ließ, daß er nicht das geringste über den Charakter seiner Braut wußte.

Er mußte auf die Briefe aus Fontley einige Tage warten, aber endlich waren sie da: ein leidenschaftliches Gekritzel von Lydia, die todsicher war, daß Miss Chawleigh ein widerliches Geschöpf sein mußte, und ein besorgtes Schreiben von Charlotte. Die liebste Mama, so schrieb sie, habe bei der Entdeckung, daß ihr einziger überlebender Sohn sich mit einer völlig Unbekannten verlobt habe, einen so schweren Schock erlitten, daß ihr Gemüt wie gelähmt war. Anschließend hatten beängstigende Krämpfe sie befallen, und obwohl sich dieser entsetzliche Zustand durch die Medikamente des treuen Dr. Tilford gegeben hatte, so sei sie doch noch viel zu geschwächt, um sich der anstrengenden Aufgabe des Briefschreibens zu unterziehen.

«Ihr Segen ist mehr, als Du gegenwärtig erhoffen darfst», schrieb

Charlotte warnend. «Aber ich glaube, sie wird sich alle Mühe geben, sich dem Anlaß entsprechend zu benehmen. Sie kämpft gegen ihre Zustände an, aber die Nachricht, daß Du beabsichtigst, das Palais zu verkaufen, hat schmerzliche Erinnerungen in ihr wachgerufen, da unser geliebter Bruder dort zur Welt gekommen ist ... An dieser Stelle, mein liebster Adam, wurde ich von meinem geliebten Lambert unterbrochen. Sein Besuch hat Mama unsagbar gutgetan, denn er saß eine volle Stunde bei ihr und erklärte ihr in seiner vernünftigen, ruhigen Art die Vorteile Deiner Heirat ...»

Es schien, daß Mama sich vor dem gütlichen Zuspruch Lamberts außerstande gesehen hatte, in einem Hotel zu wohnen oder einen Pflichtbesuch abzustatten. Aber Lamberts Worte hatten gewirkt: vorausgesetzt, daß Adam sie in einem vornehmen, ruhig gelegenen Hotel unterzubringen vermochte, würde Mama sich der schmerzlichen Aufgabe unterziehen, um die er sie ersucht hatte. Das Clarendon durfte es jedoch *nicht* sein, schrieb Charlotte, denn das würde durch die schmerzlichen Erinnerungen an den geliebten Papa die Wunden wieder aufreißen.

Den erfreulichsten Brief erhielt Adam von der gestrengen älteren Schwester seines Vaters. Lady Nassington schrieb vom Landsitz ihres Mannes in Yorkshire und gratulierte ihm zu seinem vernünftigen Entschluß. Überdies bot sie ihm für die Flitterwochen das Haus in Hampshire an und schlug vor, daß ihr drittältester Sohn ihm als Beistand bei der Hochzeit zur Seite stehen sollte.

Adam nahm das erste dieser beiden Angebote mit frohem Herzen an, denn Mr. Chawleigh verriet eine beängstigende Bereitschaft, nicht nur die Pläne für die Hochzeitsreise zu entwerfen, sondern sie obendrein auch noch zu bezahlen. Den zweiten Vorschlag aber lehnte er dankend ab, da er bereits in dem hochaufgeschossenen Timothy Beamish, Vicomte Brough, dem ältesten Sohn des Grafen von Adversane, einen Beistand gefunden hatte.

Seine Freundschaft mit Brough war im ersten Semester in Harrow entstanden und hatte sowohl die Trennung als auch ihre gegensätzlichen Interessen überdauert. Ein oberflächlicher Briefwechsel hatte den Kontakt aufrechterhalten, und die Bindung war einige Jahre später durch die Ankunft des Mr. Vernon Beamish, eines unerfahrenen und hitzköpfigen Leutnants, im Hauptquartier des 52. Regiments vertieft worden, da Brough Adam ersucht hatte, den Jüngling ein wenig unter seine Fittiche zu nehmen. «Wenn er nicht über Bord fällt oder sich im unbekannten Portugal verläuft, werden Sie bald durch meinen kleinen Bruder Verstärkung erhalten, mein lieber Dev», hatte Brough gekritzelt. «Er ist ein aufgewecktes, nettes Bürschchen. Behandeln Sie ihn also freundlich und lassen Sie ihn nicht mit den bösen Franzosen anbändeln.»

Brough war nicht in London gewesen, als Adam aus Frankreich zurückgekommen war, aber zwei Tage, nachdem die Anzeige von Adams bevorstehender Vermählung in der *Gazette* erschienen war, kam er ins Hotel geschlendert und erklärte, auf Lord Lynton warten zu wollen, nachdem er erfahren hatte, daß er ausgegangen war. Als Adam eine Stunde später seinen Privatsalon betrat, fand er Brough in einem Fauteuil vor dem Feuer sitzen. Er hatte die überlangen Beine weit von sich gestreckt, und der Rest seiner Erscheinung verbarg sich hinter einer Ausgabe des *Courier*. Er senkte die Zeitung, als sich die Tür öffnete und den Blick auf die abgemagerte Gestalt Adams freigab, dessen Miene tiefe Resignation ausdrückte.

«*Brough*!» rief Adam erfreut aus.

«Jetzt sagen Sie bloß nicht, daß Sie sich freuen, mich zu sehen», warnte Seine Lordschaft. «Ich hasse Schmeicheleien.»

«Das ist keine Schmeichelei! Ich habe mich noch über keinen Besuch so ehrlich gefreut wie über Ihren.»

«Das ist wohl etwas stark aufgetragen», seufzte Brough und richtete sich zu seiner vollen Länge auf. «Oder sind Sie eben erst in diesem Augenblick in England angekommen? Na, sagen Sie's nur! Lassen Sie sich keinen dramatischen Effekt entgehen!»

Adam griff lächelnd nach seiner knochigen Hand. «Ich bin seit einigen Wochen hier. Seit drei, um genau zu sein, nur erscheint es mir schon viel länger.»

«Recht leise und verstohlen, wie?» bemerkte sein Freund.

«Nein, auf Ehre! Ich habe Sie bei Brooks gesucht, doch erfuhr ich, daß Sie noch in Northamptonshire seien. Gestern habe ich Ihnen geschrieben. Sie können doch meinen Brief sicher noch nicht bekommen haben? Wie haben Sie mich gefunden? Was führt Sie in die Stadt?»

«Ich habe Ihren Brief nicht erhalten, fand Sie, weil ich mich in der Grosvenor Street nach Ihnen erkundigte, und in die Stadt führte mich die Notiz in der *Gazette*», antwortete Brough und zählte die einzelnen Fragen an seinen langen Fingern ab. «Meinem Scharfsinn fiel es nicht schwer, daraus zu schließen, daß Sie nach England zurückgekehrt sein müßten. Aber warum ich es mir in den Kopf gesetzt habe, daß Sie mich vielleicht brauchen könnten, das kann ich beim besten Willen nicht erklären.»

«Es sei denn, Ihr Scharfsinn hätte erkannt, daß ich Sie bitten wollte, mein Trauzeuge zu sein», lächelte Adam zu den tiefliegenden Augen seines Gegenübers empor. «Würden Sie mir diesen Gefallen erweisen, Brough?»

«Aber natürlich! Mit großem Vergnügen, mein lieber Freund! Ich kenne Miss Chawleigh nicht persönlich, aber mein Vater sagte mir, daß Sie eine brillante Ehe eingehen. Er meint, Sie hätten genau das Richtige getan, und ich soll Ihnen seine Glückwünsche übermitteln. Ach, wie geht's übrigens meinem jüngeren Bruder?»

«Ausgezeichnet, als ich ihn zuletzt sah. Wenn ich bloß wüßte, was sich alles ereignete, seit ich mein Regiment verlassen mußte! Soult ist auf der Flucht, aber noch nicht geschlagen! Was für ein unseliger Moment, um Urlaub einzukommen! Obgleich es natürlich kein Urlaub ist. Ich quittiere.»

«Nun, Sie würden es stinklangweilig finden, in Friedenszeiten zu dienen», bemerkte Brough. «Nach dem letzten Ondit werden die Bourbonen zurück sein, ehe der Sommer um ist. Ich weiß nicht, wie schwer sich der Rückschlag von Bergen-op-Zoom auswirken wird. Graham scheint da ein rechtes Schlamassel angerichtet zu haben.»

Adam schnitt eine Grimasse und nickte. «Das wird uns jedoch nicht aus dem Sattel heben. Wenn es uns gelingt, Soult in die Flanke zu fallen, ihn gegen die Pyrenäen zu drängen und von seinem Nachschub abzuschneiden, möchte ich sehen, ob nicht das gesamte Kartenhaus einstürzt! Sie haben keine Ahnung von der Einstellung in Südfrankreich. *Wir* dachten, die Einheimischen seien uns mehr gewogen als die Spanier!» Er lachte plötzlich. «Wir zahlen nämlich, wenn wir konfiszieren, und das tut Napoleons Armee nicht. Herrgott, ich wollte, ich wüßte, wo wir jetzt stehen! Seit Orthes ist beinahe ein Monat verstrichen – vermutlich werden wir durch die Unschlüssigkeit der Politiker aufgehalten.»

Am folgenden Tag wurde die Meldung von dem am 20. März bei Tarbes errungenen Sieg veröffentlicht. Ein Teil der Leichten Division war in vorderster Front gestanden, aber es hatte nicht den Anschein, als hätte das 52. Regiment sich stark an dem Geschehen beteiligt. Dieser Umstand tröstete Adam etwas über seine erzwungene Abwesenheit hinweg. Allerdings schien es Wellington nicht geglückt zu sein, Soults Nachschublinien zu unterbrechen. Der Marschall zog sich in geschlossener Formation nach Toulouse zurück.

Im Augenblick erforderten Adams häusliche Angelegenheiten seine ungeteilte Aufmerksamkeit. Mr. Chawleigh war mehr als erbost gewesen, seine Pläne für eine triumphale Hochzeit ins Wasser fallen zu sehen. Nun verlangte er energisch Aufklärung darüber, ob seine Jenny etwa bis zum nächsten Jahre warten müßte, ehe sie bei Hof vorgestellt würde. Wie die in Fragen des Zeremoniells bestens versierte Mrs. Quarley-Bix ihm gesagt hatte, konnte sie vorher nicht in die Gesellschaft eingeführt werden. Nun wollte er zwar nichts tun, was den Regeln der Etikette nicht bis ins letzte entsprach, gleichzeitig aber bereitete es ihm beträchtliches Mißvergnügen, daß ihr Debüt verschoben werden sollte. Wenn sie an keiner der Gesellschaften der vornehmen Kreise teilnahm, würde es aussehen, als schämte Lord Lynton sich seiner jungen Frau, und das (sagte Mr. Chawleigh mit angriffslustig vorgeschobenem Kinn) hätte er nicht gekauft!

Für Adam bedeutete es weder ein Vergnügen, die wenig höfliche Ermahnung über sich ergehen lassen zu müssen, noch hegte er den Wunsch, an den festlichen Höhepunkten der Saison teilzunehmen, aber er konnte Mr. Chawleighs Protest verstehen. Mr. Chawleigh soutenierte ihn großzügig dafür, daß er Jenny zu einem anerkannten Mitglied der ersten Kreise machte, und wenn dieser Vertrag auch den Buchstaben nach dadurch erfüllt wurde, daß sie Adams Adelsprädikat führen durfte, so war es doch nötig, daß er jede Gelegenheit ergriff, sie in der Aristokratie einzuführen. Es genügte nicht, sich Vicomtesse nennen zu dürfen, wenn man gezwungen war, ein volles Jahr zurückgezogen zu leben. Eine Dame, die Aufnahme in die exklusiven Kreise zu finden wünschte, hing nicht unerheblich von den Vertretern des guten Tones ab, die jenen Kreisen angehörten. Wenn nun die Vorstellung bei Hof unterblieb und keine Billetts versandt wurden, um die Bereitschaft der Jungvermählten anzuzeigen, Höflichkeitsbesuche zu empfangen, fürchtete Adam, daß viele hochgestellte Persönlichkeiten es auch nach Ablauf der Trauerzeit nicht für nötig befinden würden, Lady Lynton ihre Aufwartung zu machen. Es mochte sogar dazu führen, daß eine strikte Einhaltung der Trauer zu der stillschweigenden Annahme ermunterte, daß die üblichen Höflichkeiten nicht erwartet wurden, denn es war naturgemäß ein höchst sonderbares Verhalten, die an eine Vermählung anschließenden Festlichkeiten zu unterbrechen, wenn es von allem Anfang an schicklicher gewesen wäre, die Trauung auf einen späteren Zeitpunkt zu verschieben.

«Ach, doch mir eilt es, Mylord», wandte Mr. Chawleigh ein, als Adam versuchte, ihm diese Schwierigkeiten zu erläutern. «Ich zahle nichts, ehe das Band geknüpft ist, denn auf die schwache Sicherstellung, die Sie mir zu bieten haben, rücke ich mein Geld nicht heraus! Nun seien Sie deshalb nicht gleich verschnupft! Ich bezweifle nicht, daß Sie unsere Abmachung einhalten wollen, aber wer garantiert mir, daß Sie bis dahin noch leben? Vielleicht stößt Ihnen ein Unfall zu, und was wird aus mir? Dann kann ich meine Vorschüsse in den Rauchfang schreiben.»

Dieser Standpunkt war nicht geeignet, Adam zu begeistern, aber sein Humor kam ihm zu Hilfe, und statt einem leichtsinnigen Impuls zu folgen und die Verlobung zu lösen, holte er den Rat Lady Oversleys ein.

Sie erkannte sofort die Fallstricke dieser Situation und überlegte des langen und breiten. «Sie muß bei Hof vorgestellt werden», entschied sie. «Es würde höchst merkwürdig wirken, wenn diese Vorstellung unterbliebe, denn anläßlich einer Vermählung wird jedes Mädchen vorgestellt. Und es ist auch durchaus nichts dagegen einzuwenden, sich während der Trauerzeit in verschiedenen Salons blicken zu lassen; allerdings, glaube ich, müßte sie Schwarz tragen, oder höchstens Violett. Aber wer soll bloß die Vorstellung übernehmen? Im allgemeinen tut das die Brautmutter, aber die arme Jenny hat keine Mutter und selbst wenn – herrjeh, die Lage *ist* wahrlich verzwickt, denn ich glaube, es ist Ihrer Mutter nicht zuzumuten, daß sie diese Aufgabe übernimmt. Zumindest nicht, solange sie noch in tiefer Trauer ist. Ja, da werde ich wohl aushelfen müssen, obwohl es nach meiner Meinung einen unvergleichlich besseren Eindruck erwecken würde, wenn Sie ein Mitglied Ihrer eigenen Familie dazu bewegen könnten.»

«Tante Nassington, vielleicht?» schlug Adam vor.

«*Würde* sie das tun?»

«Ich denke schon.»

«Wenn Sie ihr diese Zusage abschmeicheln können, dann tun Sie es unbedingt. Niemand wäre geeigneter als sie, denn sie genießt den größten Einfluß und ist für die unbarmherzigen Rügen, die sie selbst für die angesehensten Leute bereit hält, richtig berühmt. *Ihre* Protektion wäre von unschätzbarem Wert. Was das übrige betrifft, so glaube ich, sollten Sie keine Bälle besuchen. Sie können an Abendeinladungen und Gesellschaften teilnehmen, aber nicht an Bällen. Oder Sie könnten eventuell einen besuchen, aber Sie sollten nicht tanzen.»

«Ich kann nicht tanzen», erinnerte Adam sie. «Zu lahm, meine Gnädige! Was gäbe ich für eine traurige Figur ab!»

«Ganz richtig!» nickte sie sichtlich erleichtert.

Sie verriet ihm nicht, daß ihr die Erinnerung an sein Gebrechen einen Stein von der Seele genommen hatte, und falls er insgeheim vermutete, daß sie sich den Kopf darüber zerbrochen hatte, wie sie die arroganten Schutzherrinnen des Almack-Clubs dazu bewegen könnte, Jenny einzuladen, so verlor er darüber kein Wort. Es mußte ihm aber bestens bekannt sein, daß es eine größere Auszeichnung bedeutete, Zutritt in diese exklusiven Gesellschaftsräume in der King Street zu erlangen, als bei Hof vorgestellt zu werden, und daß die Einladungen in den Klub um vieles schwieriger zu erhalten waren. Sechs Damen der allerersten Gesellschaft schwangen das Zepter in diesem Klub und stellten Statuten auf, die ebenso unbeugsam wie willkürlich waren. Rang allein öffnete die Pforten noch lange nicht, und wenn abgelehnte Aspiranten auch nicht begreifen wollten, daß jemand großen Wert auf die Einladung zu einer Gesellschaft legte, auf der kein herzhafteres Getränk als Orangensaft gereicht wurde, und bei der einzig schottische Rundtänze und Volkstänze auf dem Programm standen, so ließ sich doch niemand von derlei abfälligen Kritiken hinters Licht führen. Es mochte amüsanter sein, sich in einem Ballsaal zu den Klängen des neuen Wiener Walzers zu drehen, oder sich an den kunstvollen Figuren einer Quadrille zu ergötzen, und es gab in ganz London keine Gastgeberin, die es sich einfallen ließe, ihre Gäste mit Tee und abgelegenen Butterbroten zu bewirten – trotzdem wußte jeder, daß selbst die elegantesten Bälle der Saison nicht jenes *cachet* verliehen, das man durch ein einziges Erscheinen bei Almack erwarb.

Lady Oversley hatte im Geiste die sechs Vorsitzenden des Klubs aufmarschieren lassen und war so erleichtert, daß es ihr erspart blieb, Lady Sefton oder Lady Castlereagh, die beide sehr liebenswürdig waren, um Einladungen für Jenny zu bitten, daß sie sich sofort erbötig machte, bei der Hochzeit als Jennys Brautmutter zu fungieren. Das jedoch lehnte Jenny mit der Begründung ab, daß sie bereits eine Miss Tiverton eingeladen hätte, diese Rolle zu übernehmen. Sie versicherte Adam, daß Miss Tiverton durchaus gesellschaftsfähig sei. Diese Bemerkung reizte ihn, er versetzte jedoch verbindlich: «Wenn Sie Gefallen an ihr gefunden haben, bin ich sicher, daß sie ein reizendes Mädchen ist. Ihre Gesellschaftsdame allerdings ist mir höchst lästig. Fühlen Sie sich verpflichtet, sie zu Ihren Empfängen einzuladen?»

«Oh, nein! Ich habe nicht die Absicht, die Bekanntschaft fortzusetzen», sagte sie gelassen. «Ich verabscheue sie aus ganzem Herzen!»

Die Rücksichtslosigkeit ihres Vaters schlug bei dieser Bemerkung durch und das bestürzte ihn. Sie sah, wie ernst er geworden war, und fügte hinzu: «Ich bin ihr keinerlei Dank schuldig, müssen Sie wissen. Sie hat für ihre Dienste eine ansehnliche Vergütung erhalten und viele Gelegenheiten gehabt, ihre Schäfchen ins trockene zu bringen. Meine Ausstattung wird in den teuersten Werkstätten genäht, und sie erhält natürlich eine Provision dafür, daß sie den Leuten meine Kundschaft vermittelt hat.»

«Aber es ist doch infam, daß sie Sie zur Extravaganz verleitet, um daraus Profit zu schlagen! Unter diesen Umständen haben Sie Glück, sie loszuwerden.»

«Ja, sicher, aber sie meint bestimmt, damit nichts Unrechtes zu tun, da Papa es gern sieht, wenn ich in den teuersten Salons einkaufe.» Sie zögerte und fragte schüchtern: «Da fällt mir ein, daß ich Sie etwas fragen wollte: Muß ich eine Kammerzofe engagieren? Mrs. Quarley-Bix behauptet es, und ich will tun, was Sie für richtig finden – aber es wäre mir bedeutend lieber, mein jetziges Mädchen um mich zu haben! Ich *weiß*, daß eine elegante Zofe mich verachten würde.»

«Wenn alle Zofen so sind wie die Miss Poolstock meiner Mutter, würde sie wohl über uns beide die Nase rümpfen. Ein arroganteres Frauenzimmer ist mir niemals begegnet.»

«Darf ich also Papa sagen, daß Sie es nicht für nötig halten?»

«Ja. Sagen Sie ihm, Miss Poolstock habe mir einen solchen Haß gegen Kammerzofen eingeflößt, daß ich keine in meinem Hause zu sehen wünsche! Und da wir schon von Häusern sprechen: Was möchten Sie, daß ich wegen eines Stadthauses unternehme? Wimmering behauptet, es wird nicht schwierig sein, das Palais in der Grosvenor Street zu verkaufen, also sollten wir uns vielleicht um ein anderes umsehen – wenn einer von uns die Zeit dafür aufbringt, was ich bezweifle! Soll ich Wimmering sagen, er soll versuchen, etwas Passendes für uns zu finden, solange wir in Hampshire sind? Wenn er auf etwas stößt, das uns seiner Meinung nach zusagen würde, könnten wir es besichtigen, ehe ich Sie nach Fontley bringe.»

Sie willigte augenblicklich ein und fragte, ob sie unmittelbar nach den Flitterwochen nach Fontley führen.

«Ja, es sei denn, Sie wünschen es nicht. Ich möchte, daß Sie Fontley und meine Familie kennenlernen.»

«Würden Sie vielleicht lieber ganz draußen bleiben, als die Saison in London zu verbringen?»

«Wie, die *Saison* versäumen?» neckte er sie. «Was für eine Idee! Haben Sie vergessen, daß Sie bei Hof vorgestellt werden? Wir werden uns beeilen müssen, um noch vor Mitte Mai wieder in der Stadt zu sein. Dadurch wird unser Aufenthalt auf Fontley nur wenige Tage währen.»

«Ich dachte bloß, daß Sie, da Sie doch in Trauer sind, Gesellschaften lieber vermeiden möchten?»

«Ganz im Gegenteil! Ich habe Lade Oversley zu Rate gezogen, und sie versicherte mir, daß es durchaus passend für uns wäre, alles zu tun, außer zu tanzen. Und ich tanze nicht, wie Sie wissen – wenngleich ich Sie im nächsten Jahre auf Bälle begleiten und düsteren Blicks die Gesellschaft mustern werde, genau wie Byron es tut; zumindest behauptet das seine Schwester von ihm.»

6

Lady Lynton brauchte zwei Tage, um London zu erreichen, da sie für die Reise die Familienkutsche gewählt hatte, ein altmodisches Vehikel, das nicht für schnelles Vorankommen entworfen war. Die Kutsche bot den Vorteil, geräumig genug zu sein, um Miss Poolstock, sie selbst und Charlotte unterzubringen, aber sie hütete sich, diese Annehmlichkeit vor Adam zu erwähnen, als sie ihm erklärte, warum sie die Reise mit diesem Gefährt unternommen hatte. Statt dessen erinnerte sie ihn daran, daß es eine seiner ersten Sparmaßnahmen gewesen war, die Postillions zu entlassen, die stets bei seinem Vater in Dienst gestanden hatten. «Ob das sehr weise war, mein Lieber, muß ich deiner Entscheidung überlassen. Ich bin überzeugt, du tatest, was du richtig fandest, und ich achte nicht der Unannehmlichkeit, der es mich aussetzt.»

«Aber Sie hätten doch Postillions mieten und mit der Postkutsche reisen können, Mama!» entschlüpfte es Adam.

Er hätte besser den Mund gehalten, denn nun wurden ihm in Blitzesschnelle seine Mängel vor Augen geführt. Dazu zählte seine Gefühlskälte, die es ihm erlaubte, seine Mutter ungerührt der gefährlichen Begleitung unbekannter Postillions auszuliefern.

Während dieser Strafpredigt hatte er Zeit, die Einzelheiten ihrer Kleidung zu betrachten, und sobald er mit seiner Schwester allein war, verlangte er zu wissen, ob Mama die Absicht hätte, auf dem Russel Square in Kräuselkrepp zu erscheinen und als einziges Schmuckstück eine riesige Trauerbrosche zu tragen, die vor einem Perlmuttergrund die Kamee einer Frau zeigte, die sich verzweifelt über eine Gruft beugte. «Und warum ist Lydia nicht mitgekommen?»

Charlotte mußte gestehen, daß Lydia nicht hatte kommen wollen. «Sie liebt dich so sehr, daß sie es nicht ertragen zu können meint – das heißt, ich wollte sagen, sie –»

«Ich habe schon verstanden», unterbrach er sie. «Sie befindet sich jedoch in einem Irrtum. Miss Chawleigh ist ein sehr liebenswertes Mädchen. Ich glaube, Lydia wird sie gerne mögen. Zumindest hoffe ich das, denn sollte sie es nicht tun, würde das zu einem Bruch zwischen uns führen, und das würde mich sehr bekümmern.»

Sie neigte den Kopf, sagte aber dennoch: «Laß mich dir nur *einmal* sagen, mein geliebter Bruder, wie hoch ich dir das Opfer anrechne, das du bringst! Wenn ich mir vorstelle, daß *ich*, wenn ich deine Willenskraft aufgebracht hätte –»

«Sei keine Gans, Charlotte! Du agierst hier nicht in einer Tragödie! Ach, ich weiß, woran du denkst, aber *das* stand außer Frage, ob ich nun heirate oder ledig bleibe. Mach kein Aufhebens davon, ich bitte dich.» Er zog sie flüchtig an sich, und diese Geste verriet ihr mehr als all seine Worte. «Hat Mama beschlossen, wo sie zu wohnen wünscht? Bleibt sie auf Fontley oder hält sie an ihren Plänen für Bath fest?»

«Das letztere und – ach, Adam, ich mache mir deshalb solche Sorgen und frage mich ständig, ob es nicht meine Pflicht wäre, sie zu begleiten. Aber Lambert glaubt, Mama wird all ihre Einwände gegen meine Heirat neu aufleben lassen, wenn ich erst einmal in Bath bin. Ich weiß wirklich nicht, was ich tun soll, und wünschte, du würdest mir raten!»

«Natürlich wirst du Lambert heiraten. Lydia und Tante Bridestow werden Mama Gesellschaft leisten. Weshalb solltest du zögern?»

«Wenn du es nicht für unrichtig hältst – nachdem Mama erst vor so kurzer Zeit diesen schweren Verlust erlitten hat . . .»

Er versicherte ihr, daß er es durchaus nicht für unrichtig hielte, was sie von einer Last zu befreien schien. Mr. Ryde schüttelte ihm für diese Entscheidung dankbar die Hand und sagte ihm, daß die Witwe beängstigende Ansätze zeigte, ihre Einwilligung zu der Heirat zu widerrufen.

«Nachdem Sie den Karren wieder so prächtig flottmachen, findet sie nicht mehr Gefallen an der Verbindung als früher», gestand er. «Wenn sie Charlotte erst nach Bath verfrachtet hat, wird sie einen Vorwand nach dem anderen finden, um sie dort zu behalten!»

«Ich verstehe. Nun, wenn meine Mutter darauf drängt, unverzüglich nach Bath zu reisen, setzen wir das Datum eurer Trauung am besten für die Woche an, die auf meine – auf Jennys und meine Rückkehr aus Hampshire folgt.»

Dieser Vorschlag fand vor den Augen der Witwe keine Gnade. Sie sagte, daß zwei derart überstürzte Hochzeiten in einer Familie äußerst befremdend wirken müßten.

«Ich gebe zu, daß ich es für schicklicher hielte, Charlottes Vermählung noch einige Monate hinauszuzögern», pflichtete Adam ihr bei. «Wenn Sie diese Ansicht teilen, fahren Sie doch erst im Herbst nach Bath. Schließlich besteht nicht der geringste Anlaß für Sie, überhaupt dorthin zu fahren.»

«Mein lieber Sohn, du darfst nicht zu viel von mir verlangen», parierte sie. «Wenn mein Verbleiben auf Fontley dir zum Vorteil gereichte, würde ich bleiben und mich mit letzter Kraft gegen die schmerzlichen Empfindungen wehren, die mir aus dem Anblick einer Fremden – und einer, von der ich nicht glauben *kann*, daß sie die Stellung verdient, die ihr eingeräumt wird – an meinem Platze erwachsen werden. Aber es gibt leider nichts, was ich für dich tun könnte, mein armes Kind!»

Das war kein günstiges Vorzeichen für den fälligen Besuch auf dem Russel Square. Soviel aber Adam erfuhr, war dieser Besuch recht angenehm verlaufen. Lady Lynton und Charlotte trafen Miss Chawleigh und deren Anstandsdame zu Hause an. Da sie ihre Aufwartung an einem Vormittag machten, fanden sie den Herrn des Hauses nicht vor. Charlotte nahm an, daß ihre Mutter von Miss Chawleigh angenehm überrascht gewesen sei, denn wenn sie auch deren Mangel an Selbstbewußtsein beklagte und prophezeite, daß sie noch vor ihrem vierzigsten Jahr eine dicke Frau sein würde, hatte sie auf der Rückfahrt doch zu Charlotte gesagt, sie sei dankbar, daß sie zumindest für die Manieren ihrer Schwiegertochter nicht erröten müsse. «Und ich fand sie wirklich höchst ungezwungen und liebenswürdig, Adam, und ich bin überzeugt, daß ich sie mit der Zeit ins Herz schließen werde», sagte Charlotte edelmütig.

Lady Lyntons schärfster Tadel galt Mrs. Quarley-Bix, die sie als aufdringliche und kriecherische Person schilderte. Sie sagte, daß sie sich nichts Schlimmeres vorstellen könnte, als gezwungen zu sein, die Gesellschaft einer solchen Person ertragen zu müssen. Aber das galt nur so lange, bis sie Mr. Chawleigh kennengelernt hatte.

Die Zusammenkunft fand im Hotel Lothian statt und trug ein zwangloses Gepräge, da es Adam überlassen worden war, die Chawleighs zum Abendessen einzuladen. Lady Lynton, die sich dieser unfrohen Feier mit dem Mut einer Märtyrerin unterwarf, beschwor ihn, Mrs. Quarley-Bix von dieser Einladung auszuschließen, erteilte ihm aber im vorhinein die Absolution mit der Bemerkung, sie hege kaum Hoffnung, daß er Mrs. Quarley-Bix fernhalten könnte, da derartige Frauenzimmer es immer verstünden, ihre Gesellschaft dort aufzudrängen, wo sie am wenigsten erwünscht war. Die Praxis jedoch erwies sich als kinderleicht, da Mr. Chawleigh, nachdem er sich für die, wie er es nannte, Huld Lady Lyntons bedankt hatte, hinzufügte: «Und wohlgemerkt: kein Sterbenswörtchen zu Mrs. Qu-B, denn ich könnte wetten, daß Lady Lynton nicht von ihr belästigt werden möchte.»

Es waren daher nur die Chawleighs, die sich an dem vereinbarten Abend im Hotel Lothian einfanden, und in Lady Lyntons Privatsalon geführt wurden. Miss Chawleighs Geschmeide war sowohl für ihr Alter als auch den Anlaß viel zu prunkvoll, aber an ihrem kleinen Abendkleid aus lila Seide war nichts auszusetzen. Und wenn die Kniehosen und die blitzende Halstuchnadel ihres Vaters eher zu einem Empfang bei Hof als einem Festessen im Familienkreise gepaßt hätten, so schadete ihm diese überholte Mode in den Augen der Witwe durchaus nicht.

Ihr Sohn mochte ihren Trauerstaat mit Unbehagen betrachten, auf Mr. Chawleigh aber übte er sofort seine Wirkung aus. Er neigte sich tief über die zarte Hand, die ihm entgegengestreckt wurde, und sagte, er rechne ihr diese Einladung zum Abendessen hoch an. «Sicher ist es Ihnen gegen den Strich gegangen, Mylady, uns hierher zu bitten, denn es läßt sich denken, daß es Sie anstrengt zu empfangen.»

Ein wehes Lächeln quittierte diese Huldigung. «So angenehm!» murmelte die Witwe, sank wieder in ihren Stuhl zurück und zeigte mit einer Bewegung ihres Fächers an, daß er sich neben sie setzen sollte. Während die Jugend sich krampfhaft um Gesprächsthemen quälte, schüttete die Witwe Mr. Chawleigh ihr Herz aus. Als endlich der eintretende Kellner verkündete, das Dinner stünde im angrenzenden Zimmer bereit, wußte Mr. Chawleigh, wie oft und wie schrecklich sie vom Schicksal heimgesucht worden war, und wie tapfer sie die Unglücksfälle ertragen hatte. Er wußte sogar, welche Überwindung es sie gekostet hatte, die Reise nach London zu unternehmen (unter welchen beschwerlichen Umständen!), und er war so bestürzt, wie sie es nur wünschen konnte. Er fand es einfach unvorstellbar, daß eine hochgeborene Dame von so offenkundig zarter Konstitution in einer schwerfälligen alten Kutsche über die schlechten Straßen gerumpelt war, und nicht einmal ein Vorreiter sie beschützt hatte. Auf der Stelle versicherte er ihr, daß er es sich als hohe Ehre anrechnen würde, wenn sie es ihm gestatten wollte, sie in seiner eigenen Reisechaise nach Fontley zurückzuführen. «Und das ist nicht etwa ein ordinäres gelbes Gefährt, Mylady», führte er aus. «Die ist so erstklassig gefedert, wie Sie sich's nur wünschen können, und so gehört sich's auch, wenn man bedenkt, wieviel ich dafür zahlte. Und richtig geschulte Postillions, darauf können Sie sich verlassen, denn für Jonathan Chawleigh ist das Beste gerade gut genug!»

Beim Essen übernahm er mit beängstigender Unternehmungslust die Planung von Lady Lyntons Reise nach Bath und bot ihr nicht nur an, alle Einzelheiten der Fahrt zu arrangieren, sondern auch unverzüglich einen aufgeweckten jungen Mann aus seinem Kontor nach Bath zu entsenden, der feststellen sollte, welche Häuser dort zu vermieten seien. Lady Lynton wandte mit fadendünner Stimme ein, daß sie niemals daran denken würde, ihm diese Mühe zu machen, aber er versicherte ihr, daß es ihm ein Vergnügen wäre, ihr die beschwerliche Aufgabe des Quartiersuchens abzunehmen. Es hatte beinahe den Anschein, als sollte die arme Dame sich Hals über Kopf nach Bath verfrachtet und sich nolens volens in einem Hause untergebracht sehen, das ihr der aufgeweckte junge Mann aus dem Kontor ausgesucht hatte, aber als sie gerade ihrem Sohn einen verzweifelten Blick zuwarf, sagte Miss Chawleigh mit einer Deutlichkeit, die nichts zu wünschen übrig ließ: «Lady Lynton zieht es vor, sich ihr Haus selbst auszusuchen, Papa.»

«Ja, und Lady Lynton hat zwei Söhne, die ihr gerne beistehen, Sir», schaltete Lambert sich hilfsbereit ein. «Das heißt, wenn ich mich so nennen darf.»

Während dieser Worte warf er ihr einen triumphierenden Blick zu, was sie dazu veranlaßte, Mr. Chawleigh bezaubernd zuzulächeln und ihm zu sagen, sie sei ihm überaus verbunden, glaube jedoch, daß Wimmering alles Nötige für sie veranlassen würde.

«Und ob!» kicherte Chawleigh. «Das ist ein rechter Fuchs! Der wird schon darauf achten, daß Sie nicht übers Ohr gehauen werden, Mylady!» Er bemerkte, daß dieser Satz mit eisigem Schweigen aufgenommen wurde, und sagte vergnügt: «Kein Grund, die Nase zu rümpfen, Mylord! Sie wollen mit kaufmännischen Angelegenheiten ja auch nichts zu tun haben. Überlassen Sie es mir und Wimmering, die Dinge auf unsere Manier zu erledigen. Wir reden die gleiche Sprache.»

Nachdem er auf diese unvergleichliche Weise die Familie beruhigt hatte, wandte er seine Aufmerksamkeit Charlotte zu. Seine pfiffigen Augen musterten sie beifällig, aber das Gespräch wollte nicht recht in Fluß kommen. Charlottes ausgeprägtes Feingefühl ließ sie diesen Mann, trotz der besten Absicht, ihm freundlich zu begegnen, mit dem gleichen bebenden Staunen betrachten wie einen Kannibalen. Mr. Chawleigh behandelte junge Mädchen auf eine scherzhafte und väterliche Weise. Er war überzeugt, daß sie gerne Komplimente über ihr Aussehen hörten und es liebten, mit ihren Verehrern aufgezogen zu werden. Seine derben Schmeicheleien jedoch ließen Charlotte erröten, und als er eine anzügliche Bemerkung über ihre kommende Vermählung fallen ließ und voraussagte, daß es eine große Anzahl gebrochener Herzen geben würde, sobald die Hochzeit bekanntgeworden war, hob sie erstaunt die Augen zu ihm empor. Sie konnte ihr Mißfallen über diese plumpe Schmeichelei nicht verbergen. Lambert eilte ihr zu Hilfe und quittierte an ihrer Stelle die Bemerkung mit einem Scherz. Seine heldenhafte Anstrengung, Mr. Chawleigh zu unterhalten, verdiente Anerkennung, aber sein Versuch, seinen Ton auf Mr. Chawleighs Vokabular einzustellen, ließ ihn wie einen Erwachsenen wirken, der gutmütig einem kleinen Kind zuredet, und brachte ihm bald eine Abfuhr ein.

Miss Chawleigh hielt sich ausgezeichnet, blieb aber ziemlich schweigsam, was ihr auf der Heimfahrt zum Russel Square prompt einen Vorwurf ihres Vaters eintrug. Sie sagte: «Ich höre eben lieber zu, als selbst zu sprechen. Aber ich bin nicht stumm geblieben, Papa. Ich sprach mit meinem Verlobten und mit Miss – mit Charlotte! Sie bat mich, sie so zu nennen.»

«Sehr hochherzig von ihr», brummte er. «Wie kommst du mit ihr voran? Ein sehr stolzes Ding, wie?»

«Oh, nein! Sie war ungemein freundlich und bemüht sich, mich nett zu finden, was wirklich sehr nobel ist, denn sie sieht diese Heirat nicht gerne. Sie hat sich große Mühe gegeben, so zu tun, als freute sie sich darüber. Ich würde ihr gerne sagen, daß ich genau verstehe, wie ihr zumute sein muß, aber dazu kenne ich sie nicht gut genug. Und vielleicht wäre es auch unpassend.»

«Komm, Jenny, jetzt sei einmal aufrichtig!» befahl Mr. Chawleigh und legte ihr die Hand aufs Knie. «Du willst doch nicht aus dieser Verlobung aussteigen, meine Kleine? Wohlgemerkt, ich zwinge dich nicht zu dieser Heirat!»

«Nein, das will ich nicht», erwiderte sie einsilbig.

Er lehnte sich in die Ecke des Wagens zurück und sagte, das freue ihn. «Abgesehen von der Stellung, die du haben wirst – und die ist nicht zu unterschätzen, das sage ich dir! –, mag ich Seine Lordschaft gern. Das soll nicht heißen, daß er nach meiner Façon geraten ist, oder daß ich ihn zum Geschäftspartner haben möchte, aber er entspricht meiner Vorstellung von einem echten Kavalier. Und was seine Familie anlangt, bin ich überzeugt, daß seine Ma ein liebes Frauchen ist, die arme Haut! Mit dieser Schwester konnte ich mich nicht anfreunden, aber wenn sie dich so behandelt, wie sich's gehört, was du behauptest, mag sie sich so zimperlich geben, wie sie will, das ist mir gleich. Man muß es nehmen, wie es kommt, und ich finde die Familie Seiner Lordschaft angenehmer als ich erwartet habe.»

Leider wurden diese Gefühle von der Familie Seiner Lordschaft nicht erwidert. Lady Lynton, die aussah, als habe einzig die häufige Zuflucht zu ihrem Riechfläschchen sie davor bewahrt, in Ohnmacht zu sinken, fragte sich, was sie getan hätte, um eine solche Heimsuchung wie Mr. Chawleigh zu verdienen, und Charlotte rang die Hände und rief aus: «Ach, mein guter Adam, du hättest uns warnen müssen! Welcher Schock für die arme Mama! Wir haben nie angenommen, daß er ein *so* vulgärer Mensch sein könnte!»

«Sachte, sachte», sagte Lambert lachend. «Es ist nur natürlich, daß Sie so denken, aber ich kann Ihnen versichern, da gibt es bedeutend Ärgere! Wenn ich auch sagen muß –» Er fing Adams Blick auf, blinzelte unsicher und sagte dann ziemlich hastig: «Ich bitte um Vergebung. Manchmal geht einem eben die Zunge durch.»

Adam nickte und wandte sich ab. Die Damen waren nicht so leicht zum

Schweigen zu bringen, und nachdem sie in gewohnter Manier die Abwesenden tüchtig kritisierten, erkannten sie bald viele und bedeutend bedenklichere Fehler Mr. Chawleighs, als sie im ersten Augenblick gewahr geworden waren. Es war zwecklos, ihn zu verteidigen, und der Versuch, das Gespräch zu beenden, bewirkte nur Lady Lyntons tragischen Ausruf, daß es weit mit ihnen gekommen sei, wenn eine Mutter nicht einmal mehr offen mit ihrem Sohne sprechen dürfe. Sie gab ihrer Hoffnung Ausdruck, daß ihr seine Gefühle zu heilig wären, um auch nur ein einziges geringschätziges Wort über seine zukünftige Frau verlauten zu lassen. Sie konnte nur darauf vertrauen, daß er sie dazu veranlassen würde, sich nicht derartig mit Schmuck zu überladen. Das wirkte nicht nur protzig; untersetzte Frauen, denen es an Haltung und Auftreten gebrach, sich ins rechte Licht zu setzen, täten überhaupt besser daran, sparsam mit Juwelen umzugehen.

Charlotte fand, daß dies zu weit ging. Rasch warf sie ein: «Verlassen Sie sich darauf, daß sie es nur tut, weil ihr Vater es so haben will. Wir müssen dankbar sein, daß sie nicht so ist wie er.»

«Sehr richtig», sagte Lambert. «Sie ist ein sehr liebenswürdiges Mädchen und scheint Verstand zu besitzen. Und wegen ihres Vaters – nun, Madame, über den brauchen wir uns schließlich nicht den Kopf zu zerbrechen. Ich hörte, wie er Ihnen sagte, daß er nicht die Absicht hätte, sich Ihnen aufzudrängen.»

«Wenn ich dieser Zusicherung nur Glauben schenken dürfte!» seufzte die Witwe.

«Sie dürfen zumindest mir glauben, Mama, daß ich es ehrlich meine, wenn ich Ihnen sage, daß ihm mein Haus jederzeit offenstehen wird», sagte Adam ziemlich streng.

«Aber Adam, doch nicht Fontley!» schrie Charlotte unwillkürlich auf.

«Natürlich Fontley! Du scheinst zu vergessen, daß wir ohne ihn Fontley hätten verkaufen müssen! Und du glaubst, daß ich ihn nicht bitten werde, uns dort zu besuchen? Das wäre mehr als niederträchtig von mir.»

Sie wandte sich ab und sagte leise: «Ich habe nicht an diesen demütigenden Umstand gedacht; oder vielleicht habe ich mir auch nicht gestattet, daran zu denken. Alle meine Empfindungen wehren sich dagegen. Aber ich werde nichts mehr sagen.»

«Ich denke, daß bereits genug gesagt wurde», erwiderte er müde.

Diese Ansicht wurde nicht von seiner Mutter geteilt, die sich zu der Feststellung gezwungen sah, daß keiner daran gedacht hätte, auf *ihre* Empfindung Rücksicht zu nehmen. Ihr einziger Trost bestand darin, daß Adams armer Vater nicht mehr erleben mußte, ähnlich mißachtet zu werden.

Charlotte brach in Tränen aus und murmelte einen erstickten Protest, aber in Adams Augen stahl sich ein klägliches Lächeln. Er sagte jedoch bloß: «Wie Sie meinen, Mama. Soll ich das Verlöbnis lösen? Ist es das, was Sie wünschen?»

Wenn er angenommen hatte, die Witwe damit zu beschämen, dann hatte er sie unterschätzt. Sie belehrte ihn darüber, daß all ihre Wünsche einzig im Glück ihrer Kinder gipfelten. «Fern sei es mir, dich beeinflussen zu wollen», sagte sie. «Leider sind unsere Charaktere derart konträr, daß ich nicht ahnen kann, was dich glücklich macht. Mir bedeutet Reichtum nichts. Bei dir ist das anders, und du mußt daher selbst entscheiden. Eines magst du gewiß sein: Kein Wort des Tadels wird je über die Lippen deiner Mutter kommen!»

Mit dieser heroischen Erklärung zog sie sich, auf Charlottes Arm gestützt, in ihr Schlafgemach zurück und murmelte, daß sie nicht erwarte, auch nur ein Auge zu schließen.

Sehr zum Glück ihrer Kinder wurden ihre Gedanken am nächsten Tage durch Wimmerings Nachricht abgelenkt, daß ein sehr beachtliches Angebot für das Lynton-Palais vorlag. Der Kauflustige sei sogar mit der ziemlich hohen Preisforderung einverstanden, wenn das Haus sofort in seinen Besitz überginge. Adam willigte ein, und der Schmerz, der seine Mutter darob sofort niederwarf, verflüchtigte sich beinahe ebenso rasch, wie er gekommen war, als er ihr eröffnete, daß er durch diesen Verkauf in der Lage sei, selbst für Lydia zu sorgen. So konnte Lady Lynton den Verlust eines Hauses beklagen, das sie weder mochte noch brauchte, und durfte obendrein noch den Ruf einer aufopfernden Mutter für sich beanspruchen, die zum Wohle ihrer Kinder in den Verkauf einwilligte. Sie mußte jetzt nur entscheiden, welche Möbel sie für ihren eigenen Bedarf zu behalten wünschte. Adam ließ ihr dabei freie Hand. Da sich an jeden Gegenstand des Palais kostbare, wenn bislang auch unvermutete Erinnerungen zu knüpfen schienen, war anzunehmen, daß nicht viel von der Einrichtung zurückbleiben würde.

7

Die Trauung fand am 20. April statt. Dieses Datum fiel mit dem Einzug Ludwigs XVIII. in London zusammen, dem der Prinzregent einen prunkvollen Empfang bereitete. Er hatte zurückgezogen in Hartwell gelebt, und es war das erste Mal in seinen zwanzig Exiljahren, daß er öffentlich als König von Frankreich anerkannt wurde. Dieser Umstand trug viel dazu bei, Mr. Chawleigh mit der bescheidenen Zeremonie auszusöhnen, zu der ihn der Todesfall in der Familie seines Schwiegersohnes gezwungen hatte. «Denn es ist anzunehmen», sagte er, «daß es bei dem Wirbel und Gedränge um diesen Franzosen niemandem aufgefallen wäre, wenn ich die Feier doppelt so glanzvoll arrangiert hätte, als ich es mir gewünscht habe!»

Tatsächlich kreisten die Gedanken aller um die Staatsereignisse. Adam war von einem kurzen Besuch auf Fontley zurückgekehrt, um die Kanonen des Tower die Salutschüsse zu Ehren des Einzugs der Verbündeten in Paris abfeuern zu hören; eine Woche später wurde Napoleons Rücktritt bekannt, und bald darauf erfolgte die Veröffentlichung einer Meldung Lord Wellingtons, die am 12. April aus Toulouse abgesandt worden war. Anscheinend hatte Seine Lordschaft den letzten Sieg des Krieges errungen. Die Kämpfe hatten sich über so viele Jahre hingeschleppt, daß die Nachricht eher Unglauben als Begeisterung auslöste. Es gab sogar Stimmen, die düster weissagten, daß die Verbündeten selbst jetzt noch hinters Licht geführt worden seien, und viele hielten es für Wahnsinn, daß Bonaparte sich auf Elba zurückziehen durfte.

«Und ich behaupte, daß er sich neuerlich erheben wird!» sagte Mr. Chawleigh. «In der Frage Napoleon gibt es nur eine einzige Lösung: Man muß ein Ende mit ihm machen. Es läßt sich an den Fingern einer Hand abzählen, daß ein Kerl, der wie ein Wirbelsturm über die ganze Welt gefegt ist, nicht tatenlos auf einer kleinen Insel ausharren wird, und das soll Elba ja sein, soviel ich gehört habe. Der wird todsicher ausbrechen!» Nachdem er diese Überzeugung hartnäckig einige Male wiederholt hatte, fügte er hinzu, daß es nur eine Möglichkeit gäbe, die Öffentlichkeit auf die Hochzeit seiner Jenny aufmerksam zu machen: Die Großherzogin von Oldenburg müßte an der Feierlichkeit teilnehmen.

Diese verwitwete Schwester des russischen Zaren war vor einigen Wochen nach London gekommen und im Pulteney auf dem Piccadilly abgestiegen. Sie hatte das ganze Hotel für sich, eine ihrer Töchter, zwei auffallend häßliche Hofdamen und eine Anzahl von Dienern gemietet. Allgemein wurde angenommen, daß eine Verehelichung zwischen ihr und dem Prinzregenten geplant war. Falls es ihm jedoch nicht gelang, die Scheidung von der Prinzessin von Wales zu erlangen, würde sie vermutlich seinen Bruder, den Herzog von Clarence, heiraten. Sie selbst behauptete, ihr Besuch gälte einzig ihrem Vergnügen und der Besichtigung von Sehenswürdigkeiten, und es hatte nicht den Anschein, als ließe sie es sich angelegen sein, ihre Person dem Regenten angenehm zu präsentieren. In gutinformierten Kreisen kursierte das Gerücht, daß ihre Heiratspläne sich einzig mit der Prinzessin Charlotte von Wales befaßten, deren Verlobung mit dem Prinzen von Oranien nicht recht gedeihen wollte.

«Und was die Menschen dazu bestimmt, sie anstarren zu wollen, sooft sie ausfährt, das ist mir wirklich schleierhaft!» sagte Mr. Chawleigh. «Ich finde sie abstoßend häßlich, trotz ihrer weißen Haut, über die soviel geredet wird. Ihr Glück, daß sie eine weiße Haut *hat*, denn mit ihren wulstigen Lippen könnte man sie leicht für eine Negerin halten.»

Dieses abfällige Urteil täuschte aber nicht darüber hinweg, daß er sie brennend gerne zur Vermählung eingeladen hätte, wenn bloß ein Angehöriger der Familie Deveril mit der Großherzogin bekannt gewesen wäre. Zwar erklärte Mr. Chawleigh Adam, daß ihm nichts daran lag, sich im

Kreis derart exaltierter Menschen zu bewegen, aber er habe immer versprochen, seine Tochter mit allem erdenklichen Pomp zu verheiraten. «Und ich hätte mein Wort auch gehalten», betonte er. «Selbst der Festzug des Oberbürgermeisters hätte sich daneben verstecken können!»

Adam zeigte sich verständnisvoll, leugnete aber standhaft, auch nur im entferntesten mit der Großherzogin bekannt zu sein. Einen Augenblick befiel ihn die panische Angst, daß Mr. Chawleigh von der Freundschaft des verstorbenen Vicomte mit dem Prinzregenten wissen mochte. Mr. Chawleigh wußte davon, berief sich aber auf seinen klaren Menschenverstand, der ihm verbot, seine Ziele zu hoch zu stecken. «Der Prinzregent ist unerreichbar. Bei einer Ausländerin ist es etwas anderes, selbst wenn sie die Schwester des Zaren von Rußland ist, aber wer, wenn man es genau betrachtet, ist der schon?»

«Ja, wer?» nickte Adam. «Wir wollen uns die Köpfe nicht über Majestäten zerbrechen. Ohne sie werden wir bedeutend besser fahren.»

Er sprach zuversichtlich, und weder seine Stimme noch sein Verhalten verriet, wie unwirklich ihm die Gegenwart vorkam. Er ging wie ein Schlafwandler umher. Sein Leben erschien ihm bar jeder Zukunft, und er versuchte nicht sich auszumalen, was später sein mochte, denn er war zu erschöpft, um sich zur Hoffnung zu zwingen. Er hatte wahrhaftig wenig Zeit zum Grübeln, eine Pflicht jagte die andere, und als der Hochzeitstag heranrückte, peinigte ihn eine solche Unzahl von Dingen, die er vergessen oder unterlassen hatte, daß es ihm nur mit knapper Not gelang, sich ein kurzes Gespräch mit Lord William Russel abzustehlen, der die Meldung aus Toulouse nach London gebracht hatte. Die Zusammenkunft tat ihm wohl. Als er erfuhr, was sich alles seit seinem Abschied von der Armee zugetragen hatte, als er Neues über seine Freunde hörte und sich über die wunderbare Genesung Lord Marchs freute, der seine bei Orthes erlittene Verletzung überwunden hatte, und über die jüngsten Witze des Hauptquartiers lachte, fand er für kurze Zeit in die Wirklichkeit zurück und schöpfte daraus neuen Mut.

Seine Haltung bei der Trauung schilderte Lady Oversley als über jedes Lob erhaben. Sie war sehr gerührt und erzählte ihrem Gemahl später, daß sie hätte weinen mögen, als sie sah, wie meisterhaft Adam seine wahren Gefühle verbarg. Einzig seine Blässe hatte ahnen lassen, wie schwer ihm die Beherrschung fiel.

In Wirklichkeit jedoch war keine Selbstüberwindung vonnöten. Adam war in seine unruhige Traumwelt zurückgeglitten und befolgte einzig die Gebote seiner Erziehung. Gute Manieren erforderten eine gewisse Haltung, und da es ihm zur zweiten Natur geworden war, sich den Forderungen nicht zu entziehen, gelang es ihm ohne Anstrengung, ja geradezu mechanisch, beim Hochzeitsmahl zu plaudern und zu lächeln.

Es waren nur ein Dutzend Personen anwesend, aber die Pracht der Hochzeitstafel war unübertrefflich. Lydia betrachtete aus weit geöffneten

Augen die Leckerbissen an Cremen, Torten und Kuchen, die auf der Anrichte bereitstanden, und behauptete hinterher, insgesamt sechzehn Zwischengerichte gezählt zu haben.

Lydia war nach einer Strafpredigt Charlottes niedergeschlagen in London eingetroffen. Als ihr Jenny zum erstenmal in einer weißen Wolke aus Satin, Spitzen und Brillanten entgegentrat, fand Lydia sie entsetzlich ordinär. Weiße Seide stand Jenny nicht, und was die Sache noch verschlimmerte: Sie war genauso rotbackig wie Adam bleich. Sie benahm sich jedoch völlig gefaßt und gab ihre Antworten klar und deutlich. Nach der Trauung hatte Lydia allerdings den Eindruck, daß sie doch nicht so gefaßt sein mochte, wie es den Anschein hatte, denn wenn sie sich unbeachtet wähnte, preßte sie die Hände an die Wangen, als wollte sie ihre Röte mit Gewalt unterdrücken.

Während der jeder Romantik entbehrenden Zeremonie fühlte sich Lydia tief beeindruckt; auf dem Russel Square jedoch verschwand ihre Melancholie. Hier hatte sie Neuland betreten, und wenn ihr auch schon vielerlei über Mr. Chawleighs Geschmack zu Ohren gekommen war, hatte sie sich einen solchen Pomp doch nicht träumen lassen. Sie blickte mit ehrfürchtig glänzenden Augen um sich, nahm die neuen Eindrücke durstig auf und wünschte nur, einen einzigen kleinen Blick mit Adam tauschen zu können. Das war unmöglich, doch Lord Brough war kein schlechter Ersatz für Adam. Immer wieder kreuzten sich ihre Blicke, und sie erkannte aus seinem trägen Blinzeln, daß er sich genauso amüsierte wie sie, und schon hoben sich ihre Lebensgeister. Natürlich war es tragisch, daß Adam Jenny statt Julia geheiratet hatte, aber in einer so bunt zusammengewürfelten Gesellschaft konnte sie beim besten Willen keinen trüben Gedanken nachhängen. Ja, es war sogar höchst schwierig, nicht laut herauszulachen, als Mrs. Quarley-Bix mit stark geschminkten Bäckchen in knisternder Seide daherrauschte und Lady Lynton mit einer Überschwenglichkeit begrüßte, als seien sie die engsten Freundinnen. Dabei strich sie immer wieder hervor, daß sie ihresgleichen sei, indem sie Phrasen verwendete wie «Sie und ich, liebe Lady Lynton . . .» und «Hochgestellte Persönlichkeiten, wie wir wissen, liebe Lady Lynton . . .»

Mr. Chawleigh bemerkte den Lachteufel in Lydias Augen, empfand augenblicklich Zuneigung für sie und steuerte auf sie zu. Sie war nicht so schön wie ihre Schwester, entsprach jedoch seiner Vorstellung von einem gutgewachsenen, hübschen und aufgeweckten Mädchen. Um das Eis zu brechen, sagte er, er schäme sich richtig, zu ihrer Unterhaltung keinen eleganteren Kavalier eingeladen zu haben. «Hier ist nur Lord Brough, den Sie sich mit Lizzie Tiverton teilen müssen, und das nenne ich eine schäbige Art, ein Fest zu arrangieren! Wenngleich nicht viel aufgeteilt werden wird, wenn Seine Lordschaft soviel Verstand besitzt, wie ich ihm zutraue.»

Lydia, die viel mehr von der robusten Wesensart ihres Vaters geerbt hatte als ihr Bruder und ihre Schwester, fühlte sich durch diese Rede durchaus nicht beleidigt. Bisher hatte niemand ihren Weg gekreuzt, der Mr. Chawleigh auch nur entfernt ähnelte, aber als die versammelten Gäste sich zu dem üppigen Mahle setzten, das für sie bereit stand, waren die beiden auf dem besten Weg dazu, dicke Freunde zu werden. Sehr zur Qual ihrer Mutter brach sie einige Male in ihr spontanes Schulmädchengelächter aus. Lady Lynton, die eine vorbildliche, wenngleich eisige Höflichkeit ausstrahlte, machte Lydia ernste Vorhaltungen darüber, Mr. Chawleigh ausgelacht zu haben und rügte sie, sein Feingefühl gekränkt zu haben.

Aber Mr. Chawleighs Feingefühl hatte keinen Schaden erlitten. Seine pfiffigen Augen blinzelten Lydia zu und bald versicherte er Lady Lynton, daß er noch nie ein reizenderes Mädchen kennengelernt habe. In vertraulichem Tone setzte er hinzu, daß er Lord Brough zu ihrem Tischnachbarn bestimmte. «Wenn sie mir auch sagte, daß sie noch nicht in die Gesellschaft eingeführt wurde, und Seine Lordschaft neben Miss Tiverton sitzen sollte. Ich aber sage, Mylady: Zum Henker mit Lizzie Tiverton! Seine Lordschaft wird bedeutend lieber mit Miss Lydia parlieren!»

Lady Lynton nahm das Kompliment zwar höflich, aber ohne jede Dankbarkeit entgegen. Adam jedoch, der mit Erleichterung bemerkt hatte, daß Lydia sich ausgezeichnet mit ihrem Gastgeber zu verstehen schien, lächelte ihr erfreut zu, als sich ihre Blicke über der Tafel trafen.

Auf seine träge, gleichgültige Art erwies sich auch Brough als wahre Stütze. Mr. Chawleigh, der sofort jede Art von Herablassung durchschaute und verachtete, hielt ihn für einen netten jungen Mann, dessen Gutartigkeit in nichts jener Lord Oversleys nachstand, der tapfer Mrs. Quarley-Bix Aufmerksamkeit an dem einen Tafelende fesselte, während seine Gemahlin am anderen Ende das Gespräch nicht zum Stocken kommen ließ, über alle Späße ihres Gastgebers bereitwillig lachte, von jedem ihr angebotenen Gericht nahm und erklärte, nie zuvor etwas annähernd Gutes gegessen zu haben.

Als Jenny sich zum Umkleiden zurückzog, begleitete Lydia sie und befreite sie damit von Mrs. Quarley-Bix, die sie unerträglich fand. Sie wartete bloß ab, ob Miss Tiverton, die überaus schüchtern war, der Braut nicht selbst ihre Hilfe anbieten würde, dann erhob sie sich mit den Worten: «Darf ich mit Ihnen kommen? Bitte!»

«So ist's recht», nickte Mr. Chawleigh beifällig. «Geh du nur mit Miss Lydia, mein Herz, und Sie setzen sich wieder, Mrs. Qu-B! Jenny braucht nicht eurer beider Hilfe, trotzdem recht schönen Dank.»

Lydia stieg neben ihrer frischgebackenen Schwägerin die mit dicken Teppichen belegte Stiege empor und zerbrach sich den Kopf nach einer freundlichen Bemerkung. Es war jedoch Jenny, die als erste den Mund auftat und zögernd sagte: «Ich danke Ihnen. Das ist ungemein freundlich. Ich hoffe, es ist Ihnen nicht lästig?»

«Nein, nein, natürlich nicht», erwiderte Lydia errötend. «Wenn es *Sie* nicht stört!»

«Ach, nein, ich bin sehr froh darüber», seufzte Jenny. «Wenn Sie wüßten, wie Mrs. Quarley-Bix sich den ganzen Tag aufgespielt hat –»

Lydia kicherte. «Ihr Papa sagte, sie surrt wie eine eingeschlossene Fliege umher! Was, ist das Ihr Schlafzimmer? Das *ist* aber groß!» Sie blickte sich überrascht um und sagte sofort, daß es viel für sich hatte, die einzige Tochter zu sein. «Mein Schlafzimmer ist nicht halb so groß und Charlottes auch nicht.» Mit einem ernsten Blick auf Jenny schloß sie: «Ich nehme an, Sie werden Fontley reichlich schäbig finden!»

«O nein, ich verspreche Ihnen, daß dies nicht der Fall sein wird! *Bitte* denken Sie doch nicht – Oh, Martha, Miss Lydia Deveril war so freundlich, mir ihre Hilfe anzubieten. Martha war einmal meine Kinderfrau, Miss Deveril.»

«Sie sollten mich Lydia nennen, und ich hoffe, daß Sie das auch tun werden», sagte Lydia und ließ sich am Fußende einer eleganten Chaiselongue nieder. Sie lächelte der hageren Bediensteten zu, die einen förmlichen Knicks vor ihr machte, und sagte: «Ich werde nicht im Weg sein. Ich möchte nur zusehen.»

Die Befangenheit lähmte den jungen Damen die Zunge und die Anwesenheit der Kammerjungfer lockerte die Spannung keineswegs. Die Unterhaltung beschränkte sich auf allgemeine Themen, und Jennys Beitrag bestand meist nur aus einsilbigen Bemerkungen. Erst als sie vollständig angekleidet war und Martha den Raum verlassen hatte, schien sie sich ein Herz zu fassen und sagte unvermittelt: «Sie lieben ihn, nicht wahr? Sie brauchen mir das nicht erst zu bestätigen, ich weiß es, genau wie ich weiß, daß diese Verbindung nicht das ist, was Sie – oder er – gewünscht haben. Ich möchte Ihnen nur sagen, daß er ein angenehmes Leben führen wird. Dafür werde ich sorgen.» Ihre verkrampften Züge entspannten sich zu einem scheuen Lächeln. «Sie halten das nicht für wichtig, doch da irren Sie. Männer lieben es, wenn man sich um ihr Wohlbehagen kümmert. Und das werde ich tun. Das ist alles.»

Sie beendete diese Ansprache mit einem entschlossenen Kopfnicken und verließ das Zimmer mit energischen Schritten, ohne eine Antwort abzuwarten. Lydia folgte ihr über die Treppe hinunter in die Diele, in der sich die Gesellschaft versammelt hatte.

Der Abschied war kurz. Mr. Chawleigh drückte seine Tochter mit mächtigen Pranken an seine Brust und befahl Adam lachend, aber mit drohendem Unterton, gut auf sein Kind aufzupassen; Lady Lynton sagte klagend, sie hoffe, Adam werde glücklich sein; Charlotte und Lady Oversley brachen in Tränen aus, und Lydia flüsterte Adam in einer stürmischen Umarmung zu: «Ich hasse sie nicht. *Wirklich* nicht!» Die Herren gratulierten etwas derb und rieten gleichzeitig, die Pferde nicht warten zu lassen.

Die Reiseequipage, eines von Mr. Chawleighs Hochzeitsgeschenken, stand vor der Tür. Zwei Fuchsrote Pferde waren vorgespannt und auf dem Wagenschlag und der Kutschsitzdecke prangte das Lyntonsche Wappen. An diese Equipage schloß sich eine geräumige Kutsche für Lord Lyntons Diener und Lady Lyntons Zofe und das gesamte Gepäck an, und zwei livrierte Vorreiter verliehen der Reisegesellschaft Distinktion. Adam half seiner jungen Frau in die Equipage, wechselte einige kurze Worte mit Brough, und folgte ihr dann nach. Der Wagentritt wurde hochgeklappt, die Tür zugeschlagen, und unter Abschiedsrufen und wehenden Taschentüchern rollte der Wagen davon. Da für die Reise Postillions engagiert worden waren, blieb der Kutschsitz unter der prunkvollen Decke ebenso unbesetzt wie der Bedientensitz, denn Adam hatte sich erfolgreich Mr. Chawleighs Versuch widersetzt, sich zwei Lakaien aufdrängen zu lassen.

Die Equipage bog um die Ecke des Platzes, und als die Gruppe vor dem Haus nicht länger zu sehen war, wandte sich Adam vom Fenster ab und sagte lächelnd zu Jenny: «Nun, Ihr Vater mag sagen, was er will, aber *ich* finde, wir hatten eine recht hübsche Hochzeit, meinen Sie nicht auch? Sind Sie nun sehr erschöpft?»

«Am Umsinken», gestand sie, «aber für Sie muß es noch bedeutend anstrengender gewesen sein.»

«Ach, Unsinn!»

«Doch, doch, ich weiß es. Sie hatten bedeutend mehr zu tun als ich – abgesehen von allem anderen. Ich hoffe nur, daß Ihnen in dieser schwankenden Kutsche nicht übel wird.»

«Das hoffe ich auch», erwiderte er lachend. «Und wie steht's mit Ihnen?»

«Ich kann es noch nicht sagen. Sie schaukelt sehr stark. Vielleicht werde ich mich daran gewöhnen und wenn nicht, dürfen Sie es bitte Papa nicht verraten! Er wäre so enttäuscht, denn er ließ sie eigens bauen.»

«Sobald wir das holprige Pflaster hinter uns haben, wird es besser sein. Lehnen Sie sich zurück und schließen Sie die Augen. Haben Sie Ihr Riechsalz bei sich?»

«Ich besitze keines. Oh, doch! Mrs. Quarley-Bix hat mir als Hochzeitsgeschenk ein gräßliches Riechfläschchen verehrt. Ich nehme an, es ist ihr eigenes, denn sie kennt mich genügend, um zu wissen, daß ich nicht die geringste Verwendung dafür haben würde!»

«Sie undankbares Geschöpf! Sagen Sie nur ja nicht, sie hätten es nicht mitgenommen!»

«Das tat ich auch nicht, aber das macht nichts. Ich werde mich bald ans Reisen gewöhnt haben.»

Dies schien zu stimmen, denn nachdem sie eine Weile mit geschlossenen Augen gesessen hatte, schlug sie sie auf und wandte den Kopf Adam zu, um sein Profil eindringlich zu studieren. Anfangs bemerkte er nicht, daß sie ihn beobachtete, denn seine Gedanken hatten sich weit von ihr entfernt und er betrachtete unaufmerksam die vorübergleitende Landschaft. Nach wenigen Minuten schien er jedoch ihren Blick zu fühlen und sah sie an.

Sein Traum von elfengleicher Anmut zerstob. Die Wirklichkeit saß drall und ziemlich reizlos neben ihm, trug einen modischen Reisemantel und einen Hut, dessen hochgebogene Krempe mit den Reiherfedern einen recht unpassenden Rahmen für ein rundes, rosiges Gesicht abgab, das einzig seines entschlossenen Ausdrucks wegen bemerkenswert war. Der Widerwille verschlug ihm die Sprache. Als sein Blick jedoch Jennys Augen begegnete und in ihnen ängstliche Bereitschaft las, verwandelte sich seine Abneigung in Mitleid. Was immer sie dazu bewogen haben mochte, dem von ihrem Vater abgeschlossenen Handel zuzustimmen, sie sah nicht glücklich aus. Er fand, daß sie von ihnen beiden das schlechtere Los gezogen hatte. Ihm erwuchsen aus dieser Verbindung handfeste Vorteile. Wenn ihr Ehrgeiz jedoch der Erhöhung ihres gesellschaftlichen Ranges galt, so vermutete er, dem die Standesprivilegien vom ersten Atemzug an selbstverständlich erschienen waren, daß sie ihr neu erworbenes Adelsprädikat bald als überzahlt erkennen würde. Sollte sie durch den Ehrgeiz ihres Vaters zu einer Ehe ohne Liebe gezwungen worden sein, verdiente sie ehrliches Mitgefühl. Er bedauerte sie und vergaß über der Aufgabe, ihre Befürchtungen zu zerstreuen, seinen eigenen Kummer. Wie er ihr die Angst nehmen sollte, wußte er allerdings nicht. Er konnte sie bloß anlächeln, ihre behandschuhte Hand in die seine nehmen und fröhlich sagen: «So ist's schon besser! Haben Sie geschlafen?»

Ihre Hand zitterte ein wenig, aber sie erwiderte mit fester Stimme: «Nein, aber ich fühle mich wieder besser, danke. Ich würde gerne mit Ihnen sprechen, wenn ich darf.»

Da er ihre Hand nun einmal ergriffen hatte, wußte er nicht, wie er sie wieder loswerden konnte. Sie löste dieses Problem für ihn, indem sie ein wenig von ihm abrückte. Belustigt fragte er: «Wenn Sie *dürfen*? Ei, was wollen Sie mir denn sagen, Kindchen, das meiner Erlaubnis bedürfte?»

Sie lächelte flüchtig. «Ach, nichts. Ich denke nur, daß Sie vielleicht möchten – mir fehlen die richtigen Worte, aber ich glaube, wir sollten unsere – unsere Lage besprechen. Das wollte ich schon oft, aber wir hatten so selten Gelegenheit dazu. Und vielleicht hätten Sie es mir auch als unschicklich angekreidet. Auch das weiß ich nicht, denn ich kenne Sie noch nicht genug, und wenn ich mich auch bemühe, meine Zunge im Zaum zu halten, weiß ich doch, daß ich die undamenhafte Art habe, die Dinge beim rechten Namen zu nennen. Bei Miss Satterleigh hat mir das ständig Ermahnungen eingetragen!»

«Wenn Sie zu mir sprechen, brauchen Sie Ihre Worte nie auf die Goldwaage zu legen. Im Gegenteil, ich hoffe auf Ihre Offenheit. Als erstes jedoch lassen Sie mich versichern, daß ich für die Schwierigkeiten *Ihrer* Situation durchaus nicht blind bin. Wie Sie selbst konstatierten, kennen wir einander kaum, und dieser Umstand muß sehr bedrückend für Sie sein.» Er lächelte sie sehr freundlich, wenn auch nicht verliebt an. «*Diesem* Übel werden wir bald abhelfen. Mittlerweile aber würde ich Ihnen empfehlen, keine Angst zu haben. Ich werde nichts tun, was Ihnen mißfällt.»

Sie zögerte ein wenig, ehe sie ihm darauf antwortete. Ihre Miene verriet nichts über ihre Gedanken. «Sie sind sehr rücksichtsvoll», sagte sie schließlich. «Ich habe keine Angst. *Das* war es nicht! Oh, ich bin überzeugt, daß viele Ehepaare zu Beginn nicht besser miteinander bekannt waren, als wir es sind. Für sensible Menschen wäre das wohl nicht das Rechte, aber ich glaube nicht, daß ich zu denen zähle. Ich will damit nur sagen, daß Sie sich meinethalben nicht zu beunruhigen brauchen. Ich hasse Zimperlichkeit und Getue. Im allgemeinen werden von Leuten meiner Gesellschaftsschicht nicht oft Vernunftehen eingegangen, aber in Ihren Kreisen dürften sie ziemlich häufig sein, nicht wahr?»

«Ja – das heißt, ich nehme an, daß sie immer wieder vorkommen, aber mir ist nicht viel darüber bekannt», sagte er verlegen, denn er wußte kaum, wie er auf eine so unumwundene Frage antworten sollte.

«Ich möchte Sie nicht in Verlegenheit setzen», sagte sie aufmerksam, «aber es hat keinen Sinn, um den heißen Brei herumzureden. Wir wissen beide, daß ich nicht von nobler Herkunft bin. Vielleicht vermuten Sie, daß ich mir kein klares Bild über eine Vernunftehe mache. Darüber möchte ich Sie beruhigen. Sie müssen nicht fürchten, daß ich von Ihnen erwarte, daß Sie mir stets an der Rockfalte hängen. Genauso wenig werde ich mich wie eine Klette an Sie klammern und Rechenschaft über jede ihrer Stunden verlangen und Sie fragen, weshalb Sie nicht zum Abendessen nach Hause kamen.» Sie hob die Augen und blickte ihn entschlossen an. «Ich werde mich nicht in Ihr Leben drängen, Mylord, oder Ihnen irgendwelche Fragen stellen. Sie werden nicht unter meinem Pantoffel stehen, das verspreche ich Ihnen.»

«Sie erteilen mir also die Erlaubnis, einen liederlichen Lebenswandel zu führen», sagte er und versuchte, einen leichten Ton anzuschlagen. «Soll ich Ihnen eine ähnliche *carte blanche* ausstellen? Sie werden mich äußerst engherzig finden, fürchte ich, denn diese Absicht habe ich nicht. Ja, ich bin sogar kleinlich genug, mir das Recht einzuräumen, Ihnen jede beliebige Frage zu stellen!»

Sie schüttelte lächelnd den Kopf und schlug die Augen nieder. «Das ist etwas ganz anderes. Obzwar nicht anzunehmen ist, daß Sie Grund zur Beunruhigung haben könnten. Dazu bin ich nicht hübsch genug.» Sie brach ab, schöpfte tief Atem und errötete. «Ich bin nicht die Frau, die Sie sich gewünscht haben, aber ich will mein Bestes tun, mich richtig zu benehmen. Sie werden einen Erben haben wollen, und ich hoffe, daß ich Ihnen einen schenken werde. Ich hätte gerne Kinder, je früher, desto besser. Aber diese Entscheidung liegt bei Ihnen.» Sie preßte die Lippen aufeinander, wandte den Kopf ab und sah aus dem Fenster. Er zerbrach sich fieberhaft den Kopf um eine Antwort, nach *irgendeiner* Bemerkung, aber bald darauf begann sie im Plauderton zu sprechen. «Wissen Sie, für mich ist es neu, auf dem Lande zu leben. Meine Mutter stammte zwar vom Land, aber mein Vater wuchs in der Stadt auf und hat für das Landleben nichts übrig. Wenn wir also die Stadt verließen, besuchten wir stets nur Modeorte wie Brighton oder Ramsgate oder ähnliche. Haben wir noch weit bis zum Hause Ihrer Tante?»

8

Sie verblieben nicht ganz zwei Wochen in Hampshire, denn Lady Lynton war fest entschlossen, unverzüglich zu ihrer Schwester nach Bath zu reisen, und Lambert Ryde war nicht minder entschlossen, Charlotte noch vorher zu heiraten. Familienangelegenheiten riefen ihn abermals nach Norden, und er schlug im Ernst vor, was er ursprünglich scherzhaft hingeworfen hatte, nämlich die Fahrt nach Schottland zu seiner und Charlottes Hochzeitsreise zu machen. Charlotte vermochte nicht zu bestreiten, daß diese Aussicht sie entzückte, aber sie schrieb Adam einen unschlüssigen Brief. Einerseits fürchtete sie einen unabsehbaren Aufschub ihrer Trauung, anderseits aber war ihr der Gedanke unerträglich, von jemand anderem als ihrem Bruder zum Altar geleitet zu werden.

«Das wäre auch höchst unpassend!» rief Jenny aus, als ihr Charlottes Brief vorgelesen wurde. «Schreiben Sie ihr unverzüglich, daß Sie zur Stelle sein werden! Sie sehen ja, daß sie in größter Sorge ist, und was tut es schon, wenn wir einige Tage früher nach Fontley fahren, als wir beabsichtigten?»

«Ja, wenn es Ihnen nichts ausmacht –»

Ihre Antwort zeugte von dem klaren Hausverstand, der sie zugleich zu einer bequemen, aber auch von keinerlei Geheimnissen umwitterten Ehepartnerin machte: «Was sind uns einige Tage auf oder ab? Zwar gefällt es mir hier sehr gut, aber da ich nun weiß, daß Lady Nassington mich bei Hof vorstellen wird, hätten wir auf jeden Fall nach Ablauf von vierzehn Tagen nach London zurückkehren müssen. Zwar habe ich meine Hoftoilette bereits bestellt und auch das Material ausgewählt, aber eine Anprobe ist unbedingt nötig, wissen Sie?» Ihre Augen wurden klein vor Lachen, als sie kläglich ausrief: «Ich werde *grauenhaft* darin aussehen! Ich im Reifrock! Damit bin ich dann so breit wie hoch. Außerdem habe ich keine Ahnung, wie man sich in so einem Panzer bewegt! Lady Oversley hat mir geraten, mich ein wenig darin zu üben, ehe ich mich unter die Menschen wage. Nun, ich hoffe nur, daß ich Ihnen keine Schande machen werde!»

«Das werden Sie ganz bestimmt nicht. Soll ich also Charlotte benachrichtigen, daß Sie den Termin für Montag, den 9. Mai ansetzen soll, wie sie es gerne möchte?»

«Ja, bitte, tun Sie das! Wir könnten dann am Freitag vorher auf Fontley eintreffen. Wenn wir also hier am Dienstag abreisen, bleiben mir zwei Tage in der Grosven – in London, um die Hofrobe zu probieren, und die Federn und den Rest zu besorgen.»

Sie hatte ziemlich beklommen geendet, aber er tat, als hätte er weder ihren befangenen Ton noch ihr plötzliches Zaudern bemerkt, und erwiderte freundlich: «Schön, dann will ich Charlotte schreiben.»

Die Flitterwochen hatten manch peinlichen Augenblick mit sich gebracht, wie das unter den gegebenen Voraussetzungen unvermeidlich war, doch hatten sie diese Klippen zum überwiegenden Teil dank Jennys prosaischer Haltung umschifft. Wenn ihrer Vereinigung auch die Verliebtheit fehlte, so hatte sie doch zu weniger Verlegenheit geführt, als Adam vorhergesehen hatte. Jenny war manchmal schüchtern, entzog sich ihm jedoch nie. Sie hieß einen praktischen Verstand ihr eigen, betrachtete das Eheleben in nüchterner Weise, und erweckte binnen kürzester Zeit den Eindruck einer bereits seit mehreren Jahren verheirateten Frau. Sie entdeckte rasch seine kleinen Vorlieben und vergaß sie niemals. Sie verlangte nicht, daß er pausenlos um sie war, und schien das nicht einmal zu wünschen, sondern schickte ihn zum Fischen an den Forellenbach, erkundigte sich bei seiner Rückkehr, wie es ihm ergangen sei, und berichtete ihm gelassen, wie sie selbst den Tag verbracht hatte. Da sie Klavier übte, im Park zeichnete und ihm mit musterhaft winzigen Stichen eine Reihe von Taschentüchern nähte, hatte er das beschämende Gefühl, daß es die Langeweile war, die sie zu derlei eintönigen Beschäftigungen Zuflucht nehmen ließ. Sie versicherte ihm jedoch, daß die Näharbeit ihr Freude machte, und schien auch wirklich durchaus mit dem ruhigen Leben, das sie führte, zufrieden zu sein. Das Herrenhaus Rushleigh hätte für zwei Verliebte ein prachtvolles Liebesnest abgeben können, für die Lyntons jedoch bot es wenig Abwechslung. Adam fischte, ritt oder fuhr mit Jenny spazieren, und an den Abenden spielten sie eine Partie Schach, oder Jenny spielte Klavier oder nähte, während Adam ihr vorlas. Er machte sich Vorwürfe, sie nach Rushleigh gebracht zu haben, da einer der lebhafteren Orte am Meer ihr sicherlich besser zugesagt hätte, doch sie schüttelte darauf entschieden den Kopf und erwiderte, daß ihr das nicht halb so gut gefallen hätte. «Ich kenne die Ferienziele am Meer, aber ich war noch nie vorher in einem Landhaus», sagte sie. «Das ist mir völlig neu und sagt mir bestens zu. Außerdem lerne ich hier eine ganze Menge und deshalb bin ich besonders froh, daß wir hierher kamen. Dann werde ich doch nicht ganz so unwissend sein, wenn wir nach Fontley fahren. Ich wußte nicht, wie stark sich das Leben hier von dem Leben in einem Haus in der Stadt unterscheidet.»

«Jetzt stellen Sie *meine* Unwissenheit bloß. Ist es tatsächlich so verschieden?»

«Oh, ja! In London kauft man alles, was man braucht, aber hier stellt man es selbst her – oder die Dinge wachsen einfach, wie zum Beispiel der Kohl und die Äpfel und die Eier – Ach, lachen Sie mich nicht aus, Sie wissen genau, was ich meine! Auch die Schweine: wie phantastisch, selbst den Schinken zu räuchern. Sie werden es kaum glauben, aber ehe ich hierher kam, habe ich noch nie gesehen, wie eine Kuh gemolken wird, und hatte keine Idee, wie man Butter macht. Es macht mir ungeheuren Spaß, bei diesen ländlichen Verrichtungen zuzusehen. Haben Sie in Fontley auch einen Bauernhof?»

«Einen Meierhof? Ja, wenngleich er, wie ich zu meiner Schande gestehen muß, nicht halb so gut geführt ist wie dieser hier.»

Sie nahm das widerspruchslos zur Kenntnis, erkundigte sich aber, ob Fontley ebenso groß sei wie Rushleigh.

Rushleigh war nicht Lord Nassingtons Hauptsitz, und wenn man Adam gebeten hätte, es zu schildern, so hätte er es ein nettes, kleines Gut in Hampshire genannt. Es war ein bezauberndes Backsteinhaus im Queen-Anne-Stil und stand inmitten eines kleinen Parks, doch von Fontley war es so verschieden, daß er erstaunt ausrief: «*Fontley?* Aber, meine liebe Jenny, das läßt sich überhaupt nicht vergleichen!»

«Heißt das, daß Fontley größer ist?» fragte sie zwar nicht erschrocken, aber sichtlich beeindruckt.

«Aber selbstverständlich!» Er besann sich und sagte lachend und leicht errötend: «Wissen Sie, für mich gibt es eben kein prächtigeres Haus als Fontley. Jetzt werden Sie ein Chatsworth oder ein Holkham erwarten.»

«Durchaus nicht. Wie sollte ich auch, da ich keines von beiden kenne? Aber wenn ich Sie recht verstehe, ist Fontley sehr groß?»

«Es ist natürlich größer als dieses Haus, aber – nun, es ist grundlegend anders. Mit Ausnahme der großen Diele ist keiner seiner Räume eigentlich *hübsch,* aber das Haus hat bedeutend mehr Zimmer als dieses hier. Vielleicht werden Sie enttäuscht sein, oder es genau wie meine Mutter durch seine vielen Gänge, Stiegen und ineinandergehenden Zimmer entsetzlich ungemütlich finden. Es wurde nicht nach einem Plan erbaut, wie dieses Haus. Ein Teil – jener, der noch von der ursprünglichen Priorei stammt – ist wirklich uralt, aber meine Vorgänger bauten zu und änderten, jeder wie es ihm gefiel, bis es zu etwas anwuchs, das man wohl Kraut und Rüben nennen mag. Der Großteil ist im elisabethanischen Stil – aber keine Angst: Es erwartet sie kein Schlafzimmer mit unebenem Boden und einer Decke, die so niedrig ist, daß Sie sie berühren können! Die Schlafzimmer liegen in dem Flügel, den mein Großvater errichten ließ. Ich hoffe, sie werden Ihnen gefallen, und ich kann Ihre

Befürchtungen zumindest in einem Punkt zerstreuen: Wir haben kein Gespenst, das Sie erschrecken wird, *obgleich* wir eine Kapellenruine besitzen.»

«Ich glaube nicht an Gespenster. Ist es eine richtige Ruine?»

«Eine ganz echte sogar. Es steht kaum noch etwas davon.»

«Sie haben sie nicht nachbauen lassen? Einer von Papas Bekannten tat das, als alles Gotische große Mode war, und ich glaube, sie wurde allgemein bewundert.»

«Ach!» sagte er ziemlich verdutzt. «Nun, unsere haben nicht wir erbaut. Das besorgten schon die Glaubensfanatiker im Bürgerkrieg für uns.»

«Ja, natürlich. Das hätte ich mir denken können», sagte sie beschämt. «Sie haben es bestimmt nicht nötig, Ruinen zu erbauen.»

Derlei Gespräche entbehrten nicht gewisser verblüffender Momente, aber sie erheiterten ihn auch. Erst als sie ihm eröffnete, daß ihr Vater der Käufer des Palais in der Grosvenor Street war, tat sich eine bedenkliche Kluft zwischen ihnen auf.

Er las eben einen Brief Wimmerings, als sie ins Zimmer trat, ein einfaches Blatt Papier schwenkte, das über und über mit Mr. Chawleighs unleserlichem Gekritzel bedeckt war, und ausrief: «Oh, Adam! Die Post hat mir einen Brief Papas gebracht!»

Er sah auf. «So? Ich hoffe, er ist gesund?»

«Oh, ja. Das heißt, davon schreibt er nichts, aber ihm fehlt nie etwas! Aber das Wesentliche ist, daß er etwas erreichte, was nicht einmal ich ihm in dieser kurzen Zeitspanne zugetraut hatte. Ich hätte ihn wahrlich besser kennen sollen. Besonders, da er mir versprach, er würde es durchsetzen und wenn er ein ganzes Heer von Arbeitern einstellen müßte, und ich glaube, genau das hat er auch getan. Papa verspricht nie, was er nicht zu halten vermag.»

«Davon bin ich überzeugt. Und was hat er getan? Etwas, das Ihnen wie ich sehe, große Freude bereitet!»

«Ja – wenn es auch *Sie* freut. Ihr Palais, Adam! Sie dachten, Sie hätten es an Mr. Stickney verkauft, aber der war bloß Papas Strohmann!»

Er starrte sie an. «*Ihr* Vater hat *mein* Haus gekauft?» fragte er.

«Ja, und er hätte Ihnen gern an unserem Hochzeitstag die Besitzurkunde überreicht, doch sie war noch nicht ganz fertig, und da wollte er Ihnen lieber nichts verraten, ehe die Anstreicher und Tapezierer fort waren und das Haus für uns bereitstand. Ich hätte nie gedacht, daß das so rasch ginge, aber er schreibt mir, daß –»

«War das Ihre Idee?» unterbrach er sie.

«Nein, leider nicht», erwiderte sie. «Wenngleich der Kauf durch meine Erwähnung, daß Sie die Absicht haben, das Palais zu veräußern, zustande kam. Er sagte sofort, daß er es kaufen und Ihnen zurückgeben wollte, falls ich glaubte, daß Sie sich darüber freuen würden, und –»

«Und das glaubten Sie?»

Mit einemmal fiel ihr auf, daß er leichenblaß geworden war. Da wich auch ihr die Farbe aus den Wangen und sie stammelte: «Nun ja, ich dachte –»

«Ich habe das Haus zum Verkauf ausgeschrieben, um den Unterhalt meiner Schwestern sicherzustellen!»

«Ja, ja, das weiß ich! Das sagten Sie mir!»

«Und Sie dachten, ich würde es *gerne* sehen, daß er es kauft? Obendrein noch zu einem Preis, den ich selbst immer als verhältnismäßig hoch betrachtete?»

Ihre Stirn glättete sich, als sie lächelnd versetzte: «Oh, darüber machen Sie sich bitte keine Sorgen! Für Papa war das eine Kleinigkeit! Ich gebe Ihnen mein Wort, daß ihm nicht leid ums Geld war! Ja, er lachte sogar über den Preis und sagte noch, daß Sie an Wimmering einen tüchtigen Agenten hätten. Papa hat nie etwas gegen Leute einzuwenden, die er gerissene Burschen nennt. Und in diesem Falle glaube ich, daß er nicht zu feilschen wünschte – oh, ich *weiß*, daß er es nicht wollte!» Sie zögerte ein wenig und fuhr dann fort: «Wissen Sie, als er mich fragte, weshalb Sie das Haus verkaufen, und ich es ihm sagte, war er sehr – sehr beeindruckt. Er sagte, Ihr Entschluß nötige ihm die größte Hochachtung ab, obwohl er ihn für unsinnig hielt. Er ist ein sehr schlauer Mann, deshalb begriff er sofort, daß es nicht das Richtige wäre, Ihnen zu sagen – Ihnen anzubieten –» Nun hatte sie sich hoffnungslos festgerannt und führte eine Hand an ihre flammend rote Backe. «Oh, habe ich einen Fehler begangen, es ihm zu erlauben? Papa war so glücklich bei der Vorstellung, Ihnen etwas, das Sie – das Sie brauchten, geben zu dürfen, ohne Ihren Stolz dabei zu verletzen –»

«Ohne – Oh, Gott!» rief er aus. «Es hätte also wohl eine freudige Überraschung sein sollen, wie? Sie müssen schon verzeihen, aber mir ist die Sache einfach unerträglich! Verstehen Sie denn nicht – nein, Sie verstehen es nicht, und ich kann es Ihnen auch nicht erklären. Mir bleibt nur zu hoffen, daß Ihr Vater keinen Verlust dabei erleiden wird. Nein, diese Gefahr besteht kaum, nachdem er das Haus renovieren ließ. Empfehlen Sie ihm, es schleunigst wieder zu verkaufen, und es wäre mir ein besonderes Vergnügen, wenn er es mit Gewinn losschlagen könnte!»

Während der letzten Worte verließ er mit hastigen, hinkenden Schritten das Zimmer. Unwillkührlich streckte sie die Hand nach ihm aus, aber er sah sie nicht an. Enttäuscht ließ sie die Hand sinken und blieb stumm. Im nächsten Augenblick fiel die Tür mit einem Knall hinter ihm ins Schloß.

In den folgenden Stunden ließ er sich nicht blicken. Er hatte ein Pferd gesattelt und ritt meilenweit ziellos dahin. Anfangs brodelte die Wut noch in ihm, aber als sein Zorn verraucht war, fiel er in tiefe Niedergeschlagenheit. Er hatte die goldenen Sporen zu fühlen begonnen. Er blickte in die Zukunft und sah sich als Sklave der Großzügigkeit Mr.

Chawleighs und wünschte einige fürchterliche Minuten lang, daß der Schuß, dem er sein Hinken verdankte, ihn lieber ins Herz getroffen hätte.

Als er nach Rushleigh zurückkehrte, war die Stunde des Abendessens bereits überschritten, aber der Butler sagte ihm, Mylady wäre noch nicht heruntergekommen. Er fand sie vor ihrem Toilettentisch. Die Zofe legte ihr eben die Perlen um den Hals. Ihre Augen wanderten blitzschnell zur Tür. Er sah, wie ängstlich sie ihn anblickte, lächelte ihr zu und sagte: «Ich fürchte, ich habe mich verspätet! Zürnen Sie mir nicht. Ich ritt dahin, ohne auf die Entfernung zu achten, aber ich werde Sie nur wenige Minuten warten lassen.»

«Ach, das spielt doch überhaupt keine Rolle», versetzte sie. «Ich dachte mir, daß Sie sich verspäten würden, und befahl dem Koch, mit dem Dinner zu warten. Hatten Sie einen angenehmen Ritt?»

Er wartete, bis Martha das Zimmer verlassen hatte, und sagte, sobald sich die Tür hinter ihr schloß: «Nicht besonders. Ich bitte Sie um Verzeihung, Jenny! Ich war unhöflich und schroff zu Ihnen: Vergeben Sie mir.»

«Sie brauchen sich doch nicht zu entschuldigen», antwortete sie. «Es war meine Schuld. Ich hätte Sie fragen und es nicht zulassen sollen, daß Papa das Haus hinter Ihrem Rücken erwarb.»

Welten trennten sie voneinander. Mit unerwarteter Einfühlungsgabe sagte sie rasch, ehe er etwas erwidern konnte: «Sie werden sich denken, ich hätte es auch von selbst wissen müssen. Nun, ich wußte es eben nicht und will erst gar nicht lange heucheln. Ich verstehe es jetzt, wenngleich nicht so klar wie Sie. Das kommt wohl daher, daß Papa immer so reich war, daß ich dem Geld keine große Bedeutung beimesse – ich halte es nicht für so wichtig wie Sie es tun.»

«Sie haben allen Grund sich zu wundern, warum ich eben in dieser Frage so aufbrauste, nachdem ich bereits so viel von Ihrem Vater angenommen habe. Ich kann es Ihnen nicht erklären. Sprechen wir nicht mehr davon!» Er neigte sich über sie und küßte sie auf die Wange. «Sie sind bedeutend gütiger zu mir, als ich es verdiene», sagte er. «Aber jetzt muß ich mich umkleiden, ehe das Essen völlig verdirbt.»

«Das tut nichts», erwiderte sie. «Sagen Sie mir lieber, was Sie von mir erwarten. Soll ich Papa wirklich raten, das Haus wieder zu veräußern? Wenn das Ihr Ernst ist, werde ich versuchen, ihm Ihren Standpunkt begreiflich zu machen, aber damit werde ich wohl kaum viel Glück haben. Nein, ich weiß, daß er es nicht verstehen wird.»

«Es scheint, als sollten meine Unhöflichkeiten kein Ende nehmen», erwiderte er beschämt. «Ich wollte, er hätte es nicht erworben, aber da es nun einmal geschehen ist, läßt es sich nicht mehr ändern.»

«Dann muß ich es also nicht von ihm verlangen? Oh, ich danke Ihnen! – Er wäre so enttäuscht. Er gab sich solche Mühe damit! Nichts macht ihn glücklicher, als sich angenehme Überraschungen auszudenken oder kostspielige Geschenke zu machen und – und wenn sie jemanden nicht gefallen – nun, dann tut er, als berühre ihn das gar nicht, aber man sieht ihm den Kummer richtig an. Deshalb –»

«Es erübrigt sich jedes weitere Wort, meine Liebe. Wir werden ihn nicht enttäuschen.»

Er tätschelte ihre Schultern und wandte sich zum Gehen. Als er an der Tür angelangt war, platzte sie heraus: «Sie werden ungehalten sein – und ich wußte auch nicht, daß er es plante. Adam, er schreibt mir, daß er es für uns eingerichtet hat!»

Die Hand auf der Türklinke, blieb er stehen. «Hat er das? Wie fürsorglich von ihm. Und ich bin ihm sehr verbunden. Sicher war es arg vernachlässigt. Und meine Mutter hat so viele Möbel entfernt, nicht wahr? Ich werde das Haus vermutlich kaum wiederkennen, wenn ich es sehe.»

Damit verließ er das Zimmer, und als sie einander kurz darauf wiedersahen, berührte weder er noch sie dieses Thema. Es wurde bis zum Eintreffen von Charlottes Brief nie mehr erwähnt.

Sie hätte gern ungezwungen über das Haus geplaudert, aber sie wagte es nicht. Sie hatte entdeckt, daß Adam, wenn er wütend war, eine undurchdringliche Schranke aufrichtete, hinter die er sich zurückzog. Da sie die schäumenden Wutausbrüche ihres Vaters kannte, war sie erstaunt gewesen, daß Adam sich verpflichtet fühlte, sich für seine gedämpften Zornesäußerungen zu entschuldigen. Hätte er sie angebrüllt, so wäre sie traurig gewesen, ohne sich jedoch zu fürchten. Seine Beherrschung stand wie eine unüberwindliche Mauer zwischen ihnen und seine durch nichts zu erschütternde Wohlerzogenheit jagte ihr einen größeren Schrecken ein, etwas Falsches zu tun, als es seinem Toben gelungen wäre.

Schließlich war er es, der das gefährliche Thema aufgriff und sie fragte, ob Diener eingestellt worden seien. Sie antwortete nervös: «Ja, das heißt, Papa wollte es nicht Mr. Wimmering überlassen, Personal aufzunehmen, weil er fand, er verstünde das besser – und es ist natürlich nur eine provisorische Lösung, wenn Ihnen also einer von den Leuten nicht zusagt oder –»

«Meine liebe Jenny, niemand versteht weniger von solchen Dingen als ich! Ich bin Ihrem Vater sehr dankbar. Mir kam nur der erschreckende Gedanke, daß wir in die Stadt zurückkehren und uns ohne jede Dienerschaft finden würden, die unsere Mahlzeiten zubereitet und die Räume in Ordnung hält – denn Ihrer Martha und meinem Kinver dürften wir solche Arbeiten niemals zumuten. Sie wären zutiefst gekränkt und würden uns augenblicklich verlassen.»

«Papa meinte, daß Sie nicht von derlei Lappalien belästigt sein wollen, zumal Sie so viel Wichtigeres zu tun haben – und außerdem sollte es doch eine Überraschung sein!» Sie besann sich, daß dieser Nachsatz nicht glücklich gewählt war, und sagte hastig: «Es handelt sich, wie gesagt, nur um ein Provisorium: Wenn Sie also meinen, daß es zu wenige Bedienstete sind – oder zu viele –»

«Diese Entscheidung werden Sie zu treffen haben», fiel er ihr ins Wort. «Das Haus gehört Ihnen, und ich hoffe, Sie werden es so führen, wie Sie es für richtig halten.»

Mit sinkendem Herzen antwortete sie: «Nein – oh, bitte, sagen Sie das nicht! Papa schenkte es Ihnen, nicht mir!»

«Aber Sie übersehen, meine Teure, daß alle meine weltlichen Besitztümer Ihnen gehören», bemerkte er leichthin.

Sie mußte plötzlich daran denken, daß er Fontley nie ihr eigen genannt hatte. Doch bald wurde sie von seinen Worten abgelenkt: «Vergessen Sie nicht, mich Ihren Brief frankieren zu lassen, wenn Sie Ihrem Vater schreiben, daß wir Dienstag in der Stadt eintreffen werden.»

Das brachte sie zum Lachen und sie protestierte: «Ach, Sie wissen genau, daß ich nur ein einziges Mal vergaß, Sie darum zu bitten! Ich glaube, ich werde ihm gleich schreiben. Er wird mich sicher sehen wollen.»

«Sie bitten ihn natürlich zum Abendessen zu uns.»

Sie strahlte und fragte eifrig: «Darf ich das?»

«Aber, Jenny –»

«Er trug mir auf, es nicht zu tun», verriet sie. «Er meinte, er würde mich hie und da besuchen, aber nur privat.»

«Da es unpassend von Ihnen wäre, ihn zu bitten, keinen Unsinn zu schwatzen, sagen Sie ihm einfach, daß wir uns beide darauf freuen, ihn in der Grosvenor Street zu begrüßen – sagen wir, Mittwoch um sieben?»

«Danke! Das wird ihn sehr glücklich machen! Ich will ihm sofort schreiben!»

Sie eilte hinaus und enthob ihn damit einer Antwort, um die er verlegen gewesen wäre, da sie nicht so vertraut miteinander waren, als daß er völlig offen mit ihr zu sprechen vermocht hätte.

Sie kamen am 3. Mai etwas vor Einbruch der Dunkelheit in der Grosvenor Street an. Adam stellte erleichtert fest, daß bloß zwei Lakaien dem Butler zur Seite standen. Aber bald erkannte er, daß seine schlimmsten Befürchtungen nicht übertrieben gewesen waren. Als er den Salon im ersten Stock erreicht hatte, wäre es ihm kaum mehr aufgefallen, wenn ein Dutzend Lakaien in schimmernden Livreen mit ausdruckslosen Mienen vor ihm strammgestanden wären.

Er hatte scherzhaft gesagt, daß er das Haus nicht wiedererkennen würde, ohne zu ahnen, wie richtig seine Prophezeiung war. Mr. Chawleigh hatte seiner Vorliebe für Prunk und Pomp hemmungslos gefrönt. Selbst das Speisezimmer war nicht von seiner verschwenderischen Hand verschont geblieben, denn wenngleich Lady Lynton hier kein einziges Möbelstück entfernt hatte, so prangte es jetzt doch mit einem neuen

Perserteppich und Vorhängen aus schwerem, rotem Brokat, die sich in reichem Faltenwurf bauschten, und mit schimmernden goldenen Schnüren und Quasten verziert waren. Mr. Chawleigh hatte auch die vier schweren Armleuchter durch mehrere Wandarme ergänzt. Die Diele und der Treppenabsatz legten beredtes Zeugnis von seiner Leidenschaft für Licht ab. Eine Galerie von Petroleumlampen verbarg sich in Alabasterkugeln, die von hohen Piedestalen schimmerten. Am Fuße der Treppe stand an der untersten Geländersäule eine weitere dieser Lampen. Ihr Licht verströmte von einer ägyptischen Säulenfigur, die von Sphinxen getragen wurde, und den Besucher vor dem warnte, was sich seinen ungläubigen Blicken auftat, sobald er die ersten Stufen erklommen hatte. Mr. Chawleigh war ein Opfer jener Mode geworden, die im Klassizismus und in ägyptischen Vorbildern schwelgte. Die Witwe hatte den Salon bis auf den großen Aubussonteppich fast gänzlich ausgeräumt, und nun standen auf dessen pastellfarbenen Ornamenten Sofas mit Krokodilfüßen, verschiedene Tischchen, die mit Marmor eingelegt waren und um deren Beine sich Blattgirlanden rankten, Stühle mit harfenförmigen Lehnen, Schemel auf Löwenfüßen und einige Leuchter auf Sockeln, um die sich korinthische Girlanden wanden.

Jenny hatte das Haus nicht gekannt. Lautlos ging sie nun neben Adam her und sah sich zweifelnd um, da sie nicht wußte, wo der Geschmack der Deverils endete, und jener der Chawleighs begann. Als sie den Salon betraten, in dem gold- und grüngestreifte Möbelstoffe glänzten, wußte sie allerdings, wem diese Pracht zuzuschreiben war, und sagte entschuldigend: «Papa hatte seit jeher eine Vorliebe für Grün.» Ein Blick auf Adams Gesicht verriet ihr, daß er diese Vorliebe nicht teilte, und sie ergänzte munter: «Nein, also diese Streifen passen wirklich nicht in den Salon, aber das werde ich bald ändern. Ich werde sofort damit beginnen, zwei Sessel anders zu überziehen, und dann wird Papa erkennen, daß der Rest entsprechend darauf abgestimmt werden muß.»

«Aber nicht auf seine Kosten, wenn ich bitten darf, Jenny.»

«Nein, nein! Das heißt –»

«Ich hätte sagen müssen, nicht auch noch auf seine Kosten. Er hat uns zu allem übrigen sehr großzügig versorgt, und ich finde mich immer noch lieber mit diesen Streifen ab, als ihn zu weiteren Ausgaben zu veranlassen.»

«Das werde ich auch nicht tun», versprach sie. «Er wird schon begreifen, daß ich die Sessel neu überziehen lassen will, sobald er jene gesehen hat, die ich besticken werden. Bitte sagen Sie mir doch, was Sie möchten, Adam! Darf ich keine Geschenke von Papa annehmen?»

«Was er Ihnen persönlich schenkt, geht mich nichts an. Aber für unseren Haushalt werden wir selbst aufkommen.»

«Ja, Adam.» Nach kurzem Nachdenken wandte sie allerdings ein: «Obwohl das nicht immer ganz einfach sein wird. Sooft er nämlich etwas sieht, das ihm gefällt, wie zum Beispiel eine Patentlampe oder einen Waschapparat, fürchte ich, daß er es für uns kaufen wird, denn so ist er nun eben. Besonders, wenn es sich um etwas handelt, in dem er eine ausgezeichnete technische Neuerung vermutet, wie etwa den Rumford-Herd, den er unter allen Umständen für unsere Küche auf dem Russel Square haben *mußte*. Ich brauchte Sie daher gar nicht zu fragen, wer all diese Lampen anbringen ließ, das wußte ich, sobald ich sie erblickte. Künstliches Licht ist eines seiner speziellen Steckenpferde. Er war einer der einflußreichsten Aktionäre von Mr. Winsors Licht- und Beheizungsgesellschaft, und jetzt ist er natürlich an der Gaslicht-Gesellschaft beteiligt.»

«Gütiger Himmel, wird er versuchen, in diesem Haus Gaslampen einzuführen?»

Sie lachte. «Nein, so verrückt ist er denn doch nicht! Wenngleich ich ihn sagen hörte, daß der Tag kommen wird, an dem in jedem Haus die Gaslampen brennen werden.»

«Nicht in meinem Haus», sagte Adam entschieden.

«Nein, natürlich nicht», nickte sie eifrig.

Sie musterte den Raum ebenfalls, enthielt sich aber bis auf die Bemerkung, daß es ein komischer Einfall sei, Sofas auf Krokodilfüße zu stellen, jeder Kritik. Beim Anblick des Schlafzimmers tat sie allerdings einen kleinen Schrei und rief aus: «Du lieber Himmel, hält Papa mich denn für Kleopatra? Ach, so ein Bett hab ich mein Lebtag noch nicht gesehen! Wie stellt er sich denn vor, daß ich mich darin ausnehmen werde?»

Es war in der Tat ein erstaunliches Möbelstück aus Mahagoni und silberner Einlegearbeit. Der Kopfteil war mit einer geschnitzten Isis geschmückt. Adam fand es komisch, Martha Pinhoe jedoch lehnte es entschieden ab. «Diese Frage ist wohl berechtigt, Miss Jenny – Mylady, *sollte* ich sagen. Heidnisch nenne ich so etwas, und ich weiß wirklich nicht, was in den Herrn gefahren ist! Denn es kommt noch schlimmer!»

«Oh, Gott, was noch?» jammerte Jenny.

«Sie werden es schon sehen, Mylady», sagte Miss Pinhoe grimmig. «Aber *nicht* in Anwesenheit Seiner Lordschaft. Unanständig, jawohl, das ist es! Warten Sie's nur ab!»

«Wenn es unanständig ist, dann sollte wohl ich es inspizieren», widersprach Adam. «Jenny, ich bitte Sie, sich zu entfernen! Martha wird mir das schreckliche Geheimnis enthüllen, damit ich entscheiden kann, ob es Ihre Augen beleidigt.»

«'s ist eine Schande, Mylord», sagte Miss Pinhoe, deren ursprünglich devote Haltung vor ihm nicht einmal eine Woche angehalten hatte. Sein Lächeln, das ihm bereits so viele Freunde gewonnen hatte, entwaffnete auch sie, und es hatte nur wenige Tage gedauert, da behandelte sie ihn bereits so, als sei sie auch seine Kinderfrau gewesen. Mit einer Strenge, in der nur die Eingeweihten den Beweis ihrer bedingungslosen Anbetung erkannt hätten, sagte sie nun, daß die Sache durchaus nicht zum Lachen sei. Er blickte sie mutwillig an, aber sie blieb unerbittlich, und so machte er sich denn selbst auf, um zu entdecken, welch grausame Veränderungen Mr. Chawleigh im ehemaligen Schlafzimmer seines Vaters angerichtet hatte. Mit Erleichterung stellte er fest, daß die einzige Neuerung in einem ungemein praktischen Rasiertisch bestand. Er wechselte einige Worte mit seinem Diener, als er Jenny in solch haltloses Gelächter ausbrechen hörte, wie er es nie zuvor von ihr vernommen hatte. Miss Pinhoes düstere Prophezeiungen schienen demnach übertrieben gewesen zu sein. Von dem Heiterkeitsausbruch angezogen, ging Adam wieder ins Schlafgemach seiner Frau zurück.

«Ach, sehen Sie doch, sehen Sie doch!» bettelte Jenny, trocknete sich die Augen mit der einen Hand und wies mit der anderen auf die Tür, die in das Ankleidezimmer führte. «Nein, ich sterbe! Wie *konnte* Papa nur auf diese Idee verfallen!»

Mr. Chawleigh hatte das Ankleidezimmer in ein Bad verwandelt. Die Wände waren entweder mit Spiegeln verkleidet oder mit Seidendraperien verhängt. Den Clou aber bildete die Wanne selbst, die in Form einer Muschel gehalten war. Sobald Adam der Sprache wieder mächtig war, sagte er: «Der Einfluß Botticellis ist unverkennbar: Die Geburt der Venus!»

«Oh!» stöhnte Jenny abermals unter Lachkrämpfen. «Und dabei bin ich noch nicht einmal *hübsch*!»

«Nein, und Sie sind auch kein liederliches Frauenzimmer», mengte sich ihre empörte Zofe ein. «Und jetzt benimm dich auf der Stelle! Was soll sich denn Seine Lordschaft denken, wenn du so haltlos über etwas lachst, bei dessen bloßer Erwähnung eine junge Dame erröten müßte!»

«Aber es ist eine ungemein sinnreiche Installation», wandte Adam ein, der das Bad halb interessiert, halb erheitert betrachtete. «Sehen Sie nur, Jenny! Das Wasser fließt von jenem Behälter durch dieses Rohr in die Wanne – welcher Brennstoff wohl verwendet wird, um das Wasser zu erwärmen?»

«Das ist unerheblich, Mylord», sagte Miss Pinhoe mit funkelnden Augen. «Solange *ich* die Verantwortung für meine Dame trage, wird man ihr heißes Wasser ins Schlafzimmer bringen, damit sie ihr Bad vor dem Kamin nehmen kann, wie das einer Christin zukommt! Bei der bloßen Vorstellung, unter diesem schamlosen Behälter ein Feuer zu entfachen, zittere ich um mein Leben! Das ganze fliegt bestimmt in die Luft, wie der neue Boiler, der auch so ein schlauer Einfall des Herrn war, und wenn Sie sich nicht mehr erinnern, welchen Schaden diese Explosion anrichtete, Miss Jenny, ich weiß es noch genau!»

Das Badezimmer war nicht der einzige Genieblitz Mr. Chawleighs. Nachdem er die sanitären Einrichtungen des Hauses einer kritischen Prüfung unterzogen hatte, trieb er sein Heer von Installateuren an, aus dem veralteten Raum, der diskret unter der Treppe versteckt war, ein

Wasserklosett zu machen, das, um in seiner Sprache zu sprechen, endlich einmal etwas war. Bei dem gemeinsamen Abendessen am folgenden Abend bestand er darauf, verschiedene Vorteile dieses neuen Modells, die es dem älteren überlegen machten, vorzuführen und zu erläutern, und erging sich mit solcher Beschlagenheit über Rohre, Gleitbahnen, Geruchfallen und Wasserbehälter, daß Adam neugierig sagte: «Sie verstehen aber eine Menge von diesen Dingen, Sir!»

«Das will ich meinen! Jonathan Chawleigh steckt seine Moneten in nichts, von was er nichts versteht, Mylord», versetzte Mr. Chawleigh.

Er genoß den Abend ungemein, riet aber seiner Tochter, es sich nicht zur Gewohnheit zu machen, ihn in ihr Haus einzuladen. «Denn ich erwarte es nicht und außerdem habe ich Seiner Lordschaft zu Anbeginn versichert, er hat nicht zu befürchten, daß ich mich wie eine Klette an ihn hänge. Nun zieh du mir kein Mäulchen, mein Kind! Ich werde dich schon ab und zu besuchen, wenn du keine Gäste erwartest, aber führ mich nicht deinen noblen Freunden vor, denn das wäre genau verkehrt, wenn dir daran liegt, in der feinen Gesellschaft ein Wörtlein mitreden zu können, und genau das war immer mein Herzenswunsch.»

«Das weiß ich, Papa, aber wenn Sie glauben, ich hätte Adam die Zustimmung abschmeicheln müssen, Sie heute abend einzuladen, dann irren Sie! Er selbst ermunterte mich dazu, und so wird es bestimmt auch in Zukunft immer bleiben, glaube ich, weil er – weil er eben ein *echter* Kavalier ist.»

«Ja, das ist er», nickte Mr. Chawleigh. «Na, dann werde ich ihm eben selbst auseinandersetzen, daß ich nicht erwarte, zu euren Empfängen eingeladen zu werden. Und damit basta!»

Das tat er auch und ermahnte Adam überdies, Jenny daran zu hindern, ihn zu häufig auf dem Russel Square aufzusuchen. «Ich sagte ihr schon, daß sie nicht dazu verpflichtet ist, Mylord, aber es wäre von Vorteil, wenn Sie diesem Rat mit Ihren Worten Nachdruck verleihen wollten. Hinzukommen, um nachzusehen, ob diese Mrs. Finchley alles in Schuß hält! Nun, die wird das wohl kaum wollen, da sie in den letzten fünfzehn Jahren meinen Haushalt geführt hat. Sagen Sie Jenny also, daß sie sich nicht um mich zu scheren braucht und ich mich dadurch nicht übergangen fühlen werde. Sie wird tun, was *Sie* ihr raten.»

«Ich hoffe, sie würde mich bei einem derartigen Rat zum Teufel schikken», antwortete Adam. Mr. Chawleigh sah entgegen seiner sonstigen Gewohnheit, ehrlich verblüfft aus, und Adam vollendete lachend: «Was müssen Sie doch für eine kuriose Vorstellung von mir haben, Sir!»

«Ich halte Sie für einen Gentleman, Mylord, und ich bin ein Neureicher, darüber kommen wir nicht hinweg. Und außerdem möchte ich, daß meine Jenny eine Dame wird.»

«Dann erstaunt es mich, daß Sie es ihr schwermachen wollen, sich wie eine Dame zu benehmen», gab Adam zurück.

«Verdammt will ich sein, wenn ich weiß, was Sie damit sagen wollen», gestand Mr. Chawleigh und rieb sich die Nase.

«Wohlerzogene Frauen verachten ihre Eltern nicht, Sir.»

«Nein, aber sie müssen sie auch nicht ihren feinen Freunden aufdrängen», sagte Mr. Chawleigh, der seine Schlagfertigkeit wiedergefunden hatte. «Ich rechne es Ihnen sehr hoch an, Mylord, aber meiner Meinung nach sind Emporkömmlinge, die es der Aristokratie gleichtun wollen, ein trauriger Anblick; da bin ich schon lieber ein Kontorbesitzer als die Imitation eines Stutzers! Laden Sie mich also nicht zu Ihren Empfängen ein, denn ich werde nicht kommen!»

Er ließ es auch nicht zu, daß Adam sich für den Kauf des Palais bedankte. «Vergeßt es», bat er. «Ich habe es mit Freuden getan, denn Sie haben sich mächtig anständig zu mir benommen, Mylord, und das war ein Gefallen, den ich Ihnen über unsere Vereinbarung hinaus erweisen konnte. Und wenn Ihnen etwas nicht gefällt, werfen Sie es weg und kaufen Sie dafür, was *Ihrem* Geschmack entspricht, und stellen Sie es mir in Rechnung! Obwohl ich zugeben muß», sagte er, und ließ den Blick befriedigt um sich schweifen, «daß Campell ganze Arbeit geleistet hat. Ich erteilte ihm den Auftrag, weil er die Möbel für den Prinzregenten und den Herzog von York anfertigt, also kann man wohl annehmen, daß er weiß, worauf es ankommt. Scheuen Sie keine Kosten, sagte ich ihm, aber liefern Sie mir keinen Plunder! Ich lege Ihnen jeden geforderten Preis auf den Tisch, sagte ich, aber bilden Sie sich nur nicht ein, daß man mich leicht ums Ohr hauen kann, denn dabei holen Sie sich kalte Füße, lassen Sie sich das gesagt sein! Na, ich will ja nicht verhehlen, daß er mich für die Sesselgarnitur in deinem Boudoir ganz schön gerupft hat, Jenny, mein Herzchen – aber er schwor, sie seien der letzte Schrei, und so kaufte ich sie eben – nachdem ich den Preis etwas gedrückt hatte.» Er strahlte seinen Gastgeber gönnerhaft an. «Sie würden nicht glauben, wieviel das alles gekostet hat», sagte er schlicht. «Aber ich weine keinem Penny nach, wenn es Ihnen nur gefällt!»

9

Die vierspännige Kalesche der Lyntons fuhr knapp vor sechs Uhr in Fontley vor. Die Bäume des Parkes schirmten die Priorei gegen die Straße ab, aber es gab eine bestimmte Stelle, die einen ausgiebigen Blick auf das Haus gewährte. Adam befahl den Postillions, hier anzuhalten und sagte: «Da ist es, Jenny!»

Seine Stimme verriet ihr, wie sehr er an diesem Besitz hing, und sie wollte ihm gerne etwas sagen, das ihm Freude machte. Sie lehnte sich aus dem Fenster, aber zu ihrer Enttäuschung lag das Gebäude zu weit von der Straße ab, als daß sie es genauer erkennen konnte. Sie sah bloß eine Vielfalt niedriger Gebäude, die einen weiten Umkreis bedeckten, und ihr fiel keine bessere Bemerkung ein als: «Es ist ganz anders als Rushleigh – genau, wie Sie es sagten.»

Er winkte den Postillions weiterzufahren. «Richtig, ganz anders, wie gefällt Ihnen die Gegend?»

Sie hatte insgeheim gedacht, wie reizlos diese Landschaft doch im Vergleich zu dem Hügelland von Hampshire war, deshalb antwortete sie zögernd: «Sie ist mir völlig neu, und ich hatte sie mir ein wenig anders vorgestellt, aber ich werde sie mit der Zeit bestimmt hübsch finden.»

«Das hoffe ich. Allerdings glaube ich, daß man im Marschland geboren sein muß, um es zu lieben. Wir überqueren jetzt Deeping Fen.» Als die Kalesche rüttelte und schwankte, sagte er: «Es tut mir leid, der Weg ist schrecklich, nicht wahr? Wir nennen diese Straße Triften. Was wir eben passierten, war ein quer feldein gezogener Entwässerungsgraben.»

Das klang reichlich primitiv. Sie ließ ihren Blick über die endlosen Felder zu beiden Seiten der Straße schweifen, und fragte voll Unbehagen, ob sie oft unter Wasser stünden.

«Im Winter ja», gab er zu. «Die Entwässerung ist unser größtes Problem und leider auch das kostspieligste. Wir haben auch Sickerwasser, und zwar vom Meer. Es staut sich im Schlamm auf, wenn die Abflußkanäle voll sind.»

«Ich dachte mir beim Anblick jener breiten Gräben gleich, daß es hier ziemlich feucht sein muß.»

«Nicht Gräben, Kanäle», verbesserte er. «Haben Sie Angst, auf Fontley vom Hochwasser eingeschlossen zu werden? Das müssen Sie nicht! Ich hoffe, überall einige Verbesserungen durchführen zu können. Meiner Meinung nach müssen wir auf Fontley um ungefähr fünfzig Jahre zurück sein.»

«Ich habe nicht die geringste Ahnung von der Landwirtschaft. Das muß ich erst lernen.»

«Zu meiner Schande muß ich gestehen, daß ich selbst nur wenig darüber weiß – bloß was ein Junge, der auf einem Gut heranwächst, unwillkürlich mitbekommt. Da sind wir: Das ist das Pförtnerhaus, ein Teil der alten Priorei, und hier kommt auch schon Mrs. Ridgehill, um Sie als erste willkommen zu heißen. Gönnen Sie ihr einige liebenswürdige Worte; sie zählt zu meinen ältesten Freunden.»

Er hatte auf Rushleigh bemerkt, daß sie eine gewisse Scheu vor Bediensteten empfand und allzusehr dazu neigte, diese Unsicherheit unter Schroffheit zu verbergen, aber sie entledigte sich ihrer Pflicht durchaus lobenswert und zeigte sich bei den Begrüßungen und Glückwünschen der Pförtnerin nicht befangener, als es einer jungen Frau zukam. Wieder rollte der Wagen weiter und plötzlich, nach einer Alleekehre, lagen der einzige erhaltene Schwibbogen und mehrere abbröckelnde Mauern und Säulen der verfallenen Kapelle vor ihnen, und dahinter erstreckten sich die planlos aneinandergereihten Bauten der Priorei selbst. Jenny musterte ungläubig die lange, unregelmäßige Front, in der sich Stein mit Backstein mischte, und rief aus, wie es ihr eben durch den Kopf schoß: «Du lieber Himmel! Wie viele Diener haben Sie denn, um diesen Komplex in Ordnung zu halten?»

Da im selben Augenblick Charlotte mit einem Armvoll Schnittblumen über den Rasen gelaufen kam, wurde er der Antwort enthoben. Er machte Jenny auf seine Schwester aufmerksam, und sofort befiel sie eine entsetzliche Unsicherheit. Sie rief, die Augen auf Charlottes einfaches blaues Batistkleid geheftet: «Oh, ich bin zu elegant gekleidet! Ich hatte keine Ahnung – und niemand sagte mir –»

«Unsinn! Sie sehen überaus vorteilhaft aus», unterbrach er sie und sprang aus dem Wagen, als Charlotte die Auffahrt entlang rannte.

Charlotte rief atemlos: «Ach, mein lieber Adam, wir dachten, du würdest nicht vor einer Stunde hier sein, und haben das Essen entsprechend angesetzt. Und ich bin eben erst dabei, einige Blumen für Jennys Zimmer zu schneiden, und stecke noch in diesem alten Hauskleid! Sie müssen mir verzeihen, Jenny!»

Diese Worte hätten Jenny von ihrer Verlegenheit befreien sollen, aber während sie aus dem Wagen kletterte, wurde sie die Angst nicht los, daß ein braunrotes Seidenkleid, ein Samtmantel und ein mit Federn geschmücktes Häubchen auf Fontley doch sehr fehl am Platze seien. Charlotte jedoch schien alles in Ordnung zu finden, küßte sie und führte sie ins Haus.

Jenny war erleichtert und ein wenig überrascht, daß es bei dieser Heimkehr bedeutend weniger feierlich zuging, als es bei ihrer Ankunft auf dem Russel Square der Fall gewesen wäre. Die einzigen Lakaien, die sie erblickte, waren zwei junge Burschen, die dunkle Livreen anhatten und ihr eigenes ungepudertes Haar trugen, und der ältliche und etwas gebeugte Butler wäre neben Mr. Chawleighs gebieterischem Butterbank verblaßt.

«Ich muß Sie sofort zu Mama führen», sagte Charlotte. «Sie saß eben mit meiner Tante im kleinen Salon – oh, Adam, ich hätte dich darauf vorbereiten müssen, daß Tante Nassington samt meinem Onkel und auch Osbert hier ist, aber dazu blieb mir keine Zeit mehr, denn sie kamen ganz überraschend! Womit ich beileibe nicht sagen will – ich finde es natürlich ganz reizend, daß sie uns zu diesem Anlaß besucht, nur dachten wir nicht im entferntesten, daß sie kommen würde, wenn Mama sie auch einlud.»

«Oh, Gott!» stöhnte Adam und schnitt eine Grimasse. «Lassen Sie sich nicht von ihr herumkommandieren, Jenny – und erwarten Sie von mir keine Hilfe! Ich habe eine Heidenangst vor ihr!»

«Schäm dich, Adam», rügte Charlotte ihn und führte Jenny zu der breiten Eichentreppe. «Hören Sie nicht auf ihn, Jenny! Meine Tante nimmt sich kein Blatt vor den Mund, aber sie ist keinesfalls gehässig, glauben Sie mir!»

Adám folgte den beiden Frauen über die Treppe nach, durchquerte einen Vorraum des langen Salons und ging zum kleinen Salon hinunter. Dabei überlegte er, wie Jenny es wohl überstehen würde, Lady Nassington vorgestellt zu werden, und hoffte, sie würde darüber nicht völlig in Schweigsamkeit versinken. Er fürchtete, daß die dominierende Art und die spöttelnde Redeweise Lady Nassingtons eine lähmende Wirkung auf sie ausüben würde und war daher angenehm überrascht, daß Jenny, die vor Lady Lynton kaum ein Wort hervorbrachte, Lady Nassingtons Fragen ohne Scheu beantwortete.

In ihrer Erscheinung ähnelte Lady Nassington ihrem Bruder. Sie war groß, hatte eine Adlernase und einen arroganten, gelangweilten Blick. Ihre Stimme war laut und gebieterisch wie die ihres Bruders, und bis zu einem gewissen Grade teilte sie seine Mißachtung jeder Konvention. Damit allerdings endete die Ähnlichkeit. Lord Lyntons unbekümmerte Art war seiner Jovialität entsprungen, während die Selbstherrlichkeit seiner Schwester in der tiefen Überzeugung der eigenen Überlegenheit wurzelte, und ihr Benehmen so unberechenbar war, daß sie im Ruf einer Exentrikerin stand. Sie sagte und tat jederzeit, was ihr beliebte, und räumte das gleiche Recht jenen ein, die das Glück ihres Wohlwollens genossen. Ihre Töchter jedoch hatte sie nach strengem Muster erzogen und verurteilte jegliche Etiketteverletzung, die von Personen begangen wurde, die ihr mißfielen.

Sie hatte nebst ihrem Gatten, einem mageren, wortkargen Mann mit etwas kläglichem Gesichtsausdruck, ihren drittältesten Sohn nach Fontley mitgebracht, einen kräftigen Sportler, den sie Adam als Beistand bei seiner Hochzeit angetragen hatte. «Du hattest ganz recht, ihn nicht zu nehmen», sagte sie Adam. «Er ist ein solcher Tölpel, daß ich schwören könnte, er hätte alles verkehrt gemacht und wäre in einer Wolke von Stallgeruch in der Kirche erschienen.»

Adam überschlug ratlos, welche Zerstreuung er Osbert zu dieser Jahreszeit in Fontley bieten konnte, aber Lady Nassington ersuchte ihn, sich darüber keine Sorgen zu machen, da es unmöglich sei, Osberts Interessen während der toten Saison zu wecken.

«Aber der arme Bursch wird sich zu Tode langweilen!» widersprach er.

«Das kann er hier ebensogut besorgen wie sonstwo», versetzte sie. «Also genug davon. Ich muß dir sagen, Adam, daß ich von deiner Frau angenehm überrascht bin. Natürlich hat sie kein Auftreten und kleidet sich geschmacklos, aber sie scheint eine vernünftige Person zu sein und umgibt sich zumindest nicht mit dem Air verlogener Vornehmheit. Du hättest es bedeutend schlechter treffen können! Ich habe nichts dagegen, sie in die Gesellschaft einzuführen. Du darfst sie am 20. zu meinem großen Empfang bringen, das wird das Eis brechen. Ein Jammer, daß deine Mutter beschlossen hat, die Trauernde zu mimen, aber das ist genau, was ich von ihr erwartete! Sie ist mit Charlottes Heirat nicht einverstanden;

die Partie ist zwar nicht gerade brillant, wie ich zugeben will, aber wenn ein Mädchen die ihr gebotenen Möglichkeiten in den Wind schlägt, muß sie am Ende für eine achtbare Verbindung dankbar sein. Ich bildete mir einmal ein, seinen Vater zu lieben», sagte sie nachdenklich. «Natürlich wäre er nicht der Richtige für mich gewesen, aber wenn *ich* ihn nicht zu gering für mich befand, braucht deine Mutter seinen Sohn wahrlich auch nicht zu verachten! Aber sie war schon immer eine Heulliese. Glaub mir, ich bin erstaunt, daß du dich zu einem so vernünftigen Menschen entwickelt hast – wirklich erstaunt, mein lieber Neffe!»

Ein Lachen entschlüpfte ihm, aber er schüttelte den Kopf. «Sie wissen nicht, daß es höchst unpassend ist, so zu mir zu sprechen, Madame!»

«Oh, ich sage nichts hinter Blanches Rücken, was ich ihr nicht auch ins Gesicht zu sagen bereit wäre», erwiderte sie.

Als Charlotte Jenny in den kleinen Salon brachte, unterzog Lady Nassington sie einer kritischen Musterung und befahl Jenny, sobald sie die verwitwete Lady Lynton begrüßt hatte: «Komm her, Kind, und laß dich ansehen! Hmm! Ja, es ist bedauerlich, daß du nicht ein wenig größer bist, aber ich bemerke mit Vergnügen, daß du dich aufrecht hältst. Wie hat es dir auf Rushleigh gefallen? Ich hoffe, meine Leute machten es dir behaglich?»

«Ja, Madame, das taten sie. Es gefiel mir ungemein, und ich möchte Ihnen dafür danken, daß Sie es uns zur Verfügung stellten! Es ist alles so wunderschön und interessant! Ich hatte vorher noch nie auf dem Lande gewohnt.»

«Ein Stadtkind, wie?»

«Ja, wenngleich meine Mutter die Tochter eines Bauern war und aus Shropshire kam, Ma'am.»

«Guter Freisassenschlag. Man sieht ihn dir auch an. Ich rate dir daher zu lernen, dich einfach zu kleiden. Rüschen stehen dir nicht. Sind diese Perlen in deinen Ohren echt? O ja, natürlich, und es ist ein wahrer Jammer, daß dein Hals zu kurz für sie ist. Lynton! Kauf deiner Frau hübsche kleine Ohrringe. Die da kann sie nicht tragen!»

«Ich weiß, daß ich einen kurzen Hals habe», sagte Jenny, «dennoch werde ich sie tragen, Ma'am, weil Papa sie mir zum Geschenk machte, und ich ihn unter keinen Umständen kränken werde!»

«Sehr anständig», nickte Lady Nassington beifällig. «Ich werde selbst mit deinem Vater sprechen.»

Hier griff Lady Lynton ein und brachte Jenny in ihr Schlafzimmer. Auf dem Weg durch verwirrend viele Räume, Galerien und Gänge sagte sie: «Du mußt meiner Schwägerin verzeihen: Ihre unumwundene Art erreicht manchmal den Grad der Unerfreulichkeit.»

«O nein», erwiderte Jenny. «Das heißt, ich nahm an keinem ihrer Worte Anstoß, denn sie waren alle wohlgemeint und – und ich liebe unverblümte Menschen, Ma'am.»

«Ich hatte oft gewünscht, mein eigenes Feingefühl wäre nicht so ausgeprägt», sagte Lady Lynton.

Jenny versank in betretenes Schweigen. Als sie durch eine Tür auf einen breiten Gang gelangten, erklärte Lady Lynton ihr, daß sie sich nun im modernen Flügel der Priorei befänden.

«Sie scheint sich meilenweit zu erstrecken», sagte Jenny.

«Ja, es ist äußerst unbequem», seufzte die Witwe. «Sicherlich wirst du große Veränderungen vornehmen. Hier ist Adams Zimmer und jene Tür führt in einen Ankleideraum. Das nächste ist deines, ganz am Ende des Ganges, ich hoffe, das wird dich nicht stören.»

«O nein, warum sollte es auch? Ach, ist das hübsch!»

«Leider ist es unverzeihlich schäbig. Man hätte es vor deiner Ankunft herrichten lassen sollen, aber da ich deinen Geschmack nicht kenne, hielt ich es für das beste, die Änderungen deinem Gutdünken zu überlassen.»

«Vielen Dank, aber ich werde nichts daran ändern. Es gefällt mir genau, wie es ist. Ich möchte überhaupt nichts ändern, Ma'am.»

«Wirklich nicht, meine Liebe? Sicher ist es närrisch von mir, aber es wäre mir wirklich lieber, du ließest alles beim alten! Es birgt so viele Erinnerungen! Oh, Gott, wie viele Jahre sind verstrichen, seit auch ich dieses Zimmer als Jungvermählte betrat!»

Bestürzt stammelte Jenny: «Es ist Ihr Zimmer? Aber ich würde niemals – ich *bitte* Sie, mir ein anderes einzuräumen.»

Die Witwe jedoch lächelte sie voll gütiger Entsagung an und vervollständigte ihr Unbehagen mit den Worten, daß die Herrin des Hauses stets in diesem Zimmer gewohnt habe. Sie bat Jenny, sich darüber keinerlei Gedanken zu machen, da ihr weder an ihrer eigenen Behaglichkeit noch an ihrer Stellung läge. Da es ihr gelang, den Eindruck zu erwecken, sie hause nun in einer Dachkammer, war es nicht verwunderlich, daß Adam Jenny tief beunruhigt vorfand.

Sie stand neben einem Tisch in einer der Fensternischen und tauchte die Hand in eine Schale mit getrockneten Blütenblättern, die sie langsam durch ihre Finger rieseln ließ. Sie blickte auf, als Adam eintrat, und sagte lächelnd: «Ich konnte mir nicht erklären, was dem Haus diesen süßen Duft verleiht, aber jetzt weiß ich es.»

«Die wohlriechenden Kräuter? Ja, meine Mutter stellt sie zusammen. Ich glaube, sie erhielt das Rezept von einer Französin, einer jener Emigrantinnen. Sie müssen sie nach dem Rezept fragen, wenn Sie es angenehm finden.»

«Ob sie es mir wohl verraten wird? Adam, Sie hätten es nicht zulassen dürfen, daß sie ihr eigenes Zimmer für mich herrichten ließ.»

«Ich hatte keine Ahnung, daß sie es plante. Dennoch bin ich froh darüber. Das war sehr umsichtig von ihr.»

«Also ich könnte vor Scham darüber in den Boden versinken! Sie sagte mir, es hätte immer der Herrin von Fontley gehört, und ihre Stimme klang, als hätte ich sie enteignet, was mir doch wirklich ganz fernliegt, wie Sie hoffentlich wissen!»

«Meine liebe Jenny, wenn Sie sich alles zu Herzen nehmen werden, was meine Mutter so erzählt –! Mein Großvater ließ diesen Flügel erbauen. Sie sind also erst die dritte Herrin Fontleys, die darin wohnt.»

Darüber mußte sie zwar lachen, aber sie sagte: «Dennoch bin ich überzeugt, daß es ihr auf alle Fälle schwergefallen sein muß, mich hier zu etablieren. Gott sei Dank sagte ich ihr, daß ich nicht die Absicht habe, auch nur das geringste an diesem Raum zu verändern. Das hatte sie nämlich befürchtet, wissen Sie, und ich kann sie nur zu gut verstehen.»

Der Spott blitzte in seinen Augen auf, doch er enthielt sich jeder Bemerkung. Lydia, die bald darauf hereinkam, um Jenny zu begrüßen, war weniger zurückhaltend. «Was für ein Schwindel!» rief sie aus. «Mama hat doch erst voriges Jahr die Vorhänge nähen lassen und für heuer hatte sie neue vorgesehen gehabt, weil die, wie Sie sehen, schon so verschossen sind! Sie hat das bloß gesagt, damit Sie sich elend fühlen sollen!»

«Lydia!»

«Aber es ist doch wahr, Adam! Ich finde, jemand muß es auf sich nehmen, Jenny über Mama aufzuklären! Sie genießt es nämlich, sich als Märtyrerin zu geben, Jenny, damit wir uns alle ohne jeden Grund schuldbewußt fühlen. Beachten Sie sie gar nicht. Ich tue es *nie*!»

Diese offenherzige Enthüllung über den Charakter ihrer Schwiegermutter verblüffte Jenny, aber nachdem sie zwei Tage auf Fontley verbracht hatte, begann sie zu entdecken, daß in diesen Worten viel Wahres steckte, und verlor einiges von ihrer Unsicherheit.

Sie hatte ihrem Antrittsbesuch auf Fontley mit Herzklopfen entgegengesehen und hinter einer undurchdringlichen Miene ihre Angst verborgen, gegen ihr unbekannte Gepflogenheiten zu verstoßen. Sie hatte Erzählungen über die steife Pracht gelauscht, die in verschiedenenen Adelshäusern herrschte, und da sie zu schüchtern war, Adam um Auskunft zu fragen, hatte sie das Haus mit zugeschnürter Kehle betreten. Obwohl sie sich in dem weitläufigen Bau sehr oft verirrte, empfand sie doch beinahe sofort, hier in ein Zuhause geraten zu sein, und da die Witwe jeden Pomp haßte, stieß sie auf keine Anstandsregeln, die sie nervös hätten machen können. Selbst die erste Abendgesellschaft entpuppte sich als weniger schwierige Hürde, als sie befürchtet hatte, denn sie verlief völlig zwanglos, und sämtliche Familienmitglieder sprachen so viel und so unbefangen, daß sie still daneben sitzen und zuhören konnte, was ihrem Naturell entsprach. Lord Nassington war kein Mann, vor dem sie sich fürchten mußte, und sein Sohn, der zwar im ersten Augenblick wie ein polternder Hüne wirkte, war ein unkomplizierter Mensch, der viel lachte, und an dessen unerschütterlichem Humor alle Spitzen abprallten, die sich gegen ihn richteten. Er war Jennys Tischnachbar und erklärte ihr, daß er stets das Opfer der Familienwitzeleien sei. Darauf schien er genauso stolz zu sein wie auf die unbarmherzige Zunge seiner Mutter. «Mama ist eine wunderbare Frau», sagte er. «Sie kanzelt uns alle ab wie Taschendiebe! Jagen Sie?»

«Nein, und es hätte auch keinen Sinn vorzugeben, daß ich etwas davon verstünde, weil Sie das Gegenteil ja doch bald feststellen würden», erwiderte sie ehrlich.

«Das nenn ich mir eine vernünftige Frau!» rief er aus und begann sofort, ihr eine Reihe bemerkenswerter Jagdzwischenfälle zu erzählen, die ihr zum größten Teil unverständlich blieben. Sicher hätte er seine Geschichten für den Rest des Mahles fortgesponnen, wenn Lady Nassington Lydia nicht hörbar befohlen hätte: «Lenk den Narren ab, ehe er Jenny zu Tode langweilt!»

Das Wochenende verstrich angenehm und ereignislos mit der Erkundung von Haus und Garten. Jenny lernte die Wirtschafterin kennen, half Charlotte, letzte Hand an die Hochzeitsvorbereitungen zu legen, und machte sich allgemein auf ihre bescheidene Art nützlich.

«Werden wir bald wiederkommen?» fragte sie Adam, als sie Fontley zwei Tage nach der Trauung verließen.

«Natürlich, wenn Sie es wünschen – sobald die Saison beendet ist. Es sei denn, Sie fahren lieber nach Brighton?»

«Nein, auf keinen Fall. Das heißt – würden Sie gerne nach Brighton fahren?»

«Keine Spur. Ich möchte jedoch nicht, daß Sie sich langweilen.»

«Das werde ich bestimmt nicht. Ich wünschte vielmehr, wir hätten in Fontley bleiben können.»

«Da würde Ihnen der Empfang bei Hof entgehen und sämtliche Gesellschaften, die sich daran anschließen werden. Und das wünschen Sie doch sicher nicht, nicht wahr?»

«Nein, natürlich nicht», antwortete sie hastig. «Bloß benehme ich mich sehr unbeholfen auf Gesellschaften und werde vermutlich etwas Verkehrtes sagen und – und Ihnen Schande machen.»

«Keineswegs», versicherte er ihr. «Sie werden sich an das gesellige Leben gewöhnen, viele Freunde gewinnen und sich zu einer Gastgeberin entwickeln, von der man spricht! Sie werden mein Ansehen vergrößern, nicht schmälern!»

Sie sagte schroff: «Ich werde es zumindest versuchen.»

Vielleicht liebt er Geselligkeiten, dachte sie, und wagte die Frage, ob er in Spanien viele Veranstaltungen besucht hätte.

«Nein, nur einige wenige. Es wird also genauso mein Debüt sein wie das Ihre.»

Damit schien die Frage erschöpft. Sie nickte und sagte: «Ach, ich hoffe nur, daß wir zu allen Nobelempfängen eingeladen werden! Papa würde sich so darüber freuen!»

Daran zumindest konnte kein Zweifel bestehen. Vom Ehrgeiz für seine

Tochter beflügelt, hatte Mr. Chawleigh sich nach Dingen erkundigt, die ihn früher nie interessiert hatten. Als Ergebnis seiner Nachforschungen konnte er Jenny nun eine Liste der einflußreichsten Gastgeberinnen der eleganten Welt überreichen. Er war hocherfreut, als er erfuhr, daß sie in Lady Nassingtons Kreise eingeladen worden war, da er aus sicherer Quelle erfahren hatte, daß Lady Nassington zur Creme der Gesellschaft zählte. Er sprach ihr ernst ins Gewissen, sich nur ja all den feinen Leuten angenehm zu machen, die sie bei dieser Gelegenheit kennenlernen würde. «Denn Seine Lordschaft erfüllt seine Rolle wacker, und es ist nur recht und billig, daß du die deine nicht minder gut spielst, mein Kind. Sitz du mir also nicht in einem Winkel, als ob du noch nie im Leben in Gesellschaft gewesen wärst.»

Er kam, um ihr beim Ankleiden für den Empfang bei Hof zuzusehen, und war vermutlich der einzige Mensch, der fand, daß ihr die große Gala gut stand. Nicht einmal Martha Pinhoe vermochte sich vorzugaukeln, daß lavendelblaue Seide über einem mächtigen Reifrock und ein schwarzer, über und über mit Amethysttropfen bestickter Unterrock ihren Schützling vorteilhaft erscheinen ließ. Mr. Chawleigh aber musterte diese Pracht mit stolzem Blick und konstatierte, daß Jenny hinreißend aussähe. Eine genauere Untersuchung brachte allerdings verschiedene Mängel ans Licht. Er besaß ein ausgezeichnetes Gedächtnis für jedes Schmuckstück, das er ihr jemals geschenkt hatte, und wollte wissen, warum sie nicht das Halsband aus Brillanten und Rubinen trug, das eine seiner Hochzeitsgaben gewesen war. «Diese Perlen haben mich zwar auch ein Vermögen gekostet, aber wer kann unterscheiden, ob sie echt oder eine Nachahmung aus Glas und Fischschuppen sind? Das Feuer eines Brillanten oder Rubins jedoch ist über jeden Zweifel erhaben. Bring mir die Schmuckkassette einmal her, Martha!»

«Ein wenig Geglitzer fände ich auch hübsch», gab Miss Pinhoe zu und klappte die große Kassette vor ihm auf.

«Ich auch», sagte Jenny und sah sehnsüchtig auf die Schatulle. «Und es schneidet mir wirklich ins Herz, daß ich bei einem solchen Anlaß ... Aber Lady Nassington schärfte mir ein, mich nicht zu stark herauszuputzen, Papa.»

«So, hat sie das! Also wenn du mich fragst, mein Herz, dann war sie einfach eifersüchtig und hatte Angst, dein Schmuck könnte den ihren überstrahlen! Zwar habe ich nicht das Vergnügen, die Dame persönlich zu kennen, aber so kommt mir das vor.»

Dieses Vergnügen sollte ihm fünf Minuten später beschert werden, als ein ungläubiger Blick auf die berühmten Nassington-Smaragde genügte, um ihn davon zu überzeugen, daß die ehrfurchtgebietende Matrone, die ins Zimmer rauschte, keinen Grund hatte, auf Jennys Juwelen eifersüchtig zu sein.

Ihr Besuch kam allen überraschend, einschließlich dem Lakaien, der versucht hatte, sie in den Salon zu geleiten, während er seine Herrin von ihrer Ankunft in Kenntnis setzen wollte. Es war vereinbart worden, daß die Lyntons zum Nassington-Palais auf dem Berkeley Square fahren sollten und von dort weiter zum St.-James-Palast. Für einen kurzen Augenblick, in dem sich Erleichterung und Enttäuschung die Waage hielten, glaubte Jenny, daß sich ein Unglück ereignet hätte und es schließlich doch nicht zum Empfang käme. Aber die Aufmachung ihrer Besucherin sowie deren erste Worte straften diesen Gedanken Lüge. «Das dachte ich mir!» sagte sie. «Ja, glaubst du denn, mein Kind, daß ich dich zu Hofe mitnehme, wenn du wie die Auslage eines Juwelierladens aussiehst?« Ihr hochmütiger Blick fiel auf Mr. Chawleigh und sie fragte: «Wer ist das?»

«Mein Vater, Madame. Papa – das ist Lady Nassington», sagte Jenny tapfer. Sie zitterte davor, daß es hier zu einer Kraftprobe zwischen zwei Giganten kommen würde.

«Oh! Guten Tag», sagte Lady Nassington. «Jene Perlen, die Sie Jenny schenkten, sind zu groß. Sie hat dafür einen viel zu kurzen Hals!»

«Na und, Mylady?» erwiderte Mr. Chawleigh kampflustig.

«Hier gibt es kein Und. Nimm das Kollier ab, Jenny! Du kannst zu dieser Toilette keine Rubine tragen, Kind! Und diese Ohrringe! Laß mich sehen, was du in dieser mächtigen Schatulle hast; mein Gott, das reicht ja aus, um einen König loszukaufen!»

«Ja, damit haben Sie den Wert ungefähr richtig eingeschätzt», sagte Mr. Chawleigh und starrte sie finster an. «Zwar kenne ich mich in Lösegeldern für Potentaten nicht aus, aber ich weiß, was ich für den Schmuck von meinem Mädel ausgegeben habe, und das war eine ganz schöne Summe!»

«Mehr Geld als Verstand», stellte Lady Nassington fest. «Ah, das hier könnte schon eher gehen!»

«Das?» fragte Mr. Chawleigh und sah verächtlich auf ein zartes Brillantenkollier, das von Lady Nassingtons Finger baumelte. «Aber das ist ein Ramsch, den ich Mrs. Chawleigh schenkte, als ich gerade anfing zu Geld zu kommen!»

«Damals besaßen Sie mehr Geschmack als heute. Sehr hübsch und genau, was sie tragen sollte!»

«Sie wird es aber nicht tragen!» erklärte Mr. Chawleigh, dem die Galle hochstieg. «Sie wird piekfein zu Hofe gehen oder ich weiß, was dahinter steckt!»

«Papa!» murmelte Jenny beschwörend.

«Sie wird entweder in passender Aufmachung gehen oder überhaupt nicht. Ja, Mann, haben Sie denn gar keinen Verstand? Da könnte sie ja gleich laut herausschreien, daß sie die Tochter eines reich gewordenen Kaufmanns ist, wenn sie so maßlos mit Schmuck überladen bei Hof erscheint! Protzt mit ihres Vaters Vermögen, würden alle sagen. Wollen Sie das etwa?»

«Nein, ganz bestimmt nicht», sagte Jenny, als ihr Vater etwas verdutzt diesen Einwand erwog. «Seien Sie bitte vernünftig, Papa! Lady Nassington weiß besser über Toilettefragen Bescheid als Sie oder ich.»

«Also ich wüßte keinen Grund, weshalb du dich wegen meinem Vermögen schämen müßtest», sagte Mr. Chawleigh, der seinen Rückzug noch mit einigen gepfefferten Schüssen deckte. «Zeigt sich in einem mageren Kollier bei Hof, als ob ich es mir nicht leisten könnte, dir das Beste und Teuerste zu kaufen!»

«Wenn das der ganze Grund Ihres Zornes ist, kann ich Sie beruhigen», sagte Lady Nassington. «Die gute Gesellschaft weiß, daß mein Neffe eine reiche Erbin geheiratet hat, und Sie dürfen mir glauben, daß sie einen besseren Eindruck macht, wenn sie nicht mit ihrem Reichtum auftrumpft. Sagen Sie mir eines: Wären Sie mir dankbar, wenn ich mich in Ihre Geschäfte mengte, womit Sie sich auch befassen mögen?»

«In meine Geschäfte mengen?» wiederholte Mr. Chawleigh überrumpelt. «Nein, gewiß nicht, Mylady!»

«Na eben. Also mischen Sie sich nicht in die meinen!»

Mr. Chawleighs Wangen färbten sich beängstigend rot, aber zum Glück trat in diesem Augenblick Adam, von den erhobenen Stimmen der Streitenden angelockt, ins Zimmer. Er war eben damit beschäftigt gewesen, sein Halstuch kunstvoll zu schlingen, und erschien daher in Hemdsärmeln, woran seine Tante unverzüglich Anstoß nahm. Sie forderte ihn auf, augenblicklich das Zimmer zu verlassen und Mr. Chawleigh mitzunehmen und riet ihm im selben Atemzug auch, ein anderes Halstuch umzubinden, da er mit diesem wie die Parodie eines Stutzers aussähe.

Mr. Chawleigh ließ sich von Adam fortziehen. Die Entdeckung, daß selbst ihr hochgeborener Neffe nicht vor Lady Nassingtons spitzer Zunge sicher war, hatte ihn etwas versöhnt, aber er sagte, als er Adam in dessen Ankleidezimmer nachfolgte: «Also, wenn sie nicht die Tante Eurer Lordschaft wäre, ich wüßte schon, wie ich ihr antworten müßte!»

«War sie grob zu Ihnen?» fragte Adam. «Da sollten Sie erst die Dinge hören, die sie meinem Onkel an den Kopf wirft!»

«Ich muß sagen, sie hat mich ganz schön in Saft gebracht! Und das ist eine Herzogin! Die nimmt einem die Illusionen vom Standesunterschied! Werden Sie sich ein anderes Halstuch umbinden?»

«Nein. Was tut sie überhaupt hier? Ich dachte, wir hätten zu ihr fahren sollen.»

«Ich will Ihnen verraten, was sie hier tut», erwiderte Mr. Chawleigh ergrimmt. «Meiner Jenny den Schmuck abräumen, das tut sie hier. Und fragt nicht einmal, ob's erlaubt ist. Sie kam vielmehr eigens zu diesem Zweck her!»

Er grübelte finster über diese Ungerechtigkeit nach, bis Adam, dem Kinver Rock und *chapeau bras* gereicht hatte, verkündete, er sei nun fertig. «Dann gehen wir besser hinauf, ehe meine Tante nachfragen läßt, was zum Kuckuck ich mir denn dächte, sie warten zu lassen, Sir.»

«Ich glaube, ich verdrücke mich lieber nach Hause», sagte Mr. Chawleigh finster. «Hätte ich gewußt, daß sie da ist, wäre ich gar nicht erst gekommen, so wahr ich hier stehe!»

Er ließ sich jedoch überreden, Adam in den Salon zu begleiten. Kurz darauf erschienen auch die Damen.

Es war Lady Nassington nicht geglückt, die Krause aus Jennys Haar zu bürsten, aber sie hatte die Straußenfedern auf ihrem Kopf auf fünf Stück reduziert, ihre übergroßen Ohrringe gegen Brillantboutons vertauscht und bis auf zwei Armbänder allen Schmuck von ihren Armen entfernt. Jenny war dadurch zwar nicht zu einer Schönheit geworden, aber es war Lady Nassington gelungen (wie sie Mr. Chawleigh mitteilte), Jenny in eine elegante Dame zu verwandeln. «Sie wird den Anforderungen entsprechen», entschied sie energisch. «Ein liebes Mädchen, ich mag sie gern und ich werde tun, was ich kann, um sie in Mode zu bringen.»

Mr. Chawleigh schmeichelte es, daß seine Tochter die Zustimmung einer Herzogin fand, aber er seufzte noch immer den Rubinen nach, und hätte das auch gesagt, wenn Lady Nassington die Audienz nicht damit abgebrochen hätte, daß sie quer durch den Salon rief: «Lynton! Hat dein Vater dich jemals bei Hof vorgestellt, oder ist dies dein erstes Erscheinen?»

Er war in ein Gespräch mit Jenny vertieft, doch wandte er den Kopf und antwortete: «Nein, Ma'am; mein Vater stellte mich bei einem Lever vor, als ich achtzehn Jahre alt war.»

«Papa! Lady Nassington!» rief Jenny aufgeregt. «Sehen Sie doch, was Adam mir gegeben hat!»

Mit vor Freude geröteten Wangen zeigte sie einen bemalten Fächer, der auf geschnitzten Perlmutterstäbchen aufgezogen war. Es war eine elegante Nichtigkeit, verdiente aber kaum das Entzücken, das sie so offenkundig empfand. Ein beschämender Verdacht beschlich Adam, als er sie beobachtete. Ihre Blicke kreuzten sich und sie wurde blutrot. Rasch sah sie weg und sagte hastig: «Es ist nämlich genau das, was mir noch fehlte – und die Farben passen so gut zu meinem Kleid.»

«Sehr hübsch», bemerkte Lady Nassington nach einem flüchtigen Blick.

«Ja, nicht übel», gab Mr. Chawleigh zu und unterzog den Fächer einer eingehenden Betrachtung. «Aber was ist aus dem Elfenbeinfächer mit der Vernis-Martin-Malerei geworden, den ich dir geschenkt habe? Ich hätte geglaubt, der wäre genau das Richtige für deine Toilette.»

Noch immer hochrot, murmelte sie eine unzusammenhängende Entschuldigung. Lady Nassington schnitt jedes weitere Gespräch mit der Feststellung ab, es wäre an der Zeit aufzubrechen. Mr. Chawleigh begleitete die drei hinunter und war nicht wenig erstaunt, daß Lady Nassington ihm gestattete, ihr zwei Finger zu schütteln, ehe sie ihre prunkvolle

Stadtkarosse bestieg. Diese Gunstbezeigung erweiterte sie noch durch die huldvolle, wenngleich eigenmächtige Einladung, am nächsten Tag einen Besuch in der Grosvenor Street abzustatten, um von Jenny zu erfahren, wie das Debüt ausgefallen war.

Es war sehr gut ausgefallen. Die Königin hatte ungemein gnädige Worte an Jenny gerichtet – «Was sagen Sie, Papa! Nach all den Jahren spricht sie noch immer mit einem starken Akzent!» – und zwei der Prinzessinnen hatten sich auf die erdenklich liebenswürdigste Art und Weise mit ihr unterhalten, so daß sie nicht die mindeste Verlegenheit oder Schüchternheit empfunden hatte. Der einzige Wermutstropfen war die Abwesenheit der Prinzessin von Wales gewesen. Die Leute schienen das höchst merkwürdig gefunden zu haben, denn sie war seit Dezember mit dem Prinzen von Oranien verlobt, also mußte sie doch sicherlich bei Hof eingeführt sein? Auch der Prinz war nicht erschienen, obwohl er bestimmt in London weilte. Jenny bedauerte das sehr, denn sie hatte ihn zu sehen gehofft. Adam war er natürlich häufig zu Gesicht gekommen, denn er hatte in letzter Zeit zum Stabe des Lord – nein, des *Herzogs* von Wellington gehört. Jenny war überzeugt, daß ein Prinz, auf den die Wahl einer Thronerbin von England gefallen war, über alle Maßen wunderbar sein müßte, aber als sie darüber mit Adam gesprochen hatte, war der in Gelächter ausgebrochen und hatte ausgerufen: «Der magere Billy? Himmel, wahrlich nicht!» Sie bedauerte es deshalb doppelt, keine Gelegenheit gehabt zu haben, sich ihr eigenes Urteil zu bilden.

Aber das war eine Nebensächlichkeit. Was sagte Papa dazu, daß sie dem Prinzregenten über dessen ausdrücklichen Wunsch vorgestellt worden war? Jemand mußte ihn auf Adam aufmerksam gemacht haben, denn – es war kaum zu fassen! – er war auf sie zugekommen, hatte Adam die Hand geschüttelt und gesagt, wie glücklich er sich schätze, ihn bei Hof willkommen zu heißen und wie tief er den Tod seines alten Freundes bedaure. Dann hatte er dem Wunsch Ausdruck verliehen, Adams Gemahlin kennenzulernen, und Adam hatte sie sofort in den Vordergrund gezogen, und Papa könne sich nicht vorstellen, wie reizend der Prinz mit ihr geplaudert hätte! Seine Manieren waren atemberaubend! Er war einige Minuten bei ihnen geblieben, hatte sich mit Adam über den Krieg unterhalten und dabei (wie Adam sagte) ausgezeichnete Kenntnisse in militärischen Fragen bewiesen. Und als er sich zurückzog, sagte er noch, er hoffe, sie beide eines Tages im Carlton House zu sehen!

Zutiefst befriedigt rieb Mr. Chawleigh sich die Hände und sagte, seine kühnsten Hoffnungen seien übertroffen worden. Er bedauerte bloß, daß Jennys Mutter nicht mehr am Leben war, um diesen Triumph mit ihnen zu genießen. «Aber wer weiß, vielleicht sieht sie uns von oben zu», sagte er vergnügt. «Wenn ich daran denke, daß ich mir nicht recht im klaren darüber war, ob ich mich mit einem Vicomte begnügen oder auf einem Grafen bestehen sollte! Nun, Lord Oversley gab mir sein Wort, ich würde meine Entscheidung nicht bedauern, und ich muß zugeben, daß er recht hatte. Also, nicht einmal ein Herzog hätte mehr für dich tun können! Erzähl mir noch einmal, was der Prinzregent zu dir gesagt hat!»

Bisher hatte Mr. Chawleigh keine hohe Meinung vom Prinzregenten gehabt, denn wenn er auch häufig beteuerte, daß er sich nicht um die Aristokraten scherte, hatte dieser Sproß des Königshauses doch so viel von sich reden gemacht, daß zwangsläufig jeder über ihn informiert war. Hätte man Mr. Chawleigh um seine Meinung befragt, so hätte er geantwortet, es schmecke ihm einfach nicht, wenn einer zwei Frauen heirate und sich zu beiden unfreundlich benahm, ganz davon zu schweigen, daß er zahlreichere Mätressen aushielt, als sich ein Durchschnittsmensch merken konnte, und das Geld so zum Fenster hinauswarf, daß schließlich das Volk seine Schulden bezahlen mußte. Es war auch ein offenes Geheimnis, daß er einen Vorwand suchte, um sich von der unglücklichen Prinzessin von Wales scheiden zu lassen, und ohne sich der pfui-rufenden Menge anschließen zu wollen, fand Mr. Chawleigh, daß er die arme Dame schlechthin niederträchtig behandelt habe. Angesichts der Huld, die der Regent Jenny bezeugt hatte, war jedoch alles vergeben und vergessen.

Auch Jenny wußte nicht länger, daß sie im ersten Augenblick empfindlich von ihm enttäuscht gewesen war. Mit zweiundfünfzig Jahren erinnerte nur mehr wenig an den eleganten Prinzen Florizel, von dessen Schönheit die älteren Damen noch heute schwärmten. Jenny sah einen korpulenten Herrn mittleren Alters vor sich, dessen schlaffe Gesichtszüge alle Merkmale eines ausschweifenden Lebens trugen. Er war entschieden zu auffallend gekleidet, sein Korsett ächzte hörbar, er wandelte in einer Wolke von Parfum, und wenn er nicht darauf achtete, legte sich sein Gesicht in grämliche Falten. Aber wer die gute Fee auch gewesen sein mochte, die sich bei seiner Taufe eingestellt hatte, ihr verdankte er eine Gabe, der weder Zeit noch Ausschweifung etwas anhaben konnten. Er war ein pflichtvergessener Sohn, ein schlechter Gemahl, ein herzloser Vater, ein flatterhafter Geliebter und ein unverläßlicher Freund, aber er besaß einen Charme, der ihm die Verzeihung errang, die er gekränkt hatte, und ihm die Bewunderung von Zufallsbekannten wie Jenny oder einigen jungen Offizieren eintrug, die Lord Bathurst ihm mit einer wichtigen Meldung zuführte. Er mochte die Menschen seiner unmittelbaren Umgebung abstoßen, aber in der Öffentlichkeit war sein Verhalten immer vorbildlich; er ließ nie eine unpassende Bemerkung fallen oder persönlichen Ärger seine Liebenswürdigkeit schmälern. Unverkennbar ein Prinz, legte er geringen Wert auf Zeremoniell, und wenn er sich in Gesellschaft bewegte, zeichneten sich seine Manieren durch eine angeborene Grazie aus, die ihn nicht einmal dann ganz im Stiche ließ, wenn er, wie es manchmal geschah, in beklagenswert angeheitertem Zustand bei einer Gesellschaft eintraf. Privat waren seine Manieren weniger gut; doch keiner, der ihn wie Jenny im Salon seiner Mutter sah, hätte es ihm zugetraut, daß er seine getreuesten Anhänger belog, einen Freund einlud, um ihn zum Zeugen der Wutausbrüche seines Vaters zu machen, sein einziges Kind mit rüpelhaftiger Grobheit behandelte, oder sich wie ein weinerliches Meerschwein zu Füßen einer verlegenen Schönheit wälzte. Jenny hätte derlei Gerüchten jedenfalls keinen Glauben geschenkt, und als sie ihn zwei Tage später in Lady Nassingtons Zirkel abermals traf und er sie mit einer kleinen Verneigung und einem anerkennenden Lächeln auszeichnete, war sie bereit, anzunehmen, daß es selbst für seine beiden Heiraten und seine gigantischen Schulden mildernde Umstände geben mußte.

10

Wenige Einladungen verliehen dem gesellschaftlichen Neuling solche Distinktion wie eine Einladung in das Nassington-Palais. Lady Nassingtons Zusammenkünfte waren ungemein exklusiv, denn sie haßte das moderne Gedränge und verachtete Gastgeberinnen, die den Erfolg eines Abends an der Anzahl der Gäste maßen, die sie in ihre Salons zu zwängen vermochten. Es war typisch für ihre keinen Widerspruch duldende Persönlichkeit, daß es ihr seit langem gelungen war, die Hautevolée davon zu überzeugen, daß eine Einladung zu einer ihrer Soiréen eine Ehre war, die man ebensowenig mißachten durfte wie einen königlichen Befehl.

Lady Oversley zählte zu den glücklichen Empfängern einer dieser Einladungen. Sie studierte die Karte mit gemischten Gefühlen, denn Lady Nassington hatte die Hon. Julia Oversley in ihre Einladung eingeschlossen, und Lady Oversley hätte viel darum gegeben, zu erfahren, ob Lord und Lady Lynton ebenfalls eingeladen waren. Einesteils erschien das unwahrscheinlich, andererseits war Adam Lady Nassingtons Neffe und sie hatte seine Gemahlin bei Hof vorgestellt. Bei jedem anderen hätte das die Sache entschieden, aber bei Lady Nassington ließ sich nichts vorhersagen: da sie sich der Aufgabe entledigt hatte, die sie für ihre Pflicht hielt, war sie ausgezeichnet dazu imstande, alle weiteren Bemühungen der jungen Lady Lynton um ihre Protektion zu ignorieren.

Lady Oversley akzeptierte mit förmlichen Worten. Schließlich, so dachte sie, war es unvermeidlich, daß Adam und Julia einander eines Tages trafen, wenn Julia nicht für den Rest ihres Lebens in Tunbrigde Wells bleiben wollte. Ein Brief ihrer Schwiegermutter ließ sie hoffen, daß Julia sich auf dem Wege der Besserung befinde, denn ihre Großmutter hatte ihrem Dahinwelken damit ein Ende gesetzt, daß sie eine Reihe von heiteren Geselligkeiten veranstaltet hatte, die jedem Mädchen im Vollbesitz seiner geistigen Kräfte Spaß machen mußten. Es hatte nicht an Bewunderern gefehlt, und ihm ihren Sieg zu vervollständigen, hatte sie unlängst ihr Gefolge um niemand Geringeren als den bekannten Connaisseur weiblichen Charmes und fraulicher Eleganz erweitert, den Marquis von Rockhill. Die Witwe war der Ansicht, daß diese Eroberung ausreichte, um Erinnerungen an den jungen Lynton aus dem Kopf eines jeden Mädchens zu verdrängen. Sie fügte hinzu, daß es zwar absurd wäre, bei Rockhill ernste Absichten zu vermuten, er sei aber genügend von Julia entzückt, um sie zum Gegenstand seiner Galanterien zu machen, «und zwar lange genug, um unserem Zweck zu dienen».

Julias Mutter war weniger zuversichtlich. Die Vorstellung, daß ihre Tochter vor dem erlesenen Geschmack des Marquis Gnade gefunden hatte, schmeichelte ihr zwar, aber sie vermochte in einem Witwer Mitte Vierzig keinen gefährlichen Nebenbuhler für einen jungen und gewinnenden Mann zu sehen, in den sich Julia leidenschaftlich verliebt hatte. Sie neigte auch dazu, die Aufmerksamkeiten des Marquis mit etwas scheelen Augen zu betrachten, aber damit bewies sie bloß, wie ihr Gemahl ihr mitteilte, daß sie eine große Gans sei. «Unsinn!» sagte er. «Rockhill ist ein Kavalier!»

«Aber Sie glauben doch nicht, daß er die Absicht hat, sie zu *heiraten*?» fragte sie verblüfft.

«Nein, natürlich glaube ich das nicht», versetzte er gereizt. «Er fand sich aus dem einen oder anderen Grund in Tunbrigde Wells ein und begann einen Flirt mit dem hübschesten Mädchen im Orte, um sich der tödlichen Langeweile zu entziehen, das ist alles! Ich wünschte bloß, daß es so lange anhält, bis sie sich von der anderen Geschichte erholt hat, aber ich rechne nicht damit.»

Lady Oversley befürchtete, daß Julia, die eben dabei war, eine unglückliche Liebe zu überwinden, leicht das Opfer einer zweiten, nicht minder unglücklichen Liebe werden könnte, aber sie hielt es für klüger, ihrem Gemahl diese Sorge vorzuenthalten. Als Julia nach London zurückkehrte, hatte es nicht den Anschein, daß sie Rockhills Charme erlegen war. Sie sagte bloß, daß er sehr liebenswürdig und unterhaltsam gewesen sei und das, fand Lady Oversley, würde wohl jedes Mädchen von einem Manne behaupten, der alt genug war, um ihr Vater zu sein. Adam erwähnte sie mit keinem Wort. Sie schien entschlossen zu sein, ihre zweite Londoner Saison in vollen Zügen zu genießen, lachte über die Vorstellung, daß eine endlose Kette von Gesellschaften ihre Konstitution überfordern könnte, und schmiedete Pläne, wie sie jede Minute ihres Tages ausfüllen konnte. Ihr Vater mochte dies als günstiges Zeichen auslegen; Lady Oversley jedoch wollte der Glanz in den Augen Julias nicht gefallen, und sie erblickte in ihrer hektischen Rastlosigkeit nicht den Ausdruck eines ausgeglichenen Gemütes. Sie wußte nicht, was sie unternehmen sollte, und es blieb ihr nur die Hoffnung, daß es einem von Julias Verehrern gelingen würde, ihr verwundetes Herz zu erobern.

Julia empfing die Nachricht, daß sie mit einer Einladung in das Nassington-Palais ausgezeichnet worden sei, mit offenkundigem Vergnügen. Lady Oversley hatte beabsichtigt, sie behutsam darauf vorzubereiten, daß sie die Lyntons dort antreffen könnte, aber es gelang ihr nicht, die richtigen Worte zu finden. Und schließlich sagte sie überhaupt nichts und beruhigte ihr Gewissen mit der Überlegung, Julia müßte schließlich selbst wissen, daß aller Wahrscheinlichkeit nach damit zu rechnen sein würde.

Zu Beginn schien es, als hätte sie recht daran getan, eine voreilige Warnung zu unterdrücken. Sie vermochte die Lyntons in keinem der Säle zu entdecken, und Julia, die in einer Art Gaze-Robe aus hellstem Blau über einem Unterkleid aus weißer Seide hinreißend aussah, war entschlossen, sich zu amüsieren. Bald war sie der Mittelpunkt einer Gruppe junger Leute geworden und genoß es, wieder im vertrauten Freundeskreis zu sein und in Windeseile den gewohnten Schwarm von Bewunderern um sich zu sammeln. Lady Oversley durfte ihre Wachsamkeit verringern und sich einer Gruppe ihrer eigenen Freunde anschließen, die über die jüngsten Gerüchte plauderten, angefangen vom plötzlichen Ableben der Kaiserin Joséphine, die angeblich an einer eitrigen Halsentzündung gestorben war, bis zu der Nachricht, daß die verbündeten Herrscher nach London kämen, um an einer Friedensfeier von gigantischen Ausmaßen teilzuhaben.

Die Lyntons erschienen eine halbe Stunde später und begaben sich sofort durch den ersten Saal in den dahinter liegenden kleinen Salon.

In diesem Salon befanden sich vielleicht zwanzig Menschen, aber Adam sah nur einen einzigen. Julia stand in Nähe der Tür, und der Klang ihres Lachens ließ ihn einen Augenblick wie angewurzelt an der Schwelle erstarren.

«Eine Eisjungfrau! Ach, wie absurd! – Wo mir doch so heiß ist!» Sie wandte sich während des Sprechens um, gewahrte Adam, rang so hörbar nach Luft, daß alle Anwesenden es vernahmen, und sank in Ohnmacht.

Er stand so nahe bei ihr, daß er sofort herbeistürzte, als er sie schwanken sah, und sie auffangen konnte, ehe sie zu Boden sank.

Die peinliche Stille wurde von Jennys nüchterner Stimme gebrochen. «Ganz recht, legen Sie sie auf das Sofa, Lynton, und öffnen Sie ein Fenster. Die arme Julia konnte einen überhitzen Raum *niemals* vertragen.»

Beinahe ebenso blaß wie seine leichte Last, gehorchte Adam. Ein Herr, dessen Gehaben und Kleidung in ihm den Mann von Welt erkennen ließen, war hastig herzugeeilt. Dann jedoch besann er sich eines Besseren und ließ seinen undurchdringlichen Blick von Adam zu Jenny wandern.

Jenny fächelte Julia Kühlung zu, sah zu den Umstehenden empor und sagte mit gewinnendem Lächeln: «Es wird ihr gleich wieder besser gehen. Bitte machen Sie sich keine Sorgen. Es ist nichts weiter als die Hitze!»

Eine gemessene Stimme hinter ihr sagte: «Nehmen Sie das, Lady Lynton!» und eine feingliedrige Hand schob sich mit einem Riechfläschchen über Jennys Schulter.

«Vielen Dank! Das ist genau das Richtige, und ich führe keines bei mir!» sagte Jenny und schwenkte das Riechsalz vor Julias Nase. Im Plauderton setzte sie fort: «Ich selbst habe noch nie das Bewußtsein verloren, aber Miss Oversley neigte schon während unserer gemeinsamen Schulzeit leicht zu Ohnmachtsanfällen.»

«Würde jemand – Sie vielleicht, Mr. Tollerton, wenn Sie die Güte hätten – Lady Oversley suchen und ihr sagen, daß Miss Oversley durch die Hitze übel wurde», befahl die gleiche kühle Stimme.

«Ja, und Sie schaffen bitte ein Glas Wasser herbei, Lynton!»

Er verließ fluchtartig den Salon, und als er zurückkehrte, war Julia bereits zu sich gekommen, lehnte sich an die Schulter ihrer Mutter und beteuerte mit schwacher Stimme, es sei gar nichts weiter – zu dumm! – es ist so stickig hier!

Die meisten Gäste hatten sich diskret aus dem Salon zurückgezogen, aber ein oder zwei waren geblieben, und Adam, der Jenny das Glas Wasser reichte, bemerkte, daß der Modekavalier sein Lorgnon ans Auge geführt hatte und ihn mit lächelndem Blick musterte.

Das Lächeln glitt nun über die schmalen, spöttischen Lippen. «Lynton, nehme ich an?» sagte der Herr. Adam verneigte sich. «Sehr wohl! Ich war mit Ihrem Vater bestens bekannt und freue mich, jetzt *Ihre* Bekanntschaft zu machen.» Er ließ sein Lorgnon sinken, streckte die Hand aus und bemerkte, als Adam sie ergriff: «Die Ähnlichkeit ist nicht sehr ausgeprägt, und doch war ich sicher, mich nicht zu irren. Oh – ich bin Rockhill.»

Adam, der die Erregung noch in jedem Nerv spürte, erwiderte mit mechanischer Höflichkeit. Der Marquis sagte mitfühlend. «So ein unglückliches *contre temps*, aber ganz sicher kein Grund zu Besorgnis!» Wieder führte er sein Lorgnon ans Auge, aber diesmal war es auf Jenny gerichtet. «Ihre Gemahlin?»

«Ja, Sir», antwortete Adam.

«Eine bewunderungswürdige Frau!» seufzte Seine Lordschaft. «Ich gratuliere Ihnen.»

«Vielen Dank, Sie sind sehr gütig.» Adam lächelte Jenny zu, als sie näher trat, und streckte ihr die Hand entgegen. Er hatte sich nun wieder völlig in der Gewalt, und wenn er auch noch immer blaß aussah, vermochte er doch in natürlichem Tonfall zu sagen: «Geht es ihr besser? Darf ich Ihnen Lord Rockhill vorstellen? Er machte mir eben ein Kompliment über Ihre Geistesgegenwart.»

«So? Dazu besteht wirklich nicht der geringste Anlaß», erwiderte sie trocken. «Es ist nichts geschehen. Guten Tag, Mylord. Ich glaube, wir sollten Julia jetzt ihrer Mama überlassen. Wollen wir uns also in den anderen Salon begeben? Dann können sie unauffällig aufbrechen, denn Julia fühlt sich nicht ganz auf der Höhe.»

Sie wollte die Hand auf Adams Arm legen, da bemerkte sie, daß sie noch immer das Riechfläschchen hielt. Sie stieß einen leisen Ruf über ihre Zerstreutheit aus und gab die kleine Kristallphiole ihrer Eigentümerin zurück, die sie mit einem Lächeln und einem prüfenden Blick entgegennahm, der gleichzeitig wohlwollend und abschätzend war. «Danke. Sie sind Lady Lynton, nehme ich an. Ich bin Lady Castlereagh. Ich glaube, ich sah Sie bei Hof, nicht wahr? Haben Sie sich bereits in der Stadt etabliert? Und sind Sie soweit, am Vormittag Besucher zu empfangen? Dann hoffe ich, meine Bekanntschaft mit Ihnen zu vertiefen. Ich möchte Ihnen sagen, daß Sie sich eben geradezu vorbildlich benommen haben – wirklich mustergültig!»

Sie nickte Jenny huldvoll zu und entfernte sich, ohne daß diese etwas erwidern konnte, und das war Jennys Glück, denn man hatte sie davor gewarnt, daß die Gunst dieser selbstherrlichen Aristokratin schwer zu erringen sei, und Jenny war bis an die Haarwurzeln errötet und stammelte leise unzusammenhängende Worte vor sich hin.

Trotz ihrer augenblicklichen Verlegenheit verlieh ihr das Bewußtsein, von einer der Schutzherrinen des Almack-Clubs Gnade gefunden zu haben, neues Selbstvertrauen, und als sie kurz darauf auf eine junge Dame traf, die sie aus der Schulzeit kannte, und von ihr herzlich begrüßt wurde, fühlte sie sich beinahe zu Hause. Der eisige Blick Mrs. Burrells und die kritische Musterung einiger anderer hochmütig wirkender Damen schüchterten sie etwas ein, aber ehe ihr Gleichgewicht noch ernstlich erschüttert war, sah sie die schlaksige Gestalt Lord Broughs auf sich zukommen, und sofort fiel jedes Unbehagen von ihr ab. Sie hatte ihn erst ein einziges Mal gesehen, aber er sprach mit ihr, als seien sie seit langem befreundet. «Wie geht es Ihnen?» erkundigte er sich. «Das brauche ich wohl gar nicht zu fragen – Sie sehen prächtig aus! – und nicht einmal gelangweilt!»

Ihre Augen verengten sich zu einem vergnügten Blinzeln. «Nein, natürlich nicht. Weshalb sollte ich mich langweilen?»

«Finden Sie diese Gesellschaft nicht grauenhaft monoton? Ich schon – ich wäre nie gekommen, wenn man mich nicht mit Gewalt hergezerrt hätte. Von allen Anwesenden, die ich heute begrüßte, sind Sie und Adam die einzigen, die ich mit Vergnügen treffe. Noch nie sah ich so viele merkwürdige Vögel und mißgünstige Drachen auf einmal! Es ist immer das gleiche auf Lady Nassingtons Gesellschaften. Ich weiß wirklich nicht, warum die Leute überhaupt kommen!»

«Um Gottes willen!» protestierte sie. «Man wird Sie hören!»

«Aber nicht doch! Nicht bei diesem Stimmengewirr. Ist es nicht kurios? Alles Personen der allerersten Gesellschaft und sie schlagen einen Krach wie die Löwen bei der Fütterung. Kommen Sie, ich möchte Sie meiner Mutter vorstellen. Sie will Sie kennenlernen.» Er schloß mit seinem lässigen Lächeln: «Das liebenswürdigste Geschöpf auf Gottes Erdboden! Sie werden sie gern haben, denn ich selbst liebe sie auch.»

Diese Bemerkung reizte sie zwar zum Lachen, aber sie fand doch, daß es höchst merkwürdig war, so von seiner Mutter zu sprechen. Er hatte durchaus richtig vermutet, daß sie Lady Adversane ins Herz schließen würde. Sie war eine korpulente, ein wenig altmodisch gekleidete warmherzige Dame. Jenny saß neben ihr auf einem Sofa und dachte, wie einfach ihr neues Leben doch sein könnte, wenn alle großen Damen so gütig und natürlich wären.

Sie tat der Gesellschaft unrecht, denn es wurde ihr bedeutend mehr Wohlwollen entgegengebracht, als sie ahnte. Jedermann wußte, unter welchen Umständen Adam die Erbschaft seines Vaters angetreten hatte, und alle schätzten ihn sehr. Sally Jersey hatte zwar entsetzt vor Lady Castlereagh ausgerufen: «Du gütiger Himmel, ich *flehe* Sie an, schicken Sie ihr keine Einladung ins Almack!» Aber selbst sie hatte mit einem Achselzucken und einem Schmollen zugegeben: «Aber meine Teuerste, ich habe ja nicht die Absicht, sie zu *schneiden*! Schließlich ist er der Sohn des lieben armen Bardy . . . Nein, was hätte Bardy bloß zu einer solchen Mesalliance gesagt! Mein Herz krampft sich vor Mitleid mit diesem *unglücklichen* jungen Mann zusammen! Sie verrät so deutlich, daß sie *nicht* in unsere Kreise gehört, nicht wahr? Aber ich werde einen Besuch in der Grosvenor Street abstatten – und – ja, ich will ihr eine Karte für meine große Abendgesellschaft im nächsten Monat schicken. Ich bin zu *allem* bereit, nur zu keiner Einladung zu Almack! Meine Teuerste, irgendwo *muß* man doch eine Grenze ziehen, nicht wahr? Sagen Sie mir – da Sie doch besser mit Lady Oversley bekannt sind als ich –, *stimmt* es, daß dieser junge Lynton vorher mit Miss Oversley verlobt war? Und daß sie heute abend bei seinem Anblick die Besinnung verlor?»

«Sie wurde ohnmächtig», bestätigte Lady Castlereagh, «aber Lady Lynton, die sich so vorbildlich benahm, daß ich ihr meine Hochachtung nicht versagen kann, teilte uns mit, daß sie in überheizten Räumen schon oft in Ohnmacht gefallen ist.»

«Ach, eine vortreffliche Erklärung – falls sie die wahre Ursache kannte! Ich wage jedoch zu behaupten, daß dies nicht der Fall ist: Sie wirkt dümmlich. Nein, ich könnte mir vorstellen, daß sie für *jede* Liaison blind ist.»

Hier irrte sie. Jenny wußte sehr wohl um diese Neigung und hinter einer unbewegten Maske grübelte sie darüber nach. Mit keinem Wimperzucken verriet sie Adam, wie genau sie die wahre Ursache von Julias Ohnmacht zu deuten verstand, und wandte auch sofort ihren Blick von Adams Gesicht, als er sich über Julia beugte, die gleich einer geknickten Blume in seinen Armen lag. In diesem Bruchteil einer Sekunde hatte sie all das deutlich gesehen, was seine Wohlerzogenheit vor ihr zu verbergen trachtete, und ihr sofortiges Eingreifen war keiner angeborenen Gewandtheit entsprungen, sondern ihrer glühenden Entschlossenheit, ihn vor der hämischen Sensationsgier jener zu beschützen, die Augenzeugen des Vorfalles waren. Sie hatte ihn kein zweitesmal angesehen und erwähnte auch später auf der Heimfahrt den Zwischenfall mit keinem Wort. Weder sie noch er hatten jemals über seine frühere Zuneigung gesprochen. Nach stillschweigendem Übereinkommen war dieses Thema tabu, und sie wagte nicht, auch nur daran zu streifen, wenngleich es schwer zwischen ihnen lastete. So verkürzte sie die Heimfahrt mit allgemeinen Bemerkungen über Broughs drollige Aussprüche, die Liebenswürdigkeit seiner Mutter, die Leutseligkeit des Prinzregenten und ihre Verblüffung darüber, daß man ihr gesagt hatte, jener durchaus unauffällig gekleidete Herr sei der berühmte Mr. Brummel.

Dieses Geplätscher erforderte keine sorgsam überlegten Antworten, und Adam empfand es sogar ein wenig tröstlich. Die seelische Erschöpfung hatte sich nun auch seinem Körper mitgeteilt, und er war in all den harten Militärjahren niemals müder gewesen. Er hatte sich dagegen gewappnet, seiner unerreichbaren Liebe zu begegnen, aber er war nicht auf den herzzerreißenden Ausdruck ihrer Augen gefaßt gewesen, als sie ihn eine Sekunde, ehe ihr die Sinne schwanden, ansah. Er hatte sie aufgefangen und in seinen Armen gehalten, und das süße, lockende Parfum, das sie stets benützte, ließ alte Erinnerungen qualvoll lebendig werden. Er hoffte, nicht jene Worte gestammelt zu haben, die sich ihm auf die Lippen gedrängt hatten: Julia, meine Süße! Meine innigst Geliebte! Er nahm an, daß er stumm geblieben war. Jennys unmelodische Stimme hatte ihn in die Wirklichkeit zurückgerissen, als sie ihn trocken anwies, Julia auf das Sofa zu legen. Er hatte gehorcht und als er sich aufrichtete, die funkelnde Neugier in einem Dutzend Gesichtern gesehen und erkannt, daß er sich um jeden Preis beherrschen mußte. Die Vorsehung war ihm in Gestalt Jennys zu Hilfe gekommen, die ihn um ein Glas Wasser schickte. Dadurch war ihm eine kurze Erholungspause vergönnt gewesen. Als er gezwungen war, wieder in den Salon zurückzukehren, hatte er sich zumindest so weit gesammelt, daß es ihm gelang, die von ihm erwartete Rolle für den Rest eines nicht endenwollenden Abends durchzustehen.

Es war kein Wunder, daß er von dieser Anstrengung erschöpft war, denn die an ihn gestellten Anforderungen hatten seine Erwartungen überstiegen. Lächelnd war er seiner Pflicht nachgekommen, während in seiner Seele ein grausamer Schmerz gewütet hatte. Er wußte, daß er seine junge Frau mit allen einflußreichen Persönlichkeiten der Gesellschaft bekannt machen mußte. Daß er dieses Ziel dank seines Charmes und seines Auftretens auch ohne große Mühe erreichen konnte, blieb ihm verborgen. Er betrachtete sich als den unbedeutenden Sohn eines Mannes von ungeheurer Beliebtheit und unterzog sich dem Besuch im

Hause Nassington mit dem Vorsatz, diese Beliebtheit auszunützen, wie unangenehm ihm diese Aufgabe auch sein mochte. Er hoffte, die Freunde seines Vaters dazu bewegen zu können, Jenny in ihren Kreis aufzunehmen, denn sie waren ihm zu wohlgesinnt, um ihn zu brüskieren. Schon allein das Bewußtsein, ihrem Wohlwollen ausgeliefert zu sein, ließ ihn diesem Besuch mit Grauen entgegensehen. Als sich gleich zu Beginn diese Pflicht um die zwingende Notwendigkeit vermehrte, seine ganze Willenskraft aufzubieten, um seine Liebe vor boshaften Zungen zu schützen – und seine Frau, die arme kleine Seele, natürlich ebenfalls –, verwandelte sich der Abend, der als Vergnügen geplant gewesen war, zu einer beinahe unerträglichen Qual, die er unter anmutigem Geplauder mit den übrigen Gästen ertrug, als wäre nichts geschehen. Ob es ihm gelungen war, das Mißtrauen zu ersticken, wußte er nicht. Er hatte jedenfalls getan, was in seinen Kräften stand, und wenn das nicht ausreichte, so war er viel zu müde, um zu überlegen, was er darüber hinaus noch unternehmen könnte.

Er war Jenny daher für ihre anspruchslose Plauderei dankbar. Vielleicht ließ sie auf einen gewissen Mangel an Feinfühligkeit schließen, aber er zog sie den Vorhaltungen und Fragen vor, die er befürchtet hatte. Und weshalb sollte sie auch Empfindlichkeit wegen eines Vorfalles zeigen, der (falls sie seine Bedeutung erfaßt hatte) sie kaum hätte verletzen können, so peinlich er ihr auch sein mochte.

Abgesehen davon, daß sie geflissentlich über den Zwischenfall schwieg, was ein wenig überraschend kam, hätte er annehmen können, daß sie tatsächlich der Hitze die Schuld an Julias Zusammenbruch zuschrieb. Sie war genauso nüchtern und unberührt wie immer, wenn auch ziemlich schläfrig. Sie forderte keinerlei Erklärung oder Versicherung von ihm: Endlich durfte er sich entspannen.

Als er sie wenige Stunden später beim Frühstück traf, stellte er fest, daß ihr Aussehen für eine ziemlich schlaflos verbrachte Nacht sprach. Sie hatte tatsächlich kaum geschlafen, sagte jedoch nur, daß sie es nicht gewöhnt sei, so lange aufzubleiben.

«Sie hätten im Bett bleiben sollen. Hoffentlich sind Sie nicht eigens aufgestanden, um mir den Tee zuzubereiten?»

Genau das hatte sie getan, da sie wußte, wie ungeschickt er mit Tassen und Kannen umging, aber sie antwortete bloß: «Als ob Sie nicht ausgezeichnet imstande wären, sich Ihren Tee selbst zu bereiten. Nein, nein, keineswegs.»

«Er gelingt mir nie», gestand er beschämt. «Nie wird er so, wie ich ihn haben möchte, und wenn ich ihn in der Küche zubereiten lasse, fällt er noch schlechter aus. Ich danke Ihnen: Er ist genau, wie er sein soll.»

Sie lächelte, aber da sie nun dafür gesorgt hatte, daß sein Frühstück zu seiner Zufriedenheit ausgefallen war, wandte sie sich der Lektüre einer Ankündigung zu, die ihr durch die Post zugegangen war, und sie mit ernsten Worten ermahnte, keine Zeit zu verlieren, ein neues und unfehlbares Mittel gegen die Gicht zu erwerben. Sie hatte dafür nicht die geringste Verwendung, aber sie wußte, daß Adam sich verpflichtet fühlen würde, sie zu unterhalten, wenn sie müßig dasaß, und Adam liebte am Frühstückstisch keine Gespräche.

Er verließ sie bald darauf, und nachdem sie noch einige Zeit über dem Problem gegrübelt hatte, das sie nachts nicht hatte schlafen lassen, erhob sie sich vom Tisch und schickte Nachricht in die Stallungen. Eine Stunde später, nachdem sie einige Kommissionen erledigt hatte, ließ sie sich zurückfahren, aber nicht in die Grosvenor Street, sondern zu Lord Oversley in die Mount Street.

Mr. Chawleigh hatte zu Adams nicht geringem, aber standhaft verschwiegenem Mißbehagen die Stallungen und das Wagenhaus, die an das Lynton-Palais angebaut waren, besichtigt, als das Brautpaar in Hampshire weilte, und mit gewohnter Selbstherrlichkeit den leichten Landauer als untragbar erklärt, der bisher den Damen des Hauses gedient hatte. Er hielt ihn für ein recht unansehnliches Gefährt und ersetzte ihn durch eine glänzende Equipage, deren niedrige Türen er mit dem Wappen der Lyntons verzieren ließ. Der Wagen wurde von zwei prächtigen Rotfüchsen gezogen. Mr. Chawleigh hatte einen hohen Preis für sie gezahlt, aber er verstand nichts von Pferden, und als Adam sie zum erstenmal erblickte, rief er unwillkürlich aus: «Oh, du lieber Himmel!»

Jenny jedoch verstand ebenfalls nichts von Pferden und war deshalb mit ihrem pfauenstolzen Paar recht zufrieden. Der Verkäufer mochte den Pferden die Zähne abgefeilt haben, um über ihr wahres Alter hinwegzutäuschen, und der Kutscher versicherte Adam, er sei bereit zu schwören, daß diese Manipulation vorgenommen worden sei, aber sie waren recht gut in der Lage, sie in forschem Trab durch die Stadt zu führen.

Sie traf Lady Oversley zu Hause an und wurde in den Salon hinaufgeführt, wo die Dame des Hauses sie herzlich, aber nervös begrüßte. Sie sah verstört aus, und als Jenny ihr sagte, sie sei gekommen, um sich nach Julias Befinden zu erkundigen, antwortete sie in ängstlicher Eile: «Oh –! Wie reizend von dir! Meine Liebe, ich fürchte, ich habe mich bei dir gar nicht bedankt – die Aufregung, weißt du! Aber Emily Castlereagh erzählte mir, wie umsichtig du sofort Hilfe schafftest, und ich bin dir wirklich zutiefst verbunden! Die arme Julia! Aber es war *wirklich* drückend heiß, nicht wahr? Ich habe es selbst empfunden, und Julia ist doch so ungemein zart! Sie fühlt sich nicht gut – nein, ich muß sagen, sie ist noch immer leidend! –, deshalb habe ich sie heute im Bett gelassen, und Doktor Baillie hat mir ein Kräftigungsmittel für sie gegeben.»

Jenny nickte. «Ich habe befürchtet, daß sie wieder einen ihrer hysterischen Anfälle erleiden würde», bemerkte sie. «Ich habe gründlich darüber nachgedacht, sobald wir zu Hause waren, und es schien mir das Klügste zu sein, Sie unverzüglich aufzusuchen, Ma'am, da ich überzeugt bin, Sie machen sich große Sorgen. Nun, ich bin im Gebaren der Aristokraten noch nicht sehr bewandert, aber ich nehme an, daß sie sich nicht wesentlich von den übrigen Sterblichen unterscheiden, und daß Julia umsank, als sie Adam erblickte, gibt genügend Anlaß zum Klatsch.»

Lady Oversley war dankbar, daß sie jede Verstellung fallenlassen durfte, und sagte verzweifelt: «Ach, Jenny, ich schwöre dir, ich bin zu Tode erschöpft! Zuerst Julia und dann Oversley – aber sie ist *nicht* absichtlich ohnmächtig geworden.»

«Nein, natürlich nicht. Es ist mir zwar unverständlich, daß Leute so leicht das Bewußtsein verlieren können, aber es läßt sich nicht leugnen, daß es nie mehr als eines unfreundlichen Wortes bedurfte, um sie umkippen zu lassen. Sie hat auch immer sehr unter Depressionen gelitten.»

«Ja», seufzte Lady Oversley. «Und die Ärzte konnten nie etwas anderes als eine allzu leichte Erregbarkeit feststellen. Aber augenblicklich leidet sie nicht unter Melancholie – zumindest nicht, wenn man sie *behutsam* behandelt und nicht noch zurechtweist, zumal sie bereits so unglücklich ist! Ich will ja nicht sagen, daß ich es Oversley nicht nachfühlen kann – beim Himmel, ich hätte sie *erwürgen* können! Ausgerechnet in *diesem* Haus, und Emily Cowper im gleichen Salon! Aber ich frage dich, Jenny, welchen Zweck hat es, dem Kind unablässig Vorhaltungen zu machen und sie in einen hysterischen Anfall zu treiben?»

«Nicht den geringsten, heute so wenig wie früher», sagte Jenny. «Obzwar es kein Wunder ist, daß Seine Lordschaft tobt, denn die Herren lieben keine Szenen, es sei denn, sie machen sie selbst, wie Papa, wenn das Fleisch nicht richtig zubereitet war. Was aber soll jetzt geschehen?»

«Ich kann keinen klaren Gedanken fassen», jammerte Lady Oversley. «Man treibt mich in den Wahnsinn! Oversley sagt, wenn Julia sich nicht benehmen kann, wie es sich gehört, dann soll sie sich am besten in ein Kloster zurückziehen. Aber das ist völlig absurd, denn wenn sie sich zurückzieht, dann höchstens zur alten Lady Oversley, aber das *möchte* ich nicht! Da erlebt sie nun ihre zweite Saison und wie, frage ich dich, kann sie eine gute Partie machen, wenn ihr Vater solchen Unsinn redet und *sie* nichts tut, als . . . Ach, meine Liebe, wie entsetzlich peinlich! Ich dürfte mit dir überhaupt nicht darüber sprechen. Da sieht man wieder, wie sehr meine Nerven zerrüttet sind!»

«Um mich braucht sich keiner zu sorgen», erwiderte Jenny schwerfällig. «Und auch zwischen uns ist keine Heuchelei nötig, Ma'am! Niemand glaubt, daß Adam mich aus Liebe geheiratet hat. Es wäre nur bedauerlich, wenn alle Leute erfahren müßten, daß er Julia haben wollte und sie ihn.» Sie legte eine Pause ein und runzelte die Stirn. «Es gibt unzählige Menschen, die sich verlieben und wieder entfremden, ich möchte daher behaupten, daß es unwesentlich ist, wieviele ihrer Freundinnen Julia ins Vertrauen zog. Aber es geht nicht an, daß sie jedermann erkennen läßt, daß sie um ihn trauert, nicht wahr?»

«Nein, das geht auf keinen Fall!» pflichtete Lady Oversley ihr aus tiefstem Herzen bei. «Und wie peinlich für dich obendrein, und ich *versichere* dir, wie sehr ich dir das nachfühlen kann!»

«Das tut nichts zur Sache. Ich denke in erster Linie an Adam – und auch an Sie, Ma'am, denn Sie waren stets sehr gütig zu mir.»

«Ich werde Julia von ihm fernhalten müssen. Aber wie ich das einrichten soll, ohne daß ich sie nach Tunbridge Wells zurückschicke –»

«Das können Sie natürlich nicht, und ich glaube auch nicht, daß es eine Lösung wäre. Früher oder später würden sie einander doch wieder begegnen, und ich wette zehn zu eins, daß wir dann in genau der gleichen Patsche säßen, denn sein Anblick wird immer die alten Wunden aufreißen. Und es ist auch undurchführbar, daß Sie uns meiden, denn soviel ich von Lydia weiß, standen Sie immer auf gutem Fuß mit den Deverils. Das würde also dem Klatsch erst recht neue Nahrung geben. Kurzum, Ma'am, ich bin hergekommen, um Ihnen zu sagen, daß es mir am klügsten erscheint, allen Lästermäulern unmißverständlich zu beweisen, daß wir die besten Freunde sind. Natürlich hätte es keinen Sinn, Julia öfters mit Adam zusammenzubringen, als unbedingt sein muß, aber wenn sie *mich* besucht und ab und zu mit mir ausgeht, *wird* sie ihm begegnen und – und sich daran gewöhnen.»

Lady Oversley betrachtete sie überrascht und sagte: «Aber Jenny, es *kann* doch nicht dein Wunsch sein – glaubst du denn, daß es *klug* ist?»

Jenny blieb einen Augenblick still. «Darüber habe ich mir selbst schon den Kopf zerbrochen. Natürlich wäre es am besten, wenn sie einander nie mehr sähen, aber da das unmöglich ist, halte ich es für günstiger, wenn sie einander so oft begegnen, daß es alltäglich wird, statt nur zufällig zusammenzutreffen.»

«Wenn ich es bloß *geahnt* hätte!» rief Lady Oversley und brach in Tränen aus. «Ich hätte es niemals zulassen dürfen, aber es schien so ungemein *passend* zu sein! Ach, meine Liebe, wer hätte vermuten können, daß es zum Schluß meiner geliebten Julia doch das Herz bricht? Wenngleich ich es natürlich hätte vorausahnen müssen, denn sie sagte immer, er sei genau wie Sir Galahad, worin ich durchaus ihrer Meinung bin – wenn Sir Galahad der war, den ich meine – oder glaubst du nicht?» fragte sie, als sie sah, daß Jennys Augen sich in plötzlicher Belustigung verengten.

«Also ich weiß nicht, diesen Eindruck habe ich nicht. Allerdings las ich nie gerne jene alten Liebesgeschichten und Legenden, für die Julia so schwärmt», sagte Jenny entschuldigend. «Dagegen weiß ich, daß er drei Minuten lang gekochte Eier am liebsten ißt, und daß er Krapfen nicht anrührt.»

«Keine Krapfen anrührt?» stammelte Lady Oversley verständnislos.

«Er kann sie nicht ausstehen! Und nichts verärgert ihn mehr, als seine Sachen in Unordnung zu finden. Er sagt, das stammt noch aus seinem Leben in Militärzelten, wo es unerträglich ist, wenn man seine Sachen nicht immer auf den gleichen Platz zurücklegt. Ich mußte meiner Wirtschafterin die Kündigung androhen, falls sie die Mädchen nicht davon abhalten kann, die Dinge auf seinem Frisiertisch ständig hin- und herzurücken. Wohlgemerkt, vielleicht war Sir Galahad auch ein Pedant, aber ich möchte wetten, daß Julia nicht *daran* denkt, wenn sie Adam mit ihm vergleicht.»

«Nein», sagte Lady Oversley schwach. «Sicher nicht.»

«Wenn es Ihnen also recht ist, Ma'am, werde ich versuchen, Julia zu überreden, morgen mit mir im Park spazierenzufahren. Und wenn Sie und Lord Oversley nächste Woche, wenn Adams Mutter und Lydia hier sein werden, sie zum Abendessen zu uns mitnehmen wollen, werden wir uns sehr freuen. Es ist wohl nur natürlich, daß Sie bei uns speisen, da Lady Lynton doch nach Bath weiterreist und auf der Durchfahrt zwei Nächte in der Grosvenor Street verbringt, nicht wahr? Es wird keine regelrechte Gesellschaft sein, wenngleich ich beabsichtige, auch Lord Brough einzuladen.»

«Ach, aber Julia wird niemals . . . Meine Liebe, ich weiß wirklich nicht, was ich sagen soll! Natürlich würde es einen großartigen Eindruck machen, wenn bekannt würde, daß wir alle ohne jede Formalität mit euch diniert haben, aber ich fürchte, Julia wird vor einem solchen Plan zurückschrecken.»

«Daran zweifle ich nicht, aber wer weiß, ob ich sie nicht doch um den Finger wickeln kann. Ich werde jetzt zu ihr hinaufgehen, wenn Sie gestatten.»

Lady Oversley sagte verblüfft. «Nein, nein! Du mußt wissen, sie ist so schwach . . . Sie wird dich nicht sehen wollen, Jenny!»

«Vermutlich nicht, aber sie wird keine andere Wahl haben. Ach, regen Sie sich nicht auf, Ma'am! Ich werde kein Unheil anrichten, das verspreche ich Ihnen!»

Mit diesen Worten erhob sie sich und verließ mit energischen Schritten den Salon. Zurück blieb eine von bösen Vorahnungen geplagte und sich machtlos fühlende Lady Oversley.

11

In Julias Zimmer waren die Fensterläden geschlossen und es herrschte Dämmerlicht. Jenny zog die Tür hinter sich zu und fragte fröhlich: «Darf ich eintreten? Obzwar das eine dumme Frage ist, wenn ich bereits hier bin.»

Sie konnte Julia in der Mitte des breiten Bettes nur undeutlich wahrnehmen. Der blonde Kopf auf dem Kissen wandte sich um. «Du!» murmelte Julia.

«Jawohl, ich!» sagte Jenny. «Ich wollte sehen, wie es dir geht. Du hast doch nichts dagegen, wenn ich die Fensterläden öffne, sonst stoße ich in der Dunkelheit noch an sämtliche Möbel an.»

«Bist du gekommen, um mir Vorwürfe zu machen?» fragte Julia gekränkt. «Das ist nicht nötig!»

Das Sonnenlicht flutete ins Zimmer, und Jenny trat ans Bett und sagte: «Habe ich dir jemals welche gemacht, du Gänschen?» Sie neigte sich über Julia und küßte sie auf die Wange. «Hör endlich auf, dich zu fürchten, meine Liebe.»

Julia zuckte zurück und wandte das Gesicht ab. «Ich wollte, du wärst nicht gekommen. Ich verstehe, daß du es gut meinst, aber du begreifst eben nicht! Wenn du etwas Feingefühl besäßest –»

«Ich besitze aber keines, also kannst du nicht erwarten, daß ich mich wie eine zartbesaitete Person benehme. Und für Adam ist es ein Segen, daß ich eine dicke Haut habe», fuhr Jenny fort, «denn wenn ich mich so gebärden wollte wie du, Julia, würden wir beide ihn zum Wahnsinn treiben.»

Julia richtete sich auf. «*Ich* hätte seinen Namen nicht erwähnt oder auch nur mit einem Wort gestreift, was zwischen uns steht, wenn *du* dich nur zurückgehalten hättest.»

«Das glaube ich dir gerne», versetzte Jenny und schüttelte ihr die Kissen zurecht. «Ich hielt mich eben nicht zurück. Es ist ja wirklich nicht so einfach, darüber zu sprechen, aber wir werden die Verlegenheit nie überwinden, wenn wir dieses Thema nicht berühren dürfen. Außerdem kann ich meine Zunge nicht im Zaum halten, also sprich auch du frei von der Leber weg, ohne zu fürchten, mit damit zu kränken, denn das ist nicht der Fall.»

Die übergroßen Augen blickten sie forschend an. «Wie merkwürdig du bist», sagte Julia. «Ich glaube, ich habe dich nie verstanden, wenn ich mir das auch eingebildet habe. Als man mir die Nachricht überbrachte – und mir selbst die Notiz in der *Gazette* zeigte! – wollte ich es nicht glauben! Du warst meine Freundin! Du *wußtest,* wie es um uns stand, aber du hast mir Adam gestohlen. Wie *konntest* du nur!»

«Du verlangst eine Erklärung, die ich dir nicht geben kann, denn ich habe ihn nicht gestohlen und hätte es auch nie getan, selbst wenn ich gedacht hätte, es zu können. Ja, meinst du denn wirklich, ich wäre *deine* Rivalin geworden? Sprich keinen solchen Unsinn, Julia! Papa brachte die Heirat zustande, ohne mich vorher in seine Pläne einzuweihen.»

«Nein, wie verächtlich!» unterbrach Julia sie mit abwehrend erhobener Hand. «Du willst wohl gar behaupten, es lag nicht in deiner Macht, nein zu sagen!»

«Das will ich nicht. Ich *habe* abgelehnt, als er den Plan zum erstenmal zur Sprache brachte – ehe ich wußte, wie es um Adam stand und daß die Umstände eure Zuneigung unmöglich gemacht hatten. Er hätte dich *nie* heiraten können, Julia! Er war ruiniert. Sicher weißt du nicht, wie hoch die Schulden seines Vaters waren, denn er wird es dir kaum erzählt haben, aber Papa wußte es und sagte es mir. Adam machte alles zu Geld – selbst Fontley!»

«Das zumindest wußte ich! Und *er* wußte, daß ich bereit war, mich darüber hinwegzusetzen. Ich hätte in einer Hütte gewohnt und mich dabei glücklich geschätzt. Du magst getrost lachen, aber es stimmt!»

Jenny entschuldigte sich, sagte jedoch: «Ihm war Fontley wichtig – ich glaube, mehr als alles andere. Ich selbst kann das nicht begreifen, aber ich erkenne, was sich unmittelbar vor mir abspielt. *Er* hätte niemals glücklich sein können, wenn er Fontley hätte aufgeben müssen.»

«Ich hätte ihn glücklich gemacht! Glaubst du, daß du das jemals können wirst? Ich bin es, die er liebt, nicht du!» Erschrocken brach sie ab und sagte rasch: «Oh, nein, das wollte ich nicht sagen! Wie niederträchtig von mir, wie niederträchtig! – Jenny, ich *flehe* dich an, geh jetzt!»

Jenny schenkte dieser Bitte keine Beachtung, sondern erwiderte: «Das weiß ich. Wir heucheln einander keine Liebe vor. Davon stand nichts in unserem Vertrag.»

«Vertrag!» rief Julia von Abscheu geschüttelt aus. «Nein, es ist völlig ausgeschlossen, daß ich dich jemals wirklich verstanden habe.»

«Weder mich noch ihn», warf Jenny trocken dazwischen.

Julia starrte sie an und wiederholte: «Noch ihn. Nein – auch ihn nicht. Ja, doch, ich verstehe, was *ihn* dazu zwang. Aber *dich*? Einem Titel zuliebe? Du hast dir doch nie etwas aus gesellschaftlichem Rang gemacht. Du kannst dich dafür doch nicht verkauft haben!»

«Warum nicht? Ich bin nicht die erste, die das tut, und werde nicht die letzte sein. Es ist leicht, etwas zu verachten, was man seit jeher besessen hat», erwiderte Jenny und hielt ihrem Blick trotzig stand.

«Ich glaube dir nicht. Ich hätte dich nie gern haben können, wenn du so berechnend wärst!»

«Nun, es fällt gar nicht ins Gewicht, was du von mir denkst, und Gott weiß, daß ich mir genug Gewissensbisse deshalb machte. Ich hätte nie meine Einwilligung gegeben, wenn auch nur die entfernteste Möglichkeit für ihn bestanden hätte, dich zu heiraten, aber es bestand keine. Er hat nicht zwischen dir und mir gewählt, Julia, sondern zwischen mir und dem Ruin. Du sagst, er wird nicht glücklich sein, aber zumindest wird er behaglich leben. Obendrein konnte er Fontley behalten, und wenn du auch glaubst, daß das keine Rolle spielt, für ihn ist es wichtig.» Nach einer kleinen Pause fuhr sie fort: «Über dieses Kapitel ist weiter nichts zu sagen. Hergeführt hat mich der Vorfall von gestern abend.»

Julia fuhr zusammen. «Nicht! Ich kann keine Vorwürfe mehr ertragen! Papa – und selbst Mama –! Du lieber Gott, glauben sie denn – glaubst *du* denn, daß ich mich verraten *wollte*?»

«Weder deine Mutter noch ich glauben das. Für Seine Lordschaft vermag ich nicht zu antworten, aber ich nehme nicht an, daß er es vermutet. Aber du kannst es ihm nicht übelnehmen, daß er wütend war, denn leider Gottes hast du uns alle nicht wenig blamiert.»

«Ach, ist das deine größte Sorge!» rief Julia bitter. «Und *meine* Demütigung? Die *Qual*, als ich wieder das Bewußtsein erlangte und all die Gesichter sah –» Sie brach ab und schlug die Hände vor das Gesicht.

«Ach, nun steigere dich bloß in keine Hysterie hinein, mein Herz! Es ist nicht so schlimm, daß es sich nicht wieder zurechtbiegen ließe», sagte Jenny beschwichtigend.

Julia ließ die Hände sinken. «Jenny, ich tat es nicht mit Absicht! Ich dachte, ich könnte ihm gefaßt entgegentreten! Und ich hätte es auch fertiggebracht, wenn er gleich zu Beginn dagewesen wäre. Aber ich sah ihn nirgends. Ich glaubte – oh, ich war so erleichtert, daß ich den Kopf verlor! Es kam mir gar nicht in den Sinn, daß er später kommen könnte. Aber er kam, und als ich mich umdrehte und ihn so dicht neben mir sah – es war der Schock, Jenny, der mir die Sinne schwinden ließ.»

«Das brauchst du mir nicht erst zu erklären. Ich weiß doch, daß du dich jederzeit so aufregen kannst, daß du zu Boden sinkst, selbst wenn bloß eine Maus über das Parkett huscht! Ungefähr das habe ich auch allen Anwesenden klargemacht – wenn ich auch nicht der Maus die Schuld an diesem Zwischenfall zuschob, sondern der Hitze.»

«Mama erzählte mir, wie wunderbar du die Situation gerettet hast», sagte Julia gleichgültig. «Danke. Aber sie werden das Märchen nicht glauben. Ihre Blicke werden mich verfolgen und sie werden über mich tuscheln. Vielleicht werden sie mich auch bemitleiden. ‹Das arme Ding! Er hat sie sitzenlassen, wissen Sie!›»

«Genau diese Reaktion will ich im Keime ersticken und deshalb wäre ich dir verbunden, nicht gerade jetzt in Teilnahmslosigkeit zu versinken, wenn es darum geht, daß du dich zusammennimmst.»

«Das kann dir doch egal sein», seufzte Julia.

«Nimm doch Vernunft an, Julia!» bat Jenny. «Glaubst du, mir wäre es angenehm, wenn die Leute so über meinen Mann sprächen?»

Julia sah sie verwirrt an. «Aber das werden sie nicht. Sie kennen doch die Begleitumstände und wissen, daß ihm nichts anderes übrig blieb!»

«Nichtsdestoweniger werden sie denken, daß er dich ziemlich gemein behandelt haben muß, wenn du wie eine Trauerweide daherwandelst! *Er* wird sich nichts anmerken lassen, wie ihm auch zumute sein mag, denn er ist viel zu sehr Kavalier, um die Leute ahnen zu lassen, daß er nicht gern mit mir verheiratet ist, und schließlich wird es dazu führen, daß man ihn ganz allgemein für herzlos hält, weil er sich keinen Pfifferling um etwas außer dem Vermögen schert und glücklich sein kann, wenn er nur reich ist!»

«Du brauchst keine Angst zu haben», erwiderte Julia tragisch. «Ich werde wieder zu meiner Großmutter fahren und ein abgeschiedenes Leben führen. In einem Jahr wird man kaum mehr wissen, daß ich existiere.»

«Eher wird man in Tunbridge Wells ein neues Hotel bauen, um all deine Anbeter unterzubringen», sagte Jenny, die sich nicht aus der Fassung bringen ließ.

Julia stieß einen leisen Schrei aus und begann zu kichern.

«Ach, wie kannst du nur so – so *abstoßend* gefühllos sein?»

«Du weißt doch, daß ich kein Feingefühl besitze! Aber ich bin auch nicht auf den Kopf gefallen und deshalb werde ich dir jetzt sagen, was du tun *mußt*, um sämtlichen boshaften Klatschmäulern, die nur darauf warten, über dich zu frohlocken, den Wind aus den Segeln zu nehmen.» Sie sah Julias Augen aufblitzen und fuhr fort: «Ja, ich kann sie förmlich hören! Unter dem Mäntelchen des Mitleids werden sie sich die Hände reiben und sagen, sie hätten es längst gewußt, daß die Sylphide sich den Hals brechen würde. Denn du kannst nicht alle anderen Mädchen zu farblosen Randfiguren machen, ohne damit Bosheit und Eifersucht zu wekken, *das* weiß ich!»

Julia setzte sich auf. «Aber was soll ich tun? Papa wollte nicht in eine Verlobung einwilligen, aber die Leute wußten es trotzdem.»

«Na und? Es wird sie gar nicht überraschen, daß ein Mädchen, das an jedem Finger so viele Verehrer baumeln hat wie du, sich eine Verliebtheit ebenso rasch abgewöhnt wie angewöhnt! Schließlich warst du kaum erst der Schule entwachsen! Dann hast du Adam monatelang nicht gesehen; es ist also durchaus plausibel, daß du in der Zwischenzeit erkannt haben könntest, damals einem Irrtum erlegen zu sein.» Sie ignorierte Julias tiefen Seufzer und begann, sich die Handschuhe überzustreifen. «Ich werde dich also morgen, ungefähr um vier Uhr, abholen und du wirst im Park mit mir spazierenfahren, wie sich das für jahrelange Freundinnen gehört.»

«Oh, nein!» jammerte Julia beschwörend. «Nein, das kann ich nicht!»

«Doch, du kannst. Und ich will gerne zugeben, daß ich dir für deine Begleitung sehr dankbar wäre, denn ich fahre nicht gern allein und kenne die Repräsentanten der guten Gesellschaft noch nicht. Zwei oder drei Reverenzen sind das höchste, was man mir erweisen wird, wenn ich allein bin, aber wenn du mitfährst, könnte ich wetten, daß unser Wagen belagert sein wird.» Sie erhob sich, als Julia ein widerwilliges Lachen entschlüpfte. «Und wenn du es einrichten kannst, dann verliere das nächstemal, wenn du eine Gesellschaft besuchst, wieder das Bewußtsein – aber bitte nicht bei Lady Bridgewater, denn sie versprach uns gestern, uns eine Einladung zu schicken, und in Adams Gegenwart hätte ein neuerlicher Ohnmachtsanfall keinen Sinn –»

«Jenny, du bist abscheulich!» verwahrte sich Julia zwischen Weinen und Lachen. «Als ob ich das willkürlich herbeiführen könnte!»

«Ausgezeichnet sogar, wenn du es dir nur fest vornimmst», sagte Jenny mit gepreßtem Lächeln. «Du brauchst dir bloß vorzustellen, daß die Hitze dir die Kehle zuschnürt, und schon wird deine Kehle zugeschnürt sein!»

Sie klopfte Julia zum Abschied auf die Schulter und ging, ohne ihr Zeit zu lassen, über den Doppelsinn ihrer letzten Bemerkung nachzudenken. Unten an der Treppe erwartete Lady Oversley sie, die wie eine einzige atemlose Frage aussah. Sie nickte ihr zu und lächelte. «Ich habe ihr nichts davon gesagt, daß sie zu uns zum Abendessen kommen soll, aber sie wird morgen mit mir ausfahren, nur keine Angst! Bei dieser Gelegenheit will ich sie dann einladen.»

Lady Oversley umarmte sie und vergoß einige Tränen der Erleichterung. «Ach, meine liebe Jenny, ich bin dir ja so unendlich dankbar! War sie noch immer so – so verzweifelt?»

«Da bin ich überfragt, Ma'am», versetzte Jenny in ihrer trockenen Art. «Das läßt sich nicht sagen – zumindest kann *ich* es nicht beurteilen, denn wir sind so verschieden wie Feuer und Wasser, und ich verstehe sie nicht und habe sie nie verstanden. Sie *glaubt*, daß sie verzweifelt ist, und sie zählt meiner Ansicht nach zu jenen Leuten, die imstande sind, an einer Erkältung zu sterben, bloß weil sie sich einbilden, von den Pocken befallen zu sein.»

Das überschritt Lady Oversleys Horizont, aber als sie bald darauf diese Bemerkung vor ihrem Gemahl wiederholte, machte er ein verblüfftes Gesicht und sagte, Jenny sei schlauer, als er ihr zugetraut hätte. «Diese Ihre Tochter, meine Teuerste», sagte er, «hängt ständig Hirngespinsten nach, und jetzt sehen Sie selbst, wohin das führt.»

Sie war mit seiner äußerst unfairen Gewohnheit vertraut, jede Verantwortung für die Existenz eines seiner Kinder abzulehnen, über das er sich geärgert hatte, daher ließ sie die Bemerkung durchgehen und gab ihm nur recht, daß Julia eine lebhafte Phantasie besäße.

«Ach, sie gerät Ihnen nach», sagte Seine Lordschaft unverzeihlich grob.

Julia blieb den ganzen Tag in ihrem Schlafzimmer, aber am nächsten Morgen erschien sie am Frühstückstisch. Sie war blaß und sichtlich niedergeschlagen, und als ihr Vater, dem Lady Oversley vorher ernsthaft ins Gewissen geredet hatte, sie mit großer Herzlichkeit begrüßte, zuckte sie zusammen und antwortete mit gezwungenem Lächeln. Ein glücklicher Zufall wollte es, daß ein neues Tageskleid aus französischem Batist mit einem Aufputz aus gerüschten Spitzen an jenem Tage geliefert wurde, und es war so reizend, besonders wenn sie dazu einen ihrer neuen Oldenburghüte trug, daß es Julia in helle Begeisterung versetzte. Einen Augenblick hatte es beinahe ausgesehen, als würde sie sich weigern, mit Jenny auszufahren, aber als sie überredet worden war, das neue Kleid anzuziehen, und ihre Mama, ihre Zofe, ihre beiden jüngeren Schwestern und deren Erzieherin in Entzücken fielen, bedachte sie sich eines Besseren und ging widerspruchslos ans Haustor, als die Kutsche der Lyntons vorfuhr.

Jenny, die selbst kostspielig, aber nicht sehr vorteilhaft mit grauem Seidentaft ausstaffiert war, bewunderte das Kleid ebenfalls, und als sie im Park anlangten, wurde es noch von vielen anderen Leuten gelobt. Wenn der Wagen auch nicht belagert wurde, so mußte der Kutscher doch häufig die Pferde zum Stehen bringen. Es war die Promenadestunde der eleganten Welt, und der Park war voll Wagen, angefangen von den Landauern der Damen bis zu den zweirädrigen Zweispännern der Lebemänner. Dazwischen tummelten sich Reiter auf ihren Vollblutpferden, und Stutzer schlenderten auf den Gehwegen neben der Straße dahin. Jenny schien es, als verneigte sich jeder zweite vor ihrer reizenden Begleiterin oder winkte ihr zu, und da Julia ihre Freunde zu begrüßen wünschte, und eine große Schar von Herren darauf brannte, ihr Komplimente zu machen, schickte sich Jenny in ein schleppendes Vorankommen. Sie konnte befriedigt feststellen, daß ihr ebenfalls einige höfliche Verneigungen galten, aber insgeheim hielt sie diese Promenade für eine Zeitverschwendung und langweilte sich ziemlich. Für Julia galt genau das Gegenteil. Sie, die sich immer stark von jeder Stimmung beeinflussen ließ, blühte unter dem Schwall von Artigkeiten und Galanterien auf wie eine durstige Pflanze unter einem Platzregen. Die Farbe kehrte in ihre Wangen, der Glanz in ihre Augen zurück und ihr wohlklingendes Lachen war so spontan, daß niemand den Verdacht hegen konnte, sie litte an gebrochenem Herzen.

Nicht alle ihre Verehrer waren jung. Der Marquis von Rockhill, der mit Brough angeritten kam, blieb länger als alle übrigen neben dem Landauer. Er behandelte Jenny mit erlesener Höflichkeit, aber sie sah das warme Aufleuchten seiner Augen, sooft er Julia anblickte, und wußte, daß er einzig stehengeblieben war, um mit ihr sprechen zu können. Sie hielt ihn für etwas alt, um mit Julia zu flirten, aber sie nahm an, daß er eine Eroberung war, um die Julia so manches Mädchen beneidete, und erkannte, daß seine einschmeichelnde Art Julia gefiel. Er hatte ganz offenkundig ein *tendre* für sie, aber er beschlagnahmte sie nicht ausschließlich für sich. Als Brough mit Julia zu plaudern begann, unterhielt er sich sofort mit Jenny und ließ dabei niemals seinen Blick zu Julia schweifen, was Jenny ungewöhnlich galant fand. Offenbar war er mit den Deverils bestens bekannt, und als Jenny ihm eröffnete, daß ihre Schwiegermutter nächste Woche in der Grosvenor Street absteigen würde, sagte er, daß er ihr unbedingt seine Aufwartung machen müßte. «Eine so alte Freundin – beinahe schon seit der Wiege, könnte man sagen.»

Einer Eingebung folgend, fragte sie unvermittelt: «Möchten Sie mit uns dinieren?» Sie sah, wie er verwundert die Augenbrauen hochzog, und erläuterte: «Sie will nämlich nur zwei Nächte bleiben, deshalb glaube ich nicht, daß sie genügend Zeit haben wird, um vormittags zu empfangen. Ich will auch die Oversleys einladen und bitten, daß sie Miss Oversley mitbringen, und es wäre – wir würden uns sehr freuen, wenn Sie kämen und sich nicht daran stoßen, daß es nur eine zwanglose kleine Gesellschaft sein wird.

Hinter dem Vorhang seiner schweren Lider senkte er seinen durchdringenden Blick in Jennys Augen. Ein Lächeln spiegelte sich darin und er sagte leise: «Ich werde entzückt sein, kommen zu dürfen, Lady Lynton! Ein ausgezeichneter Plan! Ein Treffen zwischen so engen Freunden, wie die Deverils und die Oversleys es sind, bringt die Dinge immer ein wenig in Schwung, nicht wahr?» Das Lächeln in seinen Augen vertiefte sich, als er ihren mißtrauischen Blick gewahrte, aber er sagte nichts weiter, verneigte sich bloß und wandte sich Brough mit der Bemerkung zu, sie dürften den Wagen nicht länger aufhalten.

Bald darauf waren die Herren fortgeritten, und Jenny, die ein plötzlicher Verdacht beschlichen hatte, fragte: «Er *ist* doch Junggeselle, nicht wahr?»

«Ja, natürlich. Er ist ein Cousin Rockhills. Weißt du, Lady Adversane ist Rockhills –»

«Nein, nein, nicht Brough! Rockhill!»

«Ach. Nein, der ist kein Junggeselle. Er –»

«Du liebe Zeit», rief Jenny bestürzt aus. «Ich habe ihn eingeladen, nächste Woche bei uns zu speisen! Was muß er sich bloß von mir denken? Daß ich keine Manieren habe, sicherlich. O Gott, o Gott!»

«Dummchen», lachte Julia. «Er ist *Witwer*!»

«Dem Himmel sei Dank», sagte Jenny demütig.

Julia warf ihr einen neugierigen Blick zu. «Weshalb hast du ihn eingeladen? Ich wußte nicht, daß du mit ihm bekannt bist.»

«Das bin ich auch nicht, oder zumindest nur ganz oberflächlich. Er sagte mir, er würde gerne Lady Lynton sehen, wenn sie nach London kommt, deshalb habe ich ihn zum Abendessen gebeten. Ich machte ihn gleich aufmerksam, daß es nur im engsten Kreise stattfinden wird. Deine Eltern werden kommen und du auch, wie ich hoffe, da Lydia ebenfalls hier sein wird.»

«Ich?» rief Julia entgeistert. «Nein, das *kannst* du nicht von mir verlangen!»

Mit einem warnenden Seitenblick auf den Kutscher, sagte Jenny: «Nun ja, ich muß zugeben, daß es keine atemberaubende Gesellschaft sein wird, aber ich will auch Brough zu uns bitten, deshalb glaube ich nicht, daß du befürchten mußt, dich zu langweilen. Ich sollte eben mehr Herren kennen, aber Adams Freunde befinden sich alle in Frankreich, dadurch bleibt einzig Cousin Osbert, außer – glaubst du, würde dein Bruder kommen?»

«Jenny, ich komme nicht, ich komme nicht!» zischte Julia leise.

«Da wird Lord Rockhill sich allerdings genarrt fühlen, denn ich versprach ihm, daß du da sein würdest, deshalb nahm er die Einladung ja an.»

Julia beteuerte immer wieder, daß sie nicht kommen würde, versank dann aber in mürrische Nachdenklichkeit.

Zu Hause zeigte sie sich nicht so geduldig. Lady Oversleys Beschwörungen regten sie derart auf und hätten sie vermutlich wieder in einen hysterischen Anfall getrieben, wenn nicht ihr Vater ins Zimmer getreten wäre und zu wissen verlangt hätte, was, zum Teufel, denn hier vor sich ginge. Als er die Zusammenhänge erfuhr, warf er den Kopf zurück und befahl Julia mit so ungewohnter Strenge zu gehorchen, daß sie zitternd vor ihm zurückwich und keinen ernstlichen Widerspruch mehr wagte, sondern ihn bloß anflehte: «Oh, Papa, ich bitte Sie, zwingen Sie mich nicht dazu!»

«Kein Wort mehr!» sagte Seine Lordschaft unerbittlich. «Ich bin äußerst unzufrieden mit dir, Julia, und wenn du meine Geduld noch länger auf die Probe stellst, wirst du das zu bedauern haben.»

Bei diesen fürchterlichen Worten brachen beide Damen in Tränen aus. Seine Lordschaft sah ein, daß es seine Kraft überstieg, die Rolle des unbarmherzigen Vaters noch lange weiterzuspielen, und zog sich würdevoll zurück. Dabei legte er die Stirn in so finstere Falten, daß Lady Oversley ihrer Tochter vor Augen führte, Papa sei sehr, sehr ungehalten! Die Vorstellung, daß sie, die stets Papas Liebling gewesen war, plötzlich in Ungnade gefallen sein sollte, war zu viel für Julia. Sie schickte sich an, nun gründlich und haltlos zu weinen, daß Papa zurückgerufen werden mußte, um sie zu trösten und ihr zu versichern, daß er sie nach wie vor liebe. Das beruhigte sie ein wenig, und als er ihr sagte, daß er sich besser in ihre Lage versetzen könnte, als sie ahnte, wurde sie von so leidenschaftlicher Dankbarkeit erfüllt, daß sie bereit war, alles zu versprechen, was er wünschte.

Als Adam von der geplanten Abendgesellschaft erfuhr, war er beinahe ebenso betroffen, verstand es jedoch besser zu verbergen. Jenny, die an der ersten Garnitur von Sesselüberzügen arbeitete, fragte ihn gleichmütig, ob sie wohl auch Mr. Oversley einladen dürfe, und er antwortete mit unbewegter Stimme: «Natürlich dürfen Sie das, aber ich bezweifle, daß er kommt. Wie ich Charlie kenne, wird ihm der Abend viel zu eintönig erscheinen.»

Damit hatte er recht. Dennoch zeichnete Mr. Oversley die Zusammenkunft mit seiner, wenngleich widerwilligen, Anwesenheit aus, denn sein Vater hatte ihm, ohne Zuflucht zu schmeichelnden Überredungskünsten, die er in Verhandlungen mit seiner Tochter für nötig erachtete, kurz und bündig erklärt, daß er sie begleiten müßte.

«Wie, wir sollen geschlossen bei den Lyntons aufmarschieren? Potztausend, Sir, nein –!» wehrte sich Mr. Oversley, den die Vorstellung dieses Familienausfluges anwiderte.

«Unsinn! Wenn Jenny dich braucht, soll sie dich auch bekommen! Vermutlich stimmt sonst die Anzahl ihrer Gäste nicht!»

Mr. Oversley, der seit mehr als einem Jahr bei vielen Empfängen als Hahn im Korb galt, blickte seinen Vater mit schmerzlichem Vorwurf an und sagte: «Da bin ich ihr aber von Herzen dankbar!»

Lord Oversley lachte, riet ihm jedoch, kein Dummkopf zu sein. «Ihr ist nämlich dieser Ausweg eingefallen, um den schlechten Eindruck zu verwischen, den deine Schwester im Nassington-Palais gemacht hat, und ich finde das ungemein hochherzig von ihr.»

«Was höre ich?» rief Mr. Oversley beunruhigt. «Julia wird doch nicht wieder in Ohnmacht fallen, wie? Denn wenn sie solchen Unfug vorhat –»

«Nein, nein, sie hat mir ihr Wort gegeben, sich musterhaft zu benehmen», versicherte ihm sein Vater.

12

Von ihrer Tochter und ihrer Zofe begleitet, traf die Witwe rechtzeitig am vereinbarten Tage ein, denn sie war mit der Postkutsche gereist, da ihre vorherige Reise dazu beigetragen hatte, das Mißtrauen vor fremden Postillions zu überwinden. Mr. Chawleigh hätte die Kavalkade, die von Fontley aus aufbrach, von Herzen gutgeheißen, denn zwei Reitknechte ritten mit der Kutsche, anscheinend folgte ein Wagen mit einem Bedienten Lady Lyntons und einer Reihe von Koffern und Truhen, und den Schluß bildete ein Gepäckwagen, auf dem sich jene Möbel stapelten, die die Witwe als ihr Eigentum betrachtete und aus Fontley mitgenommen hatte.

Sie kam ziemlich erschöpft an, aber Jenny hielt nach ihr Ausschau und sobald sie die Equipage sah, rief sie Adam zu, augenblicklich zum Tor zu laufen und seine Mutter willkommen zu heißen. Er kam eben zurecht, um ihr zu Hilfe zu eilen, als sie etwas unsicher der Kutsche entstieg. Seine Aufmerksamkeit schmeichelte ihr und sie murmelte. «Mein Lieber!» als er zuerst ihre Hand und dann ihre Wange küßte. Bedeutend weniger zärtlich sagte sie: «*Liebe* Lydia!», als ihre Tochter Adam stürmisch umarmte.

Adam geleitete sie ins Haus und ihr erster Blick fiel auf die ägyptische Lampe am Fuße der Treppe. Sie blieb unangenehm überrascht stehen und sagte: «Mein Gott! Ach ja, ich sehe schon. Ein weiblicher Körper mit Sphinxen. Ach, du meine Güte!»

«Es ist eine Lampe», verteidigte sich Adam.

«Was du nicht sagst, mein Lieber! Sicher hat Jenny die Treppe nicht hell genug befunden. Mir selbst ist das zwar nie aufgefallen, aber ... Und sind diese seltsamen Alabasterschalen ebenfalls Leuchtkörper?»

«Ja, Mama. Und hier ist Jenny, um Sie zu begrüßen.»

Mit Erleichterung erkannte er, daß Jenny seiner Mutter erfolgreicher zu begegnen verstand als er selbst. Sie begrüßte sie mit dankenswerter Besorgtheit und sagte, es sei kein Wunder, daß sie sich erschöpft fühlte.

«Ich fürchte, ich bin ein kläglicher, mühsamer Gast», seufzte die Witwe. «Ich bin von den Strapazen so mitgenommen, daß meine Kraft eben noch knapp dafür ausreicht, zu Bett zu gehen.»

«Dann will ich Sie sofort auf Ihr Zimmer führen, Ma'am, zu Bett bringen und Ihnen das Abendessen auf einem Tablett hinaufschicken lassen.»

«Wie aufmerksam, mein Kind», hauchte die Witwe. «Vielleicht nur einen Löffel Suppe.»

Lydia hatte wütend diesen traurigen Absichten gelauscht und rief aus: «Mama, Sie können nicht sofort nach Ihrer Ankunft zu Bett gehen! Sagten Sie nicht selbst, als Mrs. Mitcham nach Fontley kam, es gäbe nichts Widerwärtigeres als einen Gast, der bloß kommt, um krank zu sein, und ständig nach Gläsern mit heißem Wasser oder dünner Suppe verlangt!»

«Papperlapapp!» entgegnete Jenny. «Wir wollen hoffen, daß Ihre Mama sich im Hause ihres Sohnes nicht als *Gast* fühlt! Sie soll tun, was ihr am angenehmsten ist. Kommen Sie hinauf, Ma'am, und machen Sie sich's behaglich!»

Die Witwe wurde schwach. Sie hatte die liebevolle Absicht gehabt, jede Vorbereitung, die zur Feier ihres Besuches getroffen war, dadurch zunichte zu machen, daß sie sich völlig erschöpft in ihr Schlafgemach zurückzog. Kaum jedoch beschwor man sie, genau das zu tun, glaubte sie auch schon zu fühlen, daß ein Stündchen Ruhe vielleicht ausreichen würde, und sie das Abendessen doch gemeinsam mit ihren Angehörigen bei Tisch einnehmen könnte. Sie gestattete Jenny, sie hinauf zu begleiten; und wenngleich es sie natürlich schmerzlich berührte, nicht ihr «eigenes» Zimmer aufzusuchen, mußte sie zugeben, daß in dem geschmackvoll eingerichteten Raum, der ihr zugeteilt worden war, so umsichtig für ihre Bequemlichkeit gesorgt worden war, daß ihre Niedergeschlagenheit verflog. Nachdem sie mit einem Berg von Kissen auf einer Chaiselongue untergebracht und mit Tee und Toast gelabt worden war, hatte Jenny ungemein in ihren Augen gewonnen und sie sagte tapfer, daß sie lieber ihre Mattigkeit überwinden und zur Essenszeit hinunterkommen wollte, als ihre Lieben zu enttäuschen.

Lydia hatte inzwischen einen flinken Blick ins Speisezimmer geworfen, tief beeindruckt ausgerufen: «Herrje, wie *üppig*!» und war dann mit ihrem Bruder in den Salon gegangen. Sie blieb an der Schwelle stehen, sah sich fassungslos um und brachte eine volle Minute keinen Ton hervor. Dann sah sie Adam zweifelnd an. Er blinzelte ihr zu. «Nun?» fragte er.

«Darf ich sagen, was ich mir denke oder – oder nicht?»

«Du darfst, aber es ist nicht notwendig. Ich weiß genau, was du denkst!»

«Es sind diese *Streifen*!» sagte sie. «Es wäre nicht *halb* so schlimm, wenn du sie entfernen ließest. Wenn ich auch zugeben muß, daß mir dieses merkwürdige Sofa nicht sehr gefällt. Diese scheußlichen kurzen Füße sehen aus wie ein ekelhaftes Tier.»

«Reptilienfüße. Sie stammen von einem Krokodil.»

«Einem *Krokodil*?» Lydia unterzog sie einer genaueren Prüfung und brach in schallendes Gelächter aus. «Ja, wirklich! Ich glaubte, du wolltest mich zum besten halten. Aber weshalb nur? Ach ja, *ich* verstehe. Es ist die ägyptische Welle, nicht wahr? Ich weiß, sie ist der letzte Schrei, aber ich halte diese Möbel nicht für sehr bequem, was meinst du?»

«Ich finde es grauenhaft», erwiderte er, ebenfalls lachend. «Warte nur, bis du erst Jennys Albtraum von einem Bett gesehen hast! Aber nicht sie hat diese Sachen ausgesucht, weißt du, sondern ihr Vater.»

«Der arme Mr. Chawleigh! Sicher hält er diese Einrichtung für den Inbegriff der Elegance. Mama wird seine Meinung ja kaum teilen. Außerdem mag sie Mr. Chawleigh nicht. Ich schon, auch wenn er ein komischer Kauz ist.» Sie stieß einen tiefen Seufzer aus. «Ach, Adam, wenn Mama sich bloß nicht für Bath entschieden hätte! In London könnte ich es bedeutend leichter aushalten, denn hier hätte ich doch dich zum Aussprechen, wenn ich ganz *verzweifelt* bin, und leider bin ich das sehr häufig.»

«War sie sehr anstrengend?» fragte er mitfühlend.

«Ja. Ich glaube, ich *kann* ihr keinen Trost bedeuten. Bin ich sehr widernatürlich, Adam?» Er schüttelte lächelnd den Kopf. «Also Mama behauptet, ich sei es, und manchmal fürchte ich, sie hat recht, denn langsam entwickle ich gegen Charlotte die gleiche Abneigung wie gegen Maria! Hättest du das für möglich gehalten? *Charlotte!*»

Er lachte. «Arme Charlotte! Aber natürlich stimmt das nicht!»

Sie maß ihn mißtrauisch von Kopf bis Fuß. «Nein, aber es wird unweigerlich dazu kommen, wenn nun auch *du* sie *arme* Charlotte nennst!»

«Ich nehme es zurück!» verbesserte er sich hastig. «Ich habe es nie gesagt!»

Ein unterdrücktes Lachen brachte ihre Grübchen zum Vorschein, aber sie sagte trübselig: «Es ist so ein Unsinn! Mama spricht von ihr, als sei sie bereits tot – es fehlt nur noch, daß sie sie ihre *heilige* Charlotte nennt! Wie kann sie sich nur so aufführen, zumal sie doch *weiß*, daß Charlotte so vergnügt ist wie ein junger Hund –! Sie hat uns nämlich aus York geschrieben, mußt du wissen, wo sie sich für einige Tage aufhalten.»

«Nein, das wußte ich nicht, aber ich bin entzückt zu hören, daß sie glücklich ist.»

«Adam», begann Lydia mit ehrfürchtiger Stimme, «sie sagt, daß Lambert all ihre Gefühle und Gedanken teilt!»

«Heiliger Strohsack! Ich wollte sagen – welches Glück!»

«Sie hegten gemeinsam feierliche und erhebende Gedanken in der Kathedrale.»

«Nein, das stimmt nicht», widersprach Adam sofort. «Charlotte hegte feierliche und erhebende Gedanken, und Lambert sagte: ‹Ay, sehr richtig! Beim Zeus, ja!› Lydia, du Hexe, du machst mich genauso schlecht, wie du selbst es bist! Sei still!»

Sie kicherte, mußte sich aber doch eine Träne aus den Augen wischen. «Ach, wenn Maria *nur* nicht gestorben wäre! Dann wäre ich nicht verpflichtet, ein Trost für Mama zu sein, und müßte nicht einmal mit nach Bath fahren!»

Er drückte sie herzlich an sich. «Ich wollte, es wäre nicht nötig, aber ich glaube, du mußt fahren, zumindest für eine Weile. Versuche, dich darein zu schicken! Möchtest du im nächsten Frühjahr, falls Mama dich nicht selbst nach London bringt, zu uns kommen, damit Jenny dich in die Gesellschaft einführen kann?»

Seine Umarmung wurde mit Zinsen erwidert, und Lydia rief hingerissen: «Ja, das wäre wunderbar! Tante Nassington sprach davon, mich einzuführen, aber ich würde bedeutend lieber zu dir kommen! Glaubst du, Jenny wäre einverstanden?»

Da Jenny, die in diesem Augenblick den Salon betrat, sofort sagte, daß ihr nichts größere Freude bereiten könnte, kletterte Lydias Stimmung himmelwärts und sie verriet in plötzlichem Mitteilungsbedürfnis, sie hoffe, daß Mama beschließen würde, auch während des Frühlings in Bath zu bleiben.

«Du mißratener Fratz! Nehmen Sie sie mit, Jenny! Vergessen Sie übrigens nicht, ihr Ihr Badezimmer zu zeigen! Es wird ihr gefallen.»

Lydia war auch wirklich begeistert und entsetzte Martha Pinhoe mit der Eröffnung, daß sie das Bad zu benützen beabsichtige. «Sie wollen mir doch nicht weismachen, Jenny, daß Sie es nicht benützen? Es ist ein prächtiges Bad! Und all die vielen Spiegel! Sie können sich von allen Seiten betrachten, während Sie im Bade sitzen!»

«Das ist meiner Meinung nach kein solcher Genuß», bemerkte Jenny. «Aber wenn es Ihnen Spaß macht, dann steht es Ihnen natürlich zur Verfügung.»

«Von diesem Angebot wird sie keinen Gebrauch machen, Mylady», erklärte Miss Pinhoe. «Ich bin höchst erstaunt über Ihren Vorschlag! Jeder weiß doch, welche Sorte Frauen in verspiegelten Badezimmern sitzt! Was für eine abwegige Vorstellung!»

Es war deutlich erkennbar, daß Lydia von diesem universellen Wissen ausgeschlossen war, und als es ebenso deutlich wurde, daß sie sich von Miss Pinhoe darüber aufklären lassen wollte, zog Jenny sie rasch in ihr eigenes Zimmer. Auch das fand Lydias Beifall und sie rief aus: «Aber hier ist ja alles neu! Bis auf jene Kommode und den kleinen Sessel beim Fenster. Ich muß sagen, es hat sich sehr zu seinem Vorteil verändert, denn vorher war es schrecklich schäbig!»

«Gefällt es Ihnen?» fragte Jenny eifrig. «Ich selbst habe keinen sehr guten Geschmack – nicht, daß ich bei der Einrichtung des Hauses die Hand im Spiel gehabt hätte: Papa hat es möbliert, als wir in Rushleigh waren. Er – er wollte uns damit überraschen. Ich fürchte nur, er hat allenthalben etwas übertrieben.»

«Was mich betrifft», versetzte Lydia, «so würde ich mir darüber keine grauen Haare wachsen lassen. Wie herrlich, einen Vater zu haben, der einem solch kostspielige Überraschungen beschert!» Sie zauderte und fragte dann schüchtern: «Aber Fontley wird er wohl nicht verändern, nicht wahr? Nicht *allzu* sehr?»

«Nein, nein, ich gebe Ihnen mein Wort, daß es nicht die leiseste Veränderung erfahren wird», erwiderte Jenny, die rot geworden war.

«Ich will damit beileibe nicht sagen, daß dieses Haus nicht ungemein elegant ist», verbesserte Lydia sich hastig. «Bloß für Fontley würde die neue Mode weniger passen.»

Als die Witwe die Treppe zum Salon hinunterstieg, stellte sie fest, daß Mr. Chawleighs Geschmack keinem Haus zum Vorteil gereichen würde, und sie verlieh dieser Ansicht bei erster Gelegenheit vor Adam freimütig Ausdruck. Trotzig verteidigte er selbst die grünen Streifen. Er erklärte, daß jene Streifen der letzte Schrei seien. «So ein *vulgärer* Farbton!» sagte die Witwe schaudernd. «Auch die Vorhänge haben *viel* zu viele Fransen! O Gott, wenn ich daran denke, wie dieser Raum einmal aussah, kann ich diese Veränderung nur zutiefst bedauern!»

Das reizte ihn zu der Erwiderung: «Sie durften kaum erwarten, ihn unverändert vorzufinden, Ma'am, da Sie alles bis auf den Teppich und drei Gemälde ausgeräumt haben.»

Dieser lieblose Vorwurf verletzte sie so tief, daß nicht nur die Geister Stephens und Marias beschworen wurden, sondern sie überdies sagte, als Jenny ihr von der kleinen Abendgesellschaft zu ihren Ehren erzählte, die liebe Jenny hätte zweifellos übersehen, daß sie sich in tiefer Trauer befände.

«Als ob das einer übersehen könnte, wenn sie von schwarzem Flor gleichsam *trieft*!» sagte Lydia. «Aber machen Sie sich keine Sorgen, Jenny, sie wird sich schon nicht auf ihr Zimmer zurückziehen, dazu kenne ich sie viel zu gut.»

Jenny mußte sich mit dieser Versicherung zufriedengeben, aber ihre Befürchtungen waren nicht ganz zerstreut. Erst als die Witwe knapp vor acht erschien, atmete sie auf. Sie trug eine Robe aus schwarzer Seide und ihre blonden Locken hoben sich prächtig von Adams Mantilla ab, die über einen spanischen Steckkamm fiel, der ebenfalls sein Geschenk war.

«Oh, wie bezaubernd Sie aussehen!» rief Jenny unwillkürlich. «Ich bitte um Vergebung! Diese Bemerkung ist mir unversehens entschlüpft!»

«Mein gutes Kind», murmelte die Witwe nachsichtig.

«Ich bin sehr stolz darauf, vorausgesehen zu haben, daß Ihnen nichts besser stehen würde als eine Mantilla», sagte Adam. «Es ist vollkommen, Mama!»

«Dummer Junge», erwiderte sie und ihre Zurückhaltung schmolz rasch dahin. «Ich hielt es für richtig, mich dieser Anstrengung zu unterziehen, da du eigens meinethalben diese Leute eingeladen hast. Sicher werden sie nicht lange bleiben, wenn du erwähnst, daß mir morgen eine ermüdende Reise bevorsteht.»

Das klang nicht eben ermutigend, war jedoch irreführend. Von dem Augenblick an, da Rockhill ihre Hand mit altmodischer Grandezza an die Lippen führte, nachdem er die Witwe bewundernd betrachtet hatte, stand fest, daß sie die Geselligkeit genoß.

Die Oversleys trafen gleichzeitig mit Brough ein, und in dem allgemeinen Begrüßungsrummel bemerkte niemand, daß Adam Julias Hand länger festhielt, als dies üblich war, oder daß Julia sagte: «Dieser Plan stammt nicht von mir.»

«Von mir ebensowenig», erwiderte er leise. «Sie wissen, daß ich Ihnen nicht sagen kann – nicht sagen *darf* –» Er besann sich und drückte ihre Hand, ehe er sie freigab. «Sagen Sie mir nur, daß es Ihnen wieder besser geht. Der qualvolle Augenblick im Hause meiner Tante wird mich mein Leben lang verfolgen, glaube ich.»

«Oh, das dürfen Sie nicht zulassen! Ich werde Sie nicht wieder in Verlegenheit stürzen, das verspreche ich! Wir werden uns daran gewöhnen, sagt man – vergessen, daß uns jemals mehr als Freundschaft verband. Ich muß Ihnen Glück wünschen. *Können* Sie glücklich sein?» Er antwortete mit unmerklichem Kopfschütteln. Sie lächelte schwach. «Nein, Ihr *Herz* ist nicht unbeständig. Ich werde Ihnen also nur Zufriedenheit wünschen.»

Damit wandte sie sich von ihm ab, um Lydia zu begrüßen, die mit den Worten auf sie zueilte: «Ich freue mich so, Sie wieder zu sehen, Julia! Was für eine Ewigkeit ist es her! Was ich Ihnen alles zu erzählen habe!»

Adam entfernte sich, um sich unter die Gäste zu mengen, und nur eine leichte Verkrampftheit seiner Haltung verriet seine innere Spannung. Lydia, die eine schulmädchenhafte Bewunderung für Julia hegte, schnatterte munter drauf los, und Julia schien gefesselt und belustigt zu sein. Adam vernahm ihr silberhelles Lachen und war dankbar, denn in seinen Schmerz, sie gleichzeitig so nah und so unerreichbar zu wissen, mengte sich die uneingestandene Furcht, daß ihre Erregbarkeit mit ihr durchgehen und sie alle in die peinlichste Verlegenheit bringen könnte. Er fragte sich, ob Jenny, die so gleichmütig mit Lord Oversley plauderte, auch nur im geringsten ahnte, welcher Qual sie ihn und Julia ausgesetzt hatte.

Sie wirkte völlig unbefangen und wenn ihr Blick zufällig den seinen kreuzte, drückte er keinerlei Verdacht aus, sondern nur die Andeutung eines freundlichen Lächelns. Sie schien sich gut zu unterhalten, und wenngleich ihn das himmelweit von ihr entfernte, befreite es ihn doch von einer anderen Befürchtung: bei der Gesellschaft seiner Tante und bei Lady Bridgewater hatte ihre Schüchternheit sie zu einem befangenen Gast gemacht, aber in ihrem eigenen Hause fühlte sie sich sicher. Er brauchte sie also nicht im Auge zu behalten, um jederzeit hilfreich einzuspringen, wenn sich eine Klippe in der Konversation ergab, oder sie verstohlen an ihre Pflichten als Hausherrin zu erinnern. Sie war still, aber nicht im mindesten verwirrt, denn sie hatte seit Jahren die Rolle der Hausfrau ihres Vaters gespielt und war daran gewöhnt, für das Wohl seiner Freunde zu sorgen.

Das unverzüglich aufgetragene Mahl war ausgezeichnet, und da es einige aktuelle Themen von allgemeinem Interesse zu erörtern gab, erlahmte die Konversation nicht. Das fesselndste dieser Themen war die Verlobung Prinzessin Charlottes mit dem Prinzen von Oranien, denn die Gerüchte, daß die Prinzessin ihr Wort zurückgezogen hätte, hielten sich so hartnäckig, daß natürlich jedermann mit größter Neugier seine Vermutungen anstellte. Jeder wollte einen anderen Grund für den Bruch wissen, aber Rockhill, der vermutlich besser als alle anderen Anwesenden informiert war, da er im Carlton House ein und aus ging, sagte, die Frage des Domizils habe die Kluft herbeigeführt. Der Prinz erwartete von seiner Braut, daß sie mit ihm in den Niederlanden leben würde; die Prinzessin jedoch, als direkte Nachfolgerin auf dem englischen Thron, war entschlossen, im eigenen Lande zu bleiben. Diese Entscheidung wurde nach lebhafter Erörterung von den Anwesenden gebilligt, aber Jenny fügte hinzu, daß sie es sehr merkwürdig vom Regenten fände, sein einziges Kind ins Ausland ziehen zu lassen.

«Ja, nicht wahr?» pflichtete Lady Oversley ihr bei. «Das ist wirklich befremdend ... Aber ich glaube, das sieht ihm nur zu ähnlich!» Zu spät erkannte sie, daß ihre unbedachte Zunge sie verraten hatte und sie fuhr ohne Zusammenhang fort: «Da fällt mir ein, Adam, daß Sie doch Ihren Sitz einnehmen müssen! Oversley sagte erst gestern zu mir – nicht wahr, mein Bester? –, daß er Sie daran erinnern müßte.»

«Ja, ich nehme an, daß ich mich dieser Pflicht unterziehen muß», sagte Adam. «Mein Onkel sprach gestern abend mit mir darüber. Er meint, daß er mich begleiten und mir sagen wird, was ich dort zu tun habe – denn zu meiner Schande weiß ich das nicht!» Er sah, daß Jenny dem Gespräch nicht zu folgen vermochte, und erklärte mit gewinnendem

Lächeln: «Im Oberhaus. Ich habe dort einen Sitz und muß den Eid ablegen oder etwas Ähnliches. Ich bin doch hoffentlich nicht verpflichtet, eine Ansprache zu halten, nicht wahr, Sir?»

«Nein, nein», beruhigte Oversley ihn. «Nassington ist genau der richtige Bürge für Sie, allerdings –»

«Er ist keineswegs der richtige!» widersprach Brough. «Nehmen Sie doch meinen Vater, Lynton!»

Die Witwe war ganz seiner Meinung. Sie konnte sich genau erinnern, daß ihr verstorbener Gemahl Lord Nassingtons Konservatismus beklagt hatte, und war daher überzeugt, daß er zutiefst beunruhigt wäre, wenn er wüßte, daß sein Sohn seinen Sitz unter der Ägide eines Regierungsanhängers einnahm. Sie entsann sich dann einer etwas durcheinandergeratenen Anekdote, die sie von ihrem Vater über eine Abendgesellschaft gehört hatte, die Mrs. Crewe zur Zeit der großen Westminster-Wahl veranstaltete, und auf der die Gäste blaue und isabellfarbene Rosetten trugen, was irgendwie mit General Washington zusammenhing. Oder war es Mr. Fox gewesen? Nun, jedenfalls hatte der Trinkspruch *True Blue* gelautet.

«*True Blue and Mrs. Crewe,* Ma'am», berichtigte Brough, der in den Annalen der Liberalen wohl beschlagen war. «Ich habe meinen Vater diese Geschichte oft erzählen hören. Der Prinz schlug den Trinkspruch vor, und sie schlug zurück mit *True Blue and all of you!* Kam ausgezeichnet an.»

Das rief naturgemäß allen das traurige Umschwenken des Prinzen in Erinnerung, nachdem er Regent geworden war, und die Diskussion wurde ungemein lebhaft. Adam beteiligte sich nicht, aber in seinen Augen tanzte die Heiterkeit, und als Brough sagte: «Gehen Sie mit meinem Vater und nehmen Sie auf der Bank der Opposition Platz!», erwiderte er mit sanfter, gleichsam um Vergebung bittender Stimme: «Aber ich glaube, ich möchte gar nicht bei der Opposition sitzen.»

Lord Rockhill lachte, aber die anderen drei Herren waren im Augenblick von dieser schockierenden Eröffnung wie vor den Kopf geschlagen. Sobald sie sich jedoch erholt hatten, erhoben sie stürmischen Protest, und selbst Mr. Oversley fühlte sich veranlaßt zu sagen: «Aber Sie versuchen doch sicher nur, uns zu hänseln!»

Adam schüttelte den Kopf, was Brough zu der Frage trieb, ob er zu Brooks Anhängern zählte. «Oh, diese Verbindung habe ich von meinem Vater übernommen und sie stammt aus einer Zeit, da ich noch nichts von Politik verstand», erwiderte er.

«Sie verstehen auch heute noch herzlich wenig davon», sagte Oversley streng.

«Beinahe gar nichts», nickte Adam. «Bloß, daß es mich nicht in die Reihen jener Männer zieht, die ihr höchstes Ziel darin sehen, nach den Fersen des alten Douro zu schnappen!»

«Ach, Wellington!» sagte Oversley achselzuckend. «Die Ansicht, daß seine Siege überschätzt wurden, umfaßt nicht die gesamte Politik der Partei, mein lieber Freund.»

Das vergnügte Blinzeln in Adams Augen erlosch und ein ziemlich bedrohliches Funkeln trat an seine Stelle; aber ehe er noch zu einer Antwort ansetzen konnte, griff Rockhill ein, gab dem Gespräch eine geschickte Wendung und erzählte, daß die Mitglieder des White Club zu Ehren der ausländischen Gäste im Burlington House ein großes Maskenfest veranstalteten. Die Damen fanden dieses Thema bedeutend fesselnder als die Politik und bestürmten Rockhill sofort mit einer Flut von Fragen. Er schien bestens orientiert zu sein und konnte ihnen nicht nur die Namen der verschiedenen Prinzen und Generäle nennen, die im Gefolge des Zaren und des Königs von Preußen kamen, sondern vermochte ihnen auch einen Vorgeschmack der zu erwartenden Festlichkeiten zu geben. Neben den Paraden und Galaabenden waren ein Feuerwerk und grandiose Schauspiele in den Parks geplant.

«Das stimmt», mischte sich Jenny ein. «Zumindest weiß ich, daß man festliche Illuminationen veranstalten will, da mir mein Vater erst gestern davon erzählte. Auch ein Stadtbankett in der Guild Hall mit einem feierlichen Einzug sämtlicher Beteiligten ist vorgesehen. Er wird uns ein Fenster mieten – das heißt, es würde ihm keine Mühe bereiten, falls wir es wünschen!» ergänzte sie mit einem unwillkürlichen Seitenblick auf Adam.

«Und ob Sie das wünschen werden!» rief Lydia neiderfüllt aus.

«Sie auch, nicht wahr?» fragte Brough, der neben ihr saß. «Läßt sich das nicht verwirklichen? An Ihrer Stelle führe ich nicht nach Bath. Das ist ein unsäglich langweiliger Ort! Voll der skurrilsten Gestalten und Krüppel – die Bälle enden um elf Uhr! – und den ganzen lieben Tag gibt es keine andere Zerstreuung, als Mineralwasser zu trinken und rund um die Quelle zu wandern – das wird Ihnen wenig zusagen.»

«Das weiß ich», seufzte sie. «Ich muß Mama zuliebe hinfahren. Es ist meine Pflicht, also erwarte ich mir auch nichts Angenehmes davon.»

Jenny hatte einen Teil dieses Gespräches mitbekommen. Sie schwieg im Augenblick zwar still, aber als die Damen sich in den Salon zurückgezogen hatten und die Witwe sich angeregt mit Lady Oversley über die jüngsten Klatschgeschichten unterhielt, ging sie zu Lydia und Julia hinüber, die Seite an Seite auf einem Sofa saßen, und sagte unvermittelt: «Ich habe darüber nachgedacht und ich glaube, ich sollte Papa bitten, ein geräumiges Fenster zu mieten oder vielleicht auch ein Zimmer mit mehreren Fenstern, damit wir unsere engsten Freunde dazu einladen können. Möchtest du gerne kommen, Julia? Und glauben Sie, daß Sie für einen kurzen Besuch zu uns kommen dürften, Lydia, um die Parade und alle anderen Festlichkeiten mitzuerleben?»

«Ach, *Jenny!*» stieß Lydia hervor. «Wenn das Ihr Ernst ist und Mama mich nicht herkommen läßt, dann – dann werfe ich mich in die erste Postkutsche und komme *ohne* ihre Erlaubnis.»

«Nein, das wäre höchst unpassend», sagte Jenny. «Aber ich sehe nicht ein, weshalb sie nicht für eine kurze Zeit ohne Sie auskommen sollte, denn die Festakte finden erst in einigen Wochen statt, und Sie werden bis dahin genügend Zeit haben, um ihr bei der Eingewöhnung in ihre neue Umgebung behilflich zu sein. Ich werde die Frage gleich jetzt aufgreifen, so lange Lady Oversley noch hier ist und mich unterstützen kann, was sie bestimmt tun wird.»

Sie zog sich mit ihrem charakteristischen Kopfnicken zurück. Lydia sah ihr nach und sagte: «Wissen Sie, Julia, man muß sie einfach gern haben, auch wenn man es gar nicht will. Ich war ziemlich überzeugt, daß sie ganz unerträglich sein würde, denn ich war so wütend, als ich erfuhr, was Adam getan hatte, aber sie ist es nicht. Eigentlich hätte ich das ja wissen müssen, nachdem sie *Ihre* Freundin war.»

«Ich habe sie niemals richtig gekannt», sagte Julia leise. «O Gott, will dieser Abend denn gar kein Ende nehmen?»

Mit diesen Worten erhob sie sich und tat einige hastige Schritte, ehe sie sich wieder in der Gewalt hatte. Die Witwe sah, daß sie neben dem Klavier stand, und sagte: «Mein liebes Kind! Wirst du uns ein wenig Musik zum besten geben? Es ist ein solcher Genuß, dir zu lauschen!»

Julia starrte sie an, als hätte sie kaum verstanden, warf dann ohne jede Antwort ihren Fächer und ihr Retikül beiseite und setzte sich an das Instrument. Die Witwe sagte, sie wüßte noch genau, wie ausgezeichnet Julia spiele, und nahm ihr Gespräch mit Lady Oversley abermals auf.

Verglichen mit der Vielzahl junger Damen, die sich ihre Geläufigkeit auf dem Klavier unter harter Arbeit erkämpft hatten, war Julias Vortrag tatsächlich hervorragend. Sie spielte nicht immer ganz richtig, aber sie liebte die Musik nicht nur, sondern besaß auch eine ausgeprägte musikalische Begabung und einen Anschlag, mit dem Jenny, die kaum jemals eine falsche Taste griff, sich nicht messen konnte.

Lady Oversley atmete auf. Sie hatte gesehen, wie stürmisch Julia vom Sofa aufgesprungen war und hatte bereits das Schlimmste befürchtet. Aber sie wußte, daß Julia, wenn sie erst am Flügel saß, bald sich selbst und ihre Umgebung vergessen haben und ganz in der Musik aufgehen würde. Daher durfte sie ihrer sprungbereiten Wachsamkeit eine Ruhepause gönnen und sich ganz der Aufgabe widmen, die Witwe zu überreden, in Jennys Plan für Lydias Zerstreuung einzuwilligen.

Julia spielte noch immer, als die Herren in den Salon zurückkehrten. Sie blickte gleichgültig auf und senkte die Augen wieder auf die Tastatur, bis sie schließlich den Schlußakkord ihrer Sonatine anschlug und Rockhill mit den Worten auf sie zukam: «Ach, das war ganz wunderbar! Bravo! Und jetzt singen Sie uns bitte etwas!»

Sie sah ihn mit einem schwachen Lächeln an. «Nein, Sie wissen doch, daß ich keine Stimme habe.»

«Eine kleine, süße Stimme und einen ganz bezaubernden Vortrag. Singen Sie mir eine Ballade!»

Aber sie sang für Adam, dessen Blick sie auffing und festhielt. Es war ein unbedeutendes, sentimentales Lied, das vor einem Jahr die große Mode gewesen war. Sie sang es leise und schlicht, aber in ihrem Gesang schwebte stets eine sehnsüchtige Wehmut mit, die zu Herzen ging und die Menschen an die Vergangenheit und verlorenes Glück gemahnte.

Für Adam, dem sie das kleine Lied oft vorgesungen hatte, beschwor es jede verbotene Erinnerung herauf. Er verharrte noch immer, die Hand auf eine Sessellehne gestützt, so wie er lauschend gestanden hatte, und vermochte den Blick nicht von Julias Gesicht zu reißen. Seine Hand umklammerte das vergoldete Holz so fest, daß seine Finger weiß wurden. Lydia bemerkte es, und als sie aufblickte, entsetzte sie sich vor dem unverhüllten Ausdruck seines Gesichtes. Instinktiv sah sie zu Jenny. Diese saß sehr aufrecht, wie das ihre Art war, hatte die Hände im Schoß gefaltet und die Augen niedergeschlagen. Als Lydia sie anblickte, hob sie die Lider und warf Adam einen langen Blick zu. Dann sah sie wieder zu Boden und ihr Gesicht ließ nicht ahnen, daß sie die Qual in Adams Antlitz bemerkt hatte.

Lydia begann sich unbehaglich zu fühlen. In dem überladenen Raum schienen Emotionen zu knistern, die sie noch nicht kannte. Obgleich sie kaum etwas davon begriff, fühlte sie doch die Spannung. Unglückliche Liebe und gebrochene Herzen waren Phrasen, die ihr leicht von den Lippen geflossen waren, aber sie hatte nicht vermutet, daß Adam, der über Jennys Badezimmer lachte und sich über Lambert Ryde lustig machte, unglücklich sein könnte, bis sie den Blick erhascht hatte, mit dem er Julia betrachtete. Es war ein schrecklicher Blick, dachte sie, und schrecklich für Jenny, ihn zu bemerken, selbst wenn sie ihn nur wegen seiner gesellschaftlichen Stellung geheiratet hatte.

Verstohlen sah sie sich im Kreise um. Niemand beachtete Adam. Die älteren Gäste beobachteten ausschließlich Julia; Jennys Augen waren zu Boden gerichtet; Charles Oversley starrte sichtlich gelangweilt auf niemand im besonderen, und Brough sah, wie Lydia entdeckte, sie selbst an. Die Andeutung eines Lächelns verriet sich in seinen Augen und erweckte sofort ein Echo bei ihr. Dadurch ermutigt, verließ er seinen Stuhl, um sich neben sie auf den leeren Platz auf dem Sofa zu setzen und zu fragen: «Musikalisch, Miss Deveril?»

«Nein!» schüttelte sie den Kopf.

«Fein!» sagte er. «Ich auch nicht.» Unter seinen schweren Lidern wanderte sein Blick zu Adam und wieder fort, als sei er auf etwas gestoßen, das nicht für ihn bestimmt war.

Das Lied war zu Ende. Kaum war der allgemeine Beifall verklungen, sprang Lydia auf und sagte: «Jenny, Sie haben uns ein Gesellschaftsspiel versprochen! Ich will die Spielmarken für ein Rätselspiel suchen!»

Es war *gauche* und brachte ihr ein Stirnrunzeln der Witwe ein, aber Brough murmelte anerkennend, als er sich schwerfällig erhob: «Braves Mädchen!»

«Rätsel? Ach, nein!» hauchte Julia unwillkürlich.

Lady Oversley vernahm die Worte nicht, aber sie sah die Geste der Ablehnung und rüstete sich zum Einschreiten. Rockhill kam ihr zu Hilfe. Er klappte leise den Deckel des Flügels zu, lächelte mit belustigtem Verständnis in die wehen blauen Augen und sagte: «Doch, meine kleine Sünderin! Kommen Sie, Miss Schabernack, Sie müssen mich in das Spiel einweihen!»

Mit zögerndem Lächeln erwiderte sie: «Sie? Oh, nein! Sie werden doch sicher Whist spielen.»

«Nein. Meine Gedanken würden zu oft abschweifen.» Er ergriff ihre Hand, hielt sie mit tröstlichem Druck und sagte halblaut: «Halten Sie den Nacken steif, meine Schöne! Sie können es, das wissen Sie!»

Ihre Finger klammerten sich an seine Hand. «Ach, Sie verstehen – nicht wahr?»

«Ausgezeichnet!» versicherte er, und das Schmunzeln in seinen Augen vertiefte sich.

13

Fünf Tage später reiste Adam nach Lincolnshire ab und versprach, binnen fünf Tagen zurück zu sein. Er bat Jenny nicht, ihn zu begleiten und sie schlug es ihm nicht vor. Er erklärte ihr, daß er im Zusammenhang mit seinem Besitz verschiedenes zu erledigen habe, und sie antwortete, er solle sich nur nicht verpflichtet fühlen, so rasch wie möglich zurückzukehren, wenn ihn seine Geschäfte länger beanspruchen sollten. «Ich werde Sie nicht im Stiche lassen», versprach er. «Steht uns nicht eine große Soirée oder etwas Ähnliches bevor?»

«Ach ja, aber das ist nicht so wichtig! Sollten Sie noch immer fort sein, kann ich recht gut auch mit Lady Oversley hingehen.» Sie fügte mit einem Anflug von Humor hinzu: «Ich muß lernen, auch allein auszugehen, sonst werden uns die Leute noch altmodisch finden. Vermutlich sollte ich mir einen – wie nennt man das – Cicisbeo zulegen.»

«Nicht, wenn das bedeutet, daß ich jedesmal über ihn stolpere, sooft ich das Haus betrete!»

Sie lachte. «Weit entfernt! Obwohl ich einmal einen Verehrer hatte. Er hielt mich für eine ausgezeichnete Hausfrau.»

«Einfallsloser Geselle! Aber ich muß zugeben, daß ich Sie auch dafür halte.»

Sie wurde sofort tief rot. «Wirklich? Das freut mich aber!»

Er fand es rührend, daß ein derart bescheidenes Lob ihr so viel bedeutete und dachte über eine weitere Bemerkung nach, aber sie kam ihm zuvor und lenkte das Gespräch mit der Frage von sich ab, ob sie den notwendigen Auftrag in die Stallungen schicken sollte, oder ob er es selbst besorgen würde.

«Kein Auftrag», sagte er. «Ich reise mit der Post.»

«Aber – wenn Sie doch Ihre eigene Equipage haben und die Bediensteten, die obendrein müßig sind? Und die Post wird Sie nicht bis Fontley selbst bringen!»

«Nein, ich werde in Market Deeping aussteigen, von wo Felpham mich mit dem Phaeton abholen wird. Und was die Postillons betrifft, muß ich gestehen, daß ich es lächerlich finde, sie auf Ihre Kosten faulenzen zu lassen. Besteht Ihr Vater darauf, daß wir sie behalten? Warum entlassen Sie sie nicht?»

«Sie müßten nicht müßig herumlungern», erwiderte sie. «Sie stehen ja nicht nur mir zur Verfügung. So hat Papa es nicht gemeint, als er sie für uns engagierte.»

«Na, sie werden uns beiden dienen, wenn ich Sie später nach Fontley bringe.» Er sah, wie sie die Lippen zusammenpreßte, und bat nach kurzem Zögern: «Belassen Sie mir eine gewisse Unabhängigkeit, Jenny! Ich kümmere mich nicht um Ihre Ausgaben und will auch nicht, daß Sie auf irgendwelchen Luxus verzichten, aber Sie dürfen nicht von mir erwarten, daß ich das Geld Ihres Vaters für persönliche Extravaganzen verschwende. Machen Sie kein so bekümmertes Gesicht! Man reist sehr bequem mit der Post, das versichere ich Ihnen!»

«Aber – aber Ihr Vater reiste nie mit der Postkutsche, nicht wahr?»

«Mein Vater benahm sich, als wäre er genauso reich wie Ihrer. Ich habe nicht die Absicht, in seine Fußstapfen zu treten, selbst wenn ich es gerne täte, was nicht der Fall ist, bitte glauben Sie mir! Es würde mich absolut nicht glücklich machen, *en prince* zu leben wie er und wie Sie, glaube ich, es gerne bei mir sähen.»

«Sie müssen tun, was Ihnen zusagt», erwiderte sie traurig.

Er verbreiterte sich nicht länger über dieses Thema; das Eis war zu dünn. Außerdem hoffte er nicht, ihr etwas erklären zu können, was er selbst nicht einmal genau verstand. Der Geiz für seine Person war unlogisch; mit öffentlichen Verkehrsmitteln zu reisen, in der Kutsche seines Vaters lieber als in der schimmernden Equipage zu fahren, die für ihn bereitstand, keine überflüssigen Einkäufe zu tätigen, schenkte ihm nur die Illusion der Unabhängigkeit. Das wußte er, doch inmitten des Luxus, der ihn umgab und zu ersticken drohte, klammerte er sich hartnäckig an seine Sparsamkeit.

Er atmete richtig auf, dem Prunk des Hauses in der Grosvenor Street zu entfliehen, allein zu sein, heimzureisen; es beglückte ihn sogar, in

Fontley einen abgetretenen Teppich, verblaßte Chintzbezüge und Möbelbrokate zu sehen, die so brüchig waren, daß sie beim bloßen Berühren zerfielen. Es gab keine modernen Annehmlichkeiten, keine spiegelverkleideten Badezimmer, keine Patent-Petroleumlampen, keine neuartigen geschlossenen Herde in der Küche: Das Wasser wurde in die Spülküche gepumpt, in riesigen Kupferkesseln erhitzt und kannenweise in die Schlafzimmer getragen. Sämtliche Räume, mit Ausnahme der Küche, in der eine veraltete Petroleumlampe hing und die Decke mit ihrem Rauch schwärzte, wurden einzig von Kerzen erhellt. Das Haus in der Grosvenor Street erstrahlte im Lichterglanz, denn Mr. Chawleigh hatte selbst in den Schlafzimmern Petroleumlampen anbringen lassen. Auf Fontley jedoch zogen sich die dämmrigen Gänge meilenweit hin, wenn nicht die Kerzen in all den Wandleuchtern angezündet wurden, und hinauf zum Bett trug man eine einzige Kerze, deren Flamme man sorgfältig vor der Zugluft schützte.

Die Witwe hatte jahrelang den Fünften Vicomte zu bewegen versucht, Fontley renovieren zu lassen, und hatte ihm mit Recht vorgehalten, daß es eine Schande sei, wie schäbig das Haus war; und als Adam aus Spanien zurückgekehrt war, hatte er ihr aus vollem Herzen beigepflichtet. Auf der Flucht vor dem gepolsterten Prunk des Stadtpalais jedoch schien ihm jede Unbequemlichkeit auf Fontley bewundernswürdig, und er wäre selbst dem Vorschlag feindselig begegnet, auch nur den ausgefransten Teppich zu erneuern, in dem sich sein Absatz verfing. Er gab es nicht ganz zu, aber er war eifersüchtig entschlossen, sein Heim niemals von Chawleighs Händen berühren zu lassen. Die Schäbigkeit vermochte Fontleys Zauber nicht zu zerstören; Chawleighs Gold würde ihm über Nacht den Garaus machen.

Auf seinen Äckern jedoch fand er sich mit dem Verfall nicht ab. Hier wollte er jede moderne Verbesserung einführen, deren er habhaft werden konnte. Er mochte sich einer lächerlichen Gefühlsduselei über einen zerrissenen Teppich hingeben, aber für ein schlecht entwässertes Feld, einen veralteten Pflug oder die zerfallene Hütte eines Arbeiters empfand er keine Pietät, und wenn Mr. Chawleigh seine Liebe für den Boden geteilt hätte, wäre er bereit gewesen, mit ihm eine Partnerschaft einzugehen und seinen Stolz zugunsten seiner Hektare zu überwinden. Aber Mr. Chawleigh war von mechanischen Errungenschaften fasziniert und brachte der Landwirtschaft keinerlei Interesse entgegen. Im Hinterhof eines Vorstadthofes als Kind von Städtern zur Welt gekommen, stand keine Tradition eines Erbhofes hinter ihm und keine angeborene Liebe zur Scholle. Wie jemand freiwillig außerhalb Londons wohnen konnte, überstieg seine Begriffe, aber er wußte, daß die feinen Leute (wie er sie nannte) Landsitze besaßen; und da ein Grundbesitz das Ansehen hob, war Adams Wert in seinen Augen bedeutend gestiegen, als er von Lord Oversley erfuhr, daß Adam ein Gut in Lincolnshire und obendrein einen Herrensitz sein eigen nannte, der in jedem Führer der Grafschaft erwähnt wurde. Lord Oversley sprach ehrerbietig von Fontley. Mr. Chawleigh hatte keine hohe Meinung von Antiquitäten, aber er wußte, daß die Hautevolée großen Wert darauf legte, also war es sicher nur wünschenswert, daß seine Jenny die Herrin eines alten Gutsbesitzes werden sollte. Ihm schwebte dabei ein schloßartiges Gebäude inmitten weitläufiger Gärten mit Springbrunnen, Statuen und griechischen Tempeln vor, an die ein großer Park grenzte. Bei genauerer Überlegung hätte er annehmen müssen, daß dem Herrenhaus ein Wirtschaftsgebäude angeschlossen sein würde, um den Haushalt mit landwirtschaftlichen Gütern zu versorgen. Daß jedoch der Besitzer sich persönlich mit der Gutsverwaltung befaßte, wäre ihm lächerlich und höchst unpassend erschienen. Was den Rest des Gutes anbelangte, so wußte er, daß in einem landwirtschaftlichen Bezirk ein Besitz hauptsächlich aus Bauernhöfen bestand, die an Pächter vermietet waren, von denen der Oberlehnsherr einen Großteil seines Einkommens bezog. Seiner Meinung nach war das eine kärgliche Einnahmequelle. Mr. Chawleigh konnte niemand glauben machen, daß sich an der Landwirtschaft ein Vermögen verdienen ließ; soweit er es beurteilen konnte, war das ein genauso wechselvolles Geschäft wie die Börsenspekulation. Auf keinen Fall jedoch geziemte es einem Oberlehnsherrn, sich in Fragen der Bodenbestellungen zu mischen. Alle nötigen Weisungen mußten von seinem Agenten kommen. «Es steht einem Gentleman nicht an», sagte Mr. Chawleigh, genau wie vor ihm schon jemand, «sich als Bauer zu betätigen.»

Der Gutsverwalter William Sidford wußte selbst auch nicht recht, ob er Adams Interesse an Dingen gutheißen sollte, die seinen flatterhaften Vater niemals gefesselt hatten, obzwar er es begrüßte, einen neuen Herrn zu haben, der seinen Rat nicht nur anhörte, sondern auch zu begreifen schien, daß es nur zum Ruin führen konnte, wenn jeder Penny, den das Land abwarf, abgeschöpft, und nichts wieder investiert wurde. Zu Beginn hatte er gehofft, dem Verfall, den er schon seit Jahren beklagte, Einhalt gebieten zu können. Nachdem er jedoch fast vier ganze Tage in Gesellschaft des Sechsten Vicomtes verbracht hatte, beschlichen ihn die Zweifel. Sein neuer Herr strotzte von neuen Ideen, die er sich aus Büchern angeeignet hatte. William Sidford hatte keine Zeit an Bücher zu verschwenden, und er ging an jede neue Theorie mit äußerstem Mißtrauen heran, da sein Verstand ihm sagte, was für seinen Vater und Großvater gereicht hatte, müßte auch ihm genügen. Nicht, daß er ein Feind des Fortschritts war; wenn Mylord vom Straßenbau, von Eindeichung und Drainage sprach, stand er begeistert hinter ihm, und er hatte nicht das geringste gegen die Einführung des Vierfeldersystems einzuwenden. Wenn Mylord jedoch über Tulls Ackerbaumaschine und neues Saatgut wie Steckrüben und Runkelrüben zu sprechen anhob, war er sich darüber im klaren, daß es seine Pflicht war, ihn zu bremsen. Solche Neuerungen mochten Erfolg bringen, er behauptete durchaus nicht das Gegenteil oder auch nur, daß die Tullsche Methode schlecht sei. Eines jedoch vermochte er Seiner Lordschaft zu sagen, nämlich, daß jene, von denen anzunehmen war, daß sie über reiche Erfahrungen verfügten, nur recht selten die Tullsche Methode anwandten. Da er sein ganzen Leben lang gewöhnt war, Felder zu sehen, die selbst während der größten Sommerdürren saftig waren und im Winter oft unter Wasser standen, fiel es ihm schwer, die neue Idee seiner Lordschaft zu teilen. Winterernten waren natürlich erstrebenswert, aber es würde eine schöne Stange Geld kosten, sie zu ermöglichen. Und was die Unterteilung in einzelne Felder anlangte, von der Seine Lordschaft sprach, so wußte er wenig davon, hatte jedoch allgemein gehört, daß die Bauern, die verschiedenes Saatgut ansetzten, leichter verarmten.

«Aber nach allem, was ich gelesen habe», wandte Adam ein, «führt eher die Methode der einheitlichen Felder zur Untätigkeit im Winter, da keine Hecken zu flechten, Gräben zu reinigen, Entwässerungen zu erhalten oder Wintersaaten zu betreuen sind.» Da William Sidford nicht überzeugt zu sein schien, fügte er hinzu: «Er hat mir gesagt – und ich habe es auch mit eigenen Augen gesehen –, daß bei vielen Landarbeitern großes Elend herrscht.»

«Das stimmt, Mylord, aber das liegt an den niedrigen Preisen. Ich kann mich nicht erinnern, daß die Zeiten jemals so schlecht gewesen wären wie heute. Soviel mir zu Ohren gekommen ist, haben mehr als zweihundert Agrarbanken die Zahlung eingestellt – wie sie das schon einmal vor zehn Jahren getan haben.»

Diese letzten Worte wurden in bedeutsamem Ton gesprochen, und Adam erkannte, daß sie auf den Finanzkrach von '93 anspielten, in den der Fünfte Vicomte unheilvoll verwickelt gewesen war. Es lag auf der Hand, daß William Sidford den Zeitpunkt ungünstig gewählt fand, um sich in unnötige Ausgaben zu stürzen. Er begann über die Getreidegesetze und die Vermögenssteuer zu murren, stieß jedoch auf taube Ohren. Adam unterbrach ihn plötzlich mit der Frage: «War mein Großvater mit Mr. Coke aus Norfolk nicht sehr befreundet? Ob er mich wohl beraten würde?»

William Sidford vermochte sich dazu nicht zu äußern, aber da die Frage eine rhetorische gewesen war, wurde eine Antwort auch nicht erwartet. Adam brach das Gespräch ab und sagte lächelnd: «Ich weiß beschämend wenig, nicht wahr? Ich werde wieder die Schulbank drücken müssen. Inzwischen nehme Er jene Arbeiten in Angriff, über die wir einer Meinung waren.»

Adam zog sich zurück und setzte einen Brief an Mr. Coke auf. Da er dem Postverkehr im Landesinnern mißtraute, schickte er den Brief durch einen seiner Bediensteten. Sein Schreiben wurde auf der Stelle mit einer Antwort belohnt: Mr. Coke hielt den Vierten Vicomte in bester Erinnerung und würde sich glücklich schätzen, den gegenwärtigen Lord Lynton nach besten Kräften zu beraten. Er schlug vor, daß Adam ihm, falls seine Pläne das erlaubten, sofort die Ehre seines Besuches in Holkham erweisen sollte. Da Adam zwischen den förmlichen Antwortzeilen Mr. Cokes echte Herzenswärme verspürte, beschloß er, ihn beim Wort zu nehmen. Er schickte eine Botschaft an Jenny, daß seine Rückkehr in die Stadt sich noch etwas verzögern würde, und brach nach Norfolk auf.

Die Befangenheit, die bei einem bescheidenen jungen Mann natürlich war, der an die Freundschaft eines alten Vertrauten seines Großvaters appellierte, verflog augenblicklich bei Mr. Cokes herzlicher Begrüßung. Der Familienbesitz Holkham bildete den großartigen Rahmen für Mr. Cokes Leben. Mr. Coke selbst war ein kluger Mann aufrechter Wesensart, der die Einfachheit liebte. Er hatte von seinem hochgeborenen Verwandten mütterlicherseits, Lord Leicester, den Besitz übernommen, und statt nach Mitteln und Wegen zu suchen, um ebenfalls die Grafenwürde zu erlangen, sich der Aufgabe verschrieben, einen großen Grundbesitz, der einen Pachtschilling von nur zweitausend Guineen abwarf, zu entwickeln und ertragreicher zu gestalten. Heute, keine vierzig Jahre später, erbrachte der Besitz ein Einkommen von nahezu zwanzigtausend Pfund, und der hübsche junge Mann, den keiner gekannt hatte, war seit vielen Jahren eine nicht zu übersehende Persönlichkeit im Lande. Er hatte nie den geringsten Versuch gemacht, den Titel erneuern zu lassen; er war es zufrieden, Mr. Coke aus Norfolk zu sein, und weder sein Reichtum noch seine unbestrittene Überlegenheit auf dem Gebiet der Landwirtschaft hatte seinen freundlichen, natürlichen Charakter verändert. Er empfing auf Holkham die verschiedensten Gäste, von Herzögen bis zu den unbedeutendsten Personen, und er behandelte sie alle gleich; zwar ohne Zeremoniell, aber mit dem ehrlichen Bestreben, seinen Gästen den Aufenthalt angenehm zu gestalten. Bei dieser Aufgabe leistete ihm seine jüngste Tochter, die ihm die Wirtschaft führte, wertvolle Hilfe. Innerhalb weniger Minuten, in denen seine Hand warm umschlossen und eine Ähnlichkeit im Aussehen mit dem Großvater entdeckt worden war, fühlte Adam sich zu Hause, und nachdem er einen Abend in der Gesellschaft seines Gastgebers verbracht hatte, fiel es ihm nicht nur leicht, Mr. Coke um Rat zu fragen, sondern ihn bedeutend tiefer ins Vertrauen zu ziehen, als er es vordem für möglich gehalten hatte.

Die Probleme, die sich ihm in den Marschen Lincolnshires aufdrängten, waren anders gelagert als jene, mit denen sich Mr. Coke in Norfolk auseinanderzusetzen hatte, aber dessen Kenntnisse beschränkten sich nicht nur auf die Voraussetzungen seines eigenen Bezirkes. Er breitete seinen Erfahrungsschatz vor Adam aus, führte ihn über sein eigenes Versuchsgehöft und unterwies ihn geduldig in den Kniffen, mit denen dem Boden reichere Ernten abzugewinnen waren. Als Adam Holkham den Rücken kehrte, trug er nicht nur einen Stoß Aufzeichnungen mit sich, sondern sein Kopf war so angestopft mit Wissen, daß er sich wie betäubt fühlte. Es würde einige Zeit brauchen, ehe er den umfangreichen Stoff verarbeitet hatte. Bis dahin stand nur eine Tatsache im Vordergrund: Um seine Felder wieder zum ehemaligen Ertragsreichtum zu bringen, bedurfte es bedeutend höherer Investitionen, als er aufzubringen imstande war.

Er traf spät abends und voll von Gewissensbissen in London ein, da er sich schuldig fühlte, seinen Urlaub um eine ganze Woche überzogen zu haben. Jenny arbeitete im Salon an einem ihrer Sesselbezüge, und er blieb mit derart schuldbewußter Miene an der Tür stehen, daß sie in Gelächter ausbrach und rief: «Ach, Sie sehen genau wie ein kleiner Bub aus, den man bei einer Missetat ertappt hat! Wie können Sie bloß so absurd sein!»

Auch er lachte, sagte aber, als er näher trat, um sich über sie zu neigen und sie auf die Wange zu küssen: «Genau dafür halte ich mich auch! Ich bitte sehr um Vergebung, Jenny, es war unverzeihlich von mir! Hatte ich Ihnen nicht versprochen, rechtzeitig hier zu sein, um Sie auf irgendeine Gesellschaft zu begleiten?»

«Ja, aber ich sagte Ihnen doch, daß dies keine Rolle spielt. Ich ging mit Lady Oversley hin.»

«Sie vergeben mir viel zu willfährig. War es ein schöner Abend?»

«Ja, sehr. Naldi sang, und ich traf eine alte Bekannte dort – ein Mädchen, das mit mir zur Schule ging und das jetzt mit einem Mr. Usselby verheiratet ist.» Ihre Augen verengten sich und sie sagte schmunzelnd: «Ich konnte mir kaum das Lachen verbeißen! Seit sie Miss Satterleighs Internat verließ, habe ich sie nie wieder gesehen, aber Sie können sich nicht vorstellen, wie entzückt sie war, mich zu treffen, da ich Lady Lynton bin!»

«Was für eine gräßliche Person! Ich hoffe, Sie wiesen sie gehörig in die Schranken.»

«Aber nein, warum auch? Ihr Verhalten war ja nicht weiter verwunderlich», antwortete sie. Der Butler trat mit einem Tablett aus schwerem Silber ein. Er stellte es auf einem Tisch vor ihr ab, und nachdem sie sich überzeugt hatte, daß ein Teller mit frischen Makronen daraufstand, entließ sie ihn mit einem Kopfnicken und begann, den Tee zu bereiten.

«Wie angenehm es hier ist», bemerkte Adam aufseufzend und ließ sich auf einen Stuhl sinken. «Ich nahm an, Sie hätten Ihren Tee schon mindestens vor einer Stunde getrunken und war völlig darauf vorbereitet, keinen mehr zu bekommen – denn ich hätte nie gewagt, Sie nach meiner krassen Treulosigkeit noch um Tee zu bitten.»

«Was hegen Sie nur für sonderbare Vorstellungen», entgegnete sie. «Als könnten Sie in Ihrem eigenen Hause nicht zu jeder gewünschten Stunde Tee haben! Oh, Sie halten mich bloß zum besten, wie? Ich habe gute Lust, die Makronen vor Ihnen zu verstecken!»

«Doch nicht etwa meine Lieblingsmakronen?» rief er aus. «Jenny, Sie häufen glühende Kohlen auf mein Haupt! Was ließ Sie vermuten, daß ich heute abend eintreffen würde? Oder ist es bloß ein glücklicher Zufall?»

Sie verriet ihm nicht, daß sie angeordnet hatte, täglich frische Makronen zu bereiten, sondern lächelte bloß, reichte ihm den Teller und erkundigte sich, ob sein Besuch auf Fontley erfolgreich gewesen sei.

«Nun, vielleicht nicht durchwegs – aber lassen wir das! Ich fuhr nach Holkham, wie Sie wissen. Ich wollte, Sie wären mitgekommen, es hätte Ihnen sicher gefallen! Die Leute sind einfach reizend. Es waren nur Mr. Coke und seine Tochter da; ein erfreulich ungeziertes, intelligentes Mädchen. Man trug mir einen ganzen Berg von Grüßen an Sie auf, und ich gab ihnen mein Wort, Sie im August zum Erntefest hinzubringen. Mmmm, seit ich aus London fort bin, habe ich keinen ähnlichen Tee mehr vorgesetzt bekommen! *Genau* wie er sein soll! Danke! Und jetzt erzählen Sie mir, was Sie seit meiner Abreise getrieben haben. Sie mühten sich doch hoffentlich nicht die ganze Zeit mit dieser Stickarbeit ab?»

«Nein, wo denken Sie hin!» erwiderte sie. «Ich bin sehr viel ausgegangen und habe außerdem mehr Morgenbesucher empfangen, als ich erwartete.» Sie setzte ab und sehnte sich danach, den Mut zu der Frage aufzubringen, womit er sich auf Fontley die Zeit vertrieben hätte. Statt dessen erkundigte er sich, wer ihre Besucher gewesen seien. Ihre Miene verriet weder Kränkung noch Bedauern. Stillschweigend nahm sie seine Verschlossenheit hin und begann, ihre Besucher aufzuzählen und einige spöttische Bemerkungen hinzuzufügen, die ihn zum Lachen reizten.

Er war froh, ihren Worten entnehmen zu können, daß sie in seinen Kreisen festen Fuß zu fassen schien. Sie hatte mehreren Gesellschaften beigewohnt, eine Ausstellung besucht, war mit einer ihrer neuen Bekannten im Park spazierengefahren und war nicht einmal davor zurückgeschreckt, die Adversanes zu einem Opernbesuch einzuladen – wenn ihr auch dabei das Herz heftig geklopft hatte. «Aber Brough sagte mir, sie mieteten keine Loge, und es wäre jammerschade gewesen, unsere leerstehen zu lassen, besonders da ‹Alceste› auf dem Programm stand, die Lady Adversane besonders gerne hören wollte. Deshalb raffte ich allen Mut zusammen und fragte sie, ob sie wohl die Freundlichkeit besitzen würde, mit mir zu gehen. Sie hat es nicht schlecht aufgenommen und ich bin froh, daß ich sie einlud.»

«Ich nehme an, sie war sehr dankbar. Allerdings ist es mir neu, daß wir eine ständige Loge im Opernhaus unterhalten. Was zahlen wir dafür? Oder zahlen nicht wir sie?»

Das Blut schoß ihr in die Wangen, sie warf ihm einen vorsichtigen Blick zu und sagte stockend: «Papa dachte – es war ein Geschenk an mich, weil er weiß, daß ich Musik liebe. Es tut mir leid!»

«Weshalb denn? Ich muß mich bei Ihnen entschuldigen. Es wäre an mir gelegen, mich darum zu kümmern – aber ich nehme an, daß Ihre Loge meine finanziellen Möglichkeiten bei weitem übersteigt. Ich glaube, man hat vierhundert Guineen für eine ganz drittklassige Loge zu erlegen, und ich bin sicher, Ihre ist erstrangig.»

Sie schwieg still und ihr Gesicht bekam jenen hölzernen Ausdruck, den er mittlerweile als Zeichen ihrer Unsicherheit zu deuten gelernt hatte. Nun war es an ihm zu erröten. Er schämte sich, daß ihm die Zunge durchgegangen war, und er sagte reumütig: «Jetzt schulde ich Ihnen aber *tatsächlich* eine Bitte um Vergebung. Verzeihen Sie mir – oder schelten Sie mich aus. Warum tun Sie es nicht! Ich habe es wahrlich verdient.» Statt jeder Antwort schüttelte sie leise den Kopf und lächelte ihn unter Tränen an. Mitleid erfaßte ihn und er sagte: «Mein armes Kind, Sie sind viel zu langmütig – wenn Sie sich nicht vorsehen, werden Sie bald ein Scheusal von einem Gatten am Halse haben. Sie sind also in die Oper gegangen, und ich hoffe, daß Sie es genossen haben. Was war weiter?»

Es dauerte einen Augenblick, bis sie ihr Gleichgewicht wiedergefunden hatte, aber es gelang ihr, und sie setzte ihren Bericht mit leisem Kichern fort: «Ich habe mit Mrs. Usselby einen Vortrag jenes Gedächtniskünstlers besucht.»

«*Wessen* Vortrag?»

«Des Gedächtniskünstlers – ich habe seinen Namen vergessen, aber er ist zur Zeit *die* Sensation! Er lehrt, wie man sich alles dadurch merken kann, indem man sich abgeteilte Zimmer vorstellt – fünfzig Unterteilungen in jedem Zimmer! Jemand sagte, er sei bereits beim siebzehnten Zimmer angelangt, aber ein Mr. Frampton, der nach dem Vortrag zu uns kam, um mit Mrs. Usselby zu plaudern, sagte, er könnte wetten, es würde ihm kein geringes Kopfzerbrechen bereiten, wenn er Auskunft geben müßte, was in der siebenundvierzigsten Unterteilung steckt! Sonst gibt es, glaube ich, nichts weiter zu erzählen – außer über die Friedensfeier. Es herrscht eine große *tracasserie*, wie Ihre Tante Nassington es nennt, über den Ball des White Club, denn durch irgendwelche Schliche gelang es der Prinzessin von Wales, sich Eintrittskarten zu beschaffen, und der Prinzregent sagt, daß er nicht kommen wird, wenn sie erscheint. Ich weiß nicht, wie es sein wird, oder was daran wahr ist, und ich glaube, das weiß niemand, denn jeder erzählt eine andere Version!» Sie schöpfte tief Atem und fuhr etwas angestrengt fort: «Das Stadtbankett ist für den 18. angesetzt. Vielleicht erinnern Sie sich noch daran. Ich weiß nicht, ob Sie möchten, daß –»

Er sprang ihr sofort hilfreich bei, um seine frühere schlechte Laune wettzumachen: «Aber natürlich! Sie waren so gütig, Lydia in die Stadt einzuladen, damit sie dem Aufmarsch der Salonlöwen zur Fütterung zusehen kann. Ich glaube, Sie erwähnten, Ihr Vater könnte uns ein Fenster beschaffen. Ist das geschehen? Lydia wird hell begeistert sein.»

«Ja, das ist sie», eröffnete ihm Jenny, die dankbar war, diese Hürde hinter sich gebracht zu haben, und jetzt bedeutend freier sprach. «Wenn bloß Ihre Mama einwilligt, sie zu uns kommen zu lassen! Ich erhielt gestern einen Brief von Lydia. Anscheinend haben sie sich in dem neuen Haus gut eingelebt, und es besteht daher kein Grund, warum Lydia nicht einige Wochen entbehrt werden könnte – besonders, da sie schreibt, daß Ihre Mama eine alte Freundin getroffen hat, mit der sie so herzlichen Umgang pflegt, daß sie davon spricht, sie als Gesellschafterin ganz ins Haus zu nehmen. Anscheinend lebt diese Dame in prekären Verhältnissen und – und –»

«Scharwenzelt um Mama herum?» warf er ein.

«Das behauptet Lydia zumindest», gab Jenny zu. «Sie versteigt sich sogar so weit, Mrs. Papworth als eine zweite Mrs. Quarley-Bix zu bezeichnen – aber das glaube ich denn doch nicht.»

«Du lieber Himmel, hoffentlich nicht! Lydia kommt also zu uns?»

«Ich hoffe, daß sie kommen darf, aber sie schreibt, daß Lady Lynton gewisse Bedenken habe, weil ihr die Vorstellung unbehaglich ist, Lydia ohne entsprechende Begleitung reisen zu lassen. Anderseits kann sie Miss Poolstock nicht entbehren.»

«Ich würde viel dafür geben, Lydias Kommentar dazu zu lesen», bemerkte er.

Sie lachte, schüttelte jedoch den Kopf. «Nein, sie erwähnte nicht, daß ich ihren Brief herzeigen dürfe, deshalb tue ich es auch nicht. Und ich finde es ganz natürlich, daß Lady Lynton besorgt ist. Glauben Sie, könnten wir ihr nicht Martha in unserer eigenen Equipage schicken, sie zu holen? Hielten Sie das für einen Ausweg?»

«Nein, sondern für einen himmelschreienden Unsinn», erwiderte er ungeduldig. «Warum um alles in der Welt sollen Sie *Ihre* Zofe entbehren müssen?»

«Aber das verlangt ja niemand von mir, es war mein eigener Einfall! Ich verstehe ausgezeichnet, wie Ihrer Mama zumute sein muß – denn das Mädchen, das Lydia bedient, ist für diese Aufgabe viel zu jung und unerfahren.»

«Also ich verstehe Mama einfach nicht – genauso wenig kann ich einsehen, weshalb ein junges Mädchen für eine derart harmlose Reise nicht genauso gut entsprechen sollte wie ein älteres. Wenn Lydia unterwegs übernachten müßte, lägen die Dinge anders, aber davon ist ja keine Rede. Schicken Sie Ihre Equipage, wenn Sie wollen – obgleich auch das natürlich überflüssig ist –, aber auf keinen Fall Martha!»

Unterwürfig sagte sie: «Wenn Sie es mir verbieten, will ich sie natürlich nicht schicken, aber ich wollte, Sie gestatteten es mir! Ich fürchte, Lady Lynton wird Lydia sonst nicht zu uns kommen lassen, und das wäre jammerschade! Ich hätte sie so gerne um mich, ja, ich habe schon eine ganze Reihe von Plänen geschmiedet!»

Er war aufs angenehmste überrascht. «War Ihre Einladung also mehr als eine liebenswürdige Geste? Sind Sie sicher, daß sie Ihnen keine Belastung bedeuten wird?»

«Eine Belastung? Aber ganz im Gegenteil! Ich könnte mir nichts Besseres wünschen, als sie bei mir zu haben und ihr die Sehenswürdigkeiten zu zeigen! Ach, bitte, lassen Sie mich ihr doch anbieten, daß ich Martha um sie schicke!»

«Wenn Sie es tatsächlich möchten, natürlich – aber ich finde das zu gutherzig von Ihnen und sehe es gar nicht gerne, daß man Ihnen verschiedene Rücksichten aufbürdet.»

«Hat man denn so etwas schon gehört!» rief sie aus. «Als ob Ihre Mama auch nur im Traume daran dächte, das zu tun! Ich will ihr augenblicklich schreiben. Sie hat Martha gesehen, als wir in Fontley waren, also wird sie wissen, daß Lydia unter ihrer Obhut völlig sicher ist.»

Sie irrte sich. Die Witwe beantwortete ihren Brief zwar mit den anmutigsten Phrasen, konnte es jedoch nicht mit ihrem Gewissen vereinbaren, ihre junge und weltfremde Tochter den Fährnissen einer Reise ohne männlichen Schutz auszusetzen. Einzig eine Mutter, schloß sie, könne sie verstehen oder sei imstande einzusehen, wie schmerzlich es ihr sei, ihrem liebsten Kind ein solches Vergnügen versagen zu müssen.

«Auf mein Wort!» rief Adam aus, dem sie dieses Schreiben überlassen hatte. «Das hat Mama bewundernswert gedeichselt! Sie dürfen mir glauben, daß sich hier nicht mehr und nicht weniger als ihre unerbittliche Entschlossenheit bewiesen hat, Lydia um sich herumtanzen zu lassen! Es ist zu schade! Was sollen wir jetzt tun? Möchten Sie, daß ich nach Bath fahre und sie abhole?»

«Würden Sie das?» fragte Jenny schüchtern.

«Nun ja, warum nicht. Wie lästig! Nun, ich werde es schon einrichten zu fahren – wann mir meine Zeit diese Fleißaufgabe allerdings gestatten wird, weiß ich noch nicht. Donnerstag soll ich meinen Sitz im Parlament übernehmen und darüber hinaus scheinen wir einen Berg von Verpflichtungen zu haben. Sagen Sie Mama nicht, daß ich Lydia zu holen beabsichtige. Sicher wird es das beste sein, sie zu überraschen!»

Die Überraschung sollte heftiger ausfallen, als Adam das vorgesehen hatte: Mr. Chawleigh schaltete sich ein.

Mr. Chawleigh hatte dem Plan für Lydias Zerstreuung voll und ganz zugestimmt und verfolgte nun die Entwicklung mit lebhaftem Interesse. Das Zögern der Witwe fand er im höchsten Grade lobenswert, und als sich eine Lösung darbot, die ihm einfach erschien, ergriff er sie nur zu gerne, denn er genoß die Gelegenheit, Schicksal zu spielen. Als Adam eines schönen Nachmittags nach Haus kam, traf er seine Gemahlin in größter Erregung an. Sie betrachtete ihn aus furchtsamen Augen und stammelte: «Adam, ich muß Ihnen etwas sagen. Ich wußte nicht – ich hatte nie die Absicht – ich fürchte, Sie werden sehr ungehalten sein, aber ich konnte es wirklich nicht verhindern!»

Er zog die Augenbrauen fragend hoch. «Ungehalten werde ich sein? Lassen wir es doch auf den Versuch ankommen!»

«Es ist – es ist Papa!» platzte sie heraus. «Er hat sich aufgemacht, um Lydia aus Bath zu holen!» Sie sah seinen erstaunten Blick und sprudelte hervor: «Er schickte mir durch einen seiner Angestellten ein paar Zeilen, als er die Stadt verließ, ich *konnte* ihn also nicht aufhalten! Er scheint geschäftlich nach Bristol fahren zu müssen und schrieb mir, Sie sollten sich keine Zeit absparen, um Lydia zu holen, da er über Bath zurückreisen und sie selbst mitbringen wird. Er begreift eben nicht – er möchte doch nur behilflich sein, Adam!»

Sie hatte in beschwörendem Ton geendet, da sie seinen Groll fürchtete. Einen Augenblick war es ganz still, während Adam mit seinen Gefühlen rang. Sie waren aber stärker als er: Er schnappte nach Luft und brach in schallendes Gelächter aus.

Sie begriff nur sehr vage, was ihn zum Lachen gereizt hatte, denn sie erfaßte das Groteske einer Situation nicht rasch, und im Gegensatz zu ihm drängte sich ihr nicht das Bild von Mr. Chawleighs Angriff auf Bath auf, aber sie war so selig, daß er nicht beleidigt, sondern belustigt war, daß ihr der Grund seines Gelächters gleichgültig blieb. Sie lächelte ihm unsicher zu und sagte: «Es ist eben eine seiner Überraschungen. Ich erzählte Ihnen einmal, daß er großartige Überraschungen liebt, nicht wahr?»

«Ja, Jenny, ja! Ach, wenn ich dem Schauspiel nur beiwohnen könnte!»

Sie überlegte seine Worte und fragte ganz ernsthaft: «Meinen Sie, daß Lady Lynton Lydia nicht mit ihm fahren lassen wird?»

«Nein, mein Herz. So wie ich Ihren Vater kenne, bin ich überzeugt, daß wir Lydia nächste Woche begrüßen können», erwiderte er und in seiner Stimme schwang ein belustigter Ton mit.

14

Drei Abende später, als Adam eben im Begriffe war, eine Schmucknadel in die Falten seines Halstuches zu stecken, wurde er von Geräuschen unterbrochen, die unmißverständlich die Ankunft seiner Schwester verrieten. Dem Läuten der Türglocke, dem sich das ungestüme Poltern mit dem Klopfer anschloß, folgten unverzüglich laufende Schritte auf der Treppe und Lydias fröhliche Stimme: «Adam! Jenny!»

Er grinste und trat in Hemdsärmeln auf den Treppenabsatz hinaus.

«Ach, Adam, ist es nicht wunderbar! Da bin ich!» rief Lydia und warf sich an seine Brust. «Mr. Chawleigh brachte mich her – und so *nobel*! Oh, Jenny, da sind Sie ja! Ich glaube, Ihr Papa ist der größte Menschenfreund auf Erden! Mr. Chawleigh, Mr. Chawleigh, bitte kommen Sie doch herauf! Hier stecken die beiden!»

Von einer Umarmung befreit, die sein eben geknotetes Halstuch hoffnungslos in Unordnung gebracht hatte, schloß Adam sich dieser Einladung an, als er, über das Geländer gelehnt, hinunterrief: «Ja, bitte kommen Sie doch herauf, Sir! – Wenn Sie nach einem Tag in der Gesellschaft dieses Wildfanges noch die Kraft dazu aufbringen können! Wie geht es Ihnen, Sir? Ich bin Ihnen ungemein verbunden!»

Mr. Chawleigh erklomm schwerfällig die letzte Stufe, packte Adams ausgestreckte Hand und sagte mit breitem Lächeln: «Ach, hab ich mir's doch gedacht! Also, Jenny-Mädchen, ich habe sie dir heil und ganz geliefert, und solange du *sie* im Hause hast, besteht keine Gefahr, daß du trübsinnig wirst! Jetzt gehe ich, nachdem ich sie dir sicher übergeben habe.»

«Keinesfalls – wollen Sie uns für alle Zeiten beleidigen?» sagte Adam. «Oder glauben Sie, daß Jenny einen so knausrigen Haushalt führt, daß sie durch die Ankunft von zwei unerwarteten Gästen in Verlegenheit geraten könnte? Da sollten Sie Ihre Tochter besser kennen!»

«Ich *habe* es Ihnen gesagt!» warf Lydia triumphierend ein.

«Aber ihr habt Besuch? Nein, ich bleibe nicht», sagte Mr. Chawleigh.

«Wir haben keine Gäste, Papa, wir gehen bloß später zu Lady Castlereaghs Gesellschaft – und vielleicht müssen wir gar nicht gehen, Adam, wie?»

«Doch, wir müssen, aber erst in einigen Stunden. Kommen Sie zu mir ins Ankleidezimmer, Sir, während ich mich fertigmache. Hol Er den Sherry herauf, Kinver!»

«Na, ich kann mich nicht so schmutzig wie ich bin an Ihren Tisch setzen.»

«Feine Sachen höre ich da, wenn wir doch ausgemacht hatten, daß Sie in einem Hotel mit mir zu Abend essen würden, falls hier niemand zu Hause sein sollte!» mengte Lydia sich gekränkt ein. «Solange es sich bloß um mich handelte, fanden Sie sich sauber genug!»

Selig, überstimmt worden zu sein, begab sich Mr. Chawleigh lachend und kopfschüttelnd mit Adam in dessen Ankleideraum. «So ein keckes Kätzchen ist mir mein Lebtag noch nicht untergekommen!» sagte Mr. Chawleigh. «Ich kann mich nicht erinnern, ein Mädchen jemals so ins Herz geschlossen zu haben, und das ist die reine Wahrheit!»

«Das freut mich. Ich habe selbst eine Schwäche für sie, aber ich fürchtete, Sie könnten sie ein wenig anstrengend finden.»

«Dazu braucht es mehr als Miss Lydia, um Jonathan Chawleigh anzustrengen. Herrje, ist das Mädel in Form! Sie würden nicht glauben, wie rasch uns die Zeit verflog! Ach, und es ist ein wahres Vergnügen, ihr einen kleinen Imbiß anzubieten. *Sie* gehört nicht zu jenen, die Toast und Tee verlangen, wenn man sich fast ein Bein ausgerissen hat, um alles zu bestellen, was ihr vielleicht schmecken könnte! Wir legten beim ‹Pfau› eine kleine Eßpause ein – sie mögen ja Beutelschneider sein, aber eines muß man den Kerlen lassen: Sie hatten uns einen sehr annehmbaren Schmaus aufgetischt, denn ich hatte schon im vorhinein alles mit ihnen abgesprochen, und natürlich auch einen Privatsalon bestellt, was ich La'y Lynton auch gleich erzählte, nur um sie zu beruhigen. ‹Nur keine Bange, daß ich Miss Lydia den Fuß in einen gewöhnlichen Kaffeesalon setzen lasse›, hab ich gesagt, ‹oder daß irgendein unverschämter junger Laffe sie anglotzt, solange sie in Jonathan Chawleighs Obhut ist›, hab ich gesagt. ‹Ich werde sie hüten wie meine eigene Tochter›, hab ich gesagt, ‹und das will etwas heißen›. Und ich habe sie auch wie meine eigene Tochter gehütet, was ich Ihnen hoffentlich nicht erst zu versichern brauche.»

«Nein, gewiß nicht. War es – war es sehr schwer für Sie, meine Mutter zu überreden?»

«Keine Spur», erwiderte Mr. Chawleigh genießerisch. «Wohlgemerkt, das soll nicht heißen, daß sie sich nicht aufplusterte wie eine verstörte Gluckhenne, aber das war bloß Weibergeschwätz – bei allem Respekt vor Lady Lynton natürlich – und bald überwunden. ‹Reden Sie sich bloß nicht ein, daß sie mir eine Last sein wird, Ma'm›, hab ich gesagt, ‹denn das ist nicht der Fall; und was Ihren Einwand betrifft, daß sie nicht reisefertig ist, so schwöre ich Ihnen, daß sie in fünf Minuten fertig sein kann, wenn ihr daran liegt. Ich verfrachte mich also jetzt in den ‹Christophorus›, wo ich Quartier genommen habe›, hab ich gesagt, ‹und bin morgen früh wieder da, um Miss Lydia abzuholen.› Damit war der Fall erledigt, denn sie mußte einsehen, daß ich mich nicht mit einem Nein abspeisen ließ.»

Dieser Bericht wurde später von Lydia ausgeschmückt. Sie sagte, daß Mr. Chawleigh in ihren Augen ein prächtiger Mensch sei, wie wenig vornehm er auch sein mochte. «Adam, er *walkte* Mama aus wie einen Nudelteig! So etwas *war* noch nicht da! Wenngleich ich zugeben muß, daß die Hummer halfen.»

«Welche Hummer?» fiel Adam ihr fasziniert ins Wort.

«Oh, er brachte zwei lebende Hummer und einen Krug Ingwerbier als Geschenk für Mama aus Bristol mit! Sie waren in einem Binsenkörbchen und einer versuchte immer wieder herauszukrabbeln. Nun, du kennst Mama ja, Adam! Sie konnte nicht die Augen davon abwenden, und das brachte sie vollends aus der Fassung. Und dann hat Mr. Chawleigh die Klinke an der Salontür repariert. Die war uns schon die längste Zeit ein Dorn im Auge, aber er sagte, er könnte den Schaden im Handumdrehen beheben, wenn wir einen Schraubenzieher besäßen. Natürlich hatten wir keinen – ich glaube, es ist eine Art Meißel – aber er sagte, wir würden vermutlich etwas haben, mit dem er sich auch behelfen könnte, und ging in die Küche suchen.» Sie lachte glucksend vor sich hin. «Wenn du Mamas Gesicht hättest sehen können! Besonders, als er zurückkam und ihr eine Strafpredigt wegen des Zugreglers im Ofen hielt! Er erklärte ihr, daß er völlig verkehrt gehandhabt würde und setzte ihr genau auseinander, wie man es richtig macht. Ich bin beinahe zerplatzt, denn die arme Mama hatte nicht die leiseste Ahnung, wovon er überhaupt sprach! Und ich muß zu ihrer Ehrenrettung sagen, daß sie sich wunderbar benahm und ihn sogar einlud, zum Abendessen zu bleiben, was wirklich ein Musterbeispiel an Selbstverleugnung war! Er wollte aber nicht bleiben, weil er sagte, er sei nicht gekommen, um ihr Ungelegenheiten zu bereiten, und überdies hätte er sein Abendessen bereits im ‹Christophorus› bestellt. Und obzwar sie sagte, daß nichts in der Welt sie dazu bestimmen könnte, mich mit ihm reisen zu lassen, gab sie schließlich doch nach, weil sie überzeugt war, einen ihrer schrecklichsten Anfälle zu erleiden, wenn sie ihn nochmals empfangen müßte.»

«Ach, was für ein Schauspiel!» sagte er beeindruckt. «Und ich habe es nicht miterlebt! Das werde ich ewig bedauern!»

Sie kicherte. «Ja, aber ich meine doch, daß du es nicht so sehr genossen hättest wie ich, denn du besitzt ein viel stärker ausgeprägtes Feingefühl als ich und möchtest nicht, daß Mama ihn gräßlich findet. Ich persönlich mag ihn gern, und es ist mir herzlich gleichgültig, daß er ein schrulliger Mensch ist. Wir sind dicke Freunde geworden und er wird mich in die City führen und mir die wichtigsten Gebäude zeigen und mich zusehen lassen, wie im Tower die Münzen geprägt werden, und *alles*!»

Es zeigte sich bald, daß sie nicht geprahlt hatte. Mr. Chawleigh löste sein Versprechen nicht nur ein, sondern begann viel öfter im Lynton-Palais zu erscheinen und jedesmal mit einem neuen Plan für Lydias Unterhaltung. Er hielt es für einen ausgemachten Unsinn, daß sie nicht mit ihrem Bruder und ihrer Schwägerin Gesellschaften beiwohnen durfte, und neigte sehr dazu, Jenny dafür verantwortlich zu machen, daß sie Lydia nicht unverzüglich bei Hof vorstellte.

«Ich wollte, ich dürfte es», verteidigte sie sich, «aber dazu fehlt mir Lady Lyntons Erlaubnis, wie ich Ihnen bereits ein dutzendmal gesagt habe, Papa! Sie können doch nicht wollen, daß ich den Fehler begehe, sie ohne Lady Lyntons Zustimmung vorzustellen!»

«Wenn ich nur daran gedacht hätte, mit Lady Lynton darüber zu sprechen», seufzte er. «Ich bin überzeugt, ich hätte sie 'rumgekriegt. Und wenn ich gewußt hätte, daß Miss Lydia trübselig zu Hause sitzen muß, während du und Seine Lordschaft euch bei jeder Art großartiger Gesellschaften belustigt – ich sage Ihnen etwas, Kind! Wir beide fahren in die Stadt, um uns die Festbeleuchtung anzusehen, und essen anschließend in der ‹Piazza› zu Abend! Natürlich nur, wenn Seine Lordschaft damit einverstanden ist!»

«Sicher wird er einverstanden sein», nickte Lydia begeistert. «Ich finde es einfach herrlich!»

«Ja, aber nur, wenn Adam es Ihnen erlaubt», sagte Jenny streng.

Sie war keineswegs sicher, daß er seine Schwester gerne in Begleitung ihres Vaters durch die Stadt flanieren sehen würde.

Als sie jedoch die Frage vor ihm anschnitt, sagte er bloß: «Wie aufmerksam von Ihrem Vater! Ja, ich bin durchaus einverstanden – wenn er sie wirklich gerne mitnimmt, ohne sich dabei zu langweilen.»

«Ach, davon kann gar keine Rede sein», erwiderte sie. «Er sagt, es sei eine Freude, ihr etwas zu zeigen, weil sie jede Abwechslung so sehr genießt.» Nachdenklich ergänzte sie: «Sie ist genau jener Typ, den er gerne zur Tochter gehabt hätte, glaube ich. Sie sprudelt vor Lebensfreude förmlich über und steckt voll der lustigsten Einfälle.»

«Ich persönlich glaube, daß er mit seiner eigenen Tochter sehr zufrieden ist.»

«Ich weiß, daß er mich sehr liebt, aber ich kann nicht leugnen, daß ich oft eine traurige Enttäuschung für ihn bin. Nun ja, das läßt sich nicht mehr ändern, aber ich wollte, ich wäre hübsch, lebhaft und amüsant!»

«Ich nicht – wenn Lebhaftigkeit das bedeutet, was mir schwant. Und was das Amüsantsein anbelangt, Jenny, so finde ich Sie *höchst* amüsant.»

«Das ist höflich ausgedrückt, aber Sie meinen damit, daß Sie mich lächerlich finden, und das ist etwas ganz anderes», versetzte sie. «Ich nehme an, Sie werden auch nichts dagegen einzuwenden haben, daß ich Lydia eines Tages zum Russel Square mitnehme? Sie möchte den Kosaken sehen, der vor Mr. Lawrences Haus Wache steht, sooft der Zar hingeht, um sich porträtieren zu lassen. Was sagt man! Ist es nicht wieder typisch für Papa, ihr das zu erzählen? Butterbank ist mit Mr. Lawrences Diener befreundet, und deshalb vermag er es rechtzeitig zu sagen, wann der Zar erwartet wird. Ich selbst habe ja nicht das mindeste Interesse an dem Zaren – oder auch am König von Preußen, obwohl er, wie ich zugeben muß, trotz seines melancholischen Aussehens sehr schön ist. Diese Niedergeschlagenheit muß man ihm wohl verzeihen», fuhr sie fort, «denn wenn man – wie er oder sein Gefolge – nicht einen Fuß vor die Tür setzen kann, ohne daß sich gaffende Menschen versammeln, hat man wohl allen Grund, trübsinnig zu werden.»

«Lassen Sie sich nicht von Lydia beschwatzen, zum Russel Square zu gehen, wenn Sie es nicht gerne tun», warnte er. «Schließlich wird sie die Ausländer in der Oper bestaunen können.»

«Aber nicht den Kosaken. Wenn ich mir's recht überlege, wird sie auch von den Königen und Prinzen nicht viel sehen, denn unsere Loge liegt auf der gleichen Seite wie die Hofloge. Aber es wird bestimmt eine Menge anderer interessanter Menschen für sie zu bewundern geben.»

Sie hatte richtiger prophezeit, als sie es wußte. Es gab für Lydia bedeutend mehr zu sehen, als man es hätte ahnen können. Ihr Ausblick auf den Regenten, der zwischen dem Zaren auf der einen, und dem König von Preußen auf der anderen Seite saß, während ein Schwarm ausländischer Würdenträger sich hinter ihm scharte, war beschränkt; aber für jeden, der die Prinzessin von Wales zu sehen wünschte, war die Loge der Lyntons hervorragend gelegen.

Sie war von jeder Teilnahme an den Hoffestlichkeiten ausgeschlossen worden, aber sie rächte sich nun an dem Regenten. Während die Hymne gesungen wurde, rauschte sie in die ihm genau gegenüberliegende Loge. Sie war in schwarzen Samt gekleidet, trug eine schwarze Perücke, auf der ein Brillantdiadem funkelte, und war eine so auffallende Erscheinung, daß sie beinahe jedermanns Aufmerksamkeit, bis auf jene ihres königlichen Gemahls, erregte.

Die Hymne endete, und als die Grassini, deren warme Altstimme den Chor geleitet hatte, vor der Hofloge in einem tiefen Knicks versank, brach im Parterre ein Beifallssturm los, der sich ostentativ der Prinzessin zuwandte. Sie jedoch nahm davon keine Notiz, sondern lächelte bloß schadenfroh und machte zu einem ihrer Begleiter eine Bemerkung.

Der Regent hatte inzwischen der Grassini applaudiert, aber der nicht enden wollende Beifall veranlaßte ihn, sich umzudrehen und sich liebenswürdig zu verneigen – ob die Verneigung jedoch dem Publikum galt oder seiner Gemahlin, war eine heiß umstrittene und nie geklärte Frage.

Jedenfalls hielt Lydia sich für ungemein vom Glück begünstigt, daß sich ein so aufregender Zwischenfall bei der ersten öffentlichen Veranstaltung ereignete, der sie beiwohnte, und darüber vergaß sie, daß der Abend nicht sehr vielversprechend begonnen hatte.

Jenny hatte ihr für diesen Anlaß einen Umhang aus Schwanendaunen gekauft und sie überredet, jene Perlen zu tragen, die nach Lady Nassingtons Urteil für ihren eigenen Hals zu groß waren. Als Adam jedoch seine Schwester in diesem Schmuck sah, fragte er sie scharf: «Woher hast du diese Kette? Das ist doch sicherlich Jennys Schmuck?»

«Ja, sie hat mir die Perlen nur für heute abend geborgt. Ist das nicht lieb von ihr?»

Sein Gesicht wurde hart, aber er sagte freundlich: «Sehr gütig, aber mir ist lieber, du trägst sie nicht. Sie sind nämlich ein Vermögen wert, und Mama würde sie bestimmt für ein Mädchen deines Alters höchst unpassend finden.»

«Nein, durchaus nicht! Sie sagt vielmehr, daß Perlen der einzige Schmuck sind, den ein Mädchen meines Alters tragen darf! Und ich verspreche, sie wie meinen Augapfel zu hüten –»

«Besitzt du nicht selbst eine Halskette?» unterbrach er.

«Doch, aber die ist völlig wertlos. Wenn Jenny mir ihre Perlen leiht, sehe ich nicht ein, was du dagegen einzuwenden hast!» sagte sie gekränkt.

Jenny legte ihr die Hand auf den Arm und sagte mit ziemlich gepreßter Stimme: «Vielleicht sind sie wirklich nicht ganz das Richtige.

Ihre eigenen Kristalltropfen werden besser sein – schließlich sind sie doch sehr hübsch! Laufen Sie rasch hinauf und tauschen Sie die Kette um, ehe Brough hier ist. Bitte, Lydia!»

Lydia fühlte, daß der Raum plötzlich mit Spannung geladen war, ließ ihren Blick von Adam zu Jenny wandern und sah, daß Jenny dunkelrot geworden war. Sie gab dem kleinen Druck auf ihrem Handgelenk nach und verließ mit ihr den Salon. Sobald sich jedoch die Tür hinter ihnen schloß, fragte sie: «Aber – aber warum?»

Jenny schüttelte den Kopf und eilte die Treppe empor. «Ich hätte es nicht tun sollen – er hat absolut recht, Sie sind zu jung dafür.»

«Aber weshalb ist er denn so wütend? So kenne ich ihn gar nicht!»

Jenny löste ihr die Kette vom Hals und wandte sich ab, um sie in die Schmuckkassette zurückzulegen. «Der Zorn galt nicht Ihnen. Vergessen Sie es.»

«Dann war er also gegen Sie gerichtet? Aber was hatten Sie denn Schlechtes getan, um Himmels willen?»

«Es war ihm bloß nicht angenehm, daß Sie meine Perlen trugen. Es war unüberlegt von mir! Ich vergaß – ich dachte überhaupt nicht daran, daß –» Sie brach ab und zwang sich zu einem Lächeln. «Sind Sie fertig? Können wir hinuntergehen?»

«Glauben Sie, daß es ihn stört, wenn ich Perlen trage, die nicht mir gehören?» fragte Lydia. «Aber ich habe oft Charlottes Schmuckstücke getragen!»

«Das ist etwas anderes. Adam hat Skrupel – ich kann es Ihnen nicht erklären! Wenn man über große Reichtümer verfügt, muß man darauf bedacht sein, sie nicht – sie niemandem aufzudrängen! Ja, ja, es war richtig vulgär von mir! Es war nicht so gemeint, aber darauf lief es eben hinaus: Ich warf Ihnen meine Perlen einfach an den Hals!»

«Das war ungemein liebenswürdig von Ihnen!» sagte Lydia. «Direkt schwesterlich! Ebenso, daß Sie mir diesen Umhang kauften. Ich nehme an, das wird Adam auch nicht recht sein?»

«Oh, verraten Sie es ihm nicht!» bat Jenny. «Es ist zwar nur eine Kleinigkeit, aber – Himmel! War das nicht der Türklopfer? Wir müssen hinunter. Ich habe angeordnet, das Diner sofort nach Broughs Eintreffen aufzutragen, denn wir wollen doch nicht zu spät in die Oper kommen.»

Sie lief davon und setzte so dem Gespräch ein Ende. Aber Lydia hatte nichts zu sagen. Ein Vorhang war gelüftet worden und hatte ihr einen flüchtigen Blick hinter die Kulissen gestattet, in denen sie in ihrer Naivität ein erstaunliches Glück zu sehen geglaubt hatte. Sie war zu jung, um sich nicht vom Schein täuschen zu lassen, und es wäre ihr nie in den Sinn gekommen, daß zwei Menschen, die aller Welt ein Bild ruhiger Zufriedenheit boten, nicht so glücklich sein mochten, als sie schienen.

Es war nicht das erste Mal, daß sie einen so beunruhigenden Blick hinter die Kulissen getan hatte, aber damals hatte sich Adam sehr rasch wieder in die Gewalt bekommen. Zwischen ihm und Jenny herrschte so ein freundliches Einvernehmen, daß Lydia sich nie gefragt hatte, ob sich unter dieser glatten Oberfläche irgendwelche geheimen Gegenströmungen verbargen. Seiner siebzehnjährigen Schwester erschien es beinahe unvorstellbar, daß seine Liebe zu Julia nach wie vor bestehen konnte. Ein Opfer vermochte Lydia anzuerkennen; ein lächelnd gebrachtes Opfer aber war bedeutend schwieriger zu durchschauen und ungemein schwer zu verstehen.

Verstört folgte sie Jenny in den Salon. In Adams Gesicht hatte sich mehr als bloßer Ärger gespiegelt, als er Jennys Perlen an ihrem Hals erblickt hatte; er schien angewidert, Jenny hatte es bemerkt, und es hatte sie tief verletzt. Man konnte Jenny natürlich nicht mit Adam vergleichen, dennoch war es lieblos von ihm, sie zu kränken, die ihn nicht hatte beleidigen wollen.

Bei ihrem Eintritt in den Salon stellte sie erleichtert fest, daß Adam Jenny herzlich zulächelte. Vielleicht, so dachte sie zuversichtlich, hatte sie dem Vorfall zu große Bedeutung beigemessen und Adam hatte wirklich bloß gefunden, daß die Perlen für ein junges Mädchen zu kostbar wären.

Adam jedoch machte sich ob seiner Unbeherrschtheit die schwersten Vorwürfe. Da Lydia mit Brough plauderte, ergriff er die Gelegenheit, um zu Jenny zu gehen und ihr leise zu sagen: «Ich danke Ihnen! Ich hätte keine ruhige Minute gehabt, wenn sie den Schmuck nicht abgelegt hätte. Wie unüberlegt von Ihnen, Ihre kostbaren Perlen diesem kleinen Wildfang anzuvertrauen!»

Sie antwortete nur mit einem gequälten Lächeln. Er war schon versucht, das Thema fallenzulassen, aber ihr Gesicht zeigte wieder jene starre Ausdruckslosigkeit, die immer ein Zeichen ihres Kummers war. Wie unverzeihlich, sie gekränkt zu haben, dachte er, zumal sie nur das Beste gewollt hatte! Er versuchte es noch einmal: «Außerdem wäre es höchst unpassend, wenn ein Mädchen in Lydias Lage mit einem Vermögen um den Hals einherstolziert!»

Ihre Züge entspannten sich, und sie sagte: «Ja, da haben Sie wohl recht. Das hatte ich nicht überlegt – ich dachte bloß, wie vortrefflich ihr die Kette stehen würde. Es tut mir leid!»

«Sie paßte ihr auch wunderbar! Arme kleine Lydia! Ich hoffe, bei ihr nicht in Ungnade gefallen zu sein!»

Sie lachte, und als Lydia das hörte, verzieh sie Adam augenblicklich. Vielleicht gab es zwischen Eheleuten öfters Plänkeleien. Jedenfalls hatte sich alles wieder eingerenkt: Jenny war gelassen wie immer und Adam bester Laune. Sie setzte sich mit der Überzeugung zu Tisch, daß es doch noch ein schöner Abend werden würde, womit sie auch recht behielt. Es war nicht mehr das leiseste Anzeichen eines weiteren Mißverständnisses zwischen Adam und Jenny zu entdecken, daher vermochte sie den Zwischenfall rasch zu vergessen und ihre Gedanken den bevorstehenden Zerstreuungen zuzuwenden.

Ihrer Ansicht nach versprach der Einzug der verbündeten Staatsoberhäupter in die Guild Hall das bedeutendste Ereignis zu werden. Für Jenny dagegen schrumpfte alles zu Belanglosigkeiten zusammen neben der goldgeränderten Karte, mit der Lord und Lady Lynton gebeten wurden, am Donnerstag, den 21. Juli, an einer Galagesellschaft im Carlton House teilzunehmen, um die Ehre zu haben, Ihre Majestät die Königin zu begrüßen. Als die Einladung ankam, war Jennys erster Gedanke, es könnte sich nur um einen dummen Scherz handeln, und ihr zweiter, es sei jammerschade, daß Lydia nicht an diesem Fest teilnehmen durfte. Sie war erstaunt, als Lydia bekannte, keinen so großen Wert auf diese Einladung zu legen, und zutiefst entsetzt, daß der Regent in Lydias Augen ein dicker alter Mann war, dessen Korsett bei jedem Schritt krachte und der nach Parfum und Kampfer stank. Er hatte Fontley einen Besuch abgestattet, als sie noch ein kleines Mädchen gewesen war, und sie hatte es über sich ergehen lassen müssen, daß er sie in die Wange kniff und Herzchen nannte. «Und die Königin ist eine unfreundliche alte Schachtel», sagte sie. «Ich finde es viel lustiger, den Umzügen beizuwohnen.»

Außer den vier Oversleys und Brough hatte Jenny Mr. und Mrs. Usselby eingeladen, sich die Feierlichkeiten mit ihnen anzusehen. Adam war insgeheim davon überzeugt, daß manche Gäste nicht an Ort und Stelle sein würden, ehe die Straße für Wagen gesperrt war, aber er mußte erkennen, daß er Jennys Organisationstalent unterschätzt hatte. Sie bat alle Gäste zu einem Frühstück in der Grosvenor Street. Sie hatte nicht jahrelang Mr. Chawleighs Freunde eingeladen, mit ihr den Einzug des Oberbürgermeisters zu verfolgen, ohne gelernt zu haben, solche Unternehmen zu organisieren. «Wenn man Leute zu einem Schauspiel einlädt, muß man sie meiner Ansicht nach zusammentrommeln und hinführen, will man sich nicht ständig den Kopf darüber zermartern, ob sie auch alle rechtzeitig eintreffen werden.»

Dank dieser Voraussicht verlief alles reibungslos. Die Gäste versammelten sich im Palais Lynton zum Frühstück und fuhren anschließend gemeinsam in drei Wagen ab. Sie erreichten ihr Ziel zwar sehr früh am Tage, aber ohne große Schwierigkeiten, wenngleich sich die Straße bereits mit Schaulustigen füllte. Für die Einstellung von Pferden und Wagen war gesorgt worden, aber wie lange es nach den Umzügen dauern würde, bis die Menschenmenge sich soweit zerstreut hatte, um den Wagen die Durchfahrt zu erlauben, war eine Frage, die Lord Oversley kläglich zu Adam bemerken ließ, daß sie sich glücklich schätzen müßten, zur Stunde des Abendessens wieder alle in ihren Häusern zu sein.

Mr. Chawleigh hatte mit gewohnter Freizügigkeit das ganze Gebäude zur Unterbringung der Gesellschaft gemietet und nicht nur bei «Gunter» ein herzhaftes und abwechslungsreiches kaltes Büfett nebst einigen Kisten seines besten Champagners bestellt, sondern obendrein Butterbank mit zwei livrierten Dienern entsandt, um die Anwesenden zu bedienen. Lady Oversley war genauso verblüfft wie Mrs. Usselby, als sie von zwei Lakaien eingelassen wurde, aber als man sie in den ersten Stock geleitet hatte und sie sah, daß der Raum, außer mit den Bänken an den Fenstern, mit etlichen bequemen Sesseln ausgestattet worden war, fiel es ihr leicht, diesen Pomp zu verzeihen. Adam fiel das schon schwerer, doch er verriet mit keinem Wimpernzucken, daß diese üppigen Vorbereitungen ohne sein Wissen und seine Zustimmung getroffen worden waren. Die Usselbys mochten einander vielsagende Blicke zuwerfen, aber Mr. Charles Oversley vergaß völlig, daß ein eleganter Herr stets Blasiertheit zur Schau zu tragen habe, und rief beim Anblick des Tisches aus, der bereits mit Kuchen, Pasteten, Kapaunen, einem glasierten Schinken und unzähligen Früchten, Cremes und Gelees bedeckt war: «Beim Zeus, das lasse ich mir gefallen!»

Bis zum Erscheinen der Spitze des Umzuges waren noch einige Stunden zu überbrücken, aber die Zeit verflog rascher, als selbst die pessimistischesten Gäste es erwartet hatten. Lady Oversley zog sich mit Jenny zu einem freundschaftlichen Gespräch zurück, Lord Oversley nickte über der *Morning Post* ein, und die restlichen Anwesenden drängten sich um die Fenster und erörterten die Lösung der Verlobung der Prinzessin Charlotte, das schreckliche Ergebnis von Lord Cochranes Prozeß und vergnügten sich damit, die vielen Menschen auf der Straße zu beobachten und Wetten darüber abzuschließen, welche Frau innerhalb ihres Blickfeldes als nächste ohnmächtig werden würde.

Da Brough sich Lydia widmete, war es für Adam ein Gebot der Höflichkeit, neben Julia Platz zu nehmen, aber Lady Oversley warf ihnen mehr als einen ängstlichen Blick zu und hätte viel darum gegeben, zu wissen, was sie einander zu erzählen hatten. Sie wäre kaum beruhigt gewesen, hätte sie ihr Gespräch mitanhören können, denn eine zufällige Bemerkung hatte die beiden dazu geführt, über vergangene Zeiten zu sprechen, was Lady Oversley sicher äußerst gefährlich gefunden hätte. Julia entsann sich früherer Besuche auf Fontley und meinte seufzend: «Ich nehme an, daß es nun völlig verändert ist.»

«Nichts hat sich dort geändert», sagte Adam.

«Das freut mich. Ihre Mama pflegte sich zu beklagen, daß es allmählich unansehnlich werde, aber es war so einzigartig! Ich habe es stets geliebt und es würde mich zum Weinen bringen, es modernisiert und verschwenderisch ausgestattet zu sehen.» Sie hob den Blick zu seinem Gesicht. «Ist es angenehm, sehr reich zu sein?»

«Ich bin nicht sehr reich.»

«Nein? Nun, das Vermögen mag Jenny gehören, aber Ihr Leben verläuft doch jetzt sehr luxuriös, nicht wahr? Vermutlich muß es sehr erfreulich sein, alles zu haben, was man sich wünscht.»

Er sah sie unverwandt an und sagte schließlich ziemlich gefaßt: «Ich denke schon – wenn das möglich wäre.»

Wieder hob sie die Augen, und er sah Tränen darin. «Alles, was man kaufen kann. Man sagt, selbst das Glück ließe sich erkaufen. Sind Sie glücklich, Adam?»

«Wie können Sie mich so etwas fragen?» sagte er. «Sie müssen doch wissen –» Er brach ab und wandte seinen Blick von ihr.

«Ich möchte es wissen. Sie scheinen glücklich zu sein. Und ich frage mich, ob nicht –» Eine winzige Falte grub sich in ihre Stirn. «Ich werde vielleicht auch bald verheiratet sein», sagte sie unvermittelt. «Würde Ihnen das etwas ausmachen?»

Die Eröffnung traf ihn wie ein Peitschenhieb, aber er hatte gelernt, seine Gefühle zu verbergen, und antwortete: «Ja. Aber ich werde Ihnen viel Glück wünschen, nicht wahr? Wer – oder darf ich es nicht wissen?»

«Warum nicht? Rockhill, natürlich.»

«Rockhill?» wiederholte er ungläubig. «Das ist doch nicht Ihr Ernst! Ein Mann, der alt genug ist, Ihr Vater zu sein, und der überdies ... Nein, nein, das ist nicht möglich!»

Sie lächelte wehmütig. «Wenn Sie ein Vermögen heiraten konnten, warum sollte ich nicht das gleiche tun?» fragte sie.

«Aber das ist etwas ganz anderes! Sie wissen, weshalb ich –» Er besann sich und schwieg.

«Ja, ja, ich weiß es. Aber dachten Sie denn, ich hätte mich verliebt? Könnten Sie das denken?»

«Das nicht! Aber – o Gott, ich weiß nicht, was ich dazu sagen soll. Mir sträubt sich jedes Haar bei dieser Vorstellung –»

«Wirklich? Mir erging es nicht anders, bloß habe ich Ihnen nichts davon gesagt.» Darauf vermochte er nichts zu entgegnen, und sie fuhr sanfter fort: «Nehmen Sie es nicht so schwer! Ich möchte versuchen, ein wenig glücklich zu sein. Er ist ungemein charmant, wissen Sie, und in seiner Gegenwart fühle ich mich – ach, entspannt und zufrieden. Nein, das stimmt nicht ganz – ich kann es nicht erklären! Aber er liebt mich, und ich brauche das! Ich kann nicht leben, wenn ich nicht geliebt werde!»

Sie wurden unterbrochen. Mr. Oversley rief aus, er könne in der Ferne Hochrufe vernehmen, und beschwor seine Eltern, unverzüglich ans Fenster zu kommen. Sofort erhoben sich alle, und Adam hatte Zeit, sich von dem Schock zu erholen, während die anderen abgelenkt waren. Er kam seinen Pflichten nach, brachte seine Gäste an den Fenstern unter, und keiner hätte vermutet, daß sich hinter seiner lächelnden Ruhe ein Sturm der Gefühle verbarg. Julias Worte hatten ihn wie ein Degenstich durchbohrt. Er stöhnte innerlich darunter auf und war überrascht, in dem Durcheinander von Wut, Eifersucht und hoffnungslosem Begehren Entrüstung zu entdecken. Der Gedanke durchzuckte ihn, daß sie ihm diese Enthüllung hätte ersparen sollen. Er verflüchtigte sich sofort wieder und machte Reue und schmerzlichem Mitleid Platz. Wenn er auch das Opfer widriger Umstände gewesen war, trug doch er Schuld an ihrem Unglück. Und daß sie unglücklich war, vermochte er keinen Augenblick zu bezweifeln. Sie hatte die letzten Worte nur geflüstert, aber sie hatten wie ein Aufschrei geklungen, und in ihrem lieblichen Gesicht hatte sich etwas wie Verzweiflung gespiegelt.

«Da kommen sie!» Lydias Stimme zerschnitt seine schmerzlichen Gedanken. «Leichte Dragoner», antwortete er und ergänzte, als er die isabellfarbenen Aufschläge an den blauen Uniformen bemerkte: «Das Elfte Regiment – die Cherry Pickers*!»

Sie verlangte eine Erklärung für diesen Spitznamen, unterbrach sich aber, als die ersten der sieben Equipagen mit den Stabsoffizieren des Regenten der Eskorte folgten. Es zeigte sich, daß Brough die hochgestellten Persönlichkeiten besser zu identifizieren verstand als Adam, der damit wieder seiner Pflichten enthoben war. Mrs. Usselby war überzeugt, General Platoff unter den ausländischen Generalen erkannt zu haben, gab aber schließlich zu, daß sie sich geirrt haben müßte, da der Zug des Zaren, der vom Hotel Pulteney kam, erst jenem des Regenten folgen würde.

Die Staatskarossen mit den Herzogen schlossen an die Generale an. Adam warf einen flüchtigen Blick zu dem anderen Fenster, und versicherte sich, daß alle einen guten Ausblick genossen. Sein Blick fiel auf Jennys Gesicht. Sie stand, genau wie er, hinter ihren Gästen und hatte niemals reizloser ausgesehen. Auf ihren Backenknochen zeichneten sich rote Flekken ab, darunter aber war sie bleich und ein wenig eingefallen. Er sah weg, denn es war ihm unerträglich, den Vergleich mit Julia zu ertragen, die dicht neben ihm saß.

Die Karosse des Sprechers war vorbeigerollt und ebenso die Equipagen mit den Kabinettsmitgliedern. Als nächstes folgte ein Trupp der Horse Guards, die vor den Galaoffizieren des Regenten und den ausländischen Gefolgen ritten. Während diese Wagen langsam vorbeizogen, bemerkte Adam rechts von sich eine unauffällige Bewegung und wandte sich rechtzeitig um, um zu sehen, daß Jenny das Taschentuch an die Lippen preßte und diskret das Zimmer verließ. Unschlüssig sah er ihr nach. Dann fiel ihm ein, daß ihm ihr müdes und erschöpftes Aussehen schon mehrmals in letzter Zeit aufgefallen war, und er zog sich leise vom Fenster zurück und ging ihr nach.

Sie war ins Hinterzimmer gegangen und dort auf einen Stuhl gesun-

* Kirschenpflücker. Anm. d. Übers.

ken. Als er eintrat, hob sie die Augen, entfernte das Taschentuch vom Mund und sagte mit schwacher Stimme: «Es ist nichts! Ich werde mich gleich wieder wohler fühlen – bitte gehen Sie zurück! Und machen Sie zu niemandem eine Erwähnung!»

Er schloß die Tür und sah sie besorgt an. «Sie sind krank, Jenny. Was fehlt Ihnen?»

«Es war bloß die Hitze. Ach, gehen Sie zu den anderen! Ich komme in einer Minute nach.»

«Ich werde Lady Oversley fragen, ob sie Riechsalz bei sich hat, Sie tragen ja nie welches mit, das weiß ich.»

«Nein! Ich brauche kein Riechsalz und ich will nicht, daß jemand etwas erfährt!»

«Aber –»

Ihre Brust hob sich schwer. «Ich fühle mich nicht schwindelig. Mir ist übel!»

Diese unromantische Entdeckung ließ ihn lächeln, aber er sagte mit aufrichtigem Mitgefühl: «Mein armes Herz!»

«Es ist nichts», wiederholte sie.

Er ging ins andere Zimmer zurück, um aus dem Eiskübel eine Flasche Champagner zu holen. Beinahe alle Gäste verfolgten angeregt die acht milchweißen Pferde, die des Regenten Staatskarosse zogen, aber Lady Oversley wandte sich um, als er eintrat, kam zu ihm und flüsterte: «Fühlt Jenny sich nicht wohl? Soll ich zu ihr gehen?»

Leise erwiderte er: «Ihr war nur die Hitze ein wenig zu drückend. Bitte bemühen Sie sich nicht. Sie will nicht, daß jemand davon erfährt und dadurch gestört wird.»

Das sah sie ein. «Natürlich nicht. Sagen Sie ihr, sie kann sich ganz auf mich verlassen, falls jemand ihre Abwesenheit bemerken sollte. Nehmen Sie mein Riechsalz mit und holen Sie mich, wenn Sie mich brauchen!»

So bewaffnet begab er sich abermals zu Jenny. Sie lehnte mit geschlossenen Augen in ihrem Sessel, schlug sie jedoch auf, als er ihr das Riechfläschchen unter die Nase hielt, und sagte ärgerlich: «Wo haben Sie das her? Ich habe Sie ausdrücklich gebeten, es niemandem zu sagen!»

«Hören Sie auf, mich zu schelten, kleiner Zankteufel! Das Riechfläschchen stammt von Lady Oversley, und ich sagte ihr bloß, daß Sie die Hitze schlecht vertragen hätten. Diese Erklärung war ich ihr schuldig, denn sie hat Sie hinausschleichen gesehen.»

Sie fügte sich, nahm ihm das Riechfläschchen ab, rümpfte die Nase und sagte mißmutig: «So ein Unfug! Ich, über einer Flasche Riechsalz schmachtend! Nein, öffnen Sie den Champagner nicht, denn ich will keinen! Es geht mir bereits wieder besser und es besteht keine Ursache, sich meinethalben zu beunruhigen.»

Er fand, daß sie alles andere als gut aussah, sagte aber nur, als er die Flasche entkorkte und den schäumenden Wein ins Glas fließen ließ:

«Versuchen Sie doch, ob meine Medizin Sie nicht gleich stärken wird! Trinken Sie, Jenny – mir zuliebe!»

Sein einschmeichelnder Ton trieb ihr wieder etwas Farbe in die Wangen. Sie nahm das Glas mit zittriger Hand entgegen und sagte in ihrem schroffsten Tonfall: «Vielen Dank! Sie sind sehr gütig!»

Er wartete, bis sie von dem Weine getrunken und etwas von ihrer frischen Farbe zurückgewonnen hatte, und fragte dann: «Und jetzt sagen Sie mir, Jenny, was mit Ihnen los ist. Sie haben sich in letzter Zeit oftmals nicht wohl gefühlt, nicht wahr? Haben Sie sich überfordert?»

«Nein, natürlich nicht.»

«Was ist es dann?»

Sie warf ihm einen bösen Blick zu. «Wenn Sie es schon wissen müssen, ich bin in der Hoffnung», sagte sie, ohne sich erst mit gewundenen Andeutungen aufzuhalten.

15

Diese Ursache hatte er nicht vermutet und die Überraschung raubte ihm die Sprache. Stumm starrte er sie an. Sie sagte abwehrend: «Nun, das war schließlich zu erwarten, nicht wahr? Ich kriege ein Kind, verstehen Sie?»

Seine Lippen zuckten. «Ja, das habe ich schon begriffen, aber – ich bitte um Vergebung, aber wirklich, Jenny!»

«Ich sehe nicht ein, was es da zu lachen gibt», sagte sie und sah ihn gekränkt an. «Ich dachte, Sie würden sich freuen!»

«Aber ja, natürlich freue ich mich! Aber mir die Neuigkeit so ins Gesicht zu schleudern und in einem solchen Augenblick –» Seine Stimme bebte verdächtig, aber er meisterte sie und sagte reumütig: «Es tut mir leid – sehen Sie mich nicht so beleidigt an! Ich werde bestimmt nicht wieder lachen! Aber was sollen wir jetzt tun? Sie Äffchen, einer solchen Exkursion beizuwohnen! Wie, zum Teufel, soll ich Sie jetzt nach Hause schaffen?»

Sie richtete sich auf und erwiderte mit Spuren ihrer gewohnten Energie: «Sie werden mich nach Hause bringen, wenn der Festzug vorbei ist, und nicht eher, vielen Dank! Es geht mir jetzt besser. Ich sagte Ihnen, es bestünde kein Grund zur Aufregung, und es besteht auch keiner. Es ist nur natürlich, daß mir manchmal übel wird – wenn ich auch zugeben muß, daß diese Zustände die Freude gehörig schmälern!»

Er verschluckte sich. «Das kann ich mir vorstellen», sagte er mühsam. «Arme – arme Jenny!»

«Ja, ich merke, daß Sie das höchst amüsant finden», erwiderte sie.

«Nein, durchaus nicht – *Sie* sind es, die ich höchst amüsant finde, nicht Ihre Übelkeit, mein Wort darauf! Sind Sie sicher, daß Sie sich genügend wohl fühlen, um hier zu bleiben? Wenn Sie es mir nur gesagt hätten, ehe wir diese Zusammenkunft arrangierten!»

«Papperlapapp!» sagte sie, erhob sich und straffte die Schultern. «Es geht mir wieder ausgezeichnet. Um Himmels willen, machen Sie kein Aufhebens davon, Adam, denn mir fehlt nicht das geringste, und wenn ich etwas nicht leiden kann, dann sind es aufgescheuchte Menschen, die um mich herumzappeln, als litte ich an der Auszehrung! Und wohlgemerkt: Kein Wort zu Papa!»

«Aber, meine Liebe –!» rief er zutiefst verblüfft aus. «Sie können doch nicht die Absicht haben, es vor ihm geheimzuhalten?»

«Genau das beabsichtige ich, so lange es möglich ist. Ich hätte auch Ihnen nichts verraten, wenn ich dazu nicht gezwungen gewesen wäre, denn es ist erst kurze Zeit her und sinnlos, sich mit etwas zu brüsten, das vielleicht doch nicht zustande kommt. Hören Sie, Adam, Sie kennen Papa nicht halb so gut wie ich, also seien Sie so freundlich und tun Sie, worum ich Sie bitte! Sobald er von meinem Zustand erfährt, wird er mich am liebsten in Watte packen wollen, ganz davon zu schweigen, daß er die halbe Londoner Ärztewelt herbeischleppen und mich damit halb wahnsinnig machen wird! Sie können Martha fragen, wenn Sie mir nicht glauben! Sie wird Ihnen meine Worte bestätigen und Ihnen überdies sagen, daß es mir bedeutend besser tut, nicht verzärtelt zu werden.»

«Oh, Martha weiß es also!» atmete er auf.

«Aber natürlich! Wenn Sie mir jetzt noch einen Schluck von Ihrer Medizin einschenken wollen, werde ich wieder vollkommen auf dem Damm sein und zurückgehen, um mir den Rest des Umzuges anzusehen. Und glauben Sie nur ja nicht, daß ich ohnmächtig werden oder Zustände kriegen werde, denn ich stehe sehr fest auf meinen Beinen, darauf können Sie sich verlassen!»

Er mußte sich ihren Wünschen fügen, wenngleich er sehr beunruhigt war. Sie stießen eben rechtzeitig zu den Gästen, um den Zug des Zaren vorbeidefilieren zu sehen und zu erfahren, daß nicht einmal seine Anwesenheit in der Karosse des Königs von Preußen gewisse Menschen in der Menge davon abgehalten hatte, den Prinzregenten mit Pfiffen zu bedenken. Falls ihre Abwesenheit bemerkt worden war, ließ niemand eine Bemerkung darüber fallen. Da das Schauspiel beendet war, wandten sich die Gedanken aller dem Essen zu. Adam behielt Jenny ängstlich im Auge, aber obwohl sie nur ein winziges Stückchen Kapaun und zwei Löffel Gelee aß, zeigte sie keine Anzeichen einer abermaligen Übelkeit. Dennoch quälte ihn die Sorge, daß die Feierlichkeiten zu anstrengend für sie seien, und obgleich er höflich mit seinen Gästen plauderte, suchten seine Gedanken einen Ausweg für den Fall, daß die Übelkeit sie nochmals überwältigen sollte. Erst als er ihr in der Grosvenor Street aus dem Wagen half, erinnerte er sich seines Gesprächs mit Julia, aber es hatte viel von seinem Gewicht verloren. Er hatte ihre Worte so wenig vergessen wie eine Wunde, die schmerzt, sooft man daran rührt, aber Jennys Zustand lag ihm bedeutend mehr am Herzen, denn Jenny war seine Frau und er fühlte sich für ihr Wohlbefinden verantwortlich.

Schuldbewußt gestand er sich, daß er ihrer Eröffnung nicht mit jenem Entzücken begegnet war, das sie von ihm erwartet hatte. Wenn sie ihre Enttäuschung auch augenblicklich hinter betonter Sachlichkeit verborgen hatte, glaubte er doch, Kummer von ihrem Gesicht abgelesen zu haben. Das tat ihm leid, aber so sehr er sich auch bemühte, vermochte er kein stürmischeres Empfinden als die objektive Erkenntnis heraufzubeschwören, daß ein Erbe seines Namens wünschenswert sei. Eher gelang es ihm noch, um Jenny besorgt zu sein, die sichtlich körperliches Unbehagen zu ertragen hatte. Sie erwähnte das Thema niemals, außer, um ihn auf seine Frage zu versichern, daß sie sich ausgezeichnet fühle. Da er an die Ansprüche seiner Mutter gewöhnt war, die sie selbst beim kleinsten Unbehagen an das Mitgefühl ihrer Umgebung stellte, erschien ihm Jennys Gleichmut bewundernswürdiger und ungewöhnlicher, als er es tatsächlich war. Er bat sie, einen Arzt zu Rate zu ziehen, aber davon wollte sie nichts hören. «Wenn Sie damit meinen, daß ich Doktor Wrangle holen lassen soll, den einzigen Arzt, den ich kenne, dann muß ich das ablehnen! Erstens ist er ein altes Weib und zweitens würde er Papa alles noch vor Ablauf einer Stunde zugetragen haben, weil er es nie wagen würde, die Neuigkeit für sich zu behalten. Und wenn Sie glauben, daß ich zu einem Geburtshelfer gehen sollte, so hat es bis dahin noch reichlich Zeit, denn er könnte mich nicht besser beraten als Martha, und vermutlich nicht einmal halb so gut. Also denken Sie nicht mehr daran, mein Lieber, sonst müßte ich noch bedauern, es Ihnen jemals gesagt zu haben!»

«Sie verlangen aber wirklich viel von mir! Bin ich denn gar nicht daran beteiligt?»

Sie lachte in sich hinein. «Ganz gewiß sind Sie das, aber Ihre Rolle ist beendet und der Rest ist meine Sache!»

«Jenny, dieser Mangel an Delikatesse treibt mir die Schamröte in die Wangen!»

«Ja, aber – ach, Sie lachen mich aus! Adam, überlassen Sie alles mir! Ich verspreche Ihnen, daß ich mich richtig verhalten werde.»

«Aber tun Sie es denn? Ständig feiern Sie kleine Feste mit Lydia –! Sagen Sie mir die Wahrheit! Wäre es nicht das beste, sie nach Bath zurückzuschicken? Schließlich hat sie sämtliche großen Tiere gesehen.»

«Ja, ich kann mir schon ausmalen, was Sie mir gerne verschreiben möchten», gab sie zurück. «Den ganzen lieben Tag auf dem Sofa liegen und an dem widerlichen Riechfläschchen schnuppern, das Mrs. Quarley-Bix mir gab!»

«Nein, davon kann keine Rede sein. Aber ich überlege, ob ich Sie nicht lieber aus der Stadt bringen sollte, solange Sie sich so wenig wohl fühlen? Nach Cheltenham vielleicht, oder Worthing oder –»

«Ach, tatsächlich?» unterbrach sie ihn. «Nun, ich muß zwar sagen, das ist ungemein freundlich von Ihnen, Mylord, aber ich kann mich für solche Kurorte nicht erwärmen. Was für ein verdrehter Gedanke, wenn die Karten für unsere eigene Abendgesellschaft schon alle versandt sind, die Gesellschaft im Carlton House vor der Tür steht, vom Thanksgivings-Gottesdienst in der St.-Pauls-Kirche ganz zu schweigen –»

«Mein Gott, dem wohnen wir doch nicht etwa auch bei, oder doch?» rief er aus.

«Doch, wenn Brough uns Karten verschaffen kann, was ihm durch Lord Adversane leicht gelingen wird. Ach, setzen Sie nicht diese jämmerliche Miene auf, Adam? Ich freue mich genauso darauf wie Lydia! Und was ihre Rückreise nach Bath vor den großen Festlichkeiten in den Parks betrifft, so will ich gar nichts davon hören! Im Green Park wird ein Ballon aufsteigen, am Abend wird die Schlacht von Trafalgar auf der Serpentine ausgefochten, es wird ein Tempel der Eintracht errichtet werden, eine chinesische Pagode und weiß Gott was sonst noch alles zu besichtigen sein – nein, es würde ihr das Herz brechen, wenn sie das versäumen müßte!»

«Jenny, Sie können doch wohl nicht annehmen, daß ich es mitansehen werde, wie Sie sich den Tod holen, indem Sie sich durch die Parks schleppen, um diesen Jahrmarkt zu besichtigen –»

«Nein, das werden Sie für mich tun, Mylord», sagte sie mit unvermitteltem Lachen. «Oder Brough, das ist noch wahrscheinlicher. Ich werde alles, was mich interessiert, vom Wagen aus sehen, das verspreche ich feierlich!» Sie zögerte und sagte dann: «Sobald sämtliche Festlichkeiten vorbei sind, muß Lydia nach Bath zurück, und ich würde es begrüßen, wenn Sie mich nach Fontley brächten und wir dort – blieben.»

«Natürlich bringe ich Sie hin», antwortete er. «Auch nach Holkham, wenn Sie sich stark genug dazu fühlen. Ich glaube allerdings nicht, daß Sie Lincolnshire während der Wintermonate viel abgewinnen werden, deshalb –»

«Und wenn ich Ihnen mein Wort gebe, daß ich mich nicht einmenge – nichts verändere – genauso, als wäre ich ein Gast?»

Diese zaghaft vorgebrachte Bitte erschütterte ihn so tief, daß er sie einen Augenblick lang nur anstarrte und unfähig war, eine Antwort zu finden. Er war glücklich gewesen, vor dem erdrückenden Luxus des Lynton-Palais nach Fontley zu fliehen, aber er hatte nicht einmal sich selbst eingestanden, daß er es nicht wünschte, daß Jenny sich dort niederließ. Der demütige Klang ihrer Stimme, als sie ihre Bitte hervorstammelte, ihr Blick, der ihm verriet, daß sie eine Abfuhr befürchtete, beschämten ihn mehr als ein Wort des Vorwurfs es vermocht hätte. Entsetzt dachte er: Ich nehme alles und gebe nichts.

«Ich weiß, daß Sie mich nicht dort haben wollen, aber ich würde Sie nicht belästigen», sagte sie schlicht.

Er nahm sich zusammen und zwang seine Stimme zu einer Leichtigkeit, die er nicht empfand. «Wollen Sie es mir jetzt heimzahlen, weil ich Sie ausgelacht habe? Und was geschieht, wenn ich Ihnen sage, daß ich Sie natürlich nicht bei mir haben möchte und ohne Sie bedeutend bequemer lebe? Da würde ich fein dastehen, wie?»

Sie lächelte unsicher. «Ich mache es Ihnen bequem, nicht wahr?»

«Keine Spur! Jetzt aber im Ernst, Jenny! Ist diese Reise wirklich Ihr Wunsch? Sie wollen doch nicht etwa dorthin übersiedeln, weil Sie annehmen, daß ich es gerne sähe?»

«O nein!» rief sie und ihre Stirn glättete sich. «Ich führe schrecklich gerne! Sie wissen doch selbst, wie sehr ich es genoß, auf Rushleigh zu leben.»

«Das war im Frühling – und in Hampshire. Ob Ihnen das Sumpfland im Winter gefallen wird, ist eine andere Frage. Nun, wenn Sie ihm keinen Reiz abgewinnen können oder sich zu Tode langweilen, was ich befürchte, müssen Sie es mir sagen. Wann findet dieses absurde öffentliche Schauspiel statt?»

«Am 1. August.»

«Im August? Aber meine Gute, da geraten wir unweigerlich in eine Horde von –»

«Händlern und Neureichen?» half sie aus, als er jäh abbrach.

Ein flüchtiges Erröten verriet ihn, aber er rettete die Situation flink mit den Worten: «Nichts halb so Respektables! Eitle Laffen und Angeber! Weiß Ihr Vater von diesem Vorhaben?»

Ihre Augen verengten sich in einem spontanen Lachen. «Das war ein Meisterstreich!» sagte sie anerkennend. «Herrjeh, denken Sie, ich wußte nicht, daß Ihnen das Wort ‹Neureiche› auf der Zunge schwebte? Ja, Papa weiß davon und hat nichts dagegen. Wenn Sie es jedoch nicht gerne sehen, daß Lydia mitkommt –»

«Ich sehe nicht gerne, daß Sie sich überanstrengen, nur um Lydia ein Vergnügen zu bereiten», erwiderte er.

«Ich überanstrenge mich nicht.»

«Wir wollen einmal hören, was Martha dazu zu sagen hat.»

Miss Pinhoe jedoch fertigte ihn kurz ab, als er sie um ihren Rat fragte, und gab ihm zu verstehen, daß seine Sorge fehl am Platze sei und sie nichts von den Versuchen hielt, Jenny zu verweichlichen. «Davon werden wir genug auszustehen haben, wenn der Herr davon erfährt», sagte sie angriffslustig. «Überlassen Sie Miss Jenny nur mir, Mylord!»

Das tat er nur zu gerne, aber er glaubte nicht, daß sich das Geheimnis noch lange vor Mr. Chawleigh verbergen lassen würde. Mr. Chawleighs scharfen Augen entging nicht so leicht etwas, und wenn er erst einmal bemerkt hatte, daß Jenny kränklich aussah, würde er bestimmt die Ursache zu erfahren verlangen.

Mr. Chawleighs Augen jedoch waren von den festlichen Ereignissen geblendet, die seiner Tochter bevorstanden, und obwohl er bemerkte, daß Jenny nicht ganz so frisch aussah wie sonst, riet er ihr doch bloß, sich durch die vielen Besichtigungen in der Stadt nicht zu übermüden. «Das fehlte noch, mein Mädchen, daß du mir vor dem Empfang im Carlton House krank wirst!» sagte er.

Sooft Mr. Chawleigh an diesen Empfang dachte, rieb er sich entzückt die Hände, und bei jedem Besuch, den er seiner Tochter abstattete, erlag er der Versuchung, die Einladungskarte mit liebevollen Fingern hochzuheben, sich daran zu weiden und sie immer wieder laut zu lesen.

«Wenn ich daran denke, wie knapp ich daran war, Lord Oversley zu sagen, daß ich mit Ihnen gar nichts anfangen kann», vertraute er Adam mit plötzlicher Offenheit an. «Selbst ein Marquis hätte nicht mehr für meine Jenny erreichen können! Es war schon ein großer Tag für mich, als ich ihr in den Wagen half, der sie zu ihrer Vorstellung bei Hof brachte, aber das war schließlich nicht mehr, als ich mir von dem Geschäft erwartet hatte. Aber *das* –! Im Auftrag Seiner Majestät des Königs bittet der Oberkammerherr Sie und Jenny zu einer Galagesellschaft, bei der Sie die Ehre haben werden, Ihre Majestät die Königin zu sehen! Also ich will Ihnen ehrlich gestehen, Mylord, so einen Aufschwung hatte ich mir selbst in meinen kühnsten Träumen nicht erhofft!»

Adam, der sich allmählich gegen die freimütigen Bemerkungen seines Schwiegervaters abhärtete, lachte, sagte jedoch, daß die Einladung nicht sein Verdienst sei. «Da überschätzen Sie mich, Sir. Wir verdanken die Einladung meinem Vater, der zu den Freunden des Prinzen zählte. Ich hoffe, es wird Jenny gefallen!»

«Und ob es ihr gefallen wird! Dafür lege ich meine Hand ins Feuer! Ach, und ich freue mich schon jetzt auf den Augenblick, wo sie mir alles erzählen wird, das dürfen Sie mir glauben. Wie stolz wäre doch Mrs. C. gewesen, wenn sie die Erfüllung ihres Wunsches noch hätte miterleben dürfen!»

«Vielleicht weiß sie, was hier auf Erden vorgeht», meinte Adam.

«Wissen Sie, daß ich mir das auch gern ausmale?» gestand Mr. Chawleigh. «Aber vielleicht ist nur der Wunsch der Vater des Gedankens – jedenfalls hat es keinen Sinn, den Kopf hängen zu lassen, werden Sie mir sagen.»

«Das werde ich bestimmt nicht, aber dabei fällt mir ein, daß ich noch ein Hühnchen mit Ihnen zu rupfen habe, Sir: Jenny sagte mir, daß Sie nicht die Absicht haben, auf unserer Abendgesellschaft zu erscheinen.»

«Nein, habe ich nicht, und ich hab ihr den Kopf nicht schlecht dafür zurechtgesetzt, daß sie mir eine Karte schickte – wenn ich es Ihnen auch hoch anrechne, mich eingeladen zu haben! Einen schönen Eindruck würde das machen, wenn ich mich zwischen die noblen Leute drängen würde! Und in die St.-Pauls-Kirche komme ich ebensowenig, also reden wir nicht mehr darüber!» Er lachte genußvoll in sich hinein. «Nein, die Art, in der Jenny mir erzählte, daß sie die Eintrittskarten von Lord Adversane bekommen würde! ‹Broughs Vater› hat sie ihn genannt, als ob sie schon in der Kindheit mit ihm Kirschen gestohlen hätte!»

Da Adam diesem Gedankengang nicht recht zu folgen vermochte, antwortete er nichts darauf, sondern wandte sich abermals der bevorstehenden Abendgesellschaft zu. Seine Überredungskünste prallten jedoch an Mr. Chawleighs entschiedenem Nein ab, der ihm mit peinlicher Offenheit auf den Kopf zusagte, daß Adams Freunde sich rasch verlaufen würden, wenn er ihnen seinen Schwiegervater auftischte.

Wenn Mr. Chawleigh sich auch weigerte, an der Abendgesellschaft teilzunehmen, so erwies sich doch bald, daß er fest entschlossen war, seine Gegenwart fühlbar zu machen, denn er zeigte das lebhafteste Interesse an den Vorbereitungen und hatte sich in den Kopf gesetzt, die Gesellschaft seiner Tochter müsse glanzvoller sein als jede andere der gesamten Saison. «Bestell du nur das Allerbeste!» schärfte er seiner Tochter ein. «Die Bezahlung überlaß mir, keine Angst! Du wirst ein halbes Dutzend Bedienstete brauchen. Ich werde dir meine Diener herüberschicken. Und zerbrich dir nicht den Kopf wegen des Champagners; um den werde ich mich kümmern, und ich wette, du wirst keine Klagen von deinen Gästen darüber hören!»

«Vielen Dank, das ist sehr freundlich von Ihnen, aber ich habe mich der Sache bereits angenommen, Sir», sagte Adam und bemühte sich nicht ganz erfolgreich um einen herzlichen Ton.

«Dann haben Sie bestimmt Ihr Geld verschwendet, Mylord!» versetzte Mr. Chawleigh gereizt. «Hirnverbrannt nenne ich das – nichts für ungut – denn Sie hätten sich denken können, daß ich einen billigeren und besseren auftreiben kann als Sie!»

Da hier seine Pläne vereitelt worden waren, wählte er einen anderen Kurs und schlug vor, das Lynton-Silber mit seiner eigenen formidablen Servicesammlung zu ergänzen, damit, wie er erklärte, die Leute was zum Gaffen hätten. Dieser Vorschlag versetzte Adam so in Weißglut, daß er ohne jede Entschuldigung aus dem Zimmer stürmte. Er begab sich in seine Bibliothek, wo Jenny ihn kurz darauf fand. Er musterte sie mit feindseligem Blick und sagte schroff: «Jenny, ich habe nicht den Wunsch, Ihren Vater zu kränken, aber ich wäre Ihnen dankbar, wenn Sie ihm unmißverständlich auseinandersetzten, daß ich weder seine Dienerschaft noch sein Service brauche und auch nicht beabsichtige, finanzielle Unterstützungen von ihm anzunehmen.»

«Als ob ich das nicht wüßte», versetzte sie gelassen. «Es besteht nicht der geringste Anlaß für Sie, in Wut zu geraten! Verhalten Sie sich einfach still, mein Lieber, und überlassen Sie es mir, mit Papa zu verhandeln – und ich verspreche Ihnen, daß ich mit ihm reden werde! Es wird nichts geschehen, was Ihnen mißfällt, und ich beabsichtige ebensowenig wie Sie, Geld von ihm zu nehmen. Ich bin gekommen, Ihnen das zu sagen, denn ich sah, daß Papa Sie förmlich in Weißglut gebracht hat.»

Die Spannung fiel von ihm ab und er sagte beschämt: «Hoffentlich hat er es nicht ebenfalls bemerkt.»

«Natürlich tat er das, aber das ist einerlei. Ihm macht es Freude zu schenken, und er begreift nicht immer, daß sich nicht alle Menschen ihre Brote gerne auf beiden Seiten mit Butter bestreichen lassen. Ich habe ihm alles erklärt, Sie können also völlig beruhigt sein.»

«Davon bin ich weit entfernt», gestand er. «Ich sollte mich aber wegen meiner Grobheit bei ihm entschuldigen.»

«Lächerlich! Ich behaupte ja nicht, daß er Ihre Motive versteht, aber er mag Sie dafür, daß Sie nicht an seinen Rockschößen hängen wollen, nicht minder. Denken Sie nicht weiter daran!»

Es gelang ihm zwar nicht, Jennys Rat zu beherzigen, aber zumindest bemühte er sich, vor Jenny zu verbergen, daß Mr. Chawleighs ungestümer Tatendrang ihn zutiefst beunruhigte. Da es Mr. Chawleigh untersagt worden war, die Abendgesellschaft seiner Tochter auf Hochglanz zu polieren, wandte er seine Aufmerksamkeit nun ihrer persönlichen Aufmachung zu. Sein durch Lady Nassington erzwungener Rückzug nagte noch immer an ihm, und so zielten nun seine Bestrebungen in beängstigender Weise darauf ab, Jenny, wie er es nannte, piekfein auszustaffieren. Mit Schaudern erwartete Adam, daß sie wie ein wandelnder Juwelierladen aussehen würde. Er erfuhr niemals, mit welchen Mitteln es Jenny gelungen war, ihrem Vater auszureden, für sie ein Diadem aus Rubinen und Brillanten zu kaufen, das ihm ins Auge gestochen hatte; und da sie sämtlichen Vorschlägen Mr. Chawleighs für ihre Verschönerung zustimmte, war Adam angenehm überrascht, daß sie am Abend der Gesellschaft kein anderes Geschmeide trug als den zarten Halsschmuck, der Lady Nassingtons Zustimmung gefunden hatte, die Brillantnadel, die er selbst ihr als Hochzeitsgeschenk überreicht hatte, und nur zwei ihrer unzähligen Armbänder.

Für eine weitere Verschönerung ihrer Erscheinung hatte er seiner Schwester zu danken. Lydia hatte die Modezeichnungen eines Journals studiert und plötzlich ausgerufen: «Jenny, das würde Ihnen gut stehen!»

Jenny beugte sich über Lydias Schulter, betrachtete eine gertenschlanke Frau in einem Ballkleid aus weißem Satin und einem dreiviertellangen blaßblauen Umhang und sagte nüchtern: «Nein, überhaupt nicht. Da sähe ich noch gedrungener aus als ich es schon bin, Sie Gänschen!»

«Aber nicht das Kleid!» wehrte Lydia ab. «Die Frisur! Keine Löckchen und kein gekraustes Haar, das ich einfach scheußlich finde, genau wie Mamas Kreppsachen! Wenn Sie Ihr Haar so frisierten, wäre das sehr vorteilhaft und nicht alltäglich, und Tante Bridestow sagt, das ist ungemein wichtig, es sei denn, man hat das Glück, eine Schönheit zu sein.»

Jenny betrachtete den Stich ziemlich mißtrauisch. Für jemanden, der an die kunstvollen Haartrachten gewöhnt war, die mit Brenneisen und Lockenwickler zustande kamen, sahen die glatten Zöpfe der grazilen Dame höchst sonderbar aus. «Ich sähe aus wie ein Küchentrampel!» urteilte sie.

«Versuchen Sie es doch!» schmeichelte Lydia. «Sie wollen sich das Haar für die Gesellschaft doch waschen und eindrehen lassen. Na also! Wenn Martha es gewaschen hat, lassen Sie es von mir legen. Ich habe Charlotte oft frisiert, und selbst Mama gibt zu, daß ich es besser kann als Miss Poolstock. Und wenn es Ihnen nicht gefällt, kann Ihnen Martha noch immer Locken drehen!»

Jenny gab schließlich widerwillig nach. Als jedoch Lydias geschickte Finger ihr Werk vollendet hatten und Jenny ihr Spiegelbild betrachtete, war sie nicht unzufrieden. Nach gründlicher Musterung sagte sie: «Es erscheint mir fremd, daß ich keine Locken über den Ohren habe, aber es läßt sich nicht abstreiten, daß mein Gesicht dadurch weniger breit wirkt – nicht wahr?»

«Sehr richtig!» nickte Lydia. «Sie dürfen nie mehr diese Lockenbüschel tragen, sondern stets Ihr Haar so frisieren, daß es zu beiden Seiten des Gesichts anliegt und es dann oben auf dem Kopf zu einer Krone flechten. Und höre Sie endlich auf, den Kopf zu schütteln, Martha! Merkt Sie nicht, wie vorteilhaft Ihre Herrin aussieht?»

«Es ist eine ausgefallene Frisur, Miss», erwiderte Miss Pinhoe starrköpfig. «Locken sind vornehm, das lasse ich mir nicht ausreden! Und was Seine Lordschaft sagen wird, wenn er sieht, was Sie getan haben, das wage ich nicht vorherzusagen.»

«Ach, hoffentlich findet er nicht, daß ich mich lächerlich gemacht habe», sagte Jenny angstvoll. «Nun, wenn es ihm nicht gefällt, mußt du mir eben wieder Locken brennen, Martha!»

«Ich werde die Eisen in zehn Minuten heiß haben, Mylady», versprach Martha finster.

Sie wurden jedoch nicht benötigt, denn Adam stellte mit einem flüchtigen, überraschten Blick fest, daß die Veränderung von Vorteil war. «Zeigen Sie sich mit einer neuen Haartracht, Jenny?» fragte er. «Sie werden damit Mode machen.»

«Lydia hat mich so frisiert. Gefällt es Ihnen? Ich flehe Sie an, sagen Sie mir die Wahrheit!»

«Ja, es gefällt mir. Quäkerhaft, aber elegant. Sie sehen bezaubernd aus», sagte er.

Das glaubte sie ihm zwar nicht, doch das Kompliment tat ihr wohl und half ihr, der Aufgabe, sechzig bis siebzig Repräsentanten der besten Gesellschaft zu empfangen, mit etwas weniger Herzklopfen entgegenzusehen. Alle etwa noch vorhandenen Zweifel wurden kurz darauf durch Lady Nassington zerstreut, die sie kritisch musterte und sagte: «Ausgezeichnet! Sie beginnen wie eine Dame auszusehen!»

Der erste Gesellschaftsabend der Lyntons zählte zwar nicht zu den größten Ereignissen der Saison, aber er verlief durchaus zufriedenstellend. Mr. Chawleigh hätte ihn als ärmlich verurteilt, doch Jenny hatte sich Lady Nassingtons Rat zu Herzen genommen und bot selbst übelgesinnten Gästen keinen Anhaltspunkt, den Abend prätentiös zu nennen. Sie setzte ihre ganze Hoffnung auf die erlesenen Leckerbissen, die aufgetischt wurden, denn wie sie weise zu Lydia bemerkt hatte, beklagten sich Gäste, die überdurchschnittlich gut bewirtet worden waren, selten, einen langweiligen Abend verbracht zu haben.

Ein weiterer Umstand trug dazu bei, die Gesellschaft angeregt verlaufen zu lassen: Es mangelte nie an Gesprächsstoff, da Prinzessin Charlotte durch ihre Flucht aus dem Warwick House in die Wohnung ihrer Mutter auf dem Connaught Place dem Klatsch wieder einmal neue Nahrung gegeben hatte. Alle waren sich darüber einig, daß der Regent die Schuld an dieser Flucht trug. Es schien ziemlich sicher zu sein, daß er die Hofdamen der Prinzessin für den Bruch der Verlobung verantwortlich machte, und so hatte er sich seines Vaterrechts bedient und ihren Haushalt aufgelöst und neue Hofdamen engagiert. Dafür konnte ihn niemand tadeln, doch war man allgemein der Ansicht, daß er sich mit voller Absicht eines Abends um sechs Uhr in das Warwick House begeben und ohne Vorwarnung diese umfassende Veränderung durchgeführt hatte, um die halsstarrige Prinzessin dadurch zu provozieren. Dieser Plan war offenbar auch gelungen, und wie beklagenswert die Angelegenheit auch sein mochte, erwies sie sich doch als rechter Segen für eine Gastgeberin, die befürchtet hatte, ihre Gäste ein Gähnen unterdrücken und zu anderen und amüsanteren Gesellschaften enteilen zu sehen. Lady Lynton hatte einen Volltreffer gelandet, denn sie hatte Miss Mercer Elphinstone eine Einladung gesandt, und besagte Dame war nicht nur eine enge Freundin der Prinzessin; sie hatte sich zum Zeitpunkt dieser dramatischen Ereignisse im Warwick House befunden und zählte zu jenen Personen, die im Laufe des Abends von dem Regenten zu seiner Tochter entsandt worden waren, um sie zur Heimkehr in ihr Haus zu überreden. Selbst wenn Jenny für ihre Gesellschaft die große Sängerin Catalini engagiert hätte, wäre der Abend nicht glanzvoller verlaufen als durch die Anwesenheit Miss Mercer Elphinstones. Jedermann bestürmte sie mit Fragen, ob die Prinzessin und ihre Mutter sich geweigert hatten, Kanzler Eldon zu empfangen; ob der Herzog von York und der Bischof von Salisbury im Speisesaal des Connaught House antichambriert hatten, während die Prinzessin im Salon mit den Ratgebern ihrer Mutter verhandelte; ob sie mit Gewalt zu ihrem Vater zurückgebracht worden sei oder unter dem Einfluß Broughams und ihres Onkels Sussex nachgegeben hätte. Und zu welchem Ergebnis würde dieser Zwischenfall führen?

Auf diese Frage mußte Miss Mercer Elphinstone die Antwort schuldig bleiben, doch innerhalb weniger Tage sickerte die Nachricht durch, daß die Prinzessin nach Cranborne Lodge gebracht worden war, einem kleinen Haus im Windsor Park, wo sie ungefähr unter denselben Voraussetzungen residierte, die man für einen Staatsgefangenen passend erachtet hätte.

«Es tut mir sehr leid, daß sich all das vor der Fête im Carlton House ereignet hat», sagte Jenny, «denn ich hatte gehofft, sie dort zu sehen, und dazu wird jetzt keine Gelegenheit mehr sein.»

«Weshalb wollten Sie sie sehen?» fragte Lydia überrascht.

«Nun, sie wird doch eines Tages Königin sein, nicht wahr? Das ist doch Grund genug, daß jeder sie gern sehen möchte.»

Wie sie erwartet hatte, blieb ihr dieses Vergnügen versagt, aber die Fête war so großartig, daß sie darüber die Abwesenheit der Prinzessin völlig vergaß.

Das Fest fand zu Ehren des Herzogs von Wellington statt, dessen Marmorbüste in einem Tempel aufgestellt worden war. Aus einem gigantischen polygonalen Raum führte ein Arkadengang zu diesem Tempel, der eigens für diesen Anlaß von Nash im Garten erbaut worden war. Jenny war ein wenig enttäuscht, daß sie vom Carlton House nicht mehr als den großen Saal mit seiner kuppelförmigen Decke und den gelben Porphyrsäulen zu sehen bekam, aber auch diese Enttäuschung war sogleich vergessen, als sie durch dieses Vestibül in den vieleckigen, mit weißer Seide ausgeschlagenen Raum gelangt war, in dem unzählige Spiegel das Licht von Hunderten von Kerzen zurückwarfen. Ein leises «Oh!» entschlüpfte ihr, und sie sagte Adam ehrfürchtig, in ihrem ganzen Leben nichts annähernd Schönes gesehen zu haben.

Um halb elf betrat die Hofgesellschaft den Saal. Als erster erschien der Regent, der seinen Arm der betagten Königin geboten hatte, und nach einem verschwenderischen Mahl eröffnete Prinzessin Mary mit dem Herzog von Devonshire den Ball. Da die Prinzessin sich ihrem vierzigsten Lebensjahr näherte und er nicht älter als vierundzwanzig war, hätte man die beiden als wenig glücklich gewähltes Paar bezeichnen können, doch einzig die Spötter gaben sich solchen Betrachtungen hin. Prinzessin Mary war die Familienschönheit, und man war schon so lange gewohnt, sie als auffallend hübsches Mädchen zu bezeichnen, daß dieser Brauch nicht so rasch abgelegt wurde.

Es war bereits vier Uhr vorbei, als die Königin sich zurückzog. Adam brachte darauf Jenny zum Wagen und sagte, als die Kutsche unter der Säulenhalle dahinrollte: «Meine Ärmste, Sie müssen zu Tode erschöpft sein!»

«Ich glaube, Sie sind müder, als ich es bin. Schmerzt Sie das Bein?»

«O Gott, ja! Seit zwei Stunden quält es mich wie der Teufel! Aber das ist nicht der Rede wert. Langes Stehen ist immer eine Strafe für mich. Ich hatte Angst, Sie könnten jeden Augenblick in Ohnmacht sinken. Es war unerträglich heiß, nicht wahr?»

«Lord Rockhill sagt, der Regent habe einen Horror vor Zugluft. Zuerst dachte ich auch, daß ich vielleicht bewußtlos werden könnte, aber ich habe mich bald angepaßt. Ach, Adam, ich kann Ihnen nicht sagen, wie viele Menschen mit mir gesprochen und gar, wie viele sich vor mir verneigt und mir zugelächelt haben! Es war einfach unbeschreiblich! Ich konnte es gar nicht fassen, daß tatsächlich ich es bin, Jenny Chawleigh, die zu diesen vielen illustren Persönlichkeiten *enchantée* sagt!»

«Ich freue mich, daß es Ihnen gefiel», war alles, was er antworten konnte.

Wie zu erwarten war, konnte sich ihre Begeisterung mit jener Mr. Chawleighs nicht messen. Hingerissen lauschte er ihrem Bericht über das Fest, holte tief Atem, als sie die hochgestellten Gäste aufzählte, mit denen sie Höflichkeiten ausgetauscht hatte, rieb sich im Sitzen die Knie und stieß Ausrufe aus wie «Höher geht's nimmer!» und «Nein, daß ich diesen Tag erlebt habe!»

Ein kurzes Gespräch mit einem derart aufgekratzten Mr. Chawleigh genügte, um Adam aus dem Zimmer zu vertreiben. Seine robustere Schwester mochte an diesen Beweisen ungenierter Vulgärheit ihren Spaß finden; Brough, der anwesend war, mochte Mr. Chawleigh mit tolerantem Blinzeln betrachten – er konnte das nicht. In knapp einer Woche jedoch schlugen seine Gefühle ins Gegenteil um, als er den Salon betrat und dort Mr. Chawleigh antraf, der Jenny eben eine herrliche *Sang de bœuf-Schale* zeigte, die er am gleichen Tag erstanden hatte.

«Ach, wie schön!» rief Adam unwillkürlich aus.

Mr. Chawleigh wandte sich strahlend zu ihm um.

«Nicht wahr, nicht wahr?»

«Es ist Kang-hsi», klärte Jenny ihn auf. «Aus der Tsing-Dynastie, wissen Sie, als die chinesische Porzellankunst ihre Blüte erlebte.»

«Das wußte ich zwar nicht, aber ich kann es mir leicht vorstellen. Noch nie sah ich etwas Exquisiteres!»

«Sie gefällt Ihnen, nicht wahr, Mylord?»

«Das kann man wohl sagen, Sir!»

Mr. Chawleigh betrachtete die Schale einen Augenblick voll Zärtlichkeit und hielt sie dann Adam entgegen. «Dann nehmen Sie sie! Sie gehört Ihnen!»

«Um Himmels willen nein, Sir!»

«Doch, es ist mein voller Ernst! Sie würden mir damit eine Freude machen!»

«Wenn ich Sie einer solchen Kostbarkeit beraube? Mein lieber Mr. Chawleigh, das brächte ich niemals fertig!»

«Ach, sagen Sie das nicht», bat Mr. Chawleigh eindringlich. «Nehmen Sie sie nur, dann weiß ich wenigstens, daß ich auf etwas gestoßen bin, das Ihnen gefällt, und das wird mich viel mehr freuen, als die Schale in eine meiner Vitrinen zu stellen, was ich gar nie vorhatte. Sie fahren nicht mit dem Zweispänner, den ich für Sie habe bauen lassen, Sie verwenden nicht –»

Mit flammendroten Wangen fiel Adam ihm ins Wort: «Ich – ich entdeckte den Zweispänner meines Vaters. Er ist beinahe neu! Es erschien mir als Verschwendung – und ich hatte Lust –»

«Ah, plustern Sie sich nicht auf! Im allgemeinen stimmen unsere Geschmäcker ja nicht überein. Herrjeh, dachten Sie denn, das hätte ich nicht längst überzogen? Nein, nein, ich mag ein Hanswurst sein, aber keiner hat Jonathan Chawleigh jemals einen Schafskopf geheißen!»

«Ich ganz gewiß nicht!» sagte Adam und versuchte, sein Unbehagen zu verbergen. «Und wenn Sie annehmen, daß mir Ihre Geschenke mißfallen, Sir, dann fragen Sie doch nur Jenny, wie entzückt ich von dem Rasiertisch war, den Sie in mein Zimmer stellen ließen.»

«Der zählt überhaupt nicht. Nehmen Sie diese Schale, Mylord, die hat wenigstens einen Wert.»

«Ich danke Ihnen. Ich kann nicht widerstehen – wenn ich auch weiß, daß ich es sollte!» erwiderte Adam, nahm die Schale von ihm in Empfang und hielt sie zwischen den Händen. «Sie sind viel zu gütig zu mir, aber Sie dürfen niemals glauben, daß ich diesen Schatz nicht zu würdigen weiß. Sie haben meinem Haus ein Erbstück geschenkt.»

Mr. Chawleigh räusperte sich entzückt. Die Bemerkung war ihm wie Honig durch die Kehle geronnen. «Diese Antwort habe ich zwar nicht von Ihnen erwartet», meinte er, «aber ich will nicht verhehlen, daß dieses Stück es mit den besten seiner Art aufnehmen kann – und es hat auch einen schönen Batzen Geld gekostet.»

Jenny sagte mit nüchterner Stimme, die nichts von der Erleichterung verriet, die sie empfand: «Und wo wollen Sie die Schale aufstellen, Adam? Sie gehört an einen sicheren Platz, aber zwischen dem Bow-Porzellan würde sie sich nicht gut machen, und ich möchte es auch nicht aus der Vitrine entfernen, denn es gehört Ihrer Familie und ist obendrein sehr hübsch.»

«Machen Sie sich darüber keine Sorgen, meine Liebe! Ich weiß bereits genau den richtigen Platz dafür», versetzte Adam und drehte die Schale behutsam zwischen seinen schlanken Fingern. «Was für ein Schimmer, Sir! Wie bringen Sie es nur übers Herz, sich davon zu trennen? Nein, Jenny, sie würde zwischen dem Bow-Porzellan nicht gut aussehen! Sie wird für sich allein in der Bibliothek von Fontley stehen, und zwar in der Fensternische, die zur Zeit eine äußerst häßliche Büste eines meiner Vorfahren beherbergt.» Während er die Schale vorsichtig auf den Tisch setzte, sagte er: «Wenn Sie uns besuchen kommen, Sir, werden Sie mir sagen, ob Sie meinen Geschmack gutheißen.»

«Nein, Sie sollen sie nicht auf den Platz Ihres Ahnen stellen», sagte Mr. Chawleigh. «Das wär höchst ungehörig.»

«Mein guter Ahnherr darf sich in die Galerie zurückziehen. Ich will ihn nicht immer sehen müssen, die Schale jedoch möchte ich vor Augen haben. Zu beiden Seiten der Nische befinden sich Wandleuchter, Sir, und ... Aber das werden Sie ja selbst sehen.»

«Immer langsam, junger Herr!» ermahnte Mr. Chawleigh ihn. «Es steht noch gar nicht fest, daß ich Sie auf dem Lande besuchen werde.»

«Da irren Sie, Sir. Ich weiß, daß Sie nichts für das Land übrig haben, aber Sie werden sich wohl oder übel fügen müssen.»

«Nun ja», sagte Mr. Chawleigh ungemein geschmeichelt, «ich will ja nicht bestreiten, daß ich dieses Fontley gern einmal sehen würde, aber ich sagte Ihnen gleich zu allem Anfang, daß ich mich nicht wie eine Klette an Sie hängen werde, und dabei bleibt es auch.»

«Hoffentlich revidieren Sie diesen Entschluß noch, Sir. Wenn Sie es nicht tun, werde ich Sie wohl entführen müssen, ich warne Sie!»

Mr. Chawleighs mächtiger Körper erbebte unter seinem dröhnenden Lachen. «Ei, das würde Sie kein geringes Kopfzerbrechen kosten, mein Bürschchen – Mylord, sollte ich sagen.»

«Das sollen Sie nicht, wie ich Ihnen bereits wiederholt nahegelegt habe. Und es würde mir keinerlei Kopfzerbrechen bereiten: Ich würde eine Bande maskierter Räuber dingen, um die Entführung zu bewerkstelligen. Deshalb jetzt Schluß mit Ihren Einwänden, Sir!»

Mr. Chawleigh hielt das für einen prächtigen Witz, aber erst als man ihm versicherte, daß er bei seiner Ankunft Fontley nicht mit Gästen bevölkert vorfinden würde, ließ er sich herbei, die Einladung anzunehmen.

«Eine feine Sache, wenn ich meinen leiblichen Vater bitten und anflehen muß, mir einen Besuch abzustatten!» sagte Jenny streng. «Und ich weiß genau, daß Sie keinen Augenblick gezögert hätten, wenn Lydia mit uns führe!»

Dieser Vorwurf löste prustendes Gelächter bei Mr. Chawleigh aus. Er verwahrte sich entschieden gegen diese Unterstellung, gab jedoch zu, daß er es ungemein traurig fand, daß Lydia nicht unter der Obhut ihres Bruders bleiben durfte.

Dieser Ansicht stimmten sie bei, aber weder Adam noch Jenny empfanden es für schicklich, sie von der Witwe fernzuhalten, deren Briefe immer gereizter klangen und die von sich behauptete, die Stunden bis zur Rückkehr ihres geliebten jüngsten Kindes zu zählen.

Sobald also das Fest in den Parkanlagen vorbei war, fuhr Lydia unter heftigem Bedauern nach Bath zurück und nahm einen reichen Schatz an Erinnerungen und eine neu entfachte Sehnsucht nach der Bühne mit sich. Ein Besuch im Drury Lane Theater hatte genügt, um sie wieder Feuer und Flamme sein zu lassen. Gebannt hatte sie die Aufführung des «Hamlet» miterlebt. Mit halb geöffneten Lippen und weit aufgerissenen Augen hatte sie den neuen Stern am Theaterhimmel verfolgt. Sie war so verzaubert gewesen, daß sie von Anfang bis Ende kaum ein Wort gesprochen hatte, und als sich der Bann langsam löste, hatte sie gebeten, noch vor der Komödie nach Hause gebracht zu werden, da es ihr unerträglich erschien, noch irgendeinem Schauspieler unter der Sonne ihr Ohr zu leihen, nachdem Kean sie in eine andere Welt entrückt hatte. Spätere Theaterbesuche (von denen sie zwei Mr. Chawleigh abgeschmeichelt hatte), um Kean in «Othello» und «Riches» zu sehen, hatten ihren ersten Eindruck von seiner Genialität bekräftigt, und sie war untröstlich, zu spät nach London gekommen zu sein, um ihn als Shylock bewundern zu dürfen, denn mit dieser Rolle hatte er in seiner ersten Londoner Saison die Stadt im Sturm erobert. In ihrer ersten Begeisterungswoge konnte sie sich kein größeres Glück ausmalen, als mit ihm auf der Bühne zu stehen. Zu diesem Zweck schmiedete sie die verrücktesten Pläne, über die Jenny sich nicht wenig entsetzte, und Mr. Chawleigh bat sie empört, keinen solchen Unsinn zu reden und beschwor beinahe einen Streit mit der Bemerkung herauf, er könne nicht begreifen, was an einem so verhungerten, schmächtigen Knirps schon wunder dran sei, um eine Stadt in Taumel zu versetzen.

Adam griff todernst in die Pläne seiner Schwester ein und war damit bedeutend erfolgreicher als Jenny oder Mr. Chawleigh. Er verschwendete seinen Atem nicht an lächerliche Einwendungen, sondern gab ihr zu bedenken, daß Kean eine Dame, die ihn um eine halbe Kopflänge überragte, vielleicht nicht als ideale Bühnenpartnerin ansehen würde. Diese beiläufig hingeworfene Bemerkung traf ins Schwarze. Lydia wurde nachdenklich, und als ihr einsichtsvoller Bruder als nächstes erwähnte, daß eine Schauspielerin, die in der Komödie brillierte, zu wenig Spielraum für ihre Begabung in der Gesellschaft eines Mimen fände, der für seine Darstellung der klassischen tragischen Rollen berühmt war, leuchtete ihr diese Wahrheit ein. Wenn man auch nicht behaupten konnte, daß sie ihre Sehnsüchte überwunden hatte, so erwartete Adam, als er sie samt ihrem Mädchen in die Kutsche nach Bath setzte, doch zuversichtlich, daß sie ihre zärtliche Mutter nicht mit ihrer Theaterwut in Verzweiflung treiben würde.

16

Zwei Tage später verließen auch die Lyntons London. Sie unterbrachen die Reise häufig und fuhren höchst bequem. Sehr zu Jennys Erleichterung zeigte Adam keinen Hang, seiner Sparsamkeit zu frönen, sondern brachte sie mit all dem Luxus nach Lincolnshire, den sie gewohnt war.

Trotz kleiner Anfälle von Übelkeit war für sie die Fahrt die angenehmste, die sie bisher in Adams Gesellschaft zurückgelegt hatte. Bei ihren früheren Reisen waren sie noch so wenig miteinander vertraut gewesen, daß es für beide mühsam war, stundenlang in einem engen Wagen zusammengesperrt zu sein, da keiner von ihnen wußte, ob der andere zu plaudern oder zu schweigen wünschte und jeder fürchtete, entweder zu langweilen oder selbst gelangweilt zu wirken. Diese Fremdheit stand nun nicht länger zwischen ihnen, und wenn sie auch keine tiefschürfenden Themen anschnitten, so unterhielten sie sich doch mit ungezwungener Vertrautheit und vermochten in unbefangenes Schweigen zu versinken, ohne sich verpflichtet zu fühlen, fieberhaft nach einem neuen Gesprächsstoff zu suchen.

Auf Fontley war Jenny froh, einige Tage müßig sein zu dürfen. Sie gestand sogar eine gewisse Müdigkeit ein, versicherte Adam jedoch, daß die Ruhe auf dem Lande alles sei, dessen sie bedürfe, um sich wieder prächtig zu erholen. Insgeheim dachte er, daß sie sich über kurz oder lang wieder nach London zurücksehnen würde, denn so vielerlei Beschäftigungen sich ihm auf Fontley auch aufdrängten, so konnte er sich nicht vorstellen, womit sie ihren Tag verbringen würde.

Jenny jedoch, die durch das weitläufige Haus wanderte, in verhängte Zimmer spähte und Schätze in vergessenen Winkeln entdeckte, wußte, daß es für sie viel zu tun gab. Es war eine Arbeit so recht nach ihrem Herzen, aber sie hatte eine solch panische Angst davor, Adam zu verletzen, daß sie kaum wagte, einen Sessel an einen anderen Platz zu rücken. Als sie die Priorei betreten hatten, sagte Adam: «Sicher werden Sie manche Veränderungen vorzunehmen wünschen. Sie müssen wissen, daß meine Mutter keinen großen Anteil an Fragen des Haushaltes nimmt – sie ist keine so vorbildliche Hausfrau wie Sie, Jenny! Die Dawes wird Sie überall herumführen, und Sie werden bitte veranlassen, was Sie für richtig befinden.»

Sie sagte zwar nicht: «Ich bin nur ein Gast in Ihrem Haus», aber sie dachte es, denn er leierte diese Worte so hölzern herunter, wie etwas, das er sich vorher eingelernt hatte. Seine Höflichkeit hatte ihn zu dieser kleinen Ansprache gezwungen, und sie wußte die wohlerzogene Geste zu schätzen. Hätte er ihr aber klipp und klar erklärt, die Finger von Fontley zu lassen, wäre sie weniger eingeschüchtert gewesen.

Charlotte, die von Membury Place herübergefahren kam, trug nichts dazu bei, ihr die Unbefangenheit wiederzugeben. Sie traf voll der wohlmeinendsten Absichten ein. Als sie jedoch die Priorei betrat, konnte sie es sich nicht versagen, einen argwöhnischen Blick auf die große Diele zu werfen, der Jenny nicht verborgen blieb. Charlotte hatte das Lynton-Palais nicht gesehen, seit Mr. Chawleighs Hand so wuchtig darauf gefallen war, aber sie wußte alles über die grünen Streifen, die Sphinxe und die Krokodilfüße und hatte befürchtet, Fontley bereits in etwas verwandelt vorzufinden, das eher einer Kuriositätenschau als dem Landsitz eines Gentleman glich. Erleichtert, in der Diele keine Veränderungen zu entdecken, begleitete sie Jenny in den kleinen Salon hinauf und sagte, während sie sich bei ihr unterhakte: «Liebe Jenny, ich muß Ihnen dafür danken, daß Sie sich Lydias so freundlich annahmen. Sie schrieb mir nämlich. Einen ihrer randvollen Briefe, mit dem sie mir von ihrem Londoner Aufenthalt berichtete. Vier Seiten! Lambert sagte mit seinem trockenen Humor, er sei dankbar, daß Adam den Brief für sie frankiert hatte, denn sonst hätte uns die Gebühr ruiniert, die wir bei Entgegennahme zu entrichten gehabt hätten.»

«Zur Dankbarkeit besteht gar kein Grund, denn nichts hat mir größere Freude bereitet, als sie bei mir zu haben», antwortete Jenny. «Und ich muß sagen, sie fehlt mir unendlich!»

«Oh, da bin ich froh! Meiner Ansicht nach muß man sie wirklich ins Herz schließen, denn sie ist ein süßes Geschöpf und obendrein, wie Lambert sagt, voll Schwung und Späßen.» Sie waren inzwischen im kleinen Salon angelangt, wo Charlotte augenblicklich eine Veränderung entdeckte. «Oh, Sie haben den intarsierten Nähtisch fortgeschafft!» rief sie aus.

Es war nichts weiter als eine Feststellung, aber sie trieb Jenny augenblicklich in die Verteidigung. «Ich ließ ihn bloß in die Bibliothek stellen», verwahrte sie sich steif. «Adam hat es mir erlaubt.»

«Ja, natürlich! Ich wollte nicht . . . Es war nur befremdend, ihn nicht am gewohnten Platz zu sehen. Aber ich weiß, daß viele Menschen Intarsia hassen: Meine Cousine Augusta findet sie zum Beispiel unerträglich.»

«Mir gefällt der Tisch ausgezeichnet», erwiderte Jenny. «Er ist genau das, was ich für meine Nähseiden und Garne brauche, deshalb war es schade, ihn ungenützt im Salon stehen zu lassen. Adam sitzt abends gerne in der Bibliothek. Wir haben unsere Leseabende wieder aufgenommen – er war es gewohnt mir vorzulesen, als wir auf Rushleigh wohnten –, deshalb habe ich den Tisch hinüberstellen lassen, um meine Stickerei zur Hand zu haben.»

«Oh, wie gemütlich! Ich entsinne mich genau Ihrer prächtigen Stikkerei, als Mama und ich Sie auf dem Russel Square besuchten und Ihre damalige Arbeit so sehr bewunderten! Ich muß mich richtig vor Ihnen verstecken – und Mama war ja niemals geschickt mit der Nadel.»

Jenny fragte sich im stillen, womit die Witwe sich auf Fontley die Zeit vertrieben haben mochte. Ihre Besichtigung des Hauses hatte zu einem vernichtenden Urteil über ihre Schwiegermutter geführt: Sie verstand nicht nur nichts von Näharbeiten, sondern auch nichts von der Hauswirtschaft. Sie hatte Jenny gesagt, daß sie gezwungen gewesen sei, das Haus dem Verfall preiszugeben, aber an ihrer Stelle hätte Jenny beim ersten Riß in den Brokatvorhängen zur Nähnadel gegriffen, und wenn die Dienerschaft so reduziert worden war, daß sie nicht ausreichte, um die Möbel regelmäßig zu polieren, hätte sie lieber selbst ein Tuch zur Hand genommen, als das Holz matt und die Klinken glanzlos werden zu lassen. Sie dachte, daß Fontley zumindest ebenso unter einer nachlässigen Hausherrin wie unter einem leichtsinnigen Herrn gelitten hatte. Die Witwe hätte es verstanden, Fontley mit erlesenem Geschmack neu zu adaptieren, aber ihr fehlte Jennys Blick für einen nicht abgestaubten Tisch oder einen ungekehrten Winkel, und als Folge davon hatten es ihre Diener an Sorgfalt fehlen lassen, und selbst Mrs. Dawes, die Wirtschafterin fand es angenehmer, in die Klagen ihrer Herrin über das Fehlen ausreichender Dienerschaft einzustimmen, als die verbliebenen Diener zur Arbeit anzuhalten. Jenny brachte Mrs. Dawes tiefe Verachtung entgegen und zeigte es. Sie tat das zwar nicht mit Absicht, aber die Kunst der Verstellung war ihr fremd und ihre unverblümten Äußerungen verrieten sie. Als jede Vernachlässigung mit Personalmangel entschuldigt wurde, fielen ihre Antworten immer schroffer aus und schließlich riß ihr vollends die Geduld, als Mrs. Dawes sagte: «In früheren Zeiten, Mylady, hatten wir stets einen Haushofmeister und einen Kammerdiener und alles war anders.»

«Das will ich gerne hoffen», sagte Jenny. «Obzwar ich nicht verstehe, was ein Haushofmeister damit zu tun hat, Bett- und Tischwäsche in Ordnung zu halten!» Sie sah die beleidigte Miene der Wirtschafterin und setzte versöhnlich hinzu: «Ich begreife, daß eine zahlreiche Dienerschaft nötig ist und werde mit Seiner Lordschaft darüber sprechen.»

Aber das Unheil war geschehen. Seit dieser Zurechtweisung befleißigte sich Mrs. Dawes eisiger Höflichkeit und ließ ihre Feindschaft erst durchblicken, als Jenny in einem der Schränke ein Abendservice entdeckte und ausrief, nachdem sie es besichtigt hatte: «Du liebe Zeit, warum wird dieses Service nie verwendet? Warum haben wir ewig nur diese Bristolgarnitur, von der jeder Teller angeschlagen ist? Lasse Sie das Geschirr sofort in die Küche tragen und waschen. Es ist sehr elegant.»

«Das, Mylady, ist das Crown-Derby-Porzellan», erwiderte Mrs. Dawes von oben herab.

«Das konnte ich selbst erkennen. Und mit dem Chantilly-Muster obendrein. Ist es vollständig? Wir werden es statt des anderen benützen.»

«Sehr wohl, Mylady», sagte Mrs. Dawes mit gesenktem Blick und ergeben gefalteten Händen. «Wenn es der Wunsch Seiner Lordschaft ist, das beste Porzellan Tag für Tag zu verwenden, werde ich es sofort in die Küche schaffen lassen.»

Jenny verbiß sich eine scharfe Entgegnung. «Ich wage zu behaupten, daß Seine Lordschaft das eine Gedeck nicht vom anderen unterscheiden wird, aber wir werden ja sehen.»

Beim Abendessen legte sie ihm diese Frage mit den Worten vor: «Ich habe entdeckt, daß Sie das entzückendste Crown-Derby-Porzellan in einem Schrank verstaut haben. Es trägt das französische Astmuster.

Mrs. Dawes scheint anzunehmen, daß es nicht benützt werden darf, aber hätten Sie etwas dagegen, wenn wir es verwenden, Mylord?»

«*Ich?*» fragte er mit hochgezogenen Augenbrauen. «Natürlich nicht das geringste.»

«Das dachte ich mir – wahrscheinlich würden Sie es nicht einmal bemerken», sagte Jenny mit plötzlichem Lächeln.

Er verstand ausgezeichnet, warum ihm diese Frage vorgelegt worden war, und erwiderte, da er wußte, daß seine Worte sich wie ein Lauffeuer durch das Haus verbreiten würden: «Vermutlich nicht. Jedenfalls, meine Teure, habe ich in diesen Dingen nicht zu entscheiden und bitte Sie, stets nach Ihrem eigenen Gutdünken zu handeln. Sie sind die Herrin von Fontley. Ich werde keine einzige Veränderung kritisieren, die Sie zu machen wünschen.»

Später fragte er sie, ob sie an Stelle von Mrs. Dawes lieber eine ander Wirtschafterin hätte. Sie entgegnete sofort:

«Oh, nein! Bitte, glauben Sie nicht ... Ich weiß, sie war schon immer hier und wollte nicht –»

«Versuchen Sie, mit den Leuten auszukommen», bat er. «Ich würde nur höchst ungern einen der älteren Hausangestellten entlassen. Die Dawes kannte Fontley schon, als ich noch nicht auf der Welt war.»

«Ach, nein, nein! Ich hatte nie die Absicht – sie verachten mich bloß so schrecklich!» brach sie hervor.

«Das werden sie nicht, sobald sie Sie besser kennen.» Er zauderte und sagte dann sanft: «Sprechen Sie nicht so unfreundlich mit den Leuten, Jenny. Die meisten von ihnen sind alte Freunde von mir.»

«Ich verstehe Bediensteten gegenüber nie den richtigen Ton anzuschlagen», gestand sie. «Sie können das – aber es hätte keinen Sinn, wenn ich Sie nachzuahmen versuchte. Ich will mich bemühen, Freundschaft mit ihnen zu schließen, aber es ärgert mich so, wenn ... Na, lassen wir das! Ist der Koch auch ein alter Freund von Ihnen?»

Diese unvermittelte Frage brachte ihn zum Lachen. «Ich glaube nicht, den Koch jemals gesehen zu haben.»

«Nein, vermutlich nicht, denn er ist erst seit einem Jahr im Haus. Ich versprach Ihnen zwar, mich nicht einzumischen, aber dieser Mann wird seinen Beruf niemals erlernen, Adam, und wenn ich Ihnen zusehen muß, wie lustlos Sie in Ihrem Essen herumstochern, übersteigt das meine Kraft – obzwar ich Sie dafür bestimmt nicht tadeln kann. Wenn es Ihnen also recht ist, werden wir Scholes kommen lassen, und dann wird Ihnen hoffentlich Ihr Abendessen wieder schmecken.»

«Ich gebe zu, das wäre verlockend, aber wie soll ein hervorragender Koch an unserer altmodischen Küche hier Gefallen finden können? Ich bezweifle, ob er bereit sein wird, aufs Land zu ziehen, Jenny.»

«Er wird unverzüglich kommen, wenn er weiß, daß ihm die Übersiedlung monatlich zwanzig Pfund mehr einträgt», sagte Jenny spöttisch. «Und was die Küche anbelangt – wenn Sie sie nicht modernisieren lassen wollen, wird Scholes eben das Beste aus den vorhandenen Möglichkeiten machen müssen. Wenn Sie jedoch wenigstens einen ordentlichen geschlossenen Herd aufführen ließen, wie wir einen im Lynton-Palais haben, wäre das eine große Ersparnis. Was dieser riesige offene Herd doch für Heizmaterial verschlingt!»

«Tatsächlich? Wir hätten vermutlich schon vor Jahren einen anderen Ofen setzen lassen sollen. Bestellen Sie, was Sie wollen. Sonst noch etwas?»

«Danke, nein. Ich werde noch einige weitere Bedienstete einstellen, aber das braucht Sie nicht zu beunruhigen, denn da wir das Palais geschlossen haben, erspare ich mir ungemein viel vom Wirtschaftsgeld.»

Mrs. Dawes nahm die Nachricht dieser bevorstehenden Neuerungen mit gemischten Gefühlen auf. Auf die Frage, welchen der geschlossenen Herde, die zur Zeit auf dem Markt waren, sie als besten ansah, enthielt sie sich jeder Äußerung, da sie, wie sie sagte, diese Modelle nicht kannte. Das stimmte jedoch nicht. Auf Membury Place besaß ihre geliebte Miss Charlotte einen gedeckten Herd, den sie gesehen und so bewundert hatte, daß sie in dem Wunschtraum schwelgte, die reiche Frau Seiner Lordschaft würde einen ähnlichen Herd auf Fontley installieren lassen. Weniger Begeisterung brachte sie für einen eingebildeten Koch aus der Stadt auf, aber sie wurde weich, als Jenny sagte: «Wenn nicht bald etwas geschieht, wird Seine Lordschaft zum Skelett abmagern! Ganz bestimmt weiß Sie ebenso gut wie ich, daß er einen sehr verwöhnten Geschmack hat, auch wenn er sich niemals beklagt und nicht einmal zu bemerken scheint, was auf den Tisch kommt. Aber wenn das Fleisch nicht so zubereitet ist, wie er es gerne hat, ißt er nicht mehr davon, als ein kleines Kätzchen braucht, um sich am Leben zu erhalten.»

Die Vorstellung, daß Seine Lordschaft an Unterernährung dahinsiechen könnte, wirkte augenblicklich. Mrs. Dawes ließ sich zu dem Zugeständnis herbei, daß man Seine Lordschaft schon seit jeher etwas zum Essen habe anreizen müssen. Als nächstes erkundigte Jenny sich, ob sie noch wüßte, welches Kaufhaus den Brokat geliefert hatte, mit dem einige Sessel überzogen waren. «Denn ich würde sie gerne frisch überziehen, wenn ich nur den gleichen Stoff auftreiben könnte», sagte sie. «Ich will sie nicht verändern, sondern nur den ursprünglichen Zustand wieder herstellen. Seine Lordschaft liebt keine Veränderungen, und ich möchte um nichts in der Welt ... Kurz, ich habe nicht die Absicht, das Haus auf den Kopf zu stellen, aber was ausgedient hat, muß erneuert werden.»

Mrs. Dawes hoffte, sich den Namen des Lieferanten vergegenwärtigen zu können. Um jedoch nicht den Eindruck zu wecken, sie sei nun gewonnen, beendete sie die Unterredung mit der Bemerkung, sie bedaure sehr, daß das zweite Hausmädchen Miss Pinhoe Anlaß zur Klage gegeben und daß Miss Pinhoe ihrerseits nicht daran gedacht hätte, ihr die Schlichtung dieser Angelegenheit zu übertragen, «zumal ich die Sache doch sofort bereinigt hätte, Mylady.»

Die hochnäsige Miss Poolstock war zwar von jedem Mitglied des Haushalts gehaßt worden, aber ihr selbstbewußtes Gehaben hatte ihr den Ruf einer erstklassigen Zofe eingetragen. Zehn Minuten in Miss Pinhoes Gesellschaft genügten, um ihre Kollegen darüber aufzuklären, daß sie durchaus nicht jene exzellenten Qualitäten besaß, die eine wahre Dame von ihrer Kammerzofe voraussetzt. Ihr grobes Mundwerk ließ sie im Nu mit Mrs. Dawes zusammenprallen, und schon schien eine langanhaltende Fehde unvermeidlich, als sich durch eine zufällig von Mrs. Dawes hingeworfene Bemerkung herausstellte, daß Miss Pinhoe und sie aus der gleichen Grafschaft stammten. Auf ihre frostige Frage erfuhr sie, daß Miss Pinhoe das Licht der Welt in Church Stretton erblickt hatte, das keine sieben Meilen von Mrs. Dawes' Geburtsort entfernt lag. Von diesem Augenblick an begann das Eis zu schmelzen. Miss Pinhoe erkannte in der Tochter eines wohlhabenden Bauern die ihr sozial Überlegene an, und Mrs. Dawes (sobald die Rangordnung einmal klargestellt war) erhob Miss Pinhoe in die Reihen ihrer vertrauten Freunde. Keine der Damen betrachtete die andere mit ungeteiltem Beifall, aber der Welt zeigten sie alsbald eine geschlossene Front und langweilten Dunster und Kinver bei jeder Mahlzeit mit ihren Erinnerungen an uralte Pfarrskandale und den Ermittlungen unklarer Verwandtschaftsgrade. Es dauerte auch nicht lange, bis Miss Pinhoe sich zu einer delikaten und interessanten Mitteilung herbeiließ, worauf Mrs. Dawes ihre neue Herrin mit größter Nachsicht betrachtete. Jenny würde viel verziehen werden, wenn sie Fontley einen Erben schenkte, aber Mrs. Dawes wollte keine voreilige Gnade walten lassen, da sie sich über den Ausgang noch keineswegs sicher war. Ihrer Ansicht nach kündigte eine von vielen Übelkeiten begleitete Schwangerschaft eine Tochter an, was nur erneut beweisen würde, wie unwürdig diese gewöhnliche Person war, die Gemahlin Seiner Lordschaft zu sein.

Allmählich ließ Jennys Übelkeit nach, aber obwohl sie ihren Aufgaben energisch nachging, fühlte sie sich nicht wohl genug, um der Schnittfeier auf Holkham beizuwohnen. Adam drängte sie nicht, sondern fuhr allein, um sich unter die Bauern zu mischen, die zu dieser Jahreszeit Holkham bevölkerten, und so viel wie möglich aus ihren Gesprächen zu lernen.

Während seiner Abwesenheit wurde der neue Herd installiert. Die tüchtigen Tapezierer, die aus Lincoln herbeigerufen worden waren, nahmen die neuen Sesselüberzüge in Angriff, und der gesamte Haushalt wurde in eine ermüdende Betriebsamkeit gestürzt: da wurde geflickt, gereinigt und geglänzt.

Charlotte, die ihre Schwägerin während Adams Abwesenheit besuchte, um ihr die Einsamkeit zu vertreiben, rief überrascht aus: «Jenny! Mein Gott, wie verändert alles aussieht! Ich schwöre, ich hätte das gute alte Fontley beinahe nicht wiedererkannt!»

«Oh, nein!» stammelte Jenny am Rande der Tränen. «Sagen Sie das nicht! Es ist nicht verändert, Charlotte! Ich habe mir solche Mühe gegeben –! Sie betrachten die Vorhänge, aber sie haben wirklich genau die gleiche Farbe wie die alten, die so zerschlissen waren! Die gleiche Farbe, die sie ursprünglich hatten, ehe sie vergilbten, will ich sagen. Vermutlich haben Sie die Schattierung nicht mehr im Kopf, aber als ich die Säume auftrennte, sah ich den unverfälschten Farbton und konnte daher den entsprechenden Samt kaufen.»

«Gewiß doch!» sagte Charlotte hastig. «Meine liebe Schwägerin, das war nicht im entferntesten als Tadel gedacht! Es ist alles wunderschön! Wie geschickt Sie gewesen sind! Und sämtliche Möbel schimmern förmlich und die Beschläge an dieser Kommode blitzen, daß es eine Pracht ist! Ich hielt sie für neu.»

In ihrem Bestreben, Jenny von ihrer Bewunderung zu überzeugen, lobte sie jede Verbesserung so überschwenglich, bis Jenny mit tonloser Stimme sagte: «Sie finden es scheußlich, nicht wahr?»

«Aber nein, ganz im Gegenteil, es gefällt mir ausgezeichnet! Wir alle haben es zutiefst bedauert, daß Papa das Haus nicht in erstklassigem Zustand zu erhalten vermochte. Ich weiß, daß es beschämend verwahrlost aussah. Es wirkt nur im ersten Augenblick ein wenig fremd ... Was bin ich doch für eine Törin! Sie werden mich verlachen, weil ich die Glanzlosigkeit und die vergilbten Vorhänge vermisse, aber man gewöhnt sich so sehr –! Wir lieben Fontley so vorbehaltlos, daß uns selbst seine Verwahrlosung ans Herz gewachsen ist.»

«Das geht über meinen Horizont», gestand Jenny. «Möchten Sie es denn nicht gepflegt sehen? Meinem Gefühl nach zeigt sich darin die Liebe zu einer Sache.» Rasch verbesserte sie sich. «Ich bitte um Vergebung! Ich hätte nicht so unverblümt sprechen dürfen.»

«Oh, Sie haben natürlich völlig recht! Wie wird Adam sich freuen, wenn er sieht, was Sie alles vollbracht haben!»

Jenny fürchtete genau das Gegenteil, und da ihr einfiel, daß Lydia einmal der Hoffnung Ausdruck verliehen hatte, Fontley werde unverändert bleiben, fragte sie sich, ob sie die Deverils wohl jemals verstehen würde.

Als Adam jedoch heimkehrte, brach er weder in Bewunderung aus, noch zog er sich gekränkt zurück. Er hatte eine ermüdende Reise hinter sich und kam einige Stunden später, als er es erwartet hatte, in Fontley an. Es war zehn Uhr vorbei, die Kerzen waren angezündet und die Vorhänge vor den hohen gotischen Fenstern zugezogen. Er war erschöpft und eine Reihe von ärgerlichen Zwischenfällen hatte ihn unlustig gemacht. Es fiel ihm nicht auf, daß die Rußflecken von der gewölbten Decke verschwunden waren oder daß die Möbel vor Bienenwachs glänzten; er fand nur, daß ihm sein Zuhause niemals freundlicher und anheimelnder erschienen war.

Seine untersetzte, nicht mit Schönheit begnadete Frau kam ihm die Treppe herunter entgegen und durchquerte die Diele mit ihren energischen Schritten. Sie war weder hübsch noch grazil, sondern in einer so anmutigen Umgebung eher ein wenig fehl am Platze, aber ihre Erscheinung strahlte eine unsagbare Behaglichkeit aus. Sie lächelte ihm zu und sagte: «Ach, wie schön! Sie sind gerade rechtzeitig zum Abendessen gekommen! Wir werden es im Blauen Salon einnehmen, dort ist es am gemütlichsten.»

Er hatte ihr gesagt, daß er zum Abendessen zurück sein würde, das auf dem Lande um sechs Uhr serviert wurde. Es fiel ihm auf, daß er sie warten lassen konnte, so lange er wollte, ohne daß sie ihm jemals die Worte entgegenschleuderte: «Wie spät Sie kommen!» oder «Was konnte Sie bloß so lange aufhalten?» Er legte den Arm um sie und küßte sie auf die Wange. «Meine Liebe, ich bin zerknirscht! Aber Sie tun gut daran, mir nicht den Kopf zu waschen, denn es war nicht meine Schuld. Zuerst ist ein Rad gebrochen, und dann lahmte ein Pferd. Eine scheußliche Fahrt!»

«Nein, wie verdrießlich! Und ich dachte bloß, Sie hätten Ihren Abschied hinausgezögert, weil sich Ihnen noch eine nette Unterhaltung auf Holkham geboten hatte. Das tut mir aufrichtig leid! Aber Hauptsache, Sie sind da! Das Essen wird fertig sein, sobald Sie es sind.»

«Ich brauche keine fünf Minuten.» Er drückte sie an sich und küßte sie abermals, diesmal auf ihren entschlossenen kleinen Mund. «Sie sind so gütig zu mir, Jenny! Ich wollte, Sie würden mich nicht so maßlos verwöhnen, sonst entwickle ich mich noch zu einem unerträglichen Egoisten.»

Die Röte schoß ihr in die Wangen, und sie sagte barsch: «Das werden Sie niemals für mich sein. Und jetzt lassen Sie sich von Kinver die Stiefel ausziehen und bequeme Schuhe geben; darüber hinaus brauchen Sie keine große Toilette zu machen. Das ist das schönste am Landleben: Man muß niemals befürchten, so spät am Abend noch von Gästen überrascht zu werden.»

Er nahm sie beim Wort und erschien kurz darauf in einem mit Tressen verschnürten Hausrock und betrachtete sie mit herausforderndem Blinzeln. Sie kicherte und sagte: «Nun können Sie sich's wenigstens endlich bequem machen. Wie ist es Ihnen auf Holkham ergangen? War es eine angenehme Gesellschaft?»

«Sehr angenehm – aber Sie hatten recht, nicht mitzukommen, denke ich. Es war ein riesiges Gedränge, und sämtliche Gespräche drehten sich um die Landwirtschaft. Ich hoffe, einiges aus den Diskussionen gelernt zu haben, aber ich kam mir so unwissend vor, wie an meinem ersten Schultag! Und nun erzählen Sie mir etwas. Wie fühlen Sie sich?»

«Oh, ich bin sehr kräftig», versicherte sie ihm. «Charlotte war so freundlich, mir einen Besuch abzustatten – und Dr. Tilford ebenfalls. Ich vermute, er kam auf Ihre Anregung, Mylord! Er ist ein vernünftiger Mann und rät mir, mich nicht zu verweichlichen.»

«Diesen Rat hätte er sich sparen können! Wie nennen Sie dieses ausgezeichnete Geflügelgericht? Italienischer Salat, nicht wahr? Er verrät mir, daß Scholes wieder zu uns gestoßen ist – und ich danke Gott dafür! Ist der neue Herd gekommen? Waren die damit verbundenen Arbeiten sehr beschwerlich?»

«Nicht schlimmer als zu erwarten war», erwiderte sie. «Wir ließen den Schornstein fegen und gleich auch die Wände und die Decke weißen. Von der alten schmutzigen Küche ist nichts mehr zu bemerken.»

Sofort bedauerte sie diese unbedachten Worte, aber Adam sagte bloß: «Ich kann mir nicht vorstellen, wie Sie es bei all diesen Arbeiten anstellten, ein Abendessen zubereiten zu lassen.»

«Oh, ganz einfach», sagte sie und klärte ihn in seiner männlichen Unwissenheit nicht darüber auf, daß der Haushalt drei qualvolle Tage hindurch von improvisierten Mahlzeiten gelebt hatte. Statt dessen bat sie ihn, ihr die Schnittfeier zu beschreiben.

Im allgemeinen war er darauf bedacht, sie nicht mit landwirtschaftlichen Gesprächen zu langweilen, aber sein Kopf war noch so von den neuen Eindrücken erfüllt, daß er von der Ernte unversehens auf Mr. Cokes Versuchsgehöft zu sprechen kam. Sie lauschte ihm, beobachtete ihn und fand, daß er mehr zu sich selbst als zu ihr sprach. Als er von Stallfütterungen, der Verdreifachung des Viehbestandes zur Beschaffung von Dünger, von Kurzhornrindern und North Devons sprach, wußte sie, daß er an seine eigenen Felder dachte und nicht an die Mr. Cokes. Er hielt mit den Fingern einer Hand den Stiel seines Weinglases umklammert, starrte auf die Neige im Glas und beantwortete Jennys spärliche Fragen ziemlich geistesabwesend, bis sie sich erkundigte, ob Mr. Coke Tulls Ackerbaumaschine verwende. Da sah er zwischen Überraschung und Belustigung auf und erwiderte: «Das tut er bereits seit Jahren – aber was wissen Sie davon?»

«Nur, was ich darüber gelesen habe. Sie dibbelt die Erde, streut den Samen aus – oh, und deckt die Samenkörner auch wieder zu, nicht wahr? Verwendet man sie auch hier?»

«Noch nicht. Wo haben Sie darüber gelesen, Jenny?»

«In einem Ihrer Bücher. Ich habe sie durchgeblättert und versucht, ein wenig daraus zu lernen.»

«Mein armes Mädchen! So schlimm ist es um Sie gestanden? Ich dachte, Sie hätten eine volle Bücherkiste aus London mitgebracht?»

«Ja. Aber *Mansfield Park* ist das einzige Buch, das ich bisher las. Ich hatte es stets bei mir und schlug es auf, sooft der Kunstdünger und das Vier-Felder-System mich nicht länger zu fesseln vermochten. Und ich muß zugeben, Adam, daß sie mich langweilten! Aber dieses Ackerbaugerät scheint mir eine ausgezeichnete Maschine zu sein, und ich denke, Sie sollten sie einführen.»

«Das will ich auch, und obendrein möchte ich meine Pächter dazu veranlassen, meinem Beispiel zu folgen – hoffentlich werden sie es tun. Als Dünger verwenden wir Stichlinge.»

«Stichlinge?»

«Auch Taubendung.»

«Ach, Sie halten mich zum besten!» rief sie.

«Durchaus nicht. Stichlinge geben den allerbesten Dünger ab. Wir bekommen sie aus Boston Haven; sechsunddreißig Scheffel zu einem halben Penny. Für die Rüben eignet sich Stechginster, und in der Heide streut man Stroh auf und verbrennt es.»

«Herrjeh! Und ich plage mich mit Kalk, Mergel und Rapskuchen ab!»

«Arme Jenny! Tröstet Sie das Wissen, daß wir diese drei ebenfalls verwenden? Weshalb erschweren Sie sich das Leben mit derart langweiligen Problemen?»

«Ich möchte die Dinge, die Sie interessieren, gerne verstehen. Der Wirtschaftshof ist nicht groß genug, um Versuchen zu dienen, nicht? Haben Sie die Absicht, einen anderen Bauernhof zu diesem Zweck heranzuziehen, wie Mr. Coke es tat? Ich weiß, daß für einige Anwesen kurzfristige Pachtverträge bestehen.»

«Viel zu viele», sagte er. «Ja, vielleicht werde ich das eines Tages tun, aber augenblicklich stehen noch so viele andere Arbeiten im Vordergrund, daß ich fürchte, dieser Plan wird noch einige Zeit warten müssen.»

«Ist es sehr kostspielig, einen Grundbesitz wie diesen ertragreich zu gestalten?» wagte sie sich zu erkundigen.

«Sehr. Ich kann es nur schrittweise tun.»

«Vermutlich würden Sie nicht –» Sie brach ab, und als er die Augenbrauen fragend hochzog, platzte sie heraus: «Warum verkaufen Sie das Lynton-Palais nicht?»

Kaum waren ihr die Worte entschlüpft, hätte sie sie gerne zurückgenommen. Er gab ihr freundlich Antwort, er lächelte sogar, aber sie fühlte, daß er sich hinter seine beängstigende Mauer zurückgezogen hatte. «Sie wissen genau, weshalb ich das nicht tue», antwortete er. «Wir wollen darüber nicht streiten, Jenny.»

«Nein», antwortete sie mit hochroten Wangen, gesenkten Blickes. «Bloß wenn ich daran denke, wieviel es kostet, dieses große Haus zu führen – und wie dringend Sie das Geld hier benötigen ... Verzeihen Sie. Ich wollte Sie nicht erzürnen.»

Er streckte ihr die Hand entgegen, und als sie ihre Hand in die seine legte, drückte er sie herzlich. «Sie haben mich nicht erzürnt. Ich bin überzeugt, es gibt keine hochherzigeren Menschen als Sie und Ihren

Vater. Versuchen Sie, mich zu verstehen! Ich bin nicht undankbar, aber so tief ich auch bereits in der Schuld Ihres Vaters stehe, soll diese Verpflichtung doch gewisse Grenzen nicht überschreiten. Ich habe mir von Ihrem Vater das Palais schenken lassen; er besitzt sämtliche Hypothekarverschreibungen meines Besitzes, ohne etwas dafür zu verlangen. Diese Ländereien wieder ertragreich zu gestalten, muß meine Aufgabe sein – und wenn ich dieses Ziel nicht erreiche, ist es nur billig, daß Fontley so rasch wie möglich von meinen Händen in die Hände eines tüchtigeren Mannes gerät. Können Sie das verstehen?»

«Ja», antwortete sie, und ihre Stimme verriet nichts von der eisigen Kälte, die seine Worte in ihrem Herzen erzeugten. «Fontley gehört Ihnen, und für alles, was mit Fontley zusammenhängt, wollen Sie Papas Hilfe nicht annehmen. Genausowenig wie meine.»

Während sie sprach, versuchte sie, ihm ihre Hand zu entziehen, aber seine Finger umschlossen sie fest.

«Ohne Ihren Vater hätte ich Fontley verkaufen müssen», sagte er. «Und was –»

«Sie wollen ihm doch alles zurückzahlen, nicht wahr?» unterbrach sie ihn.

Er war überrascht, antwortete aber, ohne lange zu überlegen: «Ja, diese Absicht habe ich, aber was Sie für Fontley tun, ist etwas ganz anderes. Wenn Sie Ihr Geld lieber für neue Vorhänge für Fontley ausgeben – ja, sie sind mir aufgefallen, und zwar auf das angenehmste – statt für die vielen Dinge, die Sie sicher gerne für sich kaufen möchten, dann stehe ich dafür in Ihrer Schuld, aber ich beabsichtige nicht, Ihnen diese Auslagen zu erstatten, sondern danke Ihnen, wie auch dafür, daß Sie die Möbel aufpolieren ließen – was ich ebenfalls bemerkt habe: Das Beste, was ich bisher für Fontley getan habe, war, ihm eine so hervorragende Hausfrau zu schenken: Das Haus beginnt wieder so auszusehen, wie es soll. Sie müssen emsiger als ein Volk von Ameisen gewesen sein, während ich in Norfolk war.»

Wieder errötete sie, aber diesmal vor Vergnügen. «Oh, ich bin so froh, daß es Ihnen gefällt! Ich versprach Ihnen, mich nirgends einzumengen, aber ich dachte, Sie würden vielleicht nichts dagegen einzuwenden haben, wenn ich manches wieder in Ordnung bringe, ohne etwas zu ändern, sondern nur den ursprünglichen Zustand wiederherstelle. Aber Charlotte meinte, daß sie das Haus kaum wiedererkannt hätte, und wenngleich sie mir versicherte, daß es ihr gefiele, sah ich doch, daß dem nicht so war, und sie jagte mir richtig Angst ein.»

«Charlotte ist eine Gans», sagte er und vergaß, daß er sich davor gefürchtet hatte, auch nur einen abgetretenen Teppich ersetzt zu sehen. Er drückte ihr noch einmal die Hand, ehe er sie freigab, und erhob sich. «Gehen wir in die Bibliothek! Haben Sie die auch mit eleganten neuen Vorhängen ausgestattet?»

«Nein, nein, ich habe sie nicht angerührt», antwortete sie eilig. «Ich dachte zwar, wenn es Ihnen nicht mißfällt, könnten wir neue Vorhänge machen lassen, aber keine der Farben auf den Musterkarten, die ich mir bisher senden ließ, schien mir auch nur annähernd jener zu gleichen, die, meiner Ansicht nach, einmal die alten Vorhänge gehabt haben müssen.»

«Ich glaube, sie waren etwa senfbraun», sagte er und runzelte in angestrengtem Nachdenken die Stirn. «Bitte, tun Sie mir die nicht noch einmal an! Ich entsinne mich, daß ich sie abscheulich fand, als meine Mutter sie anbringen ließ.»

Diese unverhüllte Ablehnung des Geschmackes seiner Mutter, dem sie so demütig nachgeeifert hatte, entlockte ihr beinahe einen Ausruf der Verblüffung. Sie hegte den Verdacht, daß er sie damit nur beruhigen wollte, aber als sie in der Bibliothek standen, betrachtete er die Vorhänge und schnitt dabei eine Grimasse. «Sehr schäbig! Wie sonderbar, daß mir das nie auffiel! Vermutlich gewöhnt man sich daran. Wie sollen also die neuen Vorhänge aussehen?»

Sehr ermutigt holte sie die Musterkarten hervor. Keine der Stoffarten, die ihr am passendsten erschienen waren, ernteten mehr als seinen mäßigen Beifall, aber als er einen Streifen roten Brokats erblickte, sagte er unverzüglich: «Das ist das Richtige!»

Sie hatte erwartet, daß er eine nüchterne Farbe vorziehen würde, als er jedoch den Brokat zu der Ecke trug, in der die Kang-hsi-Schale stand, verstand sie ihn und beglückwünschte ihn zu seiner Wahl. Dann sagte sie, da sie genau wußte, daß er es gerne hörte: «Ich will Sie jedoch pflichtgemäß warnen, Mylord! – Die Rechnung wird Ihnen wenig Freude machen! Sie haben das teuerste Muster ausgesucht, das mir zugeschickt wurde.»

«Oh, Gott, wirklich? Aber es ist das einzige, das mir gefällt. Was kostet es denn?»

«Ungefähr fünfzig Pfund. Ich kann es nicht genau beurteilen, ehe ich die Maße kenne.»

«Wie schrecklich! Aber noch fürchterlicher wäre es wohl, meine Schale mit etwas Minderwertigem zu entwürdigen, glauben Sie nicht auch? Wir werden den Brokat bestellen.» Er reichte ihr das Muster zurück, ließ sich in seinen Lieblingsstuhl sinken, streckte die Beine von sich, stieß einen zufriedenen Seufzer aus und sagte: «Wie wohltuend, wieder zu Hause zu sein! Und nicht Whist spielen oder bei einer Scharade mittun zu müssen! Erzählen Sie mir, was sich während meiner Abwesenheit zugetragen hat.»

17

Drei Tage später kam Julia nach Fontley. Lord Oversleys Landsitz lag nördlich von Peterborough und war daher nicht weit von Fontley entfernt. Julia kam in Begleitung von Rockhill und zwei Bekannten an: Miss Kilverley und ihrem Bruder, einem schweigsamen, athletischen jungen Mann, der Jenny an Adams Cousin Osbert erinnerte. Julia erklärte, daß sie den Besuch nicht geplant gehabt hätten. «Wir brachen auf, um die Abtei von Croyland zu besichtigen», sagte sie, «aber als Mary – du erinnerst dich doch an Mary, nicht wahr? – erfuhr, wie nahe Fontley liegt, ließ sie sich nicht abhalten, dir ihre Aufwartung zu machen.»

Jenny erinnerte sich sehr wohl daran, daß Miss Kilverley eine von Julias treuen Anhängerinnen war, und nahm finsteren Blickes zur Kenntnis, daß diese Jungfer errötete und Julia einen fragenden Blick zuwarf. Sie sagte jedoch, als sie ihr die Hand gab: «Ja, ich erinnere mich ausgezeichnet. Wie geht es Ihnen?»

«Abscheulich, dich so überrumpelt zu haben», sagte Julia vergnügt. «Aber ich konnte nicht widerstehen!»

«Warum auch?» gab Jenny zurück. «Ich werde Lynton sofort Nachricht schicken lassen. Die letzten Erntearbeiten sind im Gange, und er hilft auf einem der Anwesen mit.»

«Wie bitte?» fragte Julia.

«Ja», bekräftigte Jenny mit ihrem sparsamen, kühlen Lächeln. «Er trägt sogar einen Arbeitskittel, der ihm wahrlich nicht schmeichelt. Aber das ist eben seine Auffassung von Vergnügen! Ich bin gerade erst zurückgekommen, denn ich habe ihm einen Imbiß gebracht. Zu dieser Tageszeit bekommen die Erntearbeiter immer Rosinenkuchen und Bier, aber Bier verträgt er nicht, das liegt ihm regelmäßig im Magen. Kommen Sie doch bitte alle herein und nehmen Sie ebenfalls eine Kleinigkeit zu sich!»

Als Adam ins Haus trat, fand er die Besucher im Empfangszimmer der Priorei bei den Überresten eines leichten Imbisses. Er begrüßte Julia mit der Unbefangenheit jahrelanger Freundschaft, aber seine Augen leuchteten doch auf, als er sie betrachtete. Sie reichte ihm die Hand, blickte ihn sehnsüchtig an, fragte aber schelmisch: «Wo ist Sein Arbeitskittel, Bauer Giles? Ich bin enttäuscht!»

«Ah, der Bauer legt seinen Arbeitskittel stets beiseite, wenn er Gesellschaft hat», erwiderte er. Er schüttelte Rockhill die Hand. «Wie geht es Ihnen? Und –?» Seine hochgezogenen Augenbrauen erinnerten Jenny an ihre Pflicht. Sie führte die nötige Vorstellung durch und bemerkte zufrieden, daß er das ziemlich befangene junge Geschwisterpaar in ein Gespräch verwickelte, das er bald auf alle Anwesenden erstreckte. Sie selbst besaß nicht das Talent, schlecht zusammenpassende Menschen zu einer Gesellschaft zu verschmelzen, und da die Kilverleys von Rockhill eingeschüchtert waren, und jedesmal eine Bosheit erwarteten, sooft er eine seiner glatten Bemerkungen einflocht, waren sie bis zu Adams Eintreffen recht schweigsam gewesen. Innerhalb weniger Minuten jedoch plauderten sie unbefangen über den Ausflug. Miss Kilverley schloß sich Julias leidenschaftlicher Bewunderung der Schönheiten Croylands an und Mr. Kilverley lauschte begeistert Rockhills Erklärung, daß die Abtei von König Ethelbald gegründet worden war.

Als Miss Kilverley der Hoffnung Ausdruck verlieh, etwas mehr von Fontley zu sehen zu bekommen, sagte Adam: «Aber natürlich! Ich fürchte nur, Sie werden enttäuscht sein. Wir können uns nämlich bei weitem nicht mit Croyland vergleichen.»

«Oh –! Dieser entzückende Bogen», widersprach sie. «Und ist dieser Raum nicht uralt?»

«Nun, er hieß seit jeher der Empfangsraum des Priors», gab er zu. «Von einem Teil der äußeren Mauer wird angenommen, sie sei noch ein echter Überrest, aber das Haus selbst stammt eher aus der Tudorzeit als aus dem Mittelalter.»

«Sie sollten es deshalb nicht geringer schätzen», sagte Julia. «Manchmal hatte ich das Empfinden, als reichten darin alle Geschichtsepochen einander die Hände, und ich habe mir gerne vorgestellt, daß mir vielleicht eines Tages in der Galerie, die einmal die *dortoire* war, ein Mönch begegnen könnte, eine Dame im Reifrock plötzlich durch eine Tür verschwindet oder ein betreßter Kavalier mit Schmachtlocke vor mir über einen Gang gleitet.»

«Orlando Deveril zum Beispiel?» schlug Adam vor und betrachtete sie mit zärtlicher Belustigung. «Keiner meiner ehrsamen Vorfahren machte Ihnen halb so viel Vergnügen wie dieser Dummkopf.»

Sie zuckte zurück. «Wie können Sie nur so sprechen? Sie sollten stolz auf ihn sein!» Sie wandte sich ihrer Freundin zu. «Du wirst sehr bald sein Porträt sehen. Ein ungemein vornehmes Antlitz und so schwermütige Augen –! Als hätte er gewußt, daß er dem Verderben geweiht war! Ich habe es dir bereits erzählt: Er ist derjenige, der eine Truppe zusammentrommelte und damit seinem König zu Hilfe eilte.»

«Und unmittelbar darauf in der ersten Schlacht in Stücke geschlagen wurde», warf Adam dazwischen. «Jener Offizierstyp, Miss Kilverley, der sich stets so heldenhaft dem feindlichen Feuer aussetzt. Unter dem gleichen Typ haben wir im Vorjahr gelitten: sehr tapfer – und völlig ungeeignet als General für die Light Bobs!»

Julia wußte nicht recht, ob sie lachen oder entrüstet sein sollte. Jedenfalls sagte sie: «Sie scherzen, aber in diesem Zusammenhang kann ich Späßen nichts abgewinnen.»

«Nun», sagte Jenny und brachte das Gespräch damit zu einem prosaischen Ende, «ich bin bloß froh, daß ich ihn nicht gesehen habe, und dafür bin ich ehrlich dankbar, denn es wäre mir unheimlich, wenn es auf Fontley spukte, und ganz bestimmt blieben nicht viele Bedienstete länger als zwei Wochen im Hause, wenn sie sich einbildeten, daß ihnen einmal hinter einer Ecke ein Mönch entgegenschwebte.» Sie erhob sich und sagte: «Falls wir alle unseren Imbiß beendet haben, gehen wir doch jetzt in die Galerie!»

Sie nickte Adam zu, die Gäste zu begleiten, und wäre ihm gefolgt, wenn nicht Rockhill, der neben ihr zurückgeblieben war, gesagt hätte: «Möchten Sie auch mitgehen? Ich glaube, Sie würden es todlangweilig finden, genau wie ich, der ich die Altertümer Fontleys nur allzu gut kenne. Überlassen wir Lynton seinen Respektlosigkeiten und begeben wir uns lieber in den Garten!»

Sie war ein wenig erstaunt, nahm jedoch seinen Vorschlag bereitwillig an. Als sie durch den Bogengang zum großen Saal gingen, fragte sie ihn, ob er bei den Oversleys auf Beckenhurst weile.

«Nein, aber in unmittelbarer Nachbarschaft», versetzte er. «Ich besuche dort Verwandte – entfernte Verwandte zwar, aber man darf selbst die langweiligsten Familienmitglieder niemals übergehen, nicht wahr? Besonders, wenn sie dort wohnen, wo man sich selbst am liebsten aufhält.»

Sie warf ihm einen raschen Blick zu und sah, wie sich seine schmalen Lippen zu jenem Lächeln kräuselten, das solche Unschuldslämmer wie die Kilverleys auf der Hut sein ließ.

«Ganz richtig», beantwortete er die Frage in ihrem Blick. «Sie sind eine überdurchschnittlich kluge Frau, Lady Lynton, und Sie haben mit Ihrer Vermutung genau ins Schwarze getroffen.»

«Das kann ich nicht beurteilen», erwiderte sie mit gewohnter Plumpheit. «Sie werden mir verzeihen, wenn ich zu ungeschminkt spreche, Mylord, aber mir will scheinen, daß Sie Miss Oversley nachlaufen.»

«Wie wahr, und das in meinem Alter», murmelte er. «Wie mir treue Freunde nur zu gerne berichten, findet man allgemein, daß ich in einem Anfall von Buhlerei nachgebe – ein Zeichen von Senilität, wie ich fürchte.»

«Ach, Unsinn! Aber es nimmt mich nicht wunder, daß niemand Ihre Courschneiderei für mehr als eine Laune hält, denn der Altersunterschied muß an die zwanzig Jahre betragen, Mylord.»

«Sogar darüber», gestand er trocken und führte sie in den Garten hinaus. «Aber eines darf ich Ihnen versichern, Ma'am – senil bin ich nicht!»

«Nein, aber ich persönlich hätte mir nie träumen lassen . . . Aber die Sache geht mich nichts an.»

«Nein? Sie enttäuschen mich.»

«Ich wüßte nicht wodurch», erwiderte sie abwehrend.

«Nein, nein, weisen Sie mich nicht in meine Schranken zurück. Mir will dünken, daß wir einander ausgezeichnet verstehen. Sie wären natürlich nur froh, Miss Oversley verheiratet zu sehen, und mir ist daran gelegen, Ihnen diesen Wunsch zu erfüllen.»

Am Eingang in den Rosengarten blieb sie stehen und blickte stirnrunzelnd zu ihm auf: «Weshalb erzählen Sie mir das alles?» fragte sie.

«Nun, Sie müssen wissen, daß ich eine Schwäche für Sie habe, Lady Lynton», erwiderte er. «Sie haben mir anläßlich unserer ersten Begegnung sowohl Respekt als auch Dankbarkeit abgenötigt. Es war eine peinliche – man könnte beinahe sagen – eine katastrophale Situation, der sie durch Ihre bewunderungswürdige Geistesgegenwart die Spitze abgebrochen haben und ihr später den Rest des verbliebenen Stachels durch Ihr Verhalten nahmen, das genauso edelmütig wie raffiniert war.»

«Ach, Quatsch!» sagte sie grob, errötete tief und trat in den Rosengarten.

Er folgte ihr lachend. «Wie Sie wollen! Aber Sie müssen mir gestatten, dankbar zu sein – und meine Schulden zu zahlen! Sie waren ein wenig verärgert, nicht wahr, als Sie sahen, wer zu Besuch gekommen ist? Ich kann mir unschwer ausmalen, daß Sie mich für einen richtigen Schafskopf hielten, daß ich mich für diesen Ausflug hergab. Ich bin jedoch durchaus kein Schafskopf. Ich bin ziemlich sicher, Ma'am, daß weder Sie noch ich etwas zu befürchten haben, wenn wir unseren Lieben gestatten, einander zu treffen.»

«Sie sind ein merkwürdiger Patron!» rief sie aus. «Wie können Sie wünschen, Julia zu heiraten, wenn Sie wissen, daß sie Lynton liebt? Das wissen Sie doch, oder?»

«Aber natürlich! Ich bin ihr verständnisvollster Vertrauter – und obendrein auch völlig aufrichtig! Man entsinnt sich doch seiner eigenen ersten Liebe – mit einem kleinen Stich im Herzen und unendlicher Dankbarkeit! Ich werde Julia ihre köstlich unerfüllten Sehnsüchte nicht neiden oder so unverzeihlich gefühllos sein zu behaupten, daß ihre rührende kleine Liebesgeschichte nie mehr Realität besaß als ein Märchen. Sie wird sich diesen Erinnerungen nicht oft hingeben: Nur dann, wenn sie sich über etwas geärgert hat. Und dann wird der arme Liebling gänzlich übersehen, daß sie die schmerzliche Entdeckung machen mußte, daß Lynton recht wenig Ähnlichkeit mit dem Märchenprinzen ihrer Phantasie hat – eine Gestalt, bei der mir immer ein wenig übel wird – aber ich flehe Sie an, verraten Sie ihr nicht, daß ich das sagte.»

Sie lächelte, bemerkte jedoch ungeduldig: «Oh, Julia hat keine Ahnung von Lynton! Ich verstehe sie nicht – habe sie nie verstanden! Ich hoffe aus ganzem Herzen, daß es Ihnen gelingt, sie zu verstehen, aber ich fand immer, daß ihr Herz genauso schnell über einen Sperling zu brechen bereit war, den sie tot im Rinnsal fand, wie über Lynton. Ich bezweifle nicht, daß sie sich sehr rasch davon erholen wird, denn meiner Ansicht nach hat sie sich diese Liebe zu Adam genauso eingeredet, wie sie sich oft und oft in ein hohes Fieber gesteigert hat!» Sie brach ab, preßte die Lippen aufeinander und schnitt nach einer winzigen Pause ein anderes Thema an.

Er unternahm keinen Versuch, das abgebrochene Gespräch wieder aufzunehmen, sondern plauderte amüsant über verschiedene Belanglosigkeiten mit ihr, bis ihre Wanderung durch die verschiedenen Gartenanlagen sie wieder zum Haus zurückbrachte. Der Klang von Stimmen ließ sie an dem Haus vorbei und zur Kapellenruine gehen, wo sie die anderen trafen. Julia saß auf einem umgestürzten Felsblock, ihr koketter Schirm schützte ihre zarte Haut vor der Sonne und ihr Blick hielt in wehmütigem Staunen an Adam fest, der etwas abseits stand und sich mit Mr. Kilverley unterhielt. Miss Kilverley schlenderte um die Ruine herum und stieß ab und zu bewundernde Rufe aus, wenn sie das Bruchstück eines Zahnornamentes oder ein grasüberwuchertes Grab entdeckte. Mr. Kilverley schien erstaunlich gesprächig geworden zu sein, und als Jenny und Rockhill nahe genug waren, fingen sie Gesprächsfetzen wie «Zehn Mulden pro vierzig Ar» oder «verbesserter Fruchtwechsel» auf, was bewies, daß Mr. Kilverleys Kenntnisse sich nicht allein auf Pferde und Windhunde beschränkten, sondern daß er auch der Landwirtschaft größte Begeisterung entgegenbrachte.

«Oh, meine arme Kleine!» flüsterte Rockhill. «Gestehen Sie, Lady Lynton, daß dieses Bild selbst einem Herz aus Stein Mitleid abringen muß!»

Julia wandte den Kopf, als sie die näher kommenden Schritte vernahm, und lächelte. Ihr Lächeln war stets bezaubernd, und im Augenblick verriet es echte Freude und mehr als eine bloß angedeutete Erleichterung. Ihre sanften Augen blickten zu Rockhills Gesicht auf, und als er ihr die Hand entgegenstreckte, legte sie ihre hinein, erhob sich und gestattete, daß er sie ein wenig von den anderen fortführte. Sie wanderten langsam um die Ruine; Julia hatte die Hand auf Rockhills Arm gelegt und sagte seufzend: «Es ist schön, nicht wahr? Welche Betrachtungen diese abbröckelnden Gemäuer doch auszulösen vermögen! Ich sah sie dereinst im Mondlicht – so unbewegt, so geheimnisvoll brüteten sie still über der Vergangenheit! Wie ist es nur möglich, diese Ruinen zu sehen und einzig daran zu denken, was für ein prächtiges Gelände sie für ein Versteckspiel abgeben?»

Seine Augen blitzten belustigt auf, doch er antwortete, wie sie es von ihm erwartet hatte. Nach einer schmerzerfüllten Pause sagte sie: «Das hat Charlie über die Ruinen gesagt, aber ich hätte nicht erwartet, daß Adam . . .» Sie beendete den Satz nicht, sondern seufzte und sagte: «Vermutlich liegt es an seiner Ehe mit Jenny – sie ist so prosaisch! Sehr freundlich und gutherzig natürlich, aber – ach, ich wünschte, sie würde Adam nicht verändern! Früher sprach er niemals so!»

«Vielleicht», wandte Rockhill taktvoll ein, «wollte er bloß dem jungen Kilverley die Befangenheit nehmen.»

«Ja, möglich – aber Orlando Deveril einen Dummkopf zu heißen –»

«Das», pflichtete Seine Lordschaft ihr bei, «war allerdings höchst verwerflich, aber man darf nicht vergessen, daß Lynton Offizier ist und ein Verhalten, das uns ungemein edelmütig erscheint, mit ganz anderen Augen betrachtet.»

Sie wanderten langsam auf und ab, während sie diese Bemerkung verdaute. «Rockhill!» sagte sie unvermittelt. «Was ist ein *coomb*?»

«Ich glaube», erwiderte er vorsichtig, «es ist eine Art von Flächenmaß – fragen Sie mich bitte nicht nach einer genaueren Erklärung, denn ich habe nicht die leiseste Ahnung.»

«Ich glaube, es hat etwas mit Weizen zu tun», sagte sie.

«Es sollte mich nicht wundern, wenn Sie recht hätten. Es klingt, als hätte es mit Weizen zu tun.»

Bei dieser Antwort blickte sie zu ihm auf und das Lachen tanzte in ihren Augen. «Oh, Rockhill, Sie sind so komisch – und ein solcher Trost für mich! Ich glaube, Sie wissen ganz genau, worum es sich handelt. Sie besitzen doch selbst auch Bauernhöfe, nicht wahr?»

«Einige, wenn ich nicht irre, aber ich muß zu meiner Schande gestehen, daß ich mich nie um ihre Leitung gekümmert habe.»

«Sie haben einen Agenten, genau wie Papa – obwohl Papa selbst ein wenig nach dem Rechten sieht, aber nicht so wie Adam! Erntearbeitern zu helfen! Muß er das denn? Es ist einfach abstoßend! Ich dachte, seine Heirat mit Jenny würde ihm ein ungeheures Vermögen bringen.»

Er lächelte über ihre sorgenumwölkte Stirn. «Aber es ist durchaus nicht abstoßend, kleine Blüte! Haben Sie Lady Lynton nicht sagen hören, dies sei ‹seine Auffassung von Vergnügen›? Das bezweifle ich nicht: Es steckt ihm im Blut. Nicht die Not, sondern sein freier Wille treibt ihn auf seine Felder hinaus, das versichere ich Ihnen. Coke von Norfolk tut das gleiche, und soviel ich weiß, gibt es ein Dutzend anderer, die sich ebenso verhalten. Ich könnte wetten, daß Lynton, noch ehe er um vieles älter geworden ist, sich in die Reihen der adeligen Landwirte gestellt haben wird – die Russels, die Keppels, Rockingham, Egremont – oh, sehen Sie mich nicht so entgeistert an! Es ist eine höchst ehrenhafte Beschäftigung, außerdem wird sie so modern, daß jene unter uns, die die Landwirtschaft langweilig finden, bald als unmodern gelten werden.»

«Ich halte sie nicht unbedingt für langweilig», sagte Julia. «Ich liebe unseren Wirtschaftshof auf Beckenhurst und habe mir oft gedacht, ich wäre gern die Frau eines Bauern, mit Lämmern und Kälbern und Ferkelchen – Papa hat mir einmal ein kleines Lämmchen geschenkt, und es war ganz entzückend – aber doch nicht so eintönige Dinge wie Ernten – mit Ausnahme eventuell von Heu.»

«Sie sollen ein kleines Trianon haben», versprach er.

«Oh! – Nein, bitte reden Sie nicht so! Außerdem weiß ich, daß ich Unmögliches verlange: man kann keine Wirtschaft ohne gräßliche Dinge wie Dünger und Ernten und Drehpflüge und Rüben führen. Oh, Rockhill, ich kann nicht so schnell vergessen – lenken Sie meine Gedanken, meine Gefühle, in eine andere Richtung!»

«Aber ich habe einzig um die Erlaubnis gebeten, Sie lieben zu dürfen, meine Blüte!»

«Ach, wie gut Sie sind! Nein, nein, es wäre unverzeihlich von mir! In mir ist nichts mehr, was ich zu verschenken imstande wäre.»

«Ganz im Gegenteil! Sie können mir Schönheit schenken. Mein Haus braucht eine Herrin und meine Töchter brauchen eine liebevolle Mutter. Ich fürchte», sagte Seine Lordschaft im Tone tiefster Niedergeschlagenheit, «daß sie in der Obhut ihrer Großmutter nicht sehr glücklich sind. Sie ist eine prachtvolle Frau, aber vielleicht ein bißchen zu streng.»

«Oh, die süßen Kleinen, sie verfolgen mich unablässig, seit Sie mir von ihnen erzählten – Aber still! Hier kommt Jenny.»

Der Marquis war mit seinem erzielten Fortschritt sehr zufrieden, schwieg folgsam still und begab sich zu seinem Gastgeber, um mit ihm zu plaudern. Obwohl jeder Nerv sich abwehrend gegen ihn aufbäumte, gelang es Adam nicht, Rockhill unsympathisch zu finden. Rockhill hatte sich so manche Feindschaft zugezogen, aber wenn ihm daran lag, sich von seiner angenehmen Seite zu zeigen, konnte er unwiderstehlich sein. Wenn er vor Julia geheuchelt hatte, nichts von der Landwirtschaft zu verstehen, so entschied er sich jetzt, vor Adam eine Beschlagenheit zu enthüllen, die überraschend bei einem Manne wirkte, dessen ungeheure Einkünfte hauptsächlich aus städtischen Bezirken stammten. Sie schlenderten eine Weile auf und ab und besprachen die Getreidegesetze, Entwässerungsprobleme und Stallfütterungen, und falls Rockhill sich bei diesen Themen langweilte, so verstand er es bewundernswert, dies zu verbergen.

Bald mußten die Besucher wieder an den Aufbruch denken. Julia hatte keine Gelegenheit, zu einem privaten Gespräch mit Adam gefunden. Erst zum Schluß stand sie ihm einige Minuten allein gegenüber. Sofort sagte sie: «Wäre es Ihnen lieber gewesen, wenn ich nicht gekommen wäre? Aber Sie freuten sich doch, mich zu sehen, nicht wahr?»

«Ich kann gar nicht anders, als mich darüber freuen. Aber es stimmt, daß ich es vorgezogen hätte, Sie wären nicht gekommen. Warum haben Sie das getan, Julia? Warum kamen Sie hierher, wo ich einmal hoffte –» Er besann sich und sagte: «Sie müssen doch wissen, daß mich das schmerzlich berührt.»

«Mir ergeht es nicht anders», sagte sie wehmütig.

«Warum kamen Sie also?»

«Weil ich Sie sehen und wieder einmal mit Ihnen sprechen wollte. Ich habe Sorgen. Seit jenem entsetzlichen Tag im März kann ich mich nicht mehr zurechtfinden. Haben Sie sich jemals in einem Irrgarten verlaufen? Man kann den Ausweg nicht finden, welchen Pfad man auch einschlagen mag, und dann beginnt man sich zu fürchten und möchte laut um Hilfe rufen, damit einen jemand befreit, und doch tut man es nicht, weil man weiß, daß es töricht wäre –» Ein mattes Lächeln spielte um ihre Lippen.

«Und weil Sie jetzt ein großes Mädchen sind, Miss Julia, und nur kleine Kinder schreien. Ich kann Ihnen nicht helfen», versetzte er mit bebender Stimme. «Meine Einzige, meine Teuerste, sagen Sie nicht solche Dinge! Kommen Sie nicht hierher! Es wäre leichter, wenn wir einander nie wieder sehen müßten, aber da das unmöglich ist, beschränken wir unsere Treffen doch wenigstens nur auf London, wo wir einander auf Gesellschaften begegnen. Beisammen zu stehen wie jetzt – nein, nein, das ist unerträglich! Glauben Sie mir, Julia, es wird uns beiden leichterfallen, wenn wir einander so selten wie möglich treffen. Dies bedeutet für uns beide eine Qual.»

«Das muß aber doch nicht so sein! Darf uns denn gar nichts verbleiben? Wenn Ihre Gefühle im Wege stünden oder Jennys, wäre das etwas anderes, aber Sie haben doch eine Vernunftehe geschlossen! Sie heirateten, um Fontley zu retten, und Jenny, um eine gesellschaftliche Stellung zu erringen. Sie haben einander doch niemals Liebe vorgetäuscht. Jenny kann sich nicht über das kränken, was zwischen uns vorgegangen ist, Adam. Sie weiß, daß Sie mich lieben – sie hat es von allem Anfang an gewußt! Verlangt sie denn, daß zwischen uns alles zu Ende sein soll, selbst die Freundschaft? Das sieht ihr gar nicht ähnlich! Sie hat, was sie haben wollte! Verlangt sie, daß Sie sich ihr so widmen, als liebten Sie sie?»

Es dauerte eine kleine Weile, ehe er antwortete. Dann sagte er langsam: «Nein. Jenny verlangt überhaupt nichts von mir.»

«Ah, das wußte ich! Sie ist niemals unvernünftig! Sie ist ungemein nüchtern, von praktischem Verstand, vielleicht ohne allzu große Feinfühligkeit – das würde sie Ihnen jederzeit selbst unumwunden eingestehen – aber –»

Er unterbrach sie. «Ja, das würde sie sagen. Ich weiß nicht, wie weit das der Wahrheit entspricht, aber ich weiß, daß man sie zu verletzen vermag. Sie sagen, sie hätte immer gewußt, daß ich Sie liebe. Ich hatte es angenommen, aber sie hat nie darüber gesprochen oder durch das kleinste Zeichen verraten, daß sie davon weiß.»

«Was soll es ihr ausmachen? Sie haben ihr so viel geschenkt! Sie kann mir nicht Ihre Freundschaft mißgönnen. Oder fürchten Sie den Klatsch der Leute? Aber wenn ich nun ebenfalls verheiratet wäre? Das gäbe mir eine durchaus andere Position.»

Er lachte unfroh. «Oh, Julia, meine kleine Törin! Nein, ich dachte nicht an Ihre Position, sondern an Jennys. Ich kann sie nicht so demütigen. Sie bot mir einmal *carte blanche* an, aber ich wußte, als ich diesen Vertrag einging, daß ich ein Mädchen heirate, das nach strengeren Grundsätzen erzogen wurde, als sie in unseren Kreisen gelten.»

«Oh, ja, ja! Die Achtbarkeit ist Jennys Abgott, muß sie aber deshalb auch der Ihre sein?»

Als er nach einigem Schweigen antwortete, sagte er sanft: «Ich schulde Jenny sehr viel, verstehen Sie? Sie sucht ständig, mich zu erfreuen, und denkt niemals an sich selbst. Unsere Ehe – sie ist nicht immer einfach, für keinen von uns, aber sie versucht, sie angenehm zu gestalten und verhält sich um so vieles hochherziger als ich. Ich hätte ihr so viel geschenkt? Sie wissen genau, daß das nicht stimmt, meine Liebe! Ich hatte ihr nichts zu bieten als einen Titel – und manchmal frage ich mich, ob sie größeren Wert darauf legt, als Sie es tun würden.»

«Aber natürlich tut sie das! Ich verurteile sie nicht dafür: Ich weiß, wieviel es bedeutet haben muß, die Leiter der gesellschaftlichen Stellung so hoch zu erklimmen! Sie mögen das gering achten, aber Jenny? Es ist leicht zu verachten, was man seit jeher besitzt, das sagte sie mir einmal selbst. Ich hatte sie nicht verstanden – ich war damals so verzweifelt – aber später begriff ich sie. Sie sagte, sie sei nicht die erste und würde nicht die letzte sein, die wegen eines Titels heiratet.»

«Wirklich? Aber der Titel würde wohl nicht die Demütigung aufwiegen, bemitleidet oder von der guten Gesellschaft verlacht zu werden, wenn es offenkundig würde, daß ich Sie noch immer liebte, Julia!»

«Aber das tut doch niemand! Denken Sie nur an die Ashcotts! Alle wissen, daß Ashcott mehr ist als bloß Mrs. Porths Freund, aber niemand –»

«Man spricht auch ziemlich unverblümt darüber, daß Lady Ashcott Trost gefunden hat», fiel er ihr trocken ins Wort. «Aber was sollte Jenny beginnen, wenn ich sie vernachlässigte? Sie ist nicht in unseren Kreisen aufgewachsen, sie besitzt nicht die zahllosen Freunde und Verwandte, die Sie haben – und die Lady Ashcott hat; und sie ist zu schüchtern, um sich in den Vordergrund zu spielen. Wir haben einen einseitigen Handel abgeschlossen: Sie gibt und ich nehme – aber ich kann ihr zumindest Treue erweisen.»

Sie schluchzte leise auf. «Ich wollte nicht – ich hatte nicht vor, Jenny jemals zu verletzen! Aber wir waren immer so gute Freunde, Adam! Dürfen wir denn nie mehr wie in alten Zeiten zusammenkommen und plaudern? Jenny würde uns einen so winzigen Trost nicht verargen!»

«Es wäre kein Trost, Julia. Oh, meine Liebe, verstehen Sie denn nicht –?»

«Sie fehlen mir so schrecklich!» sagte sie traurig. «Wäre es nicht doch ein winziger Trost?»

Er konnte nur den Kopf schütteln. Sie wandte sich mit den Worten ab: «Ich wußte nicht, daß wir uns völlig entfremden müßten. Sicher bin ich sehr töricht.»

18

Es war ein Glück für Adam, daß die Verbesserungen, die er auf seinem Besitz durchzuführen in der Lage war, ihn zu beschäftigt hielten, um ihn viel Zeit an Erinnerungen verschwenden zu lassen, die, wie er genau wußte, müßig waren. Er konnte Julias Besuch nicht übelnehmen, denn sein Herz sehnte sich unverändert nach ihr; aber ihr Anblick in dem Haus in dem er sie als Herrin zu sehen gehofft hatte, ließ alle seine mühsam verdrängten Gefühle neu aufflammen.

Als die Besucher sich verabschiedet hatten, wappnete er sich und sah Jenny an. Aber sie sagte nur: «Es ist bestimmt eine Freude, Freunde zu begrüßen, aber sie haben eine einmalige Begabung dafür, immer dann zu kommen, wenn man zu tun hat! Ich wollte den Nachmittag in der Vorratskammer verbringen, aber dazu ist es nun zu spät, und auch Sie können nicht mehr zu den Erntearbeiten zurück.»

Keiner von beiden erwähnte den Besuch. Die nächsten Tage brachten ihre Pflichten, ihre kleinen Erfolge und ihre ärgerlichen Fehlschläge. Es gab immer etwas zu tun, selbst wenn es nichts weiter war, als Jenny zu unterweisen, wie sie den zweirädrigen Einspänner fahren mußte, den sie in einer der Wagenremisen entdeckt hatte. Und wenn es gar keine Arbeit gab, ließen sich noch immer Zukunftspläne schmieden und die Durchführbarkeit der geplanten Verbesserungen errechnen. Als schließlich Mr. Chawleigh Mitte September nach Fontley kam, war Adam viel zu sehr in die Probleme seines Gutes verstrickt, um viel Muße zu haben, über seine zerstobenen Hoffnungen oder das Herzeleid seiner verlorenen Geliebten nachzudenken.

Mr. Chawleigh traf an einem strahlenden Nachmittag und zwei Stunden füher als erwartet ein. Weder Jenny noch Adam waren zu Hause. Dieser Umstand störte Mr. Chawleigh bedeutend weniger als er Dunster störte, der durch die mächtige Erscheinung und das Gehaben des Vaters seiner Herrin aus dem Gleichgewicht geriet. Ehe er noch Zeit hatte, sich von dem ersten Schreck zu erholen, umklammerte er bereits krampfhaft eine Ananas, die Mr. Chawleigh ihm mit der Empfehlung übergeben hatte, sie außer Reichweite des Koches auf einem Teller im Speisezimmer abzustellen. «Denn wir wollen sie nicht zerschnitzelt oder mit Eis vorgesetzt bekommen, wohlgemerkt!» Damit wandte er sich tadelnd seinem Diener, einem spindeldürren Individuum, zu, der mit einer Strohtasche in der Hand aus der Kutsche kletterte. «Nun mach Er schon!» mahnte er, packte die Tasche und drückte sie in Dunsters gefühllos gewordene Hand. «Das jedoch kann Er dem Koch bringen, und zwar je eher, desto besser! Es ist eine Schildkröte, und Er kann ihm sagen, er soll das Fleisch vom Schulterblatt rösten – und sperre Er die Ohren auf! – man muß es zuerst zwei Minuten dünsten lassen, dann auf den Spieß stecken und mit Eiern und Brotkrümeln bestreichen, ehe er's übers Feuer hängt.»

Keiner von Fontleys Gästen hatte je zuvor Dunster eine Schildkröte in einer Strohtasche übergeben, und er stand sprachlos da, bis einer der Diener sie ihm taktvoll abnahm. Darauf erholte er sich soweit, um zu sagen: «Jawohl, Sir!»

«Und aus der Leber kann er ein Soutée machen», fügte Mr. Chawleigh hinzu. «Lady Lynton ist also ausgegangen, wie? Nun, das schadet nichts. Ich will mir inzwischen mal das Haus ansehen!»

Dunster riß sich zusammen und sagte: «Wenn Sie die Güte haben wollten, sich in den grünen Salon zu begeben, Sir, werde ich Lady Lynton sofort Nachricht übermitteln lassen. Sicher werden Sie nach der Reise gerne eine Erfrischung nehmen wollen, Sir.»

«Na schön, zu einem Glas Madeira sage ich nicht nein, wenn Seine Lordschaft einen im Keller hat», erwiderte Mr. Chawleigh munter. «Aber es wäre Blödsinn, Lady Lynton Nachricht zu geben. Sie wird auch so bald hier sein! Bringe Er diese Schlafmütze von einem Diener ins Gästezimmer, damit der Kerl mein Zeug auspacken kann, während ich mich hier umsehe.» Er ließ den Blick durch die große Diele wandern und sagte: «Das ist vermutlich der alte Teil des Hauses und auch recht schön, möchte ich sagen, wenn ich persönlich auch Steinböden nicht mag, und wenn dieser Riesenkamin nicht mehr Rauch als Hitze ausspuckt, will ich Nepomuk heißen!» Dann fegte er ein abermaliges Angebot, sich in den grünen Salon geleiten zu lassen, mit den Worten hinweg, daß er sich ein wenig die Beine vertreten wolle. Dunster blieb also nichts anderes übrig, als den Rückzug anzutreten. Als er mit dem Madeira wieder in der Diele erschien, traf er Mr. Chawleigh bei einer kritischen Musterung der Treppe an. Mr. Chawleigh bemerkte, daß die Treppe recht hübsch geschnitzt sei, daß er für seine Person aber unverzüglich einen anständigen dicken Teppich auflegen ließe. «Ein wahres Wunder, daß sich hier noch keiner den Hals gebrochen hat», sagte er und nahm das ihm angebotene Glas. «Na, hoffen wir's, daß ich mir nicht das Genick breche! Schönen Dank! Den Krug braucht Er mir nicht dazulassen: Ich spüle mir zwar gern den Staub aus der Gurgel, aber ich habe keinen Schwamm in der Kehle. Was nicht heißen soll, daß dieser Madeira nicht recht annehmbar ist und Er mir nicht das Glas nachfüllen soll, ehe Er geht.»

Nachdem er seinen Wein getrunken und Dunster entlassen hatte, begab er sich auf einen Erkundungsgang.

Seine Gefühle waren gemischt. Der erste Blick auf die Priorei hatte ihn enttäuscht, denn wenngleich man ihm gesagt hatte, daß es sich um einen altehrwürdigen Bau handle, war es doch niemandem gelungen, seine Überzeugung zu erschüttern, daß er einen palastähnlichen Herrensitz zu sehen bekäme, dem ein einheitlicher und großartiger Bauplan zugrunde lag. Die Fenster von Fontley gewährten keinen weiten Blick, und die Umgebung gefiel ihm nicht. Beim Aussteigen aus der Kutsche hatte er erkannt, daß das Haus größer war, als er ursprünglich angenommen hatte, aber er begriff nicht, wie jemand so willkürlich zusammengewürfelte Gebäude schön finden konnte. Es gab keine elegante Fassade und nicht einmal eine Terrasse, die der unregelmäßigen Front eine gewisse Würde verliehen hätte. Eine abgetretene niedrige Stufe führte zu der Veranda, und die schwere Eichentür erweckte in ihm das Gefühl, eine Kirche zu betreten.

Die große Diele jedoch beeindruckte ihn. Dieser Raum gehörte unmißverständlich einem Lord. Zwei Rüstungen flankierten den Kamin, verschiedene alte Waffen hingen an den Wänden und das Wappen der Deverils prangte in der Mitte des steinernen Kaminsimses.

Nachdem er diese Ausstattung zur Kenntnis genommen hatte, schlenderte er durch den gewölbten Korridor hinunter, der entlang einer Reihe von Empfangszimmern zu einer zweiten Diele, einer zweiten Treppe und in die Bibliothek führte. Die Gästezimmer erschienen ihm armselig. Keines davon war geräumig, und viele waren vertäfelt und wirkten dadurch düster. Die Bibliothek gefiel ihm schon besser. Sie war größer und höher, und wenn ein neuer Teppich gespannt und die abgegriffenen Lederüberzüge der Sessel erneuert würden, konnte ein halbwegs eindrucksvoller Raum entstehen. Es tat ihm wohl, die Kang-hsi-Schale auf einem Ehrenplatz zu entdecken. Zwar wäre sie in einer Vitrine sicherer gewesen, aber in der Nische sah sie wirklich prachtvoll aus. Er wollte Jenny ermahnen, sie nicht von den Dienstboten abstauben zu lassen.

Bis Jenny in die Priorei zurückkehrte, hatte Mr. Chawleigh bereits den überwiegenden Teil des Hauses erkundet und kam zu dem Schluß, daß es ein richtiger Kaninchenbau war, mit viel zu vielen unebenen Böden, schlecht schließenden Fenstern, überflüssigen Stufen und Räumen, die durch ihre Enge nutzlos waren. Er zog den moderneren Flügel vor, aber selbst der enttäuschte ihn, denn es gab keine Flucht von Prunkgemächern, und das meiste Mobiliar war so altmodisch, daß er es nur als schäbig bezeichnen konnte.

Als Jenny eintraf, stand er in der Auffahrt und musterte den Garten. Das fügte sich schlecht, denn wenn sie ihn nicht erblickt hätte, wäre sie in den Hof gefahren, und ihm wäre der erniedrigende Anblick seiner Tochter erspart geblieben, die in einem erbärmlichen Gig saß, vor das ein knochiger Gaul gespannt war, und weit und breit war kein Diener neben ihr zu sehen, um ihr Schutz und Ansehen zu verleihen. Da er sie aber schon überrascht hatte, fuhr sie ans Haus heran und rief: «Papa! Herrjeh, sind Sie schon lange hier? Und ich war nicht einmal da, um Sie zu begrüßen! Nein, das tut mir schrecklich leid, aber ich hatte Sie nicht so bald erwartet!» Sie beugte sich hinunter, um ihn zu küssen. «Ich fahre nur den Wagen in den Hof und ich bin gleich wieder bei Ihnen.»

«Ich hätte gedacht», sagte Mr. Chawleigh mit tiefer Mißbilligung, «daß das ein Diener für dich besorgen könnte, selbst wenn du keinen neben dir sitzen hast, wie sich das gehören würde! Nie hätte ich mir träumen lassen, erleben zu müssen, daß du in einem schlampigen, verwahrlosten Gig durch das Land kutschierst und nicht einmal dein Mädchen bei dir hast! Außerdem bist du nicht so angezogen, wie ich dich gerne sehe: man könnte dich ja für die Frau eines Bauern halten!»

«Genau das bin ich auch!» gab sie zurück. «Ach, reden Sie sich nicht in Rage, Papa! Auf dem Lande zieht sich niemand elegant an. Und was mein unbegleitetes Umherfahren anbelangt: Wenn Adam es nicht unpassend findet, brauchen Sie es auch nicht zu tun. Ich habe bloß nachgesehen, wie die neuen Hütten vorankommen, und unseren eigenen Grund und Boden keinen Fußbreit verlassen, darauf haben Sie mein Wort!»

«Steig ab und sag einem der Diener, er soll das Gefährt in die Stallungen bringen», befahl ihr Vater.

Da sie gewahrte, daß er richtig ungehalten war, hielt sie es für das klügste, zu gehorchen. Sie hakte sich dann bei ihm unter und sagte: «Seien Sie nicht böse, Papa! Ich freue mich so, Sie endlich hier zu haben! Gefällt Ihnen Fontley? Haben Sie sich das Haus überhaupt schon angesehen?»

«Ich habe mir mehr davon versprochen», antwortete er. «Eigentlich hatte ich es mir bedeutend schöner vorgestellt. So wie Lord Oversley es in den Himmel gehoben hat – na, da schwebte mir eine gänzlich andere Sache vor!»

Das klang nicht eben verheißungsvoll, und als er ihr verschiedene Pläne vorgeschlagen hatte, wie er mehrere kleine Räume in ein einziges weitläufiges Zimmer verwandeln und diverse technische Hilfsmittel installieren lassen wollte, war ihr Zorn so sehr gestiegen, daß sie empört rief: «Papa! Wenn Sie ein Wort davon vor Adam verlauten lassen, werde ich es Ihnen nie verzeihen!»

«Feine Art, mit seinem Vater zu reden!» sagte er wütend.

«Aber Sie begreifen eben nicht! Adam liebt Fontley so inbrünstig, als wäre es ein Heiligtum! Alle Deverils empfinden so.»

«Was du nicht sagst! Nun ja, über Geschmack läßt sich nicht streiten, und ich habe gewiß nicht die Absicht, ihm auf die Nerven zu fallen – obzwar ich gedacht hätte, er würde es gern modern und elegant herrichten lassen, wenn er so stolz darauf ist!»

«Es ist aber nicht modern, Papa! Es ist ein historisches Gebäude!»

«Geschichte ist was Schönes auf dem rechten Platz», entschied Mr. Chawleigh großzügig, «aber es leuchtet mir nicht ein, wie jemand in seinen eigenen vier Wänden daran Gefallen finden kann. Du kannst mir nicht einreden, daß es bequem ist. Und wenn im Garten gar die Ruine einer Kapelle steht und daneben zwei modrige Gräber liegen – na, das genügt wohl jedem, um sich schaudernd abzuwenden! Wenn ich Seine Lordschaft wäre, ich würde das Zeug abtragen und statt dessen ein paar solide Reihenhäuser errichten lassen, das hätte wenigstens einen Sinn.»

Dies waren keine günstigen Auspizien für Mr. Chawleighs Besuch, und sein Aufenthalt gestaltete sich auch nicht erfolgreich, aber daran waren weder Mr. Chawleighs Kritiken an dem Haus noch seine Verbesserungsvorschläge Schuld. Zu Jennys Erleichterung nahm sie Adam gelassen hin. Da Mr. Chawleigh nicht die Macht hatte, auch nur einen seiner Pläne zu verwirklichen, vermochte Adam seinen Vorschlägen amüsiert zuzuhören. Mr. Chawleigh wollte einige Rundbogen abtragen lassen, einen Gartenarchitekten einstellen, der die Parkanlagen gefälliger gestalten sollte, und schließlich im Park ein Rudel Rehe aussetzen. Davon versprach er sich einen noblen Anstrich für Fontley, doch Adam sagte: «Wenn Sie mir eine Herde schenken wollen, Sir, dann lassen Sie es eine Herde von Kurzhornkühen sein.»

Von Rindern jedoch wollte Mr. Chawleigh nichts hören. Er sagte Adam, in seinem Kopf schienen die Bienen zu surren, worauf Jenny ausrief: «Oh, Bienen sind etwas, das ich gerne hätte! Ich unterhielt mich mit Wicken – das ist unser Obergärtner, Papa –, und wir stellten einstimmig fest, daß einige Bienenstöcke genau das Richtige wären. Und ich für meine Person möchte keinen Gartenarchitekten, der uns alle aufstört! Eben erst habe ich den Steingarten wieder in Ordnung gebracht und zusätzliche Rosenstöcke bestellt, die später gepflanzt werden sollen! Nein, vielen Dank!»

«Ei», sagte Mr. Chawleigh. «Die Geschäftigkeit im Garten ist eine neue Spielerei für dich, mein Kind, aber ich bin sicher, daß sie dir bald langweilig sein wird! Und was die Kühe angeht, Mylord, so finde ich es reichlich unpassend, daß Sie sich um solche Fragen kümmern, und von mir werden Sie keine Kühe bekommen! Überlassen Sie die Landarbeit jenen, die dazu erzogen wurden, das rate ich Ihnen.»

Er empfand eine tiefe Abscheu gegen Adams landwirschaftliche Betätigung, aber auch das war nicht der Grund, weshalb der Besuch so verheerend ausfiel. Innerhalb eines Tages hatte er festgestellt, daß Jenny nicht gut aussah, und er verborte sich so hartnäckig in die Überzeugung, daß die Unbequemlichkeiten Fontleys daran schuld seien, daß sie mit der Wahrheit herausrückte.

Diese Enthüllung beschwor die Katastrophe herauf. Sein erstes Entzücken wurde rasch von donnernder Empörung verdrängt. Als er nämlich fragte, wann das Kind zur Welt kommen sollte, und erfuhr, daß die Geburt im März erwartet wurde, überschlug er flink die Anzahl der Monate und fragte ungläubig: «Du bist seit drei Monaten in der Hoffnung und hast mir keine Silbe davon gesagt?»

Weder ihr noch Martha Pinhoe gelang es, ihn zu beschwichtigen. Adam erst glättete einigermaßen die Wogen seines Zornes mit den Worten: «Sie haben allen Grund, sich verletzt zu fühlen, Sir. Ich hätte darauf bestehen müssen, daß Sie davon in Kenntnis gesetzt werden – ebenso wie meine Mutter.»

«Oh!» schnaufte Mr. Chawleigh. «Die weiß es also auch nicht?»

«Keiner weiß davon, außer Martha und unserem hiesigen Arzt. Wahrscheinlich wüßte nicht einmal ich etwas, wenn ich nicht zufällig bemerkt hätte, daß sie sich nicht wohl fühlte, und sie beinahe zwang, Farbe zu bekennen.»

«Was Sie nicht sagen!» Mr. Chawleigh schnappte nach Luft. «Was, zum Teufel, ist denn in sie gefahren? Es ist ja nicht durch den Dienstboteneingang hereingeschlüpft! Nein, daß meine Jenny sich so zimperlich benehmen würde –!»

Dazu lächelte Adam, erwiderte jedoch: «Ich glaube, sie wollte es hauptsächlich deshalb weder Ihnen noch mir verraten, weil sie jedes Aufheben haßt. Und wohl auch, um Ihnen die Sorge zu ersparen, die sie bei Ihnen voraussetzt. Sie liebt Sie aus ganzem Herzen, Sir.»

Dieser diplomatische Schachzug verfehlte nicht seine Wirkung. Mr. Chawleigh überlegte den Einwand kurze Zeit unter heftigem Knirschen seiner mächtigen Kiefer. «Feine Art, mir ihre Liebe zu zeigen», sagte er schließlich, entschlossen, sich nicht so leicht herumkriegen zu lassen. «Es ihrem eigenen Vater zuallerletzt zu sagen!» Er wetterte noch eine Weile vor sich hin, doch dann sagte er plötzlich: «Sie dachte also, ich würde mir Sorgen machen, wie? Da hat sie nicht danebengeraten! Sie können Gift darauf nehmen, daß ich besorgt bin, Mylord!»

«Ich hoffe, dazu besteht kein Anlaß, Sir. Unser Arzt hier versicherte mir, daß wir nichts zu befürchten hätten.»

«Und wer ist das schon, ich bitte Sie!» sagte Mr. Chawleigh verächtlich. «Meine Jenny liefere ich keinem Landbader aus! Croft ist der richtige Mann für sie, und Croft wird sie behandeln, da können Sie sagen, was Sie wollen!»

«Jetzt sind Sie es, der sich mir gegenüber im Vorteil befindet», sagte Adam kühl. «Wer, wenn ich bitten darf, ist Croft?»

«Ein Geburtshelfer – der allerberühmteste! Wenn ich ihn damals für Mrs. Chawleigh hätte herbeiholen können, und er seinerzeit schon so viel verstanden hätte wie heute, könnte sie vielleicht noch am Leben sein – ach, und ich hätte vielleicht einen strammen Sohn!»

«Aber genau dagegen wehrt sich Jenny so erbittert – sie behauptet, es würde sie verrückt machen, so einen Menschen um sich zu haben. Wenn ich auch nur den leisesten Grund zur Beunruhigung hätte, wäre das etwas anderes, und ich würde nicht zögern –»

«Es kommt nicht darauf an, was Sie beunruhigt, sondern darauf, was ich weiß», unterbrach Mr. Chawleigh ihn grob. «Und wenn Sie sich einbilden, über meinen Kopf hinweg bestimmen zu dürfen, wenn es sich um meine Jenny handelt –» Er brach ab und rang mühsam nach Beherrschung.

Es dauerte nur Sekunden, ehe Adam imstande war, mit vollendeter Höflichkeit zu antworten, da er erkannte, daß Besorgnis die Ursache dieses Ausbruchs gewesen war. «Nein, das bilde ich mir nicht ein. Ich muß mich äußerst ungeschickt ausgedrückt haben, wenn Sie annehmen konnten –»

«Na, ich hab's nicht so gemeint», sagte Mr. Chawleigh barsch. «Sie hätten sich selbst zu einem Herzog nicht wohlerzogener benehmen können, das weiß ich genau! Ich habe nur völlig den Kopf verloren – schließlich habe ich die böseste Erfahrung hinter mir! Jetzt hör zu, Junge! Meine Jenny ist genauso gebaut wie ihre Ma. Dreimal hatte Mrs. C. eine Fehlgeburt, und nur der Himmel weiß, wodurch Jenny heil und ganz zur Welt kam . . . Aber Mrs. C. wünschte sich einen Sohn – nun ja, ich auch, obzwar ich es mein Leben lang bereut habe! Sie hat die vollen neun Monate durchgehalten, und es war auch ein Sohn, aber er wurde tot geboren und Mrs. C. wurde mir genommen, wie ich Ihnen bereits erzählt habe. Sie wollte auch kein Aufheben, und das war das Ergebnis! Und ich dulde nicht, daß es meiner Jenny ebenso ergeht, und ich pfeif drauf, was Sie sagen oder was Jenny selbst einwendet!»

«Gut», sagte Adam. «Was wünschen Sie also, daß ich tue? Soll ich sie nach London zurückbringen? Dazu bin ich selbstverständlich bereit – aber sie ist bei bedeutend besserer Gesundheit, seit wir hier wohnen, und es war ihr Wunsch, zu bleiben.»

«Ei», sagte Mr. Chawleigh mit polterndem Lachen. «Weil sie genau weiß, daß es Ihr Wunsch ist, Mylord! Aber mir macht sie nichts vor! Meine Jenny, und sich freiwillig für Monate auf dem Land vergraben? Das können Sie Ihrer Großmutter erzählen! Den Kopf würde sie hängen lassen und Trübsal blasen, das dürfen Sie mir glauben!»

«Meinen Sie?» entgegnete Adam gedehnt. «Ich muß zugeben, daß ich das auch erwartet hatte, aber sie ist keineswegs bedrückt.»

«Sie ist auch erst seit einem Monat hier», versetzte Mr. Chawleigh finster. «Außerdem hat sie keine Ahnung, wie es im Winter hier aussehen wird! Ich stamme nicht vom Land, aber reden Sie mir bloß nicht ein, daß Sie hier nicht vom Wasser eingeschlossen sind, denn das kaufe ich Ihnen nicht ab.»

«Sie dürfen mir aber doch zumindest glauben, wenn ich Ihnen versichere, daß Fontley bisher noch nie überschwemmt war», erwiderte Adam gereizt.

«Mag ja sein, aber Sie können mir nicht aufbinden, daß die Fluten nie die Straßen unpassierbar machten, und Sie wie auf einer Insel hier hausten!»

«Wenn nur die leiseste Gefahr dazu bestünde, würde ich Jenny lange vorher in die Stadt bringen, das verspreche ich. Wir erkennen das an einer ganzen Reihe von Vorzeichen.»

«Und vermutlich erkennen Sie auch an einer Reihe von Vorzeichen Tage vorher, wenn ein schwerer Schneefall einsetzt, der sämtliche Straßen für zwei Wochen blockiert, wie?» sagte Mr. Chawleigh sarkastisch. «Was geschieht, wenn sich der vorige strenge Winter wiederholt, in dem selbst die Themse so fest gefroren war, daß man einen Jahrmarkt darauf abhielt, und das ganze Land unter Schneemassen begraben lag? Feine Sache, wenn meine Jenny dann unvermittelt erkrankt! Sie würden ja nicht einmal den Hasenholer herkriegen, geschweige denn –» Verwirrt brach er ab und verbesserte sich: «Die Hebamme, hätte ich sagen müssen. Ja, jetzt lachen Sie, Mylord, aber das wäre nicht zum Lachen!»

«Nein, ganz sicher nicht. Aber all diese Ängste waren meiner Mutter fremd, Sir. Von ihren fünf Kindern wurden vier hier auf Fontley geboren – eine meiner Schwestern im November und ich selbst im Januar.»

«Das hat gar nichts zu sagen. Ihre Frau Mama ist – ohne ihr nahetreten zu wollen – eine Magere, und meiner Ansicht nach erledigen die ihr Geschäft bedeutend leichter als die Rundlichen wie meine Jenny.»

Adam schwieg kurze Zeit still. Schließlich sagte er: «Na schön, Sir, wie Sie meinen. Aber ich fürchte, sie wird sich sträuben.»

Das erwies sich nur zu bald als krasse Unterschätzung. Als Jenny eröffnet wurde, daß sie nach London zurückkehren sollte, um dort unter dem Schutz eines mondänen Geburtshelfers ihre Niederkunft zu erwarten, geriet sie dermaßen in Wut, daß Adam nur staunen konnte und peinlich stark an ihren Vater erinnert wurde. Mr. Chawleigh selbst war ebenfalls überrascht. Er sagte, er hätte sie noch nie so erregt gesehen und empfahl ihr, ihren Zorn zu zügeln. Ergrimmt fauchte sie ihn an: «Ich habe gewußt, wie es kommen würde! Ich wußte es von dem Augenblick an, da ich Ihnen sagte, daß ich ein Kind erwarte! Wären Sie doch nie nach Fontley gekommen! Ich fahre nicht nach London, hören Sie? Ich werde Dr. Croft nicht empfangen! Ich werde –»

«Bild dir nur nicht ein, so mit mir reden zu dürfen, Mädchen!» fiel Mr. Chawleigh ihr drohend ins Wort. «Du wirst tun, was ich dir sage.»

«Oh, nein!» funkelte sie ihn an. «Ich denke gar nicht daran, Papa! Sie haben kein Recht, sich einzumengen – alles zu verderben –»

«Jenny.»

Adam hatte die Stimme nicht erhoben, aber das eine Wort brachte sie augenblicklich zur Besinnung. Ihre verkniffenen Augen wandten sich hastig seinem Gesicht zu, und sie vermochte ihren wütenden Blick nicht mehr abzukehren. Er trat zu ihr, ergriff ihre Hände, preßte sie an sich und sagte mit leisem Lachen: «Sie haben ein wenig übers Ziel geschossen, Jenny! Lassen Sie Ihren Zorn an mir aus, nicht an Ihrem Vater.»

Da brach sie in Tränen aus.

«Jenny!» rief nun Mr. Chawleigh entsetzt. «Sei doch vernünftig, mein Herzblatt! Schau, du hast doch gar keinen Grund –» Sein Blick begegnete den Augen seines Schwiegersohnes und er hielt den Mund. Die unausgesprochene Botschaft in Adams Augen war unmißverständlich, ebenso die winzige Kopfbewegung zur Tür. Es war viele Jahre her, daß Mr. Chawleigh sich der Autorität gebeugt hatte und als er sich so unvermittelt vor der Tür fand, konnte er sich die eigene Fügsamkeit nicht erklären.

«Adam!» stammelte Jenny und umklammerte fest seine Hände. «Hören Sie nicht auf Papa! Es geht mir ausgezeichnet, glauben Sie mir! Ich will nicht fort von Fontley! Ich habe hier so viel zu tun – und Sie wissen, daß wir Jagdgesellschaften geben wollen – und die Jagden selbst! Sie sagten mir, daß Sie sich darauf freuen, Adam –»

«Meine Liebe, wenn es das ist, was Ihnen Kummer macht, so kann ich Sie beruhigen. Sicher werden Sie mir ab und zu ein wenig Urlaub einräumen! Ich hätte den Winter gerne hier mit Ihnen verbracht, aber davon will Ihr Vater nichts wissen, und überlegen Sie doch, Jenny! Wie kann ich mich ihm widersetzten, wenn es um Ihr Wohlbefinden geht?»

Sie entriß ihm ihre Hände und sagte mit bebender Stimme: «Sie wollen ihm eben nicht widersprechen! Sie wollen mich nicht hier haben! Nie wollten Sie das! Lieber lassen Sie Fontley verfallen, als daß ich auch nur einen Finger dafür rühren dürfte! Sie werden nicht einmal Ihren Sohn gerne hier sehen, weil er doch auch mein Sohn sein wird!»

«Jenny!»

Sie schluchzte erstickt auf, rannte aus dem Zimmer und warf die Tür hinter sich zu.

Blinder Zorn wallte in ihm hoch. Sie hatten so reibungslos mitsammen gelebt, daß er die Zeit beinahe vergessen hatte, da er sie nicht auf Fontley zu sehen wünschte. Ihr Ausbruch erschien ihm ungerecht und ihre letzten Worte unverzeihlich. Sein Herz verhärtete sich gegen sie. Dann sagte ihm die Vernunft, daß sie ihm jene Worte nur ins Gesicht geschleudert hatte, weil die Wut sie übermannte und ihr nichts eingefallen war, mit dem sie ihn tiefer verletzen konnte.

Er ging in den Garten hinaus. Vermutlich sollte er Jenny suchen gehen, aber der Zorn gloste noch in ihm, und da in ihren Worten so viel Wahres steckte, wußte er nicht, was er ihr entgegnen sollte. Sie war viel zu hellhörig, um sich mit leeren Phrasen abspeisen zu lassen, und in seiner augenblicklichen Empörung fühlte er, daß es ihm schwerfallen würde, ihr selbst das zu bieten.

Er überquerte den Rasen mit seinem leicht schleppenden Schritt und betrat den Rosengarten. Hier fand Jenny ihn kurz darauf. Gedankenverloren zwickte er die welken Blüten ab, und als er Jenny erblickte, die unter der Eibenhecke unschlüssig stehenblieb, sah er sie ernst und wortlos an.

Selten war sie ihm reizloser erschienen, denn ihr Gesicht war vom Weinen verschwollen. Sie sagte mit belegter Stimme: «Ich bitte um Entschuldigung! Ich habe es nicht so gemeint. Verzeihen Sie mir – bitte!»

Sein Widerstand schmolz. Rasch trat er auf sie zu. Er dachte nicht länger daran, daß sie reizlos und durchschnittlich aussah, sondern nur, daß sie Kummer hatte. Deshalb sagte er mit freundlicher, zärtlicher Stimme: «Als wüßte ich das nicht genau! Was habe ich bloß für einen Zankteufel geheiratet! Schimpft wie ein Rohrspatz, bloß weil Ihr Vater und ich mehr Rücksicht auf Ihre Gesundheit nehmen als Sie selbst!»

«Ich habe mich schrecklich benommen», murmelte sie. «Ich weiß nicht, was plötzlich in mich gefahren ist – ich glaube, es muß mein Zustand sein.»

«Nein, wirklich?» fragte er. «Alles die Schuld dieses Sohnes, den ich hier nicht werde sehen wollen? Ja, wenn er seine Mama wild werden läßt wie eine gereizte Katze, dann werde ich ihn bestimmt nicht sehen wollen, weder hier noch sonstwo.»

Sie ließ den Kopf hängen und sagte beschwörend: «Oh, nein, nein! Wie konnte ich nur etwas so Grausames sagen! Ich wußte, daß es nicht stimmt.»

Er tätschelte ihre Schulter. «Das will ich hoffen! Außerdem, Lady Lynton, wenn Sie annehmen, daß ich Sie nicht gerne hier sehe, müssen Sie ein ärgeres Gänschen sein, als ich glaubte – und das ist unmöglich!»

Sie lachte unsicher und sagte nach kurzem Zögern: «Sie möchten doch nicht nach London zurückfahren, nicht wahr?»

«Nein. Ich hatte gedacht, wir hätten uns hier für den Winter ein behagliches Nest eingerichtet, und war beschämend nahe daran, Ihren Vater zum Teufel zu jagen. Aber es läßt sich nicht bestreiten, daß Ihre Gesundheit zu wünschen übrig läßt, Jenny, oder daß Fontley zu abgelegen ist, als daß Ihr Vater sich nicht vor Sorgen verzehrte. Vielleicht brauchen wir wirklich einen erfahreneren Arzt als den alten Tilford. Natürlich ist es lästig, aber wir wollen nicht mutwillig die Gefahr herausfordern, meine Liebe.»

«Nein», sagte sie unterwürfig. «Ich werde tun, was Sie für richtig halten. Wie bald müssen wir abreisen? Doch nicht gleich, nicht wahr?»

«Nein, nicht, wenn Sie sich weiterhin halbwegs gut fühlen. Im nächsten Monat, ehe der Winter einsetzt. Und wenn dieser berühmte Arzt Ihres Vaters Sie beurlaubt, bringe ich Sie wieder zurück, das verspreche ich.»

Ihre Züge erhellten sich ein wenig, aber als sie eingehängt zum Haus zurückschlenderten, sagte sie sehnsüchtig: «Ich wollte ihn so gerne hier zur Welt bringen, wo Sie geboren wurden.»

«Aber wissen wir denn, ob sie nicht lieber in London zur Welt käme?» widersprach Adam ihr neckend. «Sie wurden ja schließlich auch dort geboren.»

«Sie?» rief Jenny aus. «Nein!»

«Ich hätte sehr gerne eine Tochter», sagte Adam.

«Nun, ich nicht», versetzte Jenny in ihrem gewohnten zielbewußten Tonfall. «Das heißt, nicht ehe wir einen Sohn haben! Wenn ich dächte –! Mein Gott, Papa hat recht! Ich werde diesen widerlichen Doktor zu Rate ziehen!»

Er brach in schallendes Gelächter aus, und als Mr. Chawleigh ihn später besorgt fragte, ob er Jenny dazu überredet habe, sich wie eine vernünftige Frau zu benehmen, erwiderte er prompt: «Ja, wie eine wahrhaft kluge Frau! Ich brauchte nur anzudeuten, daß sie mir vielleicht eine Tochter schenken könnte, und sofort begriff sie, daß es ein Gebot der Vernunft sei, sich in die Hände eines erfahrenen Geburtshelfers zu geben.»

«Adam –!» protestierte Jenny.

«Ja, aber Sie dürfen doch nicht erwarten, daß er das beeinflussen kann?» sagte Mr. Chawleigh verdutzt.

«Nein, wirklich? Und Sie beschreiben ihn als so erstklassig.»

«Aber ich habe ihn keinen Hexenmeister genannt! Ja, ich weiß, Sie lachen mich aus, Mylord, aber es hat keinen Sinn, Jenny einen Floh ins Ohr zu setzen. Ach, jetzt lachst du wieder, mein Mädchen, wie? Na ja», sagte Mr. Chawleigh und sah seine Gastgeber liebevoll an, «ich habe selbst immer einen Spaß zu schätzen gewußt, deshalb nehme ich Ihnen den auch nicht übel.»

Als er entdeckte, daß die Lyntons nicht die Absicht hatten, vor Ende Oktober nach London zu kommen, war er durchaus nicht erfreut. Zum Glück aber wurde der Hausfriede dadurch gerettet, daß ein Flaschenzug im Eishaus klemmte. Alles, was nach Mechanik roch, fesselte Mr. Chawleigh augenblicklich, und er verbrachte den Rest seines kurzen Besuches äußerst angeregt bei der Beaufsichtigung der notwendigen Reparatur und fand gleichzeitig eine bedeutend geschicktere Lösung für die Falltür in dem Gang über dem Kellergewölbe.

19

Die Lyntons kehrten Ende Oktober bei strömendem Regen nach London zurück. Jenny machte zwar gute Miene zum bösen Spiel, aber ihr war der Abschied von Fontley am schwersten gefallen. Adam hatte seine Angelegenheiten in so hoffnungsvollem Zustand zurückgelassen, als seine Umstände es ihm erlaubten, und er hatte überdies auf jeden Fall beabsichtigt, im November, wenn das Parlament tagte, nach London zu fahren. Er freute sich auch bereits darauf, seine Kameraden wiederzusehen, denn wenngleich das 52. Regiment seit Ende Juli in England weilte, hatte er doch erst drei seiner engsten Freunde getroffen, die Fontley während ihres kurzen Urlaubs besucht hatten. Diese Besuche waren bedeutend glücklicher verlaufen als Mr. Chawleighs Visite. Weit davon entfernt, die Lage Fontleys unerfreulich zu finden oder die vielen Unbequemlichkeiten der Priorei zu bemängeln, waren die Gäste von dem Besitz begeistert gewesen. Sie hatten Gelegenheit gehabt, sich an einigen Rebhuhnjagden zu beteiligen, waren ausgezeichnet verpflegt worden, und die Herrin des Hauses hatte keine gesellschaftlichen Ansprüche an sie gestellt. Sie kümmerte sich um ihr Wohlbehagen und war sichtlich zufrieden, wenn sie den ganzen Abend hindurch ihre Erinnerungen aus Spanien austauschten, statt höfliche Konversation zu machen. Sie hielten sie für eine prachtvolle Frau, und Hauptmann Langton verstieg sich sogar zu der mit einem entwaffnenden Lächeln vorgebrachten Behauptung: «Es ist eine wahre Schande, daß Dev den Dienst quittiert hat, Lady Lynton! Sie hätten eine vortreffliche Soldatenfrau abgegeben, denn Sie bringt nichts aus der Fassung! Wie spät er abends auch in sein Logis gekommen wäre, ich könnte wetten, daß ihn stets ein erstklassiges Abendessen erwartet hätte!»

Mr. Chawleigh war nicht anwesend, um die Lyntons bei ihrer Ankunft in der Grosvenor Street zu begrüßen, hatte dem Haus aber im Laufe des Tages einen Besuch abgestattet und eine Wagenladung Blumen und Obst abgegeben. Derlei kleine Beweise seiner Großzügigkeit vermochte Adam mit Gleichmut zu ertragen, aber als er die Zeilen las, die Mr. Chawleigh ihm hinterlassen hatte, wurden seine Lippen schmal. Mr. Chawleigh hatte höchst selbstherrlich Dr. Croft gebeten, am nächsten Tag im Palais Lynton vorzusprechen. Wortlos überreichte Adam Jenny das Schreiben. Sie war so wütend, daß daneben sein eigener Zorn verrauchte, und statt zu sagen, daß er ihrem Vater dankbar wäre, wenn er sich nicht in die Führung seines Haushaltes mengte, nahm er die Wichtigtuerei Mr. Chawleighs noch in Schutz und sagte sogar, daß sie nichts Schlechtes darin erblicken dürfe, da ihn einzig die Sorge um ihr Wohlergehen dazu veranlaßt habe.

Sie aber war dadurch nicht versöhnt, sondern sagte: «Adam! Würden Sie die Güte haben, Dr. Croft mitzuteilen, daß ich es mir anders überlegt habe – ich will ihn nicht sehen. Und ich werde Papa sagen, daß ich mir meinen Arzt selbst aussuchen werde oder von Ihnen aussuchen lasse!»

«Das wäre eine gute Lehre», nickte er. «Und außerdem würde das unsere schlechte Laune erheblich bessern. Der einzige Haken ist nur der, daß wir uns – sobald wir mit kühlerem Kopf überlegen – ein wenig töricht vorkommen könnten. Schließlich sind wir doch zu dem Zweck in die Stadt gekommen, um Dr. Crofts Rat einzuholen, nicht wahr?»

«Ja, aber –»

«Mein Herz», sagte er lächelnd, «wenn ich mich jemals mit Ihrem Vater auf eine Fehde einlasse, werde ich mir meine Argumente vorher reiflich überlegen. Meine jetzige Lage will mir gar nicht gefallen und ich kann auch einem Pyrrhussieg keinen Gefallen abgewinnen! Ich könnte nichts erreichen als den Widerstand Ihres Vaters und einen zweitklassigen Arzt für Sie. Ich denke, wir werden Croft empfangen.»

«Na, schön», sagte sie verärgert. «Aber ich weiß schon jetzt, daß ich ihn abscheulich finden werde!»

Es zeigte sich, daß keiner von ihnen Geschmack an Dr. Croft fand. Er war ungemein von sich eingenommen, trug ein bombastisches Gehaben zur Schau und ließ deutlich durchblicken, daß sich jede Dame, deren er sich annahm, glücklich schätzen mußte. Es war jedoch bekannt, daß er eine ausgedehnte Praxis besaß, und obwohl er einen unangenehm geschäftsmäßigen Optimismus ausstrahlte, sprach er doch mit einer Autorität, die seinen Patientinnen Vertrauen einflößte. Er war keineswegs überrascht, daß Jenny sich nicht wohl fühlte, und zögerte nicht einen Augenblick, sie über die Ursachen ihrer Beschwerden aufzuklären. Sie sei zu wohlgenährt und hätte zuviel Blut. Er würde ihr eine Abmagerungsdiät verschreiben und sie ein- bis zweimal wöchentlich zur Ader lassen. Er setzte ihr auseinander, wie sehr ihre Konstitution dadurch gewinnen würde, erzählte ihr einige umwerfende Geschichten über Damen von Jennys Lebensgewohnheiten, zu denen er leider zu spät gerufen worden sei, um den Schaden, der durch die Überfütterung entstanden war, zu beheben, und verabschiedete sich mit dem Versprechen, Jenny in einer Woche wieder aufzusuchen.

Sie fügte sich seinem Urteil bereitwilliger als Adam und sagte mit resignierter Stimme, sie wüßte, daß sie zu dick sei. Er zweifelte daran, denn er kannte ihren gesunden Appetit, und als er sie bei einem Mittagessen sah, das nur aus Tee und Butterbroten bestand, protestierte er. «Jenny, das kann nicht gut sein! Zu Mittag sind Sie doch immer hungrig wie ein Falke!»

Sie schüttelte den Kopf. «Jetzt nicht mehr. Ich habe von allem Anfang an zu Übelkeiten geneigt, das Essen hat mir nicht geschmeckt, und manchmal machte mich der bloße Anblick von Speisen richtig krank. Ich muß ehrlich zugeben, daß es mir in dieser Hinsicht besser geht, seit ich meine Diätvorschriften befolge. Überlassen Sie die Sorgen nur dem Arzt, mein Lieber, und denken Sie nicht weiter daran!»

Er machte keine Einwendungen mehr, da er sich seiner Unerfahrenheit bewußt war; und sie schickte sich in ihrer Angst, sonst dem Beispiel ihrer Mutter zu folgen, in ihre Abmagerungskur und versuchte, Adam ihre Niedergeschlagenheit nicht merken zu lassen.

Für ihre bedrückte Stimmung war London mehr zu tadeln als Dr. Croft. Das Wetter war trüb, an vielen Tagen regnete es und oft hing der Nebel über der Stadt. Jenny begann die grauen Straßen zu hassen und konnte nicht aus dem Fenster blicken, ohne sich nach Fontley zurückzusehnen, und sooft sie nach ihrem Hut, ihrem pelzverbrähmten Umhang und ihren Glacéhandschuhen griff, lechzte sie danach, aus dem Haus in den eigenen Garten laufen und auf all diese umständlichen Vorbereitungen verzichten zu können, wenn sie ein wenig frische Luft schöpfen wollte. Sie versuchte, diese Wünsche Mr. Chawleigh anzuvertrauen, wenn er sie für ihre Griesgrämigkeit auszankte, aber da es ihm unverständlich war, daß man sich nach dem Landleben sehnen könne, hielt er sie für launenhaft und entschuldigte sie mit ihrem Zustand. Ebensowenig konnte er begreifen, daß der wesentlichste Grund für ihre Lustlosigkeit in der Langweile zu suchen war. Hätte sie sich beklagt, daß sie sich auf Fontley langweilte, wäre das etwas anderes gewesen, denn soweit er es beurteilen konnte, bot sich ihr dort keinerlei Ablenkung. In London gab es unzählige Zerstreuungsmöglichkeiten wie Geschäfte, Theater und Konzerte. Freundlich ermahnte er sie: «Du sollst keinen Hirngespinsten nachhängen, Herzchen! Zwar ist es nur natürlich, daß du zur Zeit auf die unmöglichsten Einfälle kommst! Ich erinnere mich noch gut an deine Mama, bevor du geboren wurdest! Sie wollte unbedingt Hummer essen, obwohl sie für gewöhnlich gar nichts Besonderes daran fand. Wenn ich nicht energisch einen Riegel vorgeschoben hätte, wärst du wahrscheinlich mit Scheren zur Welt gekommen, ha ha ha ha!» Da sein Scherz aber Jenny nur ein schwaches Lächeln zu entlocken vermochte, sagte er schmeichelnd: «Ach, du weißt doch, daß alles nur Einbildung ist, mein Herz! Du hast dich nie gelangweilt, als du bloß mir die Wirtschaft geführt hast, warum also soll es dir jetzt fad sein, wo du einen Mann hast, ein Baby erwartest, ein elegantes Haus und alles besitzt, was du dir nur wünschen kannst?»

Die Erkenntnis durchzuckte sie, daß sie vor ihrer Heirat die Langeweile als das unentrinnbare Los aller Frauen betrachtet hatte, aber sie sagte nichts, weil sie ihn zu sehr liebte, um ihn zu kränken.

Das Blut ihrer Mutter meldete sich jedoch lauter in Jenny, als Mr. Chawleigh es wußte, oder als sie selbst geahnt hatte, ehe sie mit Adam auf Rushleigh wohnte. Damals hatte sie bereits gedacht, daß es ihr großen Spaß machen würde, in einem Landhaus zu leben, das ihr gehörte, und sie hatte sich nicht geirrt. Sie nahm lebhaften Anteil an allen Plänen Adams zur Verbesserung seines Besitzes und hatte selbst eine Reihe von Plänen geschmiedet, um der Priorei den alten Glanz zurückzugeben. Sie war praktisch veranlagt und eine geborene Hausfrau. Fontley bot ihr ein unerschöpfliches Betätigungsfeld für ihre Begabungen, und sie hatte sich auf einen Winter voll reger Betriebsamkeit gefreut. Die Witwe hatte sämtliche Fragen des Haushaltes ihren Bediensteten überlassen, aber Jenny hatte in der Bibliothek ein Buch aufgestöbert, von dem Adam behauptete, es hätte seiner Großmutter gehört, und der Inhalt dieses Büchleins verriet ihr, daß die längst verstorbene Lady Lynton es nicht unter ihrer Würde gefunden hatte, sich für Küchenfragen zu interessieren, wie Eintragungen der Art «Wie man Orangenmarmelade zubereitet» oder «Eine bessere Methode zum Einpökeln von Fleisch» bewiesen. Sie hatte gewußt, wie man ein «Gurgelwasser gegen Halsweh» zubereitet und zwischen Klammern und unterstrichen behauptet, daß ihre «Eigene Mixtur aus Quecksilber, Terpentin und Schweineschmalz» die beste sei, die sie «zur Vernichtung von Ungeziefer» entdeckt habe.

Die Wintermonate wären Jenny auf Fontley kurz geworden; in London schleppte sich jeder Tag endlos dahin. Je stärker sich die Niedergeschlagenheit ihrer bemächtigte, desto mehr büßte sie ihr seelisches Gleichgewicht ein. Sie begann, sich über jede Kleinigkeit zu ärgern und unruhig auf und ab zu laufen, wenn Adam später heimkam, als sie erwartet hatte. Sie schickte ihn für einen Tag nach Leicestershire zur Jagd, aber als er fortgefahren war, verbrachte sie die Zeit bis zu seiner Rückkehr mit der Vorstellung, ihn mit gebrochenem Genick vor sich liegen zu sehen (wie es seinem Vater widerfahren war), oder sie verfiel in grenzenloses Selbstbedauern, da sie sich zuerst einbildete, vernachlässigt zu sein und dann überzeugt war, daß man Adam keinen Vorwurf daraus machen dürfe, wenn er vor einer übellaunigen Frau, zu der sie sich entwickelt hatte, die Flucht ergriff.

Von derlei Betrachtungen war es nur mehr ein kleiner Schritt zu dem Gedanken, ob sie die Geburt überleben würde. An einem düsteren Tag beschäftigte sie sich damit, ihr Testament abzufassen. Das erschien ihr eine vernünftige Tätigkeit zu sein, selbst wenn sie dazu verführte, sich Adam mit einer schönen, aber herzlosen Person verheiratet vorzustellen, die ihm zum Frühstück Krapfen vorsetzen und ihren Stiefsohn aufreizend schlecht behandeln würde. Als Adam sie jedoch bei dieser traurigen Aufgabe überraschte, zeigte er sich von ihrer Voraussicht gänzlich unbeeindruckt. Er warf das Testament ins Feuer und hieß sie eine dumme Gans; als sie sagte, Lydia möge sich des Kindes annehmen, erwiderte er, daß Lydia das Kind vermutlich mit den Füßen nach oben halten würde und er es daher für bedeutend vorteilhafter ansähe, wenn sie sich selbst um ihr Kind kümmerte. Darauf mußte sie lachen, denn wenn er bei ihr war, verflogen ihre quälenden Ängste. Sie schämte sich, diesen Vorstellungen nachzugeben, und fürchtete, daß Adam allmählich einer stets kränkelnden Frau überdrüssig werden könnte; zwar suchte sie ihm ihre Verzagtheit zu verbergen, fühlte sich aber zurückgesetzt, wenn er sie nicht zu bemerken schien. Sie schickte ihn aus dem Haus, doch wenn er gegangen war, um mit einigen seiner Freunde einen angeregten Abend zu verbringen, fand sie es höchst sonderbar, daß die Männer nie erkannten, wann eine Frau liebesbedürftig war, daß sie es nicht verstanden, das rechte Wort im rechten Augenblick zu sagen und nicht begriffen, wie deprimierend es war, sich gesundheitlich nie ganz auf der Höhe zu fühlen.

Adam jedoch, der Monate schweren Leidens hinter sich hatte, verstand sie und war zutiefst um sie besorgt. Er fragte sie einmal, ob sie keine Verwandte hätte, die sie gern zu sich rufen würde, damit sie ihr Gesellschaft leiste, aber sie schien keine ihrer Verwandten zu kennen. Sie entsann sich undeutlich einer Tante Eliza Chawleigh, die starb, als sie noch ein kleines Mädchen war, die Verwandten mütterlicherseits kannte sie überhaupt nicht. Sie waren mit Mamas Heirat nicht einverstanden gewesen und daher hatte eine Entfremdung eingesetzt. «Und ich will gar nicht, daß mir jemand Gesellschaft leistet!» wehrte sie ab. «Ich weiß wirklich nicht, was Sie zu dieser Vermutung veranlaßt.»

Er sagte nichts weiter, aber als er bei Brooks Lord Oversley traf und von ihm erfuhr, daß er seine Familie für einige Wochen nach London geholt hatte, nahm er die erste Gelegenheit wahr, um in der Mount Street vorzusprechen und Lady Oversleys Rat einzuholen.

«Oh, die arme Jenny!» rief sie aus. «Ich weiß genau, wie ihr zumute ist, denn ich habe mich in diesem Zustand auch niemals wohl gefühlt! Ich hatte vor, sie zu besuchen, aber es gab so viel zu tun . . . Aber verlassen Sie sich darauf, daß ich jetzt gleich zu ihr kommen werde! Mein lieber Adam, ich bin sicher, daß Sie sich keine Sorgen zu machen brauchen! Wenn Dr. Croft sie unter seine Fittiche genommen hat, dürfen Sie dem Ereignis mit größter Zuversicht entgegensehen!»

«Das behauptet er auch», versetzte Adam. «Aber Jenny ist wie ausgewechselt. Ich glaube, sie war bedeutend kräftiger, als ich sie nach London brachte. Croft verwirrt mich vollends mit seinem medizinischen Geschwätz, aber – kann es guttun, Ma'am, ihr eine so schmale Kost vorzuschreiben und sie obendrein noch zur Ader zu lassen?»

Er fand bei ihr keine Unterstützung. Lady Oversley riet ihm, sich nicht in Dinge zu mengen, von denen er nichts verstehen konnte. Die Abmagerungskur für werdende Mütter gehörte zu den jüngsten Entdeckungen der Wissenschaft und sie bedauerte nur, daß diese Behandlung zu ihrer Zeit noch nicht modern gewesen war, denn sie zweifelte nicht daran, daß sie ungemein davon profitiert hätte. «Wissen Sie, lieber Adam», sagte sie, «es ist ein Fehler, wenn Ehemänner sich zu sehr um diese Sachen kümmern. Oversley tat das nie, ausgenommen bei meinem ersten Kind – das war der liebe Charlie –, und da machte er mich so nervös, daß er mich zur Verzweiflung getrieben hätte, wenn meine Mutter nicht dazwischengetreten wäre.»

Sie fuhr fort, ihm die praktischen Ratschläge weiterzugeben, die sie von ihrer lieben Mutter übernommen hatte, aber er hörte ihr nur mit halbem Ohr zu. Ihr anschauliches Geplauder über ihre Mutter, ihre Schwestern und ihre unzähligen Tanten und Cousinen führte ihm so recht den Unterschied zwischen ihrer und Jennys Lage vor Augen: Sie hatte eine Schar liebevoller Verwandter um sich gehabt; Jenny besaß niemanden als ihren Vater und ihn.

Er überlegte eben, wie unmöglich es war, sich dieser schweren Verantwortung zu entziehen, als Julia das Zimmer betrat. Sie kam rasch auf ihn zu, streckte ihm die Hand entgegen und rief freudig überrascht aus: «Nein, so etwas – Adam!»

Er erhob sich augenblicklich und ergriff ihre Hand, aber wenngleich er lächelte und ihre Begrüßung erwiderte, waren seine Gedanken weit fort und er wandte sich beinahe unverzüglich wieder Lady Oversley zu. «Ich hoffe, Sie haben recht», sagte er. «Ich weiß es nicht – ich habe leider nicht die geringste Erfahrung, wie Sie ganz richtig bemerkten.» Er bot ihr zum Abschied die Hand. «Ich darf Sie nicht länger aufhalten. Vielleicht, wenn Sie Jenny selbst gesehen haben werden . . . Auf jeden

Fall wird Ihr Besuch ihr guttun, dessen bin ich sicher. Und Sie werden mir dann sagen, welchen Eindruck Sie hatten, nicht wahr?«

Das versprach sie ihm und drückte wärmstens seine Hand. «Ganz bestimmt! Aber ich bin überzeugt, daß gar keine Ursache zur Besorgnis besteht.»

«Was gibt es?» erkundigte sich Julia und sah Adam fragend an. «Sie haben Sorgen?»

«Durchaus nicht», erwiderte er lächelnd. «Ich bin nur etwas wegen Jenny beunruhigt, daher kam ich, um Ihre Mama um Rat zu bitten.» Er warf einen Blick auf die Uhr. «Jetzt muß ich aber wirklich gehen! Nein, bemühen Sie sich nicht zu läuten, Ma'am. Ich öffne mir selbst die Tür. Adieu, Julia. Ich freue mich, Sie gesehen zu haben, und brauche gar nicht zu fragen, wie es Ihnen geht, denn Sie sehen wunderbar aus, und dieser gräßliche Nebel konnte Ihrer Schönheit nicht das geringste anhaben.»

Ein kurzes Händeschütteln, dann war er fort und überließ es Julia, ihre Mutter verständnislos anzusehen. «Wie sonderbar er sprach! Wegen Jenny beunruhigt? Warum, Mama? Ist sie krank?»

«Ach, nein, mein Liebling! Sie erwartet bloß ein Kindchen und fühlt sich nicht hervorragend. Sicher ist es gar nichts. Mir selbst ging es dabei oft recht schlecht.»

«Ein Kindchen?» wiederholte Julia starr vor Staunen. «Das ist doch nicht möglich – Oh, Mama, nein!»

Lady Oversley betrachtete sie ängstlich. «Nun, mein Schatz, ich flehe dich an, nimm dir das nicht so zu Herzen! Das war ja letzten Endes vorauszusehen und ist für beide ein großes Glück.»

Ein krampfartiger Schauer ließ Julia erbeben. Sie trat ans Fenster und starrte mit blinden Augen hinaus. Mit gepreßter Stimme sagte sie: «Es war ja letzten Endes vorauszusehen. Wie – wie dumm von mir!»

Darauf wußte Lady Oversley nichts zu erwidern, und nach wenigen Minuten sagte Julia mit sichtlicher Überwindung: «Fühlt Jenny sich nicht wohl? Und Adam ist beunruhigt. Seine Gedanken kreisten einzig um sie.»

«Natürlich, mein Herzchen –»

«Natürlich, Mama? Natürlich? Wenn er noch vor so kurzer Zeit –» Die Stimme brach ihr, sie eilte aus dem Zimmer und ließ ihre Mutter mit den ärgsten Befürchtungen zurück.

Zu Lady Oversleys ungeheurer Erleichterung wirkte sie jedoch völlig gefaßt, als sie zum Essen herunterkam. Sie machte sich sogar erbötig, ihre Mutter am nächsten Tag zu Jenny zu begleiten. Das jedoch lehnte Lady Oversley mit der Begründung ab, daß sie unter vier Augen mit Jenny über deren Zustand zu sprechen wünsche.

Jenny freute sich, sie zu sehen, doch zeigte sie sich keineswegs mitteilsam. Sie sagte, es ginge ihr ausgezeichnet, und schien tatsächlich so unverändert zu sein, daß Lady Oversley Adam mit bestem Gewissen versichern konnte, sie hätte keine Ursache zur Beunruhigung entdeckt. «Gewiß sieht sie ein wenig mitgenommen aus, aber dem dürfen Sie keine zu große Bedeutung beimessen», sagte sie. «Bestimmt langweilt sie sich – das ist bei diesem entsetzlichen Wetter nicht zu verwundern. Wie schade, daß sie keine Schwester hat, die ihr Gesellschaft leisten kann. Glauben Sie mir, das ist alles, was ihr fehlt: sie ist zu viel allein und dadurch verfällt sie in Nachdenken, und das ist verhängnisvoll, selbst für den robustesten Menschen, denn da muß man ja deprimiert werden!»

Damit mußte er sich bescheiden. Als Jenny ihn jedoch unfreundlich zurechtwies, weil er ihre Lage mit Lady Oversley besprochen hatte, dachte er, daß sie weit davon entfernt sei, die alte Jenny zu sein, wie heiter sie sich auch vor ihrem Besuch gezeigt haben mochte. Es sah ihr so wenig ähnlich, Zornesausbrüche zu bekommen, daß er verstörter war, als er ihr zeigte. Er besänftigte sie mit schmeichelnden Worten, aber während er ihr versprach, sich in Hinkunft keine Sorgen mehr um sie machen zu wollen, überlegte er im stillen, was er für sie tun könnte.

Drei Tage später eröffnete er ihr, daß er geschäftlich die Stadt verlassen müsse und zwei Tage fernbleiben würde. Sie fragte ziemlich sehnsüchtig, ob er nach Fontley führe, aber er schüttelte nur den Kopf und antwortete: «Nein, nicht nach Fontley. Ich glaube nicht, daß ich mehr als einmal auswärts übernachten werde, aber es kann sein, daß ich erst spät abends zurückkomme – werden Sie also eines Ihrer vorzüglichen späten Abendessen am Donnerstag für mich bereithalten, meine sanfte Jenny?»

Sie konnte sich das Lachen nicht verbeißen, aber es war ein zögerndes Lächeln, und ihre Stimme klang unmißverständlich verdrossen, als sie sagte: «Meinethalben brauchen Sie sich nicht zu beeilen! Bitte kommen Sie auf gar keinen Fall am Donnerstag, wenn es Ihnen unbequem ist.»

«Werde ich nicht», versprach er und fügte leise und herausfordernd hinzu: «Kratzbürste!»

«Ich bin nicht kratzbürstig! Und wenn es Ihnen nicht beliebt mir zu sagen, wohin Sie fahren, so lege ich nicht den geringsten Wert darauf, es zu erfahren!»

«Wenn das so ist», sagte er todernst, «dann bin ich allerdings sehr erleichtert, denn es beliebt mir nicht – höchstens, mein Ausflug ist von Erfolg gekrönt, dann will ich Ihnen gerne alles gestehen.»

Ihr Gesicht verzog sich, sie wandte sich ab und sagte mit schwankender Stimme: «Entschuldigen Sie! Achten Sie gar nicht auf mich! Sie müssen wirklich den Eindruck haben, mit einer richtigen Beißzange verheiratet zu sein!»

«O nein, bloß mit einem Igel», sagte er begütigend.

Sie war versöhnt, ja, sie vermochte sogar zu lachen; aber als es am Donnerstag abend zehn Uhr geschlagen hatte, gab sie jede Hoffnung auf und begriff, daß er rücksichtslos von ihrer Erlaubnis Gebrauch gemacht hatte, länger fortzubleiben. Darauf versank sie in finsteres Brüten. Die Erkenntnis, daß sie sein Verhalten nur ihrer eigenen Unfreundlichkeit zu danken hatte, war nicht dazu angetan, ihren Kummer zu beseitigen. Ehe es ihr jedoch geglückt war, sich ihn in den Armen einer verführerischen Halbweltdame vorzustellen, hörte sie einen Wagen vorfahren. Sie lauschte angespannt zwischen Hoffnung und dem lächerlichen Wunsch, nicht um ihren Groll betrogen zu werden. Aber es war Adam. Sie vernahm seine Stimme und lief aus dem Salon, um über die Treppenbrüstung hinunterzuschauen. Sie sah ihn und rief aus: «Sie sind es!»

Lachend blickte er zu ihr empor. «Ja, und ich brauche Ihnen gar nicht erst zu erklären, was ich im Schilde führte. An Ihnen liegt es jetzt, mir zu sagen, ob ich Ihnen eine angenehme Überraschung mitgebracht habe, Ma'am!»

Im nächsten Augenblick wurde er ungestüm zur Seite gestoßen und Lydia kam die Treppe heraufgerannt und rief: «Jenny, ist das nicht himmlisch! Ach, wie selig ich bin, wieder hier zu sein! War das nicht ein prächtiger Einfall von Adam? Freuen Sie sich, mich zu sehen? Bitte sagen Sie, daß Sie sich freuen!»

«Lydia!» schrie Jenny auf und brach in Tränen aus. «Oh, Lydia!»

Sie erholte sich rasch von diesem höchst ungewohnten Gefühlsausbruch, löste sich mit völlig verändertem Gesicht aus Lydias Umarmung und stammelte unzusammenhängend: «Oh, Adam, daß Sie das alles hinter meinem Rücken inszeniert haben! Ich muß Ihnen sofort Ihr Zimmer richten lassen, meine Liebe! Wenn ich bloß eine Ahnung gehabt hätte –! Kommen Sie gleich ins Warme, Sie müssen ganz durchfroren sein!»

An Ihrer Freude konnte kein Zweifel bestehen. Lydias Ankunft wirkte wie ein Belebungsmittel auf sie, und in wenigen Minuten war ihr müder Gesichtsausdruck verschwunden und sie kicherte über Lydias Bericht über das Leben in Bath und ihre Beschreibung eines Sir Torquil Tregony, den sie beharrlich ihre Eroberung nannte. Jenny, die vor Erstaunen die Augen weit aufriß, erfuhr aus Lydias bildhafter Schilderung, daß jener unbekannte Baron ein Greis sei, der nur mehr seinem Grab entgegenwankte, aber Adam, der die Übertreibung seiner Schwester besser kannte, nahm ganz richtig an, daß der senile Mensch ungefähr vierzig Jahre alt zu sein und etwas unter Rheumatismus zu leiden scheine.

«Märchenhaft reich!» verkündete Lydia und ließ das dritte Hummerpastetchen in ihrem Mund verschwinden. «Oh, Jenny, Sie können sich nicht vorstellen, wie himmlisch es ist, wieder hier zu sein und so herrliche Dinge vorgesetzt zu bekommen! Nehmen Sie denn gar keine von diesen köstlichen Pastetchen? Sie essen ja gar nichts!»

«Ich kann nicht mehr, ich habe erst vor zwei Stunden zu Abend gegessen.»

«Ein winziges Stück Huhn und einen gebratenen Apfel?» warf Adam ein.

«Mein Gott, ist man denn zum Hungertod verurteilt, wenn man ein Baby erwartet?» erkundigte sich Lydia. «Davon hatte ich keine Ahnung! Und ich muß sagen –»

«Ich verhungere keineswegs», fiel Jenny ihr ins Wort. «Machen Sie sich meinethalben keine Sorgen, sondern erzählen Sie mir lieber von Ihrem Sir Torquil weiter!»

«Oh, der! Mama hält ihn für einen ernstzunehmenden Heiratskandidaten und heißt es gut, daß er mir den Hof macht. Zum Teil, weil er die besten Beziehungen besitzt, aber hauptsächlich wegen seines Reichtums. Natürlich ist mir klar, daß ich als seine Frau Tag für Tag Hummerpastetchen essen könnte, aber die sind vielleicht doch nicht der Inbegriff der Glückseligkeit.»

«Sehr weise!» nickte Adam. «Man darf auch auf kalten Fasan nicht vergessen, obgleich nicht einmal Sir Torquils Vermögen ausreichen wird, dich täglich damit vollzustopfen. Da hast du, Gierschlund! Und zier dich nicht, wenn du noch etwas willst! Übrigens hat Mama mir gesagt, daß du Sir Torquils – hm – Werbung ermutigst!»

«Das stimmt», gab Lydia zu. «Aber bloß, weil ich es schon gar nicht mehr aushalten konnte, jeden Abend daheim zu sitzen und zuzuhören, wie Mrs. Papworth Mama Schmeicheleien sagt. Sir Torquil wollte uns in die Salons begleiten, müssen Sie wissen, und mir war klar, daß Mama zustimmen würde, wenn er uns einlud.»

«Oh, Lydia, was sind Sie für ein berechnendes Wesen!» rief Jenny begeistert. «So eine durchtriebene Koketterie –! Und haben Ihnen die Bälle in Bath gefallen?»

«Gar nicht. Sämtliche männlichen Klatschbasen von Bath hocken rund ums Parkett und starren einen an – Brough sagt, daß sie eine Schar mottenzerfressener Kater seien und Bath der langweiligste Winkel der Welt.»

«Brough?» fragte Adam überrascht. «Ja, ist er denn in Bath? Davon hat er mir gar nichts gesagt.»

«Ja, er hat Verwandte in der Umgebung besucht. Das heißt, er hat nicht wirklich bei ihnen gewohnt, sondern ist im ‹Christophorus› abgestiegen, aber jedenfalls war das der Grund seines Kommens.»

«Verwandte in dieser Gegend? Wer das wohl sein mag? Ich denke, ich kenne die meisten seiner Verwandten, aber ich habe niemals gehört, daß jemand von ihnen in Somerset wohnt.»

«Ich weiß es nicht, er hat es uns nicht gesagt – und ich glaube, er mochte sie auch nicht besonders, denn es schien ihm nichts daran zu liegen, oft zu ihnen zu gehen.»

Mittlerweile war es Jenny gelungen, Adams Aufmerksamkeit auf sich zu lenken, und nun warf sie ihm einen derart mörderischen Blick zu, daß er verdutzt blinzelte. «Nun, das war ein glücklicher Zufall», sagte sie und wandte sich Lydia abermals zu. «Und für wie lange kann Lady Lynton Sie mir überlassen? Ich muß ihr schreiben, wie sehr ich ihr für dieses Entgegenkommen verbunden bin.»

«Sie sagt, ich darf bleiben, bis Charlotte und Lambert zu Weihnachten nach Bath fahren. Sie wollen auf dem Weg dorthin eine Nacht in London bleiben, und da könnten sie mich mitnehmen. Übrigens, was sagen Sie? – Charlotte erwartet ebenfalls ein Baby!»

«Nein!»

«Doch! Mama erhielt erst vorige Woche die Nachricht.»

«Da wird sie sich aber sehr freuen!»

«Sicher, nur fürchtet sie, daß Charlottes Kind Lambert nachgeraten wird. Aber ich muß Ihnen gleich sagen, Jenny, daß sie keine ähnliche Bemerkung über Ihr Baby fallen ließ! Sie scheint zu erwarten, daß es genau wie Stephen aussehen wird. Was sie allerdings zu dieser Vermutung veranlaßt, weiß ich wirklich nicht. Jedenfalls sind Mamas Lebensgeister bei dieser Mitteilung so gewaltig emporgeschnellt, daß ich ihr nicht erst Zweifel einflößen wollte. Und ich», sagte Lydia stolz, «werde zweifache Tante sein!»

Jenny erfuhr bald von Adam, daß es keiner großen Überredungskunst bedurft hatte, die Witwe zu bewegen, ihren jüngsten Liebling fortzuschicken. Die Nachricht, daß Jenny Fontley in Kürze einen Erben schenken würde, hatte sie tief bewegt. Sie bezweifelte genau wie Jenny nicht einen Augenblick, daß es ein Junge sein würde, und sie war so entzückt, daß sie die «liebe kleine Jenny» viele Male herzlichst grüßen ließ und es ihr nicht übelnahm, daß sie sich kränklich fühlte. Adam richtete ihr sämtliche freundschaftlichen Botschaften aus, die ihm einfallen wollten, als er Jenny in ihrem Zimmer gute Nacht wünschte, und sobald Martha sich zurückgezogen hatte, wollte er wissen, weshalb sie ihn beim Abendessen so furchterregend angestarrt hatte. «Sie glauben doch nicht etwa, daß Brough hinter Lydia her ist?» fragte er ungläubig.

«Du lieber Himmel, Adam, natürlich glaube ich das!» rief sie aus. «Daran ist so wenig zu zweifeln wie am hellichten Tag!»

«Aber sie ist doch noch ein Kind!»

«Papperlapapp!»

«Also Jenny, ich könnte schwören, daß sie nicht im Traum an so etwas denkt.»

«Vorläufig noch nicht», gab sie zu. «Aber Sie können mir nicht weismachen, daß sie ihn nicht ausnehmend gerne sieht! Und was ihn anbelangt, glauben Sie wohl, daß er meinethalben so oft hier erschien, als Lydia bei uns wohnte, und uns überallhin begleitete! Außerdem müssen Sie ihn bloß wissen lassen, daß sie hier ist, und Sie können sich darauf verlassen, daß er bald hier aufkreuzen wird – um weitere Verwandte zu besuchen, wahrscheinlich!»

Er lachte, konnte sich aber nicht mit der Vorstellung befreunden. «Ich werde es ihm nicht verraten. Falls Sie recht haben, glaube ich nicht, daß wir ihr Beisammensein fördern sollen – zumindest nicht, ehe sie gesellschaftsfähig ist. Ich bin überzeugt, Mama sähe es nicht gerne.»

«Nein, das stimmt, aber ich stelle mir vor, er weiß das und wird Lydia daher noch keinen Antrag machen. Eine beiläufige Bemerkung, die er einmal vor mir fallen ließ, verriet mir, daß er davon überzeugt ist, daß Sie und Mylady den Zeitpunkt noch als verfrüht betrachten würden. Sie hätten doch nichts dagegen einzuwenden, Adam, wenn es dazu kommt?»

«Du lieber Himmel, nein! Ich würde mich aus ganzem Herzen darüber freuen!»

«Und Ihre Mama?» fragte sie.

«Die wäre wohl weniger entzückt. Die Adversanes sind natürlich arm wie die Kirchenmäuse, und im Augenblick scheinen Mamas Gedanken um Lydias märchenhafte Eroberung zu kreisen –»

«Sie nehmen doch nicht an, daß sie diese Heirat im Ernst wünschenswert findet? Ich hielt das bloß für einen von Lydias kindlichen Einfällen! Nun, ich hoffe, Sie würden hier ein Veto einlegen, Mylord! Was für eine abwegige Idee! Bei Ihrer Herkunft!»

«Keine Angst, ich werde gar nichts zu verbieten haben!» lachte er. Er neigte sich über sie und küßte sie auf die Wange. «Jetzt muß ich gehen, sonst wird Martha mir die Leviten lesen, wenn ich Sie so lange vom Schlafen abhalte. Gute Nacht, meine Liebe, und schlafen Sie wohl!»

«Das werde ich bestimmt. Wie tröstlich, Lydia wieder bei uns zu haben! Ich danke Ihnen, daß Sie sie geholt haben. Sie sind ungemein gütig zu mir!»

«Wirklich? Nun, ich kann von Ihnen nur das gleiche behaupten», entgegnete er.

Sie war seit langem nicht mehr so glücklich gewesen. Es war wohltuend, Lydia wieder im Hause zu haben, aber die tiefste Befriedigung entsprang Adams Besuch in ihrem Zimmer. Er hatte ihr bisher stets förmlich gute Nacht gewünscht, aber nie zuvor war er in ihr Zimmer gekommen, um ungestört mit ihr zu plaudern. Das war ein neuer Grad der Vertrautheit, der sie ihm näher zu rücken schien, als sie es je gewesen war. Er war nicht ihr Geliebter, aber vielleicht, dachte sie an der Schwelle des Schlafes, konnte sie seine Freundin werden. Zwar hatte die Freundschaft in schwärmerischen Jungmädchenträumen keinen Platz, aber Träume waren etwas Nebelhaftes, die Flucht aus der Wirklichkeit in die strahlende Unmöglichkeit. Sich auszumalen, wie die Zukunft vermutlich aussehen würde, hieß aber nicht zu träumen, sondern sich zu freuen. Das Wesen der Träumerei bestand darin, die Wahrscheinlichkeit zu ignorieren, und das wußte man, selbst während man die kühnsten Luftschlösser baute und sich ausmalte, von einem schlanken jungen Offizier geliebt zu werden, dessen leidgeprüfter Blick so viel Wärme ausstrahlte und dessen Lächeln so unwiderstehlich war. In den hoffnungslosen Traum der reizlosen, niedrig geborenen Jenny Chawleigh hatte sich kein Gedanke an eine Freundschaft eingeschlichen. Aber Freundschaft war letzten Endes nicht zu verachten; sie war ein wärmendes Gefühl, dauerhafter als die Liebe, wenngleich sie so weit hinter der Liebe zurückblieb. Man sollte niemals träumen, dachte Jenny schlaftrunken. Besser war es, froh in die Zukunft zu blicken und sich lieber als die engste Vertraute des strahlenden Ritters zu sehen als das Ziel seiner romantischen Anbetung. Aber er ist gar kein strahlender Ritter, dachte sie, schmiegte die Wange an das Kissen und lächelte schläfrig: bloß der vielgeliebte Adam, dem man mit viel Geschick Appetit auf sein Abendessen machen mußte, der es unerträglich fand, wenn die Dinge in seinem Zimmer nicht mustergültig an ihrem Platz lagen, und es haßte, beim Frühstück Konversation machen zu müssen.

20

Die Hoffnung, der Ruhepol für Adams Sinnen und Trachten zu werden, verflüchtigte sich am nächsten Morgen. Es gab Gedanken, die er niemals mit Jenny teilen würde, und einer davon wurde durch Lydia ans Licht gezerrt, die die *Gazette* nach interessanten Neuigkeiten durchblätterte, während Jenny den Tee zubereitete und Adam in der *Morning Post* einen den Damen höchst langweilig erscheinenden Artikel über den Wiener Kongreß las. Lydia stieß plötzlich einen leichten Schrei aus: «Nein! Das kann ich nicht glauben! Aber sie würden es doch wohl nicht veröffentlichen, wenn es nicht wahr wäre, nicht? Also ich muß schon sagen ...!»

Adam beachtete sie nicht, aber Jenny fragte: «Was können Sie nicht glauben, meine Liebe?»

«Julia Oversley hat sich verlobt! Und wen, glauben Sie, wird Sie heiraten?»

Adams Augen hatten sich blitzartig geweitet, und er war es, der mit gleichmütiger Stimme die Antwort gab: «Rockhill, nehme ich an.»

«Ei, du liebe Zeit, hast du es also gewußt? Aber Julia –! Er ist doch noch älter als Sir Torquil! Und ausgerechnet Julia!» Verlegen bemerkte sie, daß ihre Verblüffung sie zu einem Fauxpas verleitet hatte, und errötete bis an die Haarwurzeln.

«Älter allerdings, aber eine noch triumphalere Eroberung», sagte Adam leichthin.

«Ja, wahrscheinlich», sagte sie kleinlaut mit schlechtem Gewissen.

Adam zog sich wieder hinter seine *Morning Post* zurück. Jenny brach die peinliche Stille mit der Frage, was Lydia mit dem Tag anzufangen gedächte. Die Verlobung wurde nicht mehr erwähnt, bis Adam sich vom Frühstückstisch erhob und mit höflicher kühler Stimme sagte, die ihn meilenweit von Jenny entfernte: «Ich nehme an, daß Sie Julia schreiben werden. Sagen Sie bitte alles Passende in unser beider Namen.»

Sie nickte, und er verließ das Zimmer, nicht ohne sie an der Tür mit einem schwachen Lächeln zu ermahnen, sich nicht von Lydia erschöpfen zu lassen.

«Als ob ich das täte!» sagte Lydia, als sich die Tür schloß. Sie blickte Jenny an. Gerne hätte sie die überraschende Neuigkeit besprochen, wagte aber nicht, das Thema anzuschneiden.

«Sie dürfen völlig unbefangen mit mir sprechen», sagte Jenny. «Aber reden Sie nicht mit Adam darüber! Sicher hat es ihn getroffen, selbst wenn er diese Lösung vorausgesehen haben mag.»

«Ich war nicht sicher, ob Sie davon wußten», sagte Lydia ziemlich befangen.

«Doch! Ich habe es immer gewußt», erwiderte Jenny mit gezwungenem Lächeln. «Ich war damals ja sehr mit Julia befreundet und habe oft beobachtet, wie er sie ansah. Er hatte für niemand anderen Augen. Sie warf mir einmal vor, ich hätte ihn ihr gestohlen! Als hätte ich dazu die geringste Aussicht gehabt, selbst wenn ich es gewollt hätte!»

«Etwa nicht? Nein, ich wollte sagen: Wollten Sie ihn denn nicht heiraten? Ich dachte –»

«Ja, ich weiß, Sie dachten, ich wünschte einen Mann zu heiraten, der mich wollte – und bis über beide Ohren in eine andere Frau verliebt war – nur um des Vergnügens willen, einen Titel vor meinem Namen tragen zu dürfen!» fiel Jenny ihr heftig ins Wort. «Nun, so war es aber nicht! Ich habe ihn geheiratet, weil das das einzige war, was ich für ihn tun konnte!» Sie fiel in ein hysterisches Schluchzen, rang nach Luft und sagte unmittelbar darauf: «Ach, ich weiß gar nicht, was in mich gefahren ist, daß ich so daherrede! Vergessen Sie es! Ich bin so kribbelig und reizbar geworden, aber ich bin nicht absichtlich so. Ich bin schon die längste Zeit sehr niedergeschlagen und rege mich über Dinge auf, die mich kaltlassen sollten, wie zum Beispiel eben jetzt Adams Gesichtsausdruck –» Hier bebte ihre Stimme verdächtig, aber es gelang ihr, sich zu beherrschen. «Es ist alles Unsinn. Wir leben ausgezeichnet miteinander, das dürfen Sie mir glauben, und – und Adam leidet nicht immer so darunter wie eben jetzt, besonders, wenn die Sache nicht ständig wieder aufs neue aufgerührt wird. Aber das wird in Zukunft auch nicht mehr der Fall sein, wenn ich Rockhill richtig eingeschätzt habe! Es sollte mich gar nicht überraschen, wenn es eine ausgezeichnete Ehe würde, und ich wünsche es aus ganzem Herzen. Rockhill ist kein Narr, und er kann von bestrickender Liebenswürdigkeit sein – auch wenn Sie ihn für einen sabbernden Greis halten, meine Liebe!»

Lydia sagte langsam: «Sie kann Adam wirklich geliebt haben, nicht wahr? Wenn Sie –»

«Das wissen die Götter», versetzte Jenny und erhob sich. «Das läßt sich nicht beurteilen – zumindest nicht von mir. Sie werden niemandem wiederholen, was ich gesagt habe, bitte? Es war nichts als Unsinn!»

«Sie meinen, ob ich es Adam sagen werde? Nein», versprach Lydia mit leichtem Stirnrunzeln. «Es hätte ja keinen Zweck, nicht wahr? Das weiß ich von Mama, die mir ständig vorhält, wie sehr Sir Torquil mir zugetan ist – als wäre ich imstande, etwas für ihn zu empfinden!»

Jenny lächelte schmerzlich. «Nein, es hätte nicht den geringsten Zweck. Wir wollen jetzt einen Spaziergang machen, ja? Ich möchte meine Bücher umtauschen – aber zuerst muß ich Julia schreiben. Was die Oversleys wohl zu dieser Heirat sagen?»

Das sollte sie bald erfahren, denn Lady Oversley kam zwei Tage später vorgefahren, um sich nach ihrem Befinden zu erkundigen, und war leicht dazu zu bewegen, ihrem Herzen Luft zu machen. Sie betrachtete Julias Entschluß mit zwiespältigen Gefühlen. Sie war auch nur ein Mensch, und es war ihr daher unmöglich, nicht stolz auf den Triumph ihrer Tochter zu sein; aber sie war auch gleichzeitig eine sensible Frau, und daher war es ihr gleichermaßen unmöglich, ohne Beklommenheit an diese Verbindung zu denken. «Wenn ich nur sicher sein könnte, daß sie glücklich wird! Denn es ist natürlich eine hervorragende Partie, und wenn ich daran denke, wie viele sich bemüht haben, Rockhill unter die Haube zu bringen, kann ich mich des Stolzes nicht erwehren! Aber ich wollte immer, daß Julia eine Liebesheirat eingeht, genau wie ich, und ich habe es nie bereut, wie sehr Oversley auch manchmal meine Geduld auf die Probe stellt, was oft geschieht, aber das tun alle Männer, besonders, wenn man mit ihnen verheiratet ist! Nur verzeiht man ihnen vieles – aber wie, Jenny, frage ich dich, soll man imstande sein, Nachsicht gegenüber einem Gemahl zu üben, den man nicht liebt? Wenn ich daran denke, wie Julia früher war – so überempfindlich, so zart besaitet und so leicht erregbar – Oh, Jenny, mein Gefühl warnt mich vor dieser Verbindung!»

«Ich vermutete, daß Sie nicht davon begeistert sein würden. Ma'am», erwiderte Jenny. «Aber meiner Meinung nach wird Rockhill ihr Zartgefühl nicht verletzen, wie das ein jüngerer Mann, der nicht halb so viel Erfahrung hat wie er, früher oder später täte.»

«Ja, das habe ich mir auch schon überlegt, und wie ich Oversley bereits sagte, gibt es Mädchen, die sich neben einem älteren Gemahl, der sie mit väterlicher Nachsicht verwöhnt, glücklicher fühlen – wenn du weißt, was ich damit sagen will.»

Jenny nickte. «Genau das wird Rockhill sicher tun. Wenn Sie mich fragen, Ma'am, gibt es kaum etwas, was Rockhill über die richtige Behandlung von Frauen nicht weiß.»

«Überhaupt nichts», korrigierte Lady Oversley mit plötzlicher Strenge.

«Wenn ich an die vielen Geliebten denke, die er seit dem Tode seiner Frau ausgehalten hat – und Oversley mag glauben, was er will, aber ich sage, einmal ein Wüstling, immer ein Wüstling! Außerdem halte ich ihn für einen ganz sonderbaren Kauz. Würdest du es für möglich halten? Er weiß, daß Julia ihn nicht liebt! Als er nämlich Oversley um Erlaubnis bat, ihr einen Antrag machen zu dürfen, hielt Oversley es für seine Pflicht, ihn darüber aufzuklären, daß sie – daß früher eine Neigung bestand, die sie noch nicht zur Gänze überwunden hat. Und er sagte völlig ungerührt, daß ihm das bekannt sei! Du kannst dir vorstellen, daß Oversley etwas die Contenance verlor! Julia selbst hatte es ihm gesagt, und es scheint ihm gar nichts auszumachen!»

«Das stimmt!» sagte Jenny entschieden. «Er hat wohl nicht den Eindruck, daß Adam ihr das Herz gebrochen hat. Und es macht ihm deshalb nichts aus, weil er sie versteht und ihren jähen Gefühlsausbrüchen keinerlei Bedeutung beimißt. Verlassen Sie sich darauf, er weiß, wie er Julia glücklich machen kann!»

«Genau das sagte er Oversley! Ich bin so unschlüssig, und es will mir gar nicht gefallen, daß er Witwer ist. Das ist so bedrückend, selbst wenn man die Kinder nicht berücksichtigt, was natürlich unmöglich ist.»

«Du liebe Zeit, er hat Kinder?» rief Jenny aus.

«Zwei kleine Töchter – warum ich sie allerdings klein nenne, zumal die Ältere bereits zwölf ist –! Wenn ich mir meine arme Julia vorstelle, die selbst beinahe noch ein Kind ist und nun versuchen soll, Mutterstelle bei zwei halbwüchsigen Stieftöchtern zu übernehmen, die sie vermutlich hassen werden –»

«Weit gefehlt! Anbeten werden sie sie», prophezeite Jenny. «Genau wie das alle jüngeren Mädchen in Miss Satterleighs Pensionat taten. Ich wette meinen Kopf, daß die beiden schon einen Monat nach der Hochzeit um das Vorrecht kämpfen werden, wer von ihnen ihr einen Weg abnehmen darf.»

Diese Auffassung nahm Lady Oversley eine Last vom Herzen, und so war sie imstande, ihre Gedanken, noch ehe sie Jenny verließ, der Galagesellschaft zuzuwenden, die sie zu Ehren der Verlobung geben wollte. Es sollte eine großartige Feier werden, der ein Abendessen voranging, zu dem sie so viele Verwandte Rockhills einlud, als sie nur rund um die Tafel unterzubringen vermochte. Da Rockhills Verwandtschaft ungemein zahlreich war, erwartete sie, ihr Haus zum Bersten voll zu haben, und wenn ihr diese Aussicht auch eine große Genugtuung bereitete, machte sie das Ungewöhnliche dieses Treffens doch nicht wett. «Denn im allgemeinen sind die Eltern des Bräutigams die wichtigsten Gäste, aber Rockhill hat natürlich keine Eltern mehr, und da er das Haupt der Familie Edgcott ist, wäre es lächerlich, auf seinen Onkel Aubrey zurückzugreifen. Und wenn mich auch mein Gerechtigkeitsgefühl dazu zwingt, zuzugeben, daß seine Schwester Warlingham Julia einen überaus reizenden Brief geschrieben hat, so ist sie doch um Jahre älter als ich, und das stört mich ebenfalls sehr.»

Die Eröffnung, daß Rockhills Verwandtschaft zur Verlobungsfeier eingeladen war, erfüllte Jenny mit tiefer Befriedigung, die sie aber wohlweislich für sich behielt. Sie war daher nicht überrascht, als sie einen Besuch Broughs erhielt.

Sie und Lydia waren allein, ein Umstand, den Seine Lordschaft mit edlem Gleichmut hinnahm. Jenny sah seine trägen Augen aufleuchten, als er Lydia erblickte, und hoffte, sich nicht einer Ermutigung seiner Werbung schuldig zu machen, indem sie ihn als Freund ihres Mannes herzlich willkommen hieß.

Lydia war unverhohlen froh, ihn zu sehen, und streckte ihm die Hand entgegen: «Brough! Nein, was für eine Überraschung! Sie haben wohl nicht erwartet, mich hier vorzufinden, wie? Adam hat mich abgeholt, damit ich Jenny Gesellschaft leiste. Ist das nicht wunderbar?»

Ja, auch Brough hielt das für eine ganz wunderbare Fügung, und wenngleich keines seiner Worte den Rahmen nichtssagender Artigkeiten sprengte, schien es doch höchst unwahrscheinlich, daß er ganz so schnell nach Leicestershire zurückfahren würde, als er es ursprünglich beabsichtigte.

Genau wie Jenny erwartet hatte, war er nach London gekommen, um Oversleys Gesellschaft zu besuchen. Er war durch seine Mutter mit Rockhill verwandt, aber er gab zu, daß beinahe alle Edgcotts der einhelligen Ansicht waren, daß Rockhill den Verstand verloren hatte. «Deshalb kam ich nach London», erklärte er. «Meine Mutter dachte, die meisten werden der Feier mit einer Entschuldigung fernbleiben, und bildete sich ein, Rock brauche Unterstützung. Nichts als Flausen! Keiner von denen würde es wagen, Rock zu brüskieren! Wenn man mir auch erzählt hat, daß der arme alte Aubrey Edgcott von zähneknirschender Wut erfüllt sei. Er war überzeugt, daß er eines Tages in Rocks Fußstapfen treten würde!»

Brough betrachtete die Verbindung mit Nachsicht, sagte aber in einer Art, die gar nicht schmeichelhaft für die bezaubernde Miss Oversley war, daß des einen Mannes Nachtigall des anderen Uhl sei. «Ich möchte nicht mit ihr verheiratet sein», fügte er hinzu.

«Aber Sie können doch nicht bestreiten, daß sie eine wunderschöne Marquise sein wird!» widersprach Jenny.

«Himmel, nein! Sie wird bestimmt äußerst elegant aussehen, aber meiner Vorstellung von einer bequemen Ehefrau entspricht sie nicht. Bei ihr kann man nie voraussagen, wo man sie vorfinden wird! Wenn man das Haus verläßt, sitzt sie in der Mansarde, und beim Heimkommen steckt sie im Keller. Aber das geht mich ja nichts an. Wo ist Adam, Lady Lynton? Ich habe ihn nicht im Klub gesehen.»

«Nein, er ist für einige Tage nach Fontley gefahren», antwortete sie.

Er nickte und sagte nichts weiter, aber als sie ihn kurz darauf höchst ungebührlich mit Lydia allein ließ, zog er eine seiner beweglichen Augenbrauen hoch und fragte: «Geht Lynton diese Geschichte nahe?»

Sie stieß einen bekümmerten Seufzer aus. «Ich glaube, ja. Er sagte zwar, er hätte schon die längste Zeit beabsichtigt, nach Fontley zu fahren und wollte bloß Jenny nicht allein lassen, aber ich glaube, er fuhr bloß, weil er es unerträglich fand, jedermann die Verlobung erörtern zu hören, wohin er auch geht.»

«Sehr vernünftig von ihm», sagte Brough. «Es hat zwar keinen Sinn, das zu sagen, aber meiner Ansicht nach darf er sich nur gratulieren, nichts mehr mit Julia zu tun zu haben. Wie schade, daß er Lady Lynton nicht mitgenommen hat und mit ihr draußen bleibt. Sie sieht nicht gerade nach strotzender Gesundheit aus.»

«Sie fühlt sich auch nicht besonders wohl und ich wünschte, er würde sie nach Hause bringen, denn dort wäre sie am liebsten», sagte Lydia. «Aber Papa Chawleigh hat wieder einmal einen seiner Koller und ist überzeugt, daß sie sich einzig in London wohl fühlen kann, was ich persönlich für einen großen Unsinn halte. Ich sagte es Adam auch, aber er maß meinen Worten keine Bedeutung bei, weil er meint, ich verstünde nichts davon. Was», setzte sie ehrlich hinzu, «ja auch stimmt. Dennoch weiß ich, daß Jenny sich hier vor Heimweh nach Fontley verzehrt.»

Adam mochte den Rat seiner Schwester mißachten, aber zu Jennys Glück griff Lady Nassington ein. Auf ihrer Fahrt nach Sussex, wo sie einige Wochen bei ihrer ältesten verheirateten Tochter verbringen wollte, legte sie eine mehrtägige Unterbrechung in London ein und sprach an einem unfreundlichen Morgen im Palais Lynton vor. Sie kam gerade rechtzeitig, um Jenny nach einem Ohnmachtsanfall in ihrem Zimmer zu überraschen. Lydia und Martha Pinhoe drängten sich ratlos um sie, und die Luft duftete nach verbrannten Federn und Riechsalzen.

«Nein, so etwas!» rief sie aus, blieb an der Schwelle stehen und betrachtete das sich ihr bietende Bild mit größter Mißbilligung. «Würde jemand die Freundlichkeit haben, mir zu erklären, was das bedeuten soll?»

«Du lieber Himmel, Ma'am, haben Sie mich erschreckt!» kreischte Lydia auf. «Ich wußte nicht, daß sie in London sind. Jenny erlitt einen unerwarteten Schwächeanfall, aber jetzt geht es ihr bereits wieder besser.»

Jenny richtete sich mühsam auf und sagte betreten: «Es ist nichts – wie dumm! – mir ist noch nie so etwas passiert! Ich bin in der Hoffnung, Ma'am.»

«Das merke ich», sagte Lady Nassington. «Aber das ist doch kein Grund, ohnmächtig zu werden! Ich nehme an, Sie sind einem Quacksalber in die Hände gefallen. Ich hätte Ihnen mehr Vernunft zugetraut!»

Lydia wollte schon zu einer beleidigten Entgegnung ansetzen, aber sie erkannte rasch, daß sie in ihrer zielbewußten Tante eine mächtige Verbündete gefunden hatte. Lady Nassington reichte Jenny zuerst eine Dosis Ammonium mit Wasser und verlangte dann zu wissen, weshalb sie sich hier in der Stadt ermüde, statt friedlich auf dem Lande zu leben. Als sie alles Nötige erfahren hatte, verurteilte sie alle, die diese unvernünftigen Pläne für Jenny ausgeheckt hatten, und beunruhigte Jenny mit der Bemerkung, persönlich mit Mr. Chawleigh sprechen zu wollen. Selbst Lydia hatte das Gefühl, daß dies vielleicht doch zu weit gehe, aber nachdem Lady Nassington in erhabener Stille eine Weile überlegt hatte, entschied sie, daß der Anstand verlangte, zuerst einmal mit Adam zu Rate zu gehen, ehe sie etwas unternahm. Als Adam also kurz danach eintraf, wurde er mit der Nachricht empfangen, seine Tante wünsche ihn am nächsten Vormittag im Nassington-Palais zu sehen. Jenny flehte ihn an, dieser selbstherrlichen Dame zu untersagen, Mr. Chawleigh ihre Meinung zu sagen.

Weit davon entfernt, über Lydias bildhafte Schilderung des Besuches Lady Nassingtons verärgert zu sein, glättete sich vielmehr seine Stirn und er sagte: «Ich hätte nie gedacht, daß ich eines Tages über die Anwesenheit Tante Nassingtons froh sein würde. Natürlich werde ich sie aufsuchen!»

«Ich möchte dich darauf vorbereiten, mein lieber Bruder, daß sie dir vermutlich nicht schlecht den Kopf zurechtsetzen wird.»

Nicht einmal diese Drohung vermochte ihn zu schrecken; er lachte bloß und sagte, sie könne ihn beim besten Willen nicht fressen, wie streng sie ihm auch die Leviten lesen mochte.

Aber sie hielt ihm keine Strafpredigt, wenngleich sie ihm unverzüglich erklärte, daß er sich wie ein Vollidiot benommen habe. Vielleicht entging er ihrem Tadel dadurch, daß er sofort sagte, nachdem er ihr pflichtgemäß die Hand geküßt hatte: «Sie können sich nicht vorstellen, wie glücklich ich bin, Sie zu sehen, Ma'am! Ich brauche Rat, wie Sie vermutlich bereits bemerkt haben, und wenn mich nicht alles täuscht, werden Sie mich besser beraten als alle anderen. Sie konnten sich selbst davon überzeugen, wie sehr Jennys Gesundheit gelitten hat. Ich weiß nicht, ob sie Ihnen von der Behandlung erzählte, der sie sich unterwirft?»

«Das hat sie», erwiderte Lady Nassington finster. «Ich habe für derlei Dummheiten kein Verständnis! Tee und Toast! Lächerlich! Ein feiner Zustand, wenn eine gesunde junge Frau so geschwächt wird, daß sie Ohnmachtsanfälle erleidet! Durch die ängstliche Rücksicht, mit der ihr sie alle behandelt, hat sie begonnen, sich als Kranke zu fühlen. Ich kenne diesen Croft nicht, aber ich halte nichts von ihm, rein gar nichts! Ich habe für solche hypermodernen Ideen nichts übrig. Mein lieber Lynton, ich rate Ihnen dringend, Jenny augenblicklich nach Fontley zu bringen! Sie soll sich damit ablenken, daß sie die Priorei wieder in Ordnung bringt, was ich ihrer Tüchtigkeit gerne zutraue. Ich versichere Ihnen, daß ihr das bedeutend besser tun wird, als trübselig in der Grosvenor Street zu hokken und sich den Kopf darüber zu zerbrechen, ob sie wie ihre Mutter im Kindbett sterben wird! Eine prächtige Vorstellung, die man ihr da vermittelt hat! Wenn ich ihren lächerlichen Vater sehe, werde ich ihm darüber einiges zu sagen haben, das dürfen Sie mir glauben!»

«Ja, Ma'am», sagte er mit leisem Lächeln. «Das bezweifle ich nicht! Aber Sie werden keine Gelegenheit haben, ihn zu sehen. Wenn ich beschließe, mich Ihrem Rat zu fügen, dann werde ich selbst mit ihm sprechen. Ich muß zugeben, Ihr Vorschlag reizt mich ungemein. Ich glaube, daß sich Jenny auf Fontley bedeutend wohler fühlen würde, aber –» Er legte eine Pause ein und sagte dann besorgt: «Ich glaube, ich müßte ihr erst einen anderen Arzt besorgen, ehe ich einen derartigen Schritt unternehme. Croft wünscht, sie unter Beobachtung zu halten und deutet die entsetzlichsten Komplikationen an. Mir fehlt das Fachwissen, um den Fall selbst zu beurteilen; ich kann nicht einmal behaupten, daß es ihr gut ging, ehe wir in die Stadt zurückkehrten. Es ging ihr von allem Anfang schlecht, wenn ich auch den Eindruck hatte, daß ihr Zustand in Fontley etwas besser war. Ich bedaure genau wie Sie unendlich, daß Mr. Chawleigh sie mit seinen düsteren Vorahnungen in Angst versetzt hat, aber wie kann ich seine Besorgnis beiseite schieben, wenn ich mich dabei nur auf Ihren Rat und mein völlig unerfahrenes Urteil stützen kann, Tante? Und wenn sie nun plötzlich erkrankte –? Wenn sie eine schwere Geburt haben sollte –?»

Als besonnene Frau überlegte Lady Nassington diesen Einwand mit bewundernswerter Objektivität. «Sehr richtig», entschied sie. «Ich habe oft festgestellt, daß Sie einen sehr klaren Verstand besitzen, mein lieber Lynton. Sie können keinen besseren als Sir William Knighton um seine Meinung bitten. Sie dürfen sich bei ihm auf mich berufen. Ich bringe seiner Tüchtigkeit den größten Respekt entgegen. Ich nehme an, Sie werden mit ihm zufrieden sein.» Trocken fuhr sie fort: «Sollten Sie auf Einwendungen Mr. Chawleighs stoßen, dann können Sie ihm sagen, daß Sir William einer der Leibärzte des Prinzregenten ist. Wenn mich nicht alles täuscht, was nicht anzunehmen ist, wird ihn das versöhnen.»

Drei Tage später bereitete sich Jenny also vor, einen anderen Arzt zu empfangen. Adam führte ihn in ihr Zimmer, aber er blieb nicht, wie er es ihr versprochen hatte. Er stellte ihr Sir William bloß vor, lächelte sie ermutigend an und zog sich zurück, wobei er ihr bloß Martha als Schutz vor diesem neuen Menschenfresser ließ.

Sir William, den der Prinzregent den Arzt mit den besten Manieren nannte, der ihm je untergekommen war, benahm sich jedoch keineswegs wie ein Menschenfresser. Innerhalb weniger Minuten zerstreute er Jennys Mißtrauen, und Miss Pinhoe, die zu Beginn gleich einem Drachen neben ihrem Sessel gestanden hatte, zog sich in den Hintergrund zurück und bekräftigte die Feststellungen des Arztes mit weisem Kopfnicken. Die sonst so wortkarge Jenny konnte vor diesem Arzt plötzlich ungehemmt sprechen und verriet ihrem verständnisvollen Zuhörer viel mehr über sich, als sie es für möglich gehalten hätte. Als er sich verabschiedete, sagte er mit seinem gewinnenden Lächeln: «Wissen Sie, Lady Lynton, ich glaube, Ihr guter Vater hat zu nachhaltig über das unglückliche Ableben Ihrer Mutter gegrübelt. Ich werde Seiner Lordschaft sagen, daß er Sie meiner Ansicht nach hinaus aufs Land bringen und dafür Sorge tragen soll, daß Sie reichlich frische Milch, Obers und gute Landbutter bekommen. Ach, wie ich Sie beneide! Ein herrlicher Besitz, dieses Fontley! Ich entsinne mich, daß ich es einmal besichtigen durfte. Adieu! Ich hoffe – nein, ich weiß –, daß ich von Ihrer glücklichen Niederkunft hören werde, Ma'am!»

Sie reichte ihm die Hand, und als er sie mit einer Verneigung ergriff, umklammerte sie seine Finger und sagte: «Ich danke Ihnen! Ich bin Ihnen so unsäglich dankbar – ich kann Ihnen gar nicht sagen, wie sehr!» Die Tränen saßen ihr in der Kehle, und sie konnte nur leidenschaftlich seine Hand drücken und ihn mit sprechenden Augen ansehen.

Sir William begab sich hinunter, um sich bei einem Glas Sherry mit Adam zu unterhalten. Kein geringschätziges Wort über Dr. Croft kam über seine Lippen; er nannte ihn vielmehr einen hervorragenden Kollegen. Er sagte, er hege die größte Bewunderung für seine Geschicklichkeit und könne einige seiner bemerkenswertesten Erfolge in Fällen bestätigen, die als völlig hoffnungslos betrachtet worden waren. Aber manchmal geschah es eben – wie Seine Lordschaft sicherlich auch schon auf anderen Gebieten bemerkt hatte –, daß geniale Männer dazu neigten, durch ihre Lieblingstheorie gewisse Scheuklappen zu tragen. Kurz, eine Behandlung, die in manchen Fällen bewundernswert war, mochte ohne weiteres in anders gelagerten Fällen abträglich sein. Vielleicht hatte Dr. Croft sich zu sehr auf die Informationen gestützt, die er vom Vater Lady Lyntons erhalten hatte, und dadurch die seelische Verfassung seiner Patientin nicht genügend berücksichtigt. Vielleicht war es auch die tief eingewurzelte Zurückhaltung Lady Lyntons, die es schwierig gemacht hatte, sich ihm anzuvertrauen. Es war seine persönliche Meinung, daß es von ungeheurer Wichtigkeit war, daß Damen in delikaten Umständen eine innere Zufriedenheit empfanden. Er konnte keinen Anhaltspunkt für die Vermutung entdecken, daß Lady Lyntons Niederkunft mit gefährlichen Komplikationen verbunden sein würde. Wenn jedoch Mylord unter dem Eindruck stünde, daß der Hausarzt Rat und Hilfe benötigen könnte, würde er ihm mit Vergnügen den Namen eines ausgezeichneten Geburtshelfers nennen, der in Peterborough wohnte.

Nach diesem fachlichen Rat vertieften sich die beiden Herren in ein angeregtes Gespräch über Spanien, da Sir William dieses interessante Land im Jahre 1809 als ärztlicher Berater Lord Wellesleys besucht hatte. Als sie sich schließlich voneinander verabschiedeten, hatte Adam von Sir William eine ebenso hohe Meinung wie seine Tante Nassington.

Er ging hinauf und traf Jenny strahlend und Lydia triumphierend an. Jenny stammelte: «Er sagt, ich darf nach Hause fahren! Und ich brauche nicht mehr zu fasten! Er sagt, mir fehlt gar nichts, ich war bloß niedergeschlagen! Oh, ich bin Ihnen so dankbar, daß Sie ihn ins Haus brachten!» Nur ein Umstand trübte ihre Freude: Sie hatte Angst, Papa würde sehr erzürnt sein und ihr vielleicht sogar verbieten, London zu verlassen. Ob Papa sie wohl nach Fontley fahren lassen würde, wenn er selbst Sir William Knighton anhörte?

«Pah!» sagte Lydia keck. «Lassen Sie nur mich mit Papa Chawleigh sprechen!»

«Lydia, Sie sollten ihn nicht so nennen! Ich weiß, daß Ihre Mama das nicht gerne hören würde», sagte Jenny.

«Ach, das spielt gar keine Rolle, denn sie weiß es ja nicht und wird es nie erfahren. Ich habe Papa Chawleigh sehr ins Herz geschlossen, und er hört es gerne! Soll ich ihn morgen in der City besuchen, um ihm zu sagen, was beschlossen wurde?»

«Nein, Miss, das sollen Sie nicht!» erwiderte Adam. Er lächelte Jenny zu. «Wann werden wir abreisen können? Wollen Sie diesen Wildfang mitnehmen oder sollen wir ihn nach Bath zurückschicken?»

«Nur das nicht! Natürlich möchte ich sie behalten. Aber Papa –»

«Meine Liebe, nun machen Sie sich nicht länger Sorgen wegen Ihres Papas! Ich werde ihn morgen aufsuchen und ihm genau mitteilen, was Knighton mir gesagt hat.»

«Ich will aber nicht, daß Sie mit ihm streiten!» platzte sie heraus.

«Das werde ich nicht», versprach er.

Da sie ihren Vater kannte, war sie keineswegs beruhigt. Sie versuchte ihm klarzumachen, daß es klüger wäre, wenn sie selbst Mr. Chawleigh die Neuigkeit mitteilte, aber er lachte nur und riet ihr, sich die Einkäufe zu überlegen, die sie bestimmt noch zu machen hatte, ehe sie die Stadt verließen.

Er hielt sein Wort und sie erfuhr niemals, auf welch schwere Probe seine Selbstbeherrschung gestellt wurde, genau wie die gaffenden Schreiber im Comptoir nicht erfuhren, wie erfolglos der nur allzu deutlich hörbare Zorn ihres Prinzipals an der Mauer der Wohlerzogenheit Lord Lyntons abprallte.

Als er das Unternehmen betrat, von dem aus Mr. Chawleigh seine zahlreichen kommerziellen Tätigkeiten leitete, löste sein Erscheinen kein geringes Aufsehen aus. Er hatte Mr. Chawleigh noch nie in seinem Comptoir besucht, aber alle im Hause Beschäftigten wußten, daß Miss Chawleigh in höchste Kreise geheiratet hatte, und sie waren darauf erpicht, wenigstens einen Blick auf ihren Lord werfen zu können.

Erst als er seine Karte mit dem Ersuchen, sie Mr. Chawleigh zu überbringen, abgegeben hatte, regte sich die Aufmerksamkeit der emsigen Schreiber, denn wenngleich Adam standesgemäß und mit einer gewissen militärischen Adrettheit gekleidet war, stolzierte er nie mit den modischen Attributen eines Gecken einher. Der Schreiber, der seine Karte entgegengenommen hatte, gestattete einem seiner Kollegen Einblick, und ehe noch Mr. Chawleigh aus seinem Privatbüro geschossen kam, um seinen Schwiegersohn zu begrüßen, war es im ganzen Raum von Mund zu Mund gegangen, daß es Miss Chawleighs Gemahl war, der sich hier anmelden ließ.

«Treten Sie ein, Mylord, treten Sie ein!» forderte Mr. Chawleigh ihn auf. «Das nenn ich mir aber eine Überraschung! Und was führt Sie in die City? Es ist doch nichts geschehen, wie?» fragte er mit plötzlich erregter Stimme.

«Überhaupt nichts, Sir. Ich hätte nur gerne einmal mit Ihnen gesprochen. Sind Sie sehr beschäftigt, oder können Sie mir einige Minuten schenken?»

«Ei, so viele Sie wünschen! Kommen Sie in mein Büro, Mylord – und laß Er mich von niemandem stören, Stickney!»

Er führte Adam in den Raum und warf ihm dabei einen mißtrauischen Seitenblick zu. Rasch überlegte er, ob Mylord sich in Schulden gestürzt haben mochte, aber das schien nicht wahrscheinlich, da er keine kostspieligen Passionen hatte und, soviel sich entdecken ließ, auch kein Spieler war.

«Also, was kann ich für Sie tun, Mylord?» fragte er leutselig, nachdem er Adam in einem bequemen Sessel untergebracht hatte und sich selbst schwer in den Stuhl hinter seinem Schreibtisch fallen ließ.

«Oh, gar nichts, Sir. Ich bin gekommen, um mit Ihnen über Jenny zu reden.»

«Ah, das ist es? Sie sagten, es sei nichts geschehen, also nehme ich an, daß sie nicht krank ist?»

«Nein – das heißt, es geht ihr nicht schlechter als bei Ihrem letzten Besuch vorige Woche. Andererseits ist ihre Gesundheit nicht die beste und sie kann sich nicht erholen. Ich habe nie ein Hehl daraus gemacht, daß ich Crofts Behandlung nicht für die richtige hielt –»

«Was Sie schon davon verstehen!» brummte Mr. Chawleigh. «Jetzt hören Sie, Mylord –»

«– und deshalb bat ich gestern Sir William Knighton zu uns, der sie untersuchte.»

«Ach, was Sie nicht sagen! Daß Sie mich zu Rate ziehen könnten, ist Ihnen wohl gar nicht in den Sinn gekommen, wie?»

«Nein», versetzte Adam gelassen. «Ihre Meinung kannte ich ja bereits, Sir.»

Allmählich färbten Mr. Chawleighs Wangen sich rot. «Ich wäre Ihnen verbunden, wenn Sie mir erklären wollten, mit welchem Recht Sie fremde Ärzte zu meiner Jenny schleppen, ohne auch nur ‹Mit Verlaub!› zu sagen!»

Adam betrachtete ihn ziemlich spöttisch. «Würden nicht lieber Sie mir verraten, welches erdenkliche Recht jemand außer mir dazu hat?»

«Das will ich Ihnen sofort sagen: *Ich!*» verkündete Mr. Chawleigh mit drohendem Blick.

«Da irren Sie, Sir.»

«So, meinen Sie? Das werden wir doch sehen! Darf ich Sie daran erinnern, Mylord, daß ich ihr Vater bin!»

«Natürlich sind Sie das, und als ihr Vater haben Sie jedes Recht, mich davon in Kenntnis zu setzen, wenn Jenny Ihrer Meinung nach nicht so behandelt wird, wie es ihr zukommt. Aber Sie könnten doch kaum einen anderen Arzt zu ihr schicken, ohne zuerst meine Erlaubnis dafür einzuholen, nicht wahr?» Er lächelte. «Seien Sie vernünftig, Sir, wir wollen nicht über Lächerlichkeiten streiten! Wollen Sie mir vielleicht weismachen, daß Sie dagegen protestiert hätten, wenn ich Ihnen gesagt hätte, daß ich Knighton zuziehen will? Ganz sicher nicht.»

Mr. Chawleigh sah ihn etwas überrumpelt an. «Das behaupte ich ja nicht, aber ich schätze es gar nicht, wenn man mich einfach vor vollendete Tatsachen stellt.»

«Da geht es Ihnen genau wie mir, Mr. Chawleigh», sagte Adam sanft.

Ihre Blicke kreuzten sich; der eine ziemlich ungerührt, der andere unter den buschigen Augenbrauen wütend. Mr. Chawleigh setzte sich in seinem Stuhl zurecht und packte die Armlehne mit einer seiner mächtigen Hände. «So? Das schätzen Sie nicht. Na schön ... Sie haben also Knighton geholt – wer immer der Kerl auch ist.»

«Er ist einer der Leibärzte des Prinzregenten und wurde mir von meiner Tante Nassington wärmstens empfohlen.»

«Ah, daher weht der Wind, wie? Das hätte ich mir denken können!» explodierte Mr. Chawleigh. «Also dieser Lady Nassington möchte ich gerne einmal gründlich meine Meinung sagen, das kann ich Ihnen verraten.»

«Und sie möchte Ihnen ihre Meinung sagen», versetzte Adam. Er lächelte seinem vor Wut schäumenden Schwiegervater genußvoll zu. «Das wäre ein Kampf zwischen Giganten! Ich wüßte wirklich nicht, auf wen von Ihnen ich wetten sollte. Meine Tante war sehr bestürzt, da sie Jenny eben nach einem Ohnmachtsanfall angetroffen hatte, müssen Sie wissen.»

«Ohnmächtig? Meine Jenny?» sagte Mr. Chawleigh rasch. «Also das dulde ich nicht. Was sagt Croft dazu?»

«Ich habe ihn nicht davon in Kenntnis gesetzt.»

«Ihn nicht in Kenntnis gesetzt? Wollen Sie damit sagen, daß Sie diesen anderen Bader zugezogen haben, ohne daß Croft dabei war? Und er kam? Also das schlägt doch dem Faß den Boden aus! Das ist einfach unerhört! So etwas tun Ärzte nicht – zumindest nicht die noblen. Jenny war Crofts Patientin, und das hätten Sie Knighton sagen müssen!»

«Ich fürchte», sagte Adam entschuldigend, «daß vom Augenblick meiner Bekanntschaft mit Knighton Jenny aufgehört hat, Crofts Patientin zu sein. Er schien solchen Anstoß an meinem Wunsche zu nehmen, auch noch die Ansicht eines seiner Kollegen zu hören, und war so restlos von seiner eigenen Unfehlbarkeit überzeugt, daß es wirklich keinen Sinn hatte, Jenny weiterhin von ihm behandeln zu lassen, besonders, da er ihr herzlich zuwider war.»

«Ihnen war er zuwider, Mylord!» herrschte Mr. Chawleigh ihn an.

«Nein, durchaus nicht.»

«Ach! Ich weiß es genau! Wenn Jenny Faxen machte, so ist das allein Ihre Schuld! Ich kann mir genau vorstellen, was vorgefallen ist! Sie haben einfach einen Streit mit ihm vom Zaun gebrochen –»

«Einen Streit mit einem Arzt vom Zaun brechen?» unterbrach ihn Adam mit hochgezogenen Augenbrauen. «Was für eine merkwürdige Idee!»

Mr. Chawleigh ließ die Faust donnernd auf seinen Schreibtisch niedersausen. «Sie bilden sich vielleicht ein, vor mir den großen Herrn spielen zu können, aber dabei werden Sie sich kalte Füße holen! Ich habe gewissenhaft den allerbesten Arzt für Jenny ausgesucht, und ich lasse ihn nicht einfach hinauswerfen, bloß weil Ihnen seine Nase nicht paßt! Ohne Geld keine Musik, Mylord, und das Geld stammt immer noch von mir!»

Adam preßte die Lippen fest aufeinander. Seine Augen wurden schmal und hart. Es dauerte einige Augenblicke, bis er sich wieder in der Gewalt hatte, aber es gelang ihm, und er sagte verbindlich: «Sehr richtig! Und hatten Sie gedacht, daß Sie diesen Arzt bezahlten, Sir? Dann schlagen Sie sich diese Vorstellung nur schnell aus dem Kopf! Ich habe Crofts Honorar beglichen, genau wie ich Knightons Rechnung begleichen werde und das Honorar eines jeden anderen Arztes, der sich Jennys annehmen mag.»

Schäumend vor Wut stürzte Mr. Chawleigh sich jetzt in den Kampf. «Glauben Sie? Nun, ich war es, der den Croft bestellte, und ich werde ihn auch wieder entlassen, wenn ich es für richtig halte, und bis dahin hat er sich weiterhin um Jenny zu kümmern, das werde ich ihm persönlich befehlen!»

«Das würde ich an Ihrer Stelle nicht tun, Sir», warnte Adam und betrachtete ihn mit belustigtem Lächeln. «Sie könnten sich dabei schwer in die Nesseln setzen. Ich habe nicht viel für Croft übrig, aber er würde sich nie den Verstoß zuschulden kommen lassen, meine Frau ohne mein Einverständnis zu behandeln. Darüber brauchen wir kein Wort mehr zu verlieren! Schließlich können Sie nicht ernstlich wünschen, daß Jenny die Patientin eines Arztes bleibt, der ihr nicht guttut, und den sie obendrein auch noch unsympathisch findet! Meinte Tante sagte, daß wir Jennys Verzagtheit verschuldeten, weil wir uns zu selbstherrlich über ihre eigenen Wünsche hinweggesetzt haben. Das ist auch Knightons Meinung. Er empfiehlt, sie wieder nach Fontley zurückzubringen, und genau das werde ich auch tun, Sir.»

Mr. Chawleighs Gesicht war blaurot angelaufen. Es war ihm so ungewohnt, auf Widerstand zu stoßen, daß er Adams Worten beinahe ungläubig gelauscht hatte. Die letzten Worte jedoch lösten ihm die Zunge, und nun entlud sich seine grenzenlose Wut über Adams Kopf wie ein Donner, der bis an die Ohren der Schreiber im Comptoir drang, so daß so mancher von ihnen erbleichte und zu zittern begann. Keiner konnte verstehen, was der alte Hitzkopf sagte, aber es war klar, daß er Mylord abkanzelte wie einen kleinen Jungen, und die Angestellten empfanden tiefes Mitgefühl für den armen jungen Herrn.

Adam lauschte äußerlich gefaßt der Flut von Schmähungen. Wenn der Jähzorn ihn übermannte, war es nicht Mr. Chawleighs Gewohnheit, seine Worte sorgfältig zu wählen, und er zögerte keinen Augenblick, jede Beleidigung hinauszuschreien, die ihm durch den Kopf schoß. Einzig die steile Falte zwischen Adams Augenbrauen verriet, welche Überwindung es ihn kostete, seinen Zorn zu unterdrücken. Es hätte eine Reihe von Dingen gegeben, die er Mr. Chawleigh mit größtem Vergnügen gesagt hätte, aber er blieb stumm. Es war zu tief unter seiner Würde, mit dem puterroten Plebejer, der ihm wahllos Schimpfworte an den Kopf warf, lauthals zu zanken – und er hatte Jenny versprochen, nicht mit ihrem Vater zu streiten. Darum wartete er in eisigem Schweigen ab, bis sich der Sturm erschöpft hatte.

Mr. Chawleigh hatte keine Widerrede erwartet. Anderseits war es ihm völlig neu und eher beunruhigend, daß sein Gegenüber ihm in ungerührtem Schweigen lauschte. Von Rechts wegen sollte dieser schmächtige Schwiegersohn jetzt in seinen Schuhen schlottern und womöglich versuchen, Entschuldigungen zu stammeln; aber ganz gewiß nicht kühl wie eine Gurke und mit einer Miene dasitzen, als wohnte er einem Schauspiel bei, das ihm nicht sonderlich gefiel. Langsam verebbte Mr. Chawleighs Wut und machte einem Gefühl Platz, das peinlich an Ratlosigkeit gemahnte. Er wetterte nicht länger gegen Adam los, sondern starrte ihn schwer atmend an. Zwar brummte er noch immer, aber sein Blick war so verdutzt, daß Adam beinahe laut herausgelacht hätte.

Kaum aber hatte Adam das Groteske der Situation erkannt, verflüchtigte sich sein eigener Zorn. Er bedauerte plötzlich diesen komischen Riesen, der sichtlich vorausgesetzt hatte, ihn mit Grobheiten in die Knie zu zwingen. Er griff nach seinem Hut und seinen Handschuhen, erhob sich und sagte mit verstecktem Lächeln: «Werden Sie morgen abend bei uns speisen, Sir? Übermorgen reisen wir ab, aber es würde Jenny empfindlich kränken, sich nicht vorher von Ihnen verabschieden zu können.»

Auf Mr. Chawleighs Stirn schwollen die Adern abermals an. «Mit Ihnen speisen?» würgte er hervor. «Sie – Sie –»

»Mr. Chawleigh», fiel Adam ihm rasch ins Wort, «ich schulde Ihnen sehr viel, ich bringe Ihnen den größten Respekt entgegen – ja, ja, ich bewundere Sie ungemein! –, aber ich habe nicht die leiseste Intention, Ihnen zu erlauben, meinen Haushalt zu befehligen! Wenn das Ihre Absicht war, hätten Sie Jenny mit einem anderen verheiraten müssen. Adieu. Soll ich Jenny ausrichten, daß sie Sie morgen erwarten darf?»

Mr. Chawleigh haderte mit sich selbst und sagte schließlich drohend: «Erwarten darf sie mich wohl! Aber ich will verdammt sein, wenn ich bei Ihnen speise!»

«Wie Sie wünschen – aber sie wird enttäuscht sein.» Er ging zur Tür, wandte sich aber noch einmal um und sagte: «Herrschen Sie sie nicht an, bitte! Sie gerät jetzt leichter aus der Fassung, als Sie ahnen. Aber ich glaube gar nicht, daß Sie ihr unfreundlich begegnen wollen, wenn Sie erst sehen, welch strahlender Laune sie ist, seit Knighton ihr gesagt hat, daß sie nach Fontley zurück darf.»

Er wartete die Antwort nicht ab, sondern ging und ließ Mr. Chawleigh hilfloser zurück, als er es seit seiner Kindheit gewesen war. Die Schreiber musterten ihn verstohlen und waren beinahe ebenso baß erstaunt wie ihr Brotgeber. Der Gift und Galle speiende alte Tyrann hatte ihm scheinbar nichts anhaben können: Sein Schritt war energisch, seine Stirn glatt und das Lächeln, mit dem er den Jungen bedachte, der aufsprang, um ihm die Tür zu öffnen, war heiter und sorglos. «Donnerwetter –!» staunte Mr. Stickney. «Wenn ich es nicht mit meinen eigenen Augen gesehen hätte – in hundert Jahren hätte ich es nicht geglaubt!»

21

Zwei Tage später reisten die Lyntons von London ab, und wenn Mr. Chawleigh ihnen auch nicht eben seinen Segen erteilt hatte, so war es doch zumindest nicht zu schweren Auseinandersetzungen gekommen. Seine Liebe zu Jenny legte seiner Zunge Zügel an und er tadelte sie nur ganz milde. Angesichts ihrer freudestrahlenden Miene konnte er nicht länger an seiner Überzeugung festhalten, daß Adam und nicht sie es war, die nach Fontley zurückkehren wollte. Welche Grille sich da in ihrem Kopf eingenistet hatte, wußte er nicht, aber sie brannte unmißverständlich genau so darauf abzureisen, wie seinerzeit, wenn sie Miss Satterleighs Pensionat entfliehen durfte. Er hätte Jenny das gerne übelgenommen, aber Lydia war da und schmeichelte seinen Mißmut hinweg, und wenn er sich ihr gegenüber zuerst auch reserviert verhielt, dauerte es doch nicht lange, bis er über ihre drolligen Einfälle in sich hineinlachte und mit leichtdurchschaubarer Heuchelei beteuerte, sie solle sich nur nicht einbilden, ihn mit ihren Finten und Kniffen um den Finger wickeln zu können.

Als Adam kurz darauf das Zimmer betrat, verfinsterte sich Mr. Chawleighs Stirn erneut. Noch immer brodelte die Wut in ihm und er erwiderte Adams Gruß nur mit einem kurzen Nicken und sagte seiner Tochter gleichzeitig, daß er nun gehen müsse. Sie bat ihn zu bleiben, aber er schützte eine Verabredung in der City vor. Er umarmte sie und auch Lydia mit großer Herzlichkeit, als er jedoch bemerkte, daß Adam ihn zu seinem Wagen begleiten wollte, riet er ihm barsch, sich nicht zu bemühen. Adam jedoch ließ sich nicht abweisen, folgte ihm hinunter und entließ den Diener, der Mr. Chawleigh in den Mantel helfen wollte, mit einem Kopfnicken, um diesen Dienst selbst zu verrichten.

«Recht schönen Dank», brummte Mr. Chawleigh. Er zögerte, warf Adam einen durchbohrenden Blick zu und sagte: «Wenn daraus ein Unheil erwächst, tragen Sie die Verantwortung!»

«Für jede Entscheidung trage ich die Verantwortung, Sir», erwiderte Adam ruhig. Er hielt ihm die Hand hin. «Verzeihen Sie mir! Ich weiß, wie Ihnen zumute sein muß, aber billigen Sie mir zumindest zu, daß ich Jenny nicht aus London fortbringe, um einer Laune nachzugeben! Sie dürfen mir auch glauben, daß ich sie – falls auch nur der leiseste Grund zur Beunruhigung auftreten sollte – unverzüglich wieder zurückbringen werde. Ich hoffe allerdings, daß es nicht dazu kommen wird – und vergessen Sie nicht, daß Knighton mir den Namen eines erfahrenen Geburtshelfers genannt hat, der in Peterborough, also unweit Fontleys wohnt.»

«Ja, ja, Sie haben Ihren Schädel durchgesetzt, Mylord, und jetzt glauben Sie, mich mit süßen Worten ansäuseln zu können», sagte Mr. Chawleigh giftig. «Ich werde nichts tun, was mein kleines Mädchen beunruhigen könnte, aber eines sage ich Ihnen: Wenn ich Befehle erteile, bin ich an Gehorsam gewohnt!»

Da konnte Adam sich das Lachen nicht länger verbeißen. «Sehen Sie, genau so ergeht es mir! Ich bin sogar gewöhnt, sie schleunigst ausgeführt zu sehen! Aber wir wollen nicht vergessen, daß ich ebensowenig ein Schreiber Ihres Büros bin wie Sie ein Soldat meiner Kompanie sind, nicht wahr?»

Unverrichteter Dinge bestieg Mr. Chawleigh seinen Wagen.

In ohnmächtiger Wut fuhr er heim und zeigte sich später bei einem geselligen Treffen im «Piazza» so verdrossen, daß allgemein vermutet wurde, eines seiner Geschäfte sei fehlgeschlagen. Erst als er im Begriffe stand, in sein hohes Bett zu klettern, verblüffte er seinen Diener mit dem unvermittelten Ausruf: «Eines muß man ihm lassen: Es gibt nicht viele, die sich gegen Jonathan Chawleigh behaupten! Hol's der Teufel, wenn er mir dafür nicht doppelt so gut gefällt!» Darauf empfahl er dem unterwürfigen Badger zu verschwinden, ging zu Bett und beschloß, am Morgen noch einmal in der Grosvenor Street zu erscheinen, um Abschied zu winken, damit Adam sehen sollte, daß er ihm nichts nachtrug.

Er fand die Reisechaisen und Mylords zweirädrigen Zweispänner vor dem Lynton-Palais, und der zweite Lakai war eben dabei, in den vordersten Wagen zwei heiße Ziegelsteine zu legen. Mr. Chawleigh hatte einen Korb Birnen, eine Flasche seines hervorragenden alten Cognacs (falls Jenny sich schwach fühlen sollte) und ein zusammenlegbares Schachspiel mitgebracht, um den Damen die Fahrt zu verkürzen (obwohl keine von ihnen sich etwas aus dem Spiel machte); und er war heilfroh, daß er seinen Stolz überwunden hatte und gekommen war, denn Jennys Gesicht leuchtete bei seinem Anblick auf, und ihre zärtliche Umarmung erwärmte sein bärbeißiges Herz. Er hatte gedacht, daß zwischen ihm und seinem Schwiegersohn eine gewisse Spannung herrschen würde, aber davon war nichts zu merken. Kaum hatte Adam die Cognacflasche erblickt, rief er aus: «Sie wollen doch hoffentlich unsere beiden Schönen nicht mit einer ganzen Schnapsflasche allein im Wagen lassen, Sir? Die werden ja blau wie die Veilchen sein, ehe wir in Royston sind!»

Über diesen Witz grinste Mr. Chawleigh noch lange vergnügt vor sich hin und revanchierte sich bald darauf mit einem anderen Scherz, als Adam sagte: «Wenn Sie uns besuchen kommen, Sir, hoffe ich, daß Sie Jenny bedeutend stärker antreffen werden, als sie es jetzt ist.»

«Ei, das wird sich wohl nicht vermeiden lassen», erwiderte Mr. Chawleigh.

Sobald die beiden Equipagen mit den Damen und ihren Zofen abgerollt waren, wandte sich Mr. Chawleigh an Adam und preßte die ihm gereichte Hand so kräftig, daß es schmerzte. «Na – dann geben Sie gut acht auf sie, Mylord!»

«Das verspreche ich Ihnen, Sir.»

«Eh, und Sie werden mir immer schreiben, wie es ihr geht?»

«Auch das. Und Sie vergessen nicht, daß Sie Weihnachten bei uns verbringen werden!»

«Oh, Sie werden Ihre feinen Freunde zu Besuch haben – aber ich danke Ihnen für Ihre freundliche Einladung.»

«Ich werde nicht einmal einen meiner höchst unfeinen Freunde bei mir haben – leider Gottes! Es schwirrt ein Gerücht durch die Stadt, daß mein Regiment nach Amerika abkommandiert werden soll.»

«Na, ich will's mir überlegen», sagte Mr. Chawleigh. Er lockerte seine eiserne Umklammerung von Adams Hand und packte ihn statt dessen an der Schulter, daß Adam leicht schwankte. «Und jetzt ist's Zeit zur Abfahrt. Und unser Streit ist begraben, wie?»

«Von meiner Seite bestimmt, Sir.»

«Nun, von meiner auch. Außerdem», sagte Mr. Chawleigh entschlossen, «bitte ich um Entschuldigung, falls mir bei unserer Auseinandersetzung etwas Unhöfliches herausgerutscht sein sollte, was ja möglich wäre.»

Die vielen Beleidigungen, die Mr. Chawleigh ihm bei dieser Gelegenheit ins Gesicht geschleudert hatte, stiegen flüchtig in Adams Erinnerung auf, aber er erkannte, daß diese schroffe Entschuldigung ein Exempel heroischer Selbstüberwindung war, und erwiderte augenblicklich: «Du lieber Himmel, wohin geriete denn die Welt, wenn man nicht einmal mehr seinem Schwiegersohn ungeschminkt die Meinung sagen dürfte!»

«Ja, ja, Sie sind ein anständiger Junge, Lord hin oder her!» sagte Mr. Chawleigh. «Und jetzt fort mit Ihnen!»

Er schob Adam zu seinem Zweispänner, wartete, bis er aus dem Blickfeld verschwunden war, und kletterte dann in seine eigene Equipage zurück, die ihn zur New River Gesellschaft brachte, wo er bei einer Aufsichtsratssitzung jegliche Schwäche, die er in der Verhandlung mit seinem Schwiegersohn gezeigt haben mochte, mehr als wettmachte.

Für Jenny, deren letzte Sorge nun ebenfalls von ihr genommen war, bedeutete diese Heimfahrt eine beinahe ungetrübte Freude. Sie erreichte Fontley bei Regen, einem höchst unangenehmen naßkalten Nebel und in der winterlich dunklen Abenddämmerung, aber das tat ihrer Fröhlichkeit keinen Abbruch. Es war das dritte Mal, daß Adam ihr über seine Schwelle half, aber bei keinem der früheren Male hatte sie so wie jetzt das Gefühl gehabt: Das ist mein Zuhause! Tränen schossen ihr in die Augen und kollerten ihr über die Backen. Sie sah Dunster und Mrs. Dawes durch einen Schleier und konnte bloß stammeln: «Ich bin so glücklich, wieder hier zu sein!» Dann schämte sie sich ihrer Gefühle, sie lächelte mühsam und sagte: «Und ich habe Miss Lydia mitgebracht – ich weiß, daß Sie sich darüber freuen werden.»

Ohne es zu ahnen, hatte sie sich damit ein für allemal die Achtung des Personals gesichert. Charlotte hatte Mrs. Dawes erzählt, wie ungemein freundlich Lady Lynton zu Lydia gewesen war, aber erst als Mrs. Dawes mit eigenen Augen sah, wie eng die Freundschaft zwischen Lady Lynton und Miss Lydia war, erkannte sie, daß die liebe Miss Charlotte nicht auf ihre liebenswürdige Art versucht hatte, sie mit der enttäuschenden Vermählung Lord Lyntons auszusöhnen: Sie betrugen sich wie leibliche Schwestern, und wer hätte das gedacht, der Miss Lydia gesehen hatte, als sie sich bei der Nachricht über die Verlobung Seiner Lordschaft fast die Augen ausgeweint hatte?

Bei erster Gelegenheit stattete Lydia Charlotte einen Besuch ab. Aber wenngleich die Schwestern einander zärtlich liebten, waren sie doch ziemlich verschieden, und der Besuch verlief nicht allzu erfolgreich. Lydia sagte später, sie hoffe, Charlottes Tugenden gebührend zu schätzen, habe aber bereits vergessen gehabt, wie langweilig ihre Unterhaltung sei; und Charlotte, die zwar unverändert die Lebhaftigkeit ihrer jüngeren

Schwester bewunderte, stellte sorgenvoll fest, daß Lydia, statt besseres Benehmen zu lernen, ihren Gedanken noch ungezwungener freien Lauf ließ als unmittelbar nach ihrer Schulzeit.

Im Gegensatz zu Jenny erfreute Charlotte sich strahlender Gesundheit und hatte selten vorteilhafter ausgesehen. Ihre Ehe war glücklich; sie genoß es, Herrin ihres eigenen Hauses zu sein und erwartete in freudiger Erregung die Geburt ihres ersten Kindes, das, wie sie hoffte, nur eines von vielen sein würde. Sie litt unter keiner der Übelkeiten, von denen Jenny in den ersten Monaten ihrer Schwangerschaft heimgesucht gewesen war, und plante unerschrocken eine lange und beschwerliche Reise nach Bath und zurück. Jenny konnte sie nur bewundern, denn obwohl sich ihr Zustand schon wesentlich gebessert hatte, als die Rydes sich zu ihrem Besuch der Witwe auf den Weg machten, ließ die bloße Vorstellung einer solchen Reise sie erschauern.

Der Abschied von Lydia war schmerzlich, aber er deprimierte sie nicht. Die Apathie und Verzagtheit, die sie in London überwältigt hatte, war bereits eine Woche nach ihrer Ankunft auf Fontley verflogen, und als sie die Schlankheitsdiät aufgab, begann ihre alte Kraft zurückzukehren und gleichzeitig damit ihre Energie. Lydia fehlte ihr zwar, aber sie hatte tausend Dinge zu tun und alles, was den Besitz betraf, fesselte ihre Aufmerksamkeit derart, daß sie den Kopf zu voll hatte, um sich nach einer fröhlichen Gesellschafterin zu sehnen. Allmählich lernte sie auch die Pächter kennen. Da Adam ihre Schüchternheit kannte, hatte er sie nicht gedrängt, jenen Pflichten nachzukommen, denen sich seine Mutter und Großmutter mit größter Selbstverständlichkeit unterworfen hatten. Als Lydia jedoch entdeckte, daß Jenny von diesen Verpflichtungen nichts wußte, machte sie ihre Schwägerin sofort darauf aufmerksam, und Jenny war so bestrebt, dem Beispiel ihrer Vorgängerinnen zu folgen, daß sie ihre Befangenheit überwand, die Kranken besuchte, den Einheimischen half und sich von ihrer besten Seite zeigte. Sie besaß nicht das huldvolle Gehaben der Witwe, nie brachte sie jene unverbindlichen Worte des Mitgefühls über die Lippen, die ihr sofort die allgemeine Beliebtheit gewonnen hätten; aber es dauerte nicht lange, bis sich herumsprach, daß sich hinter ihrem kurz angebundenen Wesen eine bedeutend tiefere Anteilnahme an den Sorgen der Leute verbarg, als die Witwe es jemals empfunden hatte. Der praktische Verstand, der sie rasch zwischen selbstverschuldetem und unverschuldetem Unglück unterscheiden ließ, brachte ihr vielleicht keine allgemeine Zuneigung ein, gewann ihr aber Respekt. Sie schenkte großzügig, aber nicht unüberlegt. Ihr Rat war stets durchdacht, und wenn ihre unverblümt scharfe Kritik auch oft schwer zu verdauen war, ließ sie doch keinen Zweifel daran aufkommen, daß Lady Lynton genauso schlau war, wie sie unerbittlich sein konnte.

Mr. Chawleigh kam mit einem Berg von Geschenken an, die von einem Pfund Tee bis zu einer Krawattennadel aus gleißenden Brillanten reichten, die sich rund um einen großen Smaragd gruppierten. Diese Nadel drückte er seinem fassungslosen Schwiegersohn in die Hand. Jenny steckte in emsigen Vorbereitungen für das Weihnachtsmahl, das, einem alten Brauche folgend, für die Bauern und deren Familien veranstaltet wurde. Mr. Chawleigh mußte zugeben (wenn auch höchst ungern), daß sie wieder bei ziemlich guter Gesundheit zu sein schien. Diese Form der Wohltätigkeit interessierte ihn ungemein. Er selbst hatte seine zahlreichen Verwandten zu Weihnachten stets freigiebig bedacht, aber die ländliche Sitte, jedermann zu einer großen Feier einzuladen, war ihm fremd, da er selbst immer nur Geld verschenkt hatte. Nie hatte er die Frauen und Kinder seiner Angehörigen persönlich kennengelernt, aber als er Jenny auf einem Krankenbesuch begleitete, den sie einer Frau im Dorf abstattete, hatte er die vielköpfige Kinderschar der Kranken gutherzig mit Rätseln und Zauberkunststückchen unterhalten und verblüfft und war auf die Idee verfallen, sein Scherflein zu der Feier beizutragen, indem er alle Kinder mit Geschenken bedachte, die ihrem Alter und Geschlecht entsprachen. Mit den nötigen Unterlagen ausgerüstet, machte er sich auf den Weg nach Peterborough, wo er die Spielzeugläden so gründlich plünderte, daß Adam ihm versicherte, sein Andenken würde in diesem Bezirk viele Jahre hochgehalten werden.

Der Besuch verlief ausgezeichnet. Zwar vermochte er sich nicht an das Leben auf dem Lande gewöhnen, fand die winterliche Landschaft trostlos und konnte nicht begreifen, daß jemand lieber den Blick über graue Felder statt über anheimelnde, hell erleuchtete Straßen schweifen ließ. Die ungebrochene Stille der Nacht ließ ihn nicht einschlafen, und wenn die Hähne beim ersten Morgengrauen krähten, fand er das nicht poetisch, sondern hätte ihnen am liebsten den Kragen umgedreht. Aber wenn er mit Jenny ausfuhr, bereitete es ihm unsägliche Genugtuung, daß alle, denen sie begegneten, die Mütze zogen oder in einen Knicks versanken. Das war ein Erlebnis, das ihm London nicht zu bieten vermochte, und er sah darin zumindest einen stichhaltigen Grund für Jennys Vorliebe für das Landleben. Es behagte ihm auch, wenn sie sich aus dem Wagenfenster lehnte, um sich bei einer Frau zu erkundigen, wie es um den kleinen Tom, der den Keuchhusten hatte, stehe, oder ob Nachricht von Betty eingetroffen sei, die in Lincoln bei einer Hutmacherin in die Lehre ging. Er konnte kaum glauben, daß es seine Jenny war, die sich so damenhaft benahm, und er sagte stolzerfüllt, daß sie ihre Pflichten als Gutsherrin erfüllte, als sei sie dabei groß geworden.

Sie antwortete ernsthaft: «Nein, Papa, genau das gelingt mir leider nicht und ich werde es auch nie können, weil ich nicht als Lady zur Welt kam und mir die Leutseligkeit schwerfällt.»

«Ach, das würde keiner vermuten, mein Herz, also red' keine Dummheiten», riet er ihr tröstend. «Du machst es ganz wunderbar.»

Sie schüttelte den Kopf. «Nein. Nicht so wie Adam oder Lydia. Anscheinend kann ich nie so ungezwungen und liebenswürdig sein wie sie.»

«Also, wenn du mich fragst», sagte Mr. Chawleigh, «so tut es nicht gut, die Dienstboten, Arbeiter und ähnliche Leute zu freundlich zu behandeln: dadurch werden sie bloß unverschämt.»

«Davor habe ich auch immer Angst», bekannte sie. «Aber niemand würde es Adam oder Lydia gegenüber an Ehrerbietung fehlen lassen, denn sie wissen, wie man mit Leuten jeder Gesellschaftsschicht umgeht, ohne sich ständig so wie ich den Kopf über den richtigen Ton zu zerbrechen. Und – und sie verfallen gar nicht auf den Gedanken, daß jemand respektlos werden könnte.»

«Hör, mein Kind, wenn dir jemand kecke Antworten gegeben hat –»

«Ach, nein! Das wagt keiner. Aber manchmal frage ich mich, ob sie mich auch dann mit der gleichen Achtung behandeln würden, wenn ich nicht Adams Frau wäre – wenn ich vergesse, meine Zunge zu hüten und eine schroffe Bemerkung fallen lasse.»

Er konnte ihr nicht ganz folgen, aber er entdeckte einen sehnsüchtigen Unterton in ihrer Stimme und fragte besorgt: «Du bist doch nicht etwa unglücklich, mein Herz?»

«Nein, nein», versicherte sie ihm. «Warum denn? Wie kommen Sie darauf?»

«Ich weiß nicht recht», versetzte er gedehnt. «Zwar sehe ich nicht ein, warum du nicht glücklich sein solltest, denn ich habe nie bemerkt, daß Seine Lordschaft sich dir gegenüber anders benommen hat, als ich es wünsche – und du kannst dich darauf verlassen, daß ich meine Augen offenhielt, denn ich konnte ja nicht wissen, was wir uns da eingehandelt haben. Aber manchmal mache ich mir doch wirklich Gedanken, ob du dich wirklich richtig wohl fühlst, meine Liebe.»

«Das ist ganz überflüssig. Und fürchten Sie nicht, daß Adam auch nur eine Spur weniger höflich ist, wenn Sie nicht da sind; er benimmt sich stets vorbildlich und ist immer – immer ungemein gut zu mir! Adam ist durch und durch ein Gentleman, Papa!»

«Ei, das dachte ich mir gleich am ersten Tage unserer Bekanntschaft – aber warum du dir deshalb Sorgen machst, weiß ich wirklich nicht.»

«Nun, ich auch nicht», gab Jenny mit überzeugender Heiterkeit zurück und putzte sich die Nase.

Als Mr. Chawleigh von Fontley abreiste, waren seine Bedenken zerstreut. Er konnte zwar beim besten Willen nicht begreifen, warum es Jenny dort besser gefiel als in London, und sie führte nicht jenes Leben, das ihm für sie vorgeschwebt war, aber es sagte ihr sichtlich zu und daher hatte es keinen Sinn, sich den Kopf über etwas zu zerbrechen, was nicht zu ändern war. Und Lord Oversley, der eines Tages von Beckenhurst herübergeritten kam, hatte ihm in seiner leutseligen Manier gesagt, daß sie sich seiner Ansicht nach beide dazu gratulieren durften, eine so vortreffliche Ehe zustande gebracht zu haben. «Denn sie ist doch hervorragend, finden Sie nicht?» sagte Seine Lordschaft.

Oversley war allein und nur für kurze Zeit von Beckenhurst herübergekommen. Julias Hochzeit sollte zu Beginn des neuen Jahres stattfinden, und Lady Oversley war viel zu sehr mit den Vorbereitungen beschäftigt, um London zu verlassen. Die Familie blieb also in der Mount Street, wofür Jenny sehr dankbar war, da die gewohnten Besuche zwischen Fontley und Beckenhurst zu dieser Jahreszeit sonst unvermeidlich und äußerst peinlich gewesen wären.

Adam hatte Julia seit der Bekanntmachung ihrer Verlobung nicht mehr gesehen und sein Bestes getan, nicht an sie zu denken. Jenny war nicht einmal sicher, ob er das genaue Hochzeitsdatum kannte, denn dieses Thema wurde zwischen ihnen niemals erwähnt. Er wußte es jedoch und vermochte seine Gedanken nicht davon loszureißen. Er stellte sich Julia, die Verkörperung seiner Wunschträume vor, wie sie am Arm ihres Vaters zum Altar schritt, und wußte, daß er damit ausgeträumt hatte. Was die Zukunft auch bergen mochte, sie hielt keinen Zauber, keinen Blick auf die Märcheninsel für ihn bereit, die er einst zu erreichen gehofft hatte.

Es war sinnlos zurückzublicken, lächerlich anzunehmen, daß Julia ihm heute unwiderruflicher verloren war als an seinem eigenen Hochzeitstag, und verhängnisvoll, daran zu denken, daß sie Rockhills Frau sein würde, in dem er nur einen ältlichen Faun zu erblicken vermochte. Besser, sich die Gunst des Schicksals vor Augen zu führen und daran zu denken, um wieviel schlimmer es ihm hätte ergehen können.

Er ließ den Blick auf seinen überschwemmten Äckern ruhen und dachte: Ich habe immer noch Fontley! Als er jedoch überlegte, wieviel es kosten würde, seine vernachlässigten Ländereien wieder ertragreich zu gestalten, übermannte ihn wieder die Verzweiflung. Er schüttelte sie ab. Es würde Zeit brauchen, seine Pläne in die Tat umzusetzen, Jahre vielleicht, ehe er genügend Kapital beisammen hatte, um das Netz von Entwässerungsgräben zu ziehen, das seine Felder trockenlegen würde, die zu besichtigen er ausgeritten war. Mit Sparsamkeit und wirtschaftlicher Verwaltung jedoch würde er sein Ziel erreichen und die Hypotheken einlösen. Auf diesen Tag waren seine sämtlichen Pläne gerichtet. Es hatte keinen Sinn, an die anderen dringenden Erfordernisse zu denken; es erfüllte ihn mit Hoffnungslosigkeit, die Bauernhäuser zusammenzuzählen, die einer Reparatur bedurften, und sich die Lehm- und Holzhütten zu vergegenwärtigen, die durch wetterfeste Ziegelbauten ersetzt werden mußten. Jedenfalls hatte er einen Anfang gemacht und mußte sich zum Bau von wenigstens zwei neuen Häusern gratulieren, wenn er vor einem knappen Jahr noch damit gerechnet hatte, Fontley verkaufen zu müssen. Das war ihm als das schlimmste Unheil erschienen, das ihm widerfahren konnte, und er hatte kein Opfer für zu groß erachtet, um sein Heim zu retten. Man hatte ihm die Möglichkeit dazu geboten, und er hatte sie aus freiem Willen ergriffen, und sich jetzt quälenden Sehnsüchten hinzugeben, war dumm und verächtlich. Man konnte auf dieser Welt niemals alle seine Wünsche erfüllt sehen, und ihm hatte das Schicksal schließlich nicht wenig beschert: Fontley und eine Frau, die nichts weiter wünschte, als ihn glücklich zu machen. Sein Herz würde bei Jennys Anblick niemals höher schlagen; ihr Zusammensein entbehrte jeder Romantik, aber sie war gutherzig und zuvorkommend, und er hatte allmählich gelernt, sie gerne zu haben – so gern, erkannte er, daß er, selbst wenn es in seiner Macht stünde, sie durch eine bloße Handbewegung zum Verschwinden zu bringen, diese Bewegung nie machen würde. Die Welt war ihres Zaubers entkleidet worden; sein Leben war nicht poetisch, sondern praktisch, und Jenny war ein Teil dieses Lebens geworden.

Langsam ritt er zur Priorei zurück und fragte sich, warum man so wenig Trost darin fand, wenn man alle Begünstigungen rekapitulierte, die einem das Schicksal einräumte. Seine Stimmung war düster wie der Januartag. Er wollte allein sein, aber er mußte zu Jenny zurückkehren und versuchen, sie seine wahren Gefühle nicht vermuten zu lassen. Er hoffte, daß es ihm gelingen würde, ein fröhliches Gesicht zu zeigen, aber er hielt das für eine der schwersten Aufgaben, die ihm je gestellt worden waren.

Es trifft jedoch nur in episch-breiten Tragödien zu, daß nichts die Düsterkeit auflockert. Im Leben dagegen liegen Tragödie und Komödie so dicht nebeneinander, daß die lächerlichsten Dinge sich genau dann zutragen, wenn man besonders unglücklich ist, so daß man schließlich gegen den eigenen Willen lachen muß.

Adam ritt bei den Stallungen in den Hof ein und entdeckte Jenny, die mit sichtlicher Ablehnung ein Pfauenpärchen betrachtete, das sie und ihre Umgebung mit Mißtrauen und Unwillen zu mustern schien. Dieser Anblick traf ihn so unvorbereitet und war so komisch, daß Adam alles andere darüber vergaß. «Wo, zum Kuckuck, kommen denn die her?» rief er aus.

«Können Sie sich das nicht denken?» fragte sie vorwurfsvoll. «Papa hat sie geschickt.»

Er blickte sie belustigt an. «Nein, das kann doch nicht Ihr Ernst sein? Warum sollte er denn . . . Ah, um Fontley ein gewisses Air zu verleihen! Nun, diesen Zweck werden sie bestimmt erfüllen!»

«Adam! Sie können doch nicht ein Pfauenpärchen haben wollen!» sagte sie. «Die haben doch gar keinen Sinn! Wenn Papa mir Tauben geschickt hätte, wäre ich ihm dafür ehrlich dankbar, aber das –!»

Er wußte, daß sie jede Art von Tierhaltung einzig und allein vom praktischen Gesichtspunkt aus beurteilte, aber diesen Wunsch begriff er nicht. «Warum denn? Hätten Sie gerne Tauben?»

«Nein, das kann ich nicht behaupten, aber die wären zumindest nützlich. Sie sagten mir, daß Tauben guten Dünger für Ihre Felder abgeben, deshalb ... Also, Adam –!»

Er war in schallendes Gelächter ausgebrochen. «Oh, Jenny, Sie albernes Geschöpf! Woran Sie bloß immer denken!»

Sie lächelte geistesabwesend und starrte die Pfauen an. «Ich weiß!» sagte sie plötzlich. «Ich werde sie Charlotte schenken! Für die Terrasse von Membury Place werden sie genau das Richtige sein! Und wenn Papa sich nach ihnen erkundigt, werden Sie ihm sagen, daß der Fuchs sie geholt hat!»

22

Jennys Baby wurde Ende März erwartet, aber ehe sie ins Wochenbett kam, war Adam mit knapper Not den mit dem Getreidegesetz verbundenen Aufständen entgangen, und eine Schreckensbotschaft war gleich einem Donnerschlag über Europa hinweggerollt. Am ersten Tage des Monates landete der Exkaiser Napoleon, der von Elba geflohen und durch die englische Blockade geschlüpft war, mit einer kleinen Streitmacht in Südfrankreich und rief seine Getreuen dazu auf, die weiße Kokarde abzuwerfen und ihm ihre frühere Untertanentreue wieder zu erweisen.

Nach dem ersten Entsetzen waren sich außer den unheilbaren Pessimisten alle darüber einig, daß dieser Versuch Napoleons, Frankreich abermals unter seine Herrschaft zu bringen, fehlschlagen mußte. Masséna hatte aus Marseille zwei Regimenter entsandt, um Napoleon bei seinem Marsch auf Paris abzuriegeln, und nach den in London kursierenden Gerüchten schien die Wiederkehr des ehemaligen Kaisers nicht mit großer Begeisterung begrüßt zu werden. Aber die Nachrichten wurden immer beunruhigender. Statt die Hauptdurchzugsstraße durch die unfreundliche Provence zu wählen, entschied sich Bonaparte für die Gebirgsstraße nach Grenoble, und Massénas Truppen gelang es nicht, ihn abzufangen. In Grasse wurde ihm ein frostiger Empfang bereitet, aber als er durch die Dauphiné weiter nach Norden marschierte, begannen die Männer, sich um seine Fahne zu scharen.

Beruhigend war nur die Nachricht, daß in Paris völlige Ruhe herrschte. Wenn manche Leute die Bereitschaft des Kriegsministers bezweifelten, aktive Maßnahmen gegen seinen früheren Herrscher zu ergreifen, wurde ihr Verdacht bald durch die Meldung zerstreut, daß Marschall Soult dem Rat vorgeschlagen hatte, unter dem Befehl Monsieurs, des Bruders des Königs, eine große Streitmacht in die südlichen Provinzen zu entsenden, und Monsieur drei Marschälle zur Unterstützung mitzugeben.

Mit dieser Truppe vor sich und Massénas Regimentern im Rücken, mußte Napoleon bald in der Falle sitzen.

Auf der Straße hinter Gap traf Napoleon auf ein Infanteriebataillon, und mit seinem unfehlbaren Instinkt für dramatische Gesten stieg er vom Pferd und ging den Leuten allein entgegen. Ein Offizier brüllte einen Schußbefehl, doch niemand gehorchte ihm. «Männer des Fünften Regiments!» rief Napoleon und stellte sich breitspurig vor die unsicheren Truppen. «Ich bin euer Kaiser! Erkennt ihr mich? Wenn einer unter euch ist, der bereit ist, seinen Kaiser zu töten: Hier bin ich!»

Es war kein Wunder, daß die Männer, die unter dem Adler gekämpft hatten, dieser Einladung keine Folge leisteten. Statt dessen lösten sie die Reihen auf, schrien *Vive l'Empéreur!* und rissen sich die weißen Kokarden von den Helmen.

Nach diesem Zwischenfall war das Ende unausbleiblich. Die Pariser, die durch den Einfluß wohlhabender englischer Besucher eine Zeitspanne des Wohlstandes erlebten, waren zum überwiegenden Teil den Bourbonen treu ergeben. In Wien erklärte der Kongreß Bonaparte *hors la loi;* der König ließ sich nicht aus seiner Lethargie aufschrecken und Marschall Ney, dem dramatischen Effekt nicht minder zugänglich als der ehemalige Kaiser, verkündete seine heroische Absicht, Bonaparte in einem eisernen Käfig nach Paris zu bringen. Bonaparte jedoch setzte seinen Vormarsch fort, scharte dabei immer mehr Truppen um sich und zog ohne jeden Widerstand in Lyon ein. Ein Brief Napoleons, mit dem er Ney einlud, mit ihm zusammenzutreffen und diesem leicht entflammbaren Kavalier einen Empfang verhieß, der nicht hinter jenem nach der Moskwa zurückstehen sollte, genügte, um Ney, den Prinzen der Moskwa, seine Untertanentreue brechen zu lassen, und sich selbst und seine begeisterten Truppen auf die Seite des Exkaisers zu stellen. Sie trafen am 17. März in Auxerre zusammen. Am Abend des 19. März verließ der König samt seiner Familie und seinen Ministern in schmählicher Hast Paris. Ihm schloß sich Lord Fitzroy Somerset, der englische Chargé d'Affaires während der Abwesenheit des Herzogs von Wellington in Wien an, und eine Schar von Leuten, die die Hauptstadt besucht hatten, und am 20. wurde Napoleon auf den Schultern der begeisterten Menge in den Tuilerienpalast getragen, um dort neuerlich die Regierung anzutreten.

«Was habe ich Ihnen gesagt?» fragte Mr. Chawleigh seinen Schwiegersohn, der für einen kurzen Besuch in London weilte. «Habe ich nicht behauptet, er wird wieder den Kontinent ins Unglück stürzen, ehe sich noch eine Katze das Ohr geleckt hat?»

«Allerdings, Sir, aber ich wette, daß Sie unrecht haben.»

«Ich will Sie nicht ausrauben, Mylord», entgegnete Mr. Chawleigh finster.

Mr. Chawleigh betrachtete die politische Lage mit größter Skepsis. Er sagte, er verstünde wirklich nicht mehr, wohin das noch führen sollte, und empfahl Adam, dessen heitere Miene ihn verbitterte, sich doch nur umzusehen, was den Engländern in Amerika geschehen sei.

Die Nachricht von der Niederlage und dem Tod Sir Edward Pakenhams in New Orleans im Januar hatte eben erst London erreicht, und die Erinnerung daran schmerzte Adam: nicht, weil er die Fähigkeit der Armee bezweifelte, den Verlust wettzumachen, sondern weil keiner, der in Spanien gedient hatte, vom Tod Sir Pakenhams unberührt bleiben konnte. Er antwortete jedoch nur: «Sehen Sie doch nicht so schwarz, Sir! Sie sollten sich einmal mit den Burschen meines Regiments unterhalten! Ich schwöre Ihnen, sie waren niemals zuversichtlicher!»

Die Offiziere und Mannschaft des 52. Regiments waren tatsächlich voll Optimismus und dankten der Vorsehung, daß sie ihnen die bittere Enttäuschung erspart hatte, beim bevorstehenden Kampf mit den Franzosen abwesend zu sein. Zweimal hatte das Regiment die Segel für die Überfahrt nach Amerika gesetzt, und zweimal waren sie durch den Gegenwind wieder in den Hafen zurückgetrieben worden. Nun bereiteten sie sich mit größter Begeisterung auf die abermalige Einschiffung vor, aber diesmal hieß das Ziel Niederlande.

Adam stieß im Brooks Club auf Lord Oversley, von dem er hörte, daß Lord und Lady Rockhill, die verlängerte Flitterwochen in Paris genossen hatten, nicht zu jenen gehörten, die in ungeziemlicher Eile geflohen waren. Der Marquis war seit jeher ein Zyniker gewesen und hatte sich nicht auf die Treue der Soldaten König Ludwigs verlassen. Als die Nachricht von Bonapartes Landung Paris erreichte, brachte er seine junge Gemahlin unverzüglich und ohne ungebührliche Hast heim. Er sagte träge, er sei völlig ungeeignet, sich an einer heillosen Flucht zu beteiligen, die er vorhersah, und hätte in seiner ganzen Laufbahn niemals Vergnügen dabei empfunden, das nur allzu leicht vorauszusagende Verhalten der Massen zu beobachten.

Adam war froh, Julia sicher in England zu wissen, aber da er Rockhills Fähigkeit, sie zu beschützen, niemals angezweifelt hatte, erlöste ihn diese Nachricht von keiner drückenden Angst. Julia, die Paris im Sturm erobert und den Beinamen *La Belle Marquise* errungen hatte, schien nun in weite Ferne gerückt. Jennys bevorstehende Niederkunft, die niedrigen Preise auf dem landwirtschaftlichen Markt, die ärgerliche Frage des vorgeschlagenen neuen Getreidegesetzes waren von unvergleichlich größerer Vordringlichkeit. Zu diesen Sorgen kam die unvermeidliche Sehnsucht, wieder bei seinem Regiment zu sein, der sich ein so überzeugter Offizier wie Adam nicht entziehen konnte. Dieser Wunsch brannte so heftig in ihm, daß Adam, wenn Jenny nicht so knapp vor ihrer schweren Stunde gestanden wäre, jede vernünftige Erwägung in den Wind geschlagen und sich, koste es, was es wolle, wieder in die Reihen seines Regiments gestellt hätte. Die Vernunft sagte ihm, daß diese Tat nichts weiter als eine heroische Geste wäre, aber diese Einsicht stillte weder seine Sehnsucht, noch beschwichtigte sie seine nagenden Gedanken. Er versuchte, seine Unrast vor Jenny zu verbergen und glaubte auch, daß ihm das gelungen sei, bis sie in ihrem schroffsten Tonfall und mit niedergeschlagenen Augen fragte: «Sie haben doch nicht etwa die Absicht, sich freiwillig zu melden, wie?»

«Du lieber Himmel, nein!» antwortete er.

Sie warf ihm einen flüchtigen Blick zu. «Ich weiß, daß Sie es gerne möchten, aber – ich hoffe, Sie werden es nicht tun.»

«Darauf gebe ich Ihnen mein Wort. Als könnte der alte Hookey nicht auch ohne die Hilfe Hauptmann Deverils fertig werden!»

Gegen Monatsende kam Mr. Chawleigh nach Fontley, um die Geburt seines Enkelkindes zu erwarten. Er traf Jenny bei bester Gesundheit an, und sie sah der unmittelbaren Zukunft gelassen entgegen. Sie hatte sämtliche Vorkehrungen getroffen und ihr Haus in Ordnung gebracht. All das aber vermochte seine nur allzu deutliche Angst nicht zu zerstreuen. Adam dachte, es hätte Jenny besser getan, wenn Mr. Chawleigh in London geblieben wäre, aber er brachte es nicht übers Herz, ihm sein Haus zu verschließen, und konnte nur hoffen, daß er Jenny nicht zu sehr verschrecken würde. Zwei Tage jedoch bevor Jennys Zeit gekommen war, wurde der gesamte Haushalt durch die unerwartete Ankunft der Witwe in Erstaunen gestürzt, die gekommen war (wie sie sagte), weil sie es für ihre Pflicht hielt, der lieben kleinen Jenny in ihrer schweren Stunde beizustehen, und die keine Zeit verlor, Mr. Chawleigh und Adam deutlich fühlen zu lassen, wie nutzlos, dumm und unbrauchbar sie seien.

Adam begrüßte sie mit gemischten Gefühlen. Er war ihr dankbar, daß sie ihre Abneigung gegen jede Anstrengung überwunden hatte, um ihrer Schwiegertochter, die sie niemals gutgeheißen hatte, zu Hilfe zu eilen, aber er fürchtete, daß ihr Erscheinen Jenny nervös machen würde. Da irrte er jedoch. Wenn die Witwe eine Leidenschaft hatte, dann galt sie kleinen Kindern. Sie hatte alle Kinder im Säuglingsalter angebetet, und nun wogte ihr Busen in großmütterlicher Liebe. Jennys Mängel waren nicht vergessen, aber beiseite geschoben. Die Witwe, die sofort den Befehl über den Haushalt an sich riß, war entschlossen, die Geburt ihres ersten Enkelkindes durch nichts gefährden zu lassen. Mit der herzlichen Güte, mit der sie Jenny umhegte, übertraf sie sich selbst, und männliche Befürchtungen tat sie mit freundlicher Verachtung ab.

Adam bat Jenny, ihm zu sagen, ob sie ihre Schwiegermutter lieber los sein wollte, aber sie erwiderte mit ehrlicher Überzeugung, die Anwesenheit der Witwe bedeute ihr einen unsagbaren Trost und große Erleichterung.

Gleich vielen scheinbar kränkelnden Frauen hatte die Witwe ihre Kinder mühelos zur Welt gebracht. Sie konnte nicht begreifen, weshalb Jenny unter Komplikationen leiden sollte, die ihr selbst erspart geblieben waren, und ihre Zuversicht, daß die Geburt glimpflich verlaufen würde, schenkte Jenny jenes Vertrauen, das ihr bisher gefehlt hatte.

Adam, der sich in die spärlichen Rechte seiner Kindheit zurückversetzt fand, hätte gerne gegen das Regiment seiner Mutter aufbegehrt, aber Mr. Chawleigh, der ihn mit mitfühlenden Blicken betrachtete, sagte düster: «Es hat gar keinen Sinn, aufzumucken, Mylord. Warten Sie erst ab, bis Jennys Wehen beginnen! So wie die Weiber sich aufführen, wenn eine von ihnen auf dem Stroh liegt, könnte man meinen, wir sind nichts weiter als eine Schar von Trotteln, die sie nur zu gerne los sein würden! Und bilden Sie sich ja nicht ein, Sie hätten auch nur den geringsten Anspruch auf den Säugling, mein Junge, denn wenn Sie versuchen, Ihre Rechte geltend zu machen, wird man bloß über Sie herfallen.»

Die Ankunft der Hebamme machte das Weiberregiment auf Fontley vollkommen und trieb Adam in enge Verbundenheit mit seinem Schwiegervater. «Das einzige Frauenzimmer, das mich nicht so behandelt, als hätte ich eben erst meine kurzen Hosen abgestreift, ist Jenny selbst», vertraute er Mr. Chawleigh mißmutig an.

«Ich weiß», nickte dieser. «Ich erinnere mich genau, als Mrs. C. zu Bett gebracht wurde, hat mich jedes Hausmädchen, sogar das Küchenmädel, das nicht einen Tag älter als vierzehn war, damit verrückt gemacht, daß sie sich aufspielten, als ob sie alle Großmütter seien und ich ein Bub, der nicht trocken hinter den Ohren ist!»

Als Jennys Wehen einsetzten, bereitete die Hebamme Adam darauf vor, daß die Geburt lange dauern würde. Einige Stunden später sagte sie mit einer Fröhlichkeit, die Mr. Chawleighs Blut gerinnen ließ, daß sie es begrüßen würde, wenn Seine Lordschaft Dr. Purley aus Peterborough herbeiholen ließe. Adam hatte sofort bei Beginn von Jennys Wehen nach diesem ihm empfohlenen Geburtshelfer und nach Dr. Tilford geschickt, und innerhalb weniger Minuten fuhr Dr. Tilford in seinem Zweispänner vor. In angemessener Zeit erschien auch Dr. Purley, der seinen kleinen Koffer und seinen Diener mitgebracht hatte, da er Jenny die ganze Zeit über beistehen wollte. Seine zuversichtliche Art übte eine heilsame Wirkung auf Mr. Chawleigh aus, aber er brauchte beängstigend lange, bis er sein Versprechen einlöste, dem Gemahl und dem Vater Myladys seine Meinung über den Fall mitzuteilen. Als er und Dr. Tilford sich allerdings den aufgeregten Herren in der Bibliothek anschlossen, schien er sich nicht die mindesten Sorgen zu machen und er beteuerte Mylord, daß, wenngleich er fürchte, es würde einige Zeit dauern, ehe Mylady glücklich einem Kind das Leben geschenkt hätte, weder er noch sein Kollege (wobei er sich artig vor Dr. Tilford verneigte) einen Grund zu übermäßiger Beunruhigung entdecken hätte können. Mr. Chawleigh gab sich mit dieser vorsichtigen Umschreibung nicht zufrieden und klärte Dr. Purley sofort über das schreckliche Ende Mrs. C.s auf. Ohne es direkt auszusprechen, verstand Dr. Purley den Eindruck zu erwecken, daß die verstorbene Mrs. Chawleigh das Pech gehabt hatte, nicht seine Patientin gewesen zu sein. Damit verließ er Mr. Chawleigh, der zwar nicht gänzlich beruhigt, aber doch zumindest geneigt war, die Lage aus einem freundlicheren Blickwinkel zu betrachten.

Am Mittag des zweiten Tages waren Mr. Chawleighs Nerven nach einer schlaflosen Nacht allerdings schon so zum Zerreißen gespannt, daß er die Beherrschung, die niemals seine Stärke war, verlor und alles daran setzte, einen Streit mit Adam vom Zaun zu brechen. Adam betrat das Zimmer nach einstündiger Abwesenheit und wurde mit einem wütenden Blick und der Frage begrüßt, wo er sich herumgetrieben habe.

«Ich war nur im Wirtschaftshof, Sir», erwiderte er. «Mein Verwalter legte mir einige Fragen vor, die meiner Entscheidung bedurften.»

Mr. Chawleighs Kiefer knirschten. Die gleichmütige Stimme seines Schwiegersohnes war weit davon entfernt, ihn zu beruhigen; die brachte ihn vielmehr erst recht in Harnisch. «Ach, was Sie nicht sagen!» erwiderte er mit beißendem Spott. «Und kalt wie eine Gurke, was? Entscheidungen muß er treffen, der Herr! Sie wissen doch nicht einmal, was dieses Wort bedeutet! Sie und Ihre beschissenen Wirtschaften! Was Sie sich schon um meine Jenny scheren!»

Adam stand stocksteif und sagte kein Wort.

«Ach, sehen Sie mich nur von oben herab an!» fuhr Mr. Chawleigh ihn an. «Stolz wie ein Hahn am Mist, nicht wahr, Mylord? Aber wenn ich nicht wäre, hätten Sie nicht einmal einen eigenen Misthaufen – und wenn meiner Jenny was zustößt, dann werde ich nicht eher lockerlassen, bis Ihnen nicht einmal ein Misthaufen bleibt, so wahr ich Jonathan Chawleigh heiße, denn daran werden Sie schuld sein, weil Sie Croft so eigenmächtig hinausgelehnt und sie hierher aufs Land verschleppt haben – Ihnen liegt ja nicht so viel daran, was aus ihr wird! Aber Sie werden schon sehen, daß Sie sich damit in den Finger geschnitten haben! Und sie hat nichts anderes im Kopf, als Sie glücklich zu machen und Ihrer würdig zu sein! Ihrer würdig! Sie ist ja viel zu gut für Sie! So, jetzt wissen Sie's!»

Kalter Zorn, der um nichts weniger tödlich war als Mr. Chawleighs Toben, war in Adam hochgestiegen. Als er das plebejische rote Gesicht betrachtete, war ihm einen Augenblick beinahe übel vor Haß. Dann sah er, daß Mr. Chawleigh dicke Tränen über die Wangen liefen, und plötzlich tat er ihm leid. Mr. Chawleigh begriff nicht, daß er unverzeihliche Dinge sagte und daß er in Augenblicken schwerer nervlicher Belastung zur Selbstkontrolle verpflichtet war. Er hatte sich einzig mit seinem harten Kopf und seinem rücksichtslosen Willen den Weg nach oben erkämpft. Er war brutal, aber großzügig, anmaßend, und doch sonderbar demütig, und er ließ seinen Gefühlen mit der Unbekümmertheit eines Kindes freien Lauf.

Adam brauchte ein oder zwei Sekunden, ehe er eine gemäßigte Antwort zu geben imstande war. Er hinkte zu dem Tisch hinüber, auf den Dunster Krüge und Gläser gestellt hatte, und sagte, während er den Madeira eingoß: «Ja, Sir, sie ist viel zu gut für mich.»

Mr. Chawleigh schnaubte seine Nase herausfordernd in ein großes und üppig besticktes Taschentuch. Er ergriff das Glas, das ihm gereicht wurde, mit einem gemurmelten «Danke!» und goß den Wein hinunter.

«Mir liegt Jennys Wohlergehen sehr am Herzen, das wissen Sie», fuhr Adam fort. «Wenn ihr durch meine Schuld etwas zustieße, könnten Sie mir nicht halb so bittere Vorwürfe machen, wie ich es selbst täte.»

Mr. Chawleigh packte seine Hand. «Nein, Sie haben getan, was Sie für richtig hielten. Ich hatte keinen Grund, Sie so anzufahren. Die Sorge um mein Mädel, und daß ich so hilflos abwarten muß, hat mich eben schon völlig fertig gemacht. Ich kann nicht untätig herumsitzen, wie wir beide es jetzt tun müssen, ohne ganz zappelig zu werden. Hören Sie gar nicht auf mich, Mylord, denn ich schwöre Ihnen, daß ich die Grobheiten, die ich im Zorn sage, niemals ernst meine! Ich weiß nicht einmal genau, was ich überhaupt sage, glauben Sie mir!» Er setzte sich schwerfällig auf seinen Stuhl, stopfte das Taschentuch in den Sack zurück und sagte, indem er Adam mit reumütigen Augen anblickte: «Sie ist eben alles, was ich habe.»

Diese einfachen Worte fanden augenblicklich den Weg zu Adams Herzen. Er sagte nichts, sondern legte Mr. Chawleigh nur kurz die Hand auf die Schulter. Eine von Mr. Chawleighs mächtigen Pranken hob sich, um Adams Finger unbeholfen zu tätscheln. «Sie sind ein braver Junge», sagte er mürrisch. «Ich werde noch ein Glas Wein trinken, denn ich brauche was, das mich aufheitert.»

Er gestattete seiner Erregung nicht, abermals mit ihm durchzugehen, wenngleich er immer wieder unruhig im Zimmer auf und ab lief, bis er zu vorgerückter Stunde feststellte, daß Adam recht eingefallen aussah und erkannte, daß sich ihm zumindest hier eine Aufgabe bot. Ihm fiel ein, daß Adam beim Abendessen jedes ihm angebotene Gericht mit einem Kopfschütteln abgewiesen hatte. Deshalb stürzte er sich in die Suche nach Dunster und kehrte bald darauf mit einem Teller voll belegter Brote zurück, die er Adam zu essen zwang. Dann bot er seine gesamte Überzeugungskraft auf, um Adam zu versichern, daß keinerlei Grund zur Aufregung bestünde, da Dr. Tilford bestimmt nicht abgereist wäre, wenn Jennys Zustand den leisesten Verdacht erregt hätte.

Knapp vor Mitternacht betrat die Witwe die Bibliothek. In ihren Armen lag ein Bündel, das sie Adam entgegenstreckte. Sie sagte in dramatischem Tone, der deutlich bewies, von wem Lydia ihre schauspielerische Begabung geerbt hatte: «Lynton! Ich bringe Ihnen Ihren Sohn!»

Er war beim Öffnen der Tür aufgesprungen, versuchte aber gar nicht erst, nach dem Säugling zu greifen, womit er recht tat, da die Witwe nicht daran dachte, eine so kostbare Last seinen unerfahrenen Händen anzuvertrauen. «Jenny?» fragte er atemlos.

«Ganz in Ordnung!» erwiderte die Witwe. «Schrecklich erschöpft, das arme kleine Ding, aber Dr. Purley versicherte mir, daß wir nichts zu befürchten haben. Ich muß dir wirklich sagen, daß du tief in seiner Schuld stehst, mein lieber Adam; er ist ungemein tüchtig! Und obendrein so wohlerzogen!»

«Darf ich sie sehen?» unterbrach Adam sie.

«Ja, für ein paar Minuten.»

Er eilte zur Tür, aber die Stimme seiner Mutter hielt ihn zurück. Mit schmerzlichem Vorwurf sagte sie: «Aber Liebling! Und um deinen Sohn kümmerst du dich gar nicht?»

Er kehrte um. «Doch – natürlich. Zeigen Sie ihn mir, Mama!»

«Es ist der schönste kleine Bub, den man sich vorstellen kann!» sagte sie zärtlich.

Er fand, daß er noch nie etwas weniger Schönes als dieses rote und zerknitterte Gesichtchen seines Sohnes gesehen hätte, und hatte sie für den Bruchteil einer Sekunde in Verdacht, daß sie ihre Bewunderung ironisch meinte. Da ihm nicht einmal eine nichtssagende Bemerkung einfallen wollte, war es ein Glück, daß Mr. Chawleigh, der zum zweitenmal an diesem Tage zu seinem Taschentuch hatte greifen müssen, nun übers ganze Gesicht strahlend vortrat und die Aufmerksamkeit der Witwe von dem bedauerlichen Mangel an Begeisterung ihres Sohnes dadurch ablenkte, daß er die Wange des Neugeborenen mit der Spitze eines riesigen Fingers kitzelte und dabei Laute ausstieß, die Adam an jene Rufe gemahnten, mit denen man Hühner zur Fütterung rief.

«Ah, du kleiner Schlingel!» sagte Mr. Chawleigh, der von der Teilnahmslosigkeit des jüngsten Lynton sichtlich entzückt war. «Du willst deinen Großpapa also nicht zur Kenntnis nehmen, wie? Arrogant, was?» Er sah Adam an und lachte in sich hinein. «Kopf hoch, mein Junge!» riet er ihm. «Ich weiß, was Sie jetzt denken, aber nur keine Angst! Herrjeh, als ich meine Jenny zum erstenmal zu Gesicht bekam, hat mich fast der Schlag getroffen!»

Adam lachte und erwiderte: «Ich muß gestehen, daß ich ihn nicht schön finde. Wie winzig er ist! Ist er – ist er auch ganz gesund, Mama?»

«Winzig?» wiederholte die Witwe entrüstet. «Er ist ein prächtiger kleiner Bursche! Nicht wahr, mein Schätzchen?»

Mr. Chawleigh blinzelte Adam zu und wies mit dem Daumen zur Tür. «Gehen Sie zu Jenny hinauf», sagte er. «Ich lasse sie tausendmal grüßen – und daß Sie ihr keine Angst einjagen, sie könnte ein kränkliches Kind zur Welt gebracht haben, wohlgemerkt!»

Nur zu froh, den vernarrten Großeltern entfliehen zu können, schlüpfte Adam aus der Bibliothek. Nun stand ihm aber erst recht ein Spießrutenlaufen bevor, denn sämtliche Mitglieder des Hauses hatten sich eingefunden, um ihn zu beglückwünschen.

Ganz leise betrat er Jennys Zimmer und blickte zögernd zu ihrem Bett hinüber. Sie war sehr blaß und lächelte ihm müde zu. Das Mitleid regte sich in ihm und damit auch die Zärtlichkeit. Er durchmaß das Zimmer, neigte sich über sie, küßte sie und sagte leise: «Mein armer Liebling! Geht's wieder besser, Jenny?»

«Oh ja», hauchte sie kaum hörbar. «Nur schrecklich müde! Aber es ist ein Sohn, Adam!»

«Ein prachtvoller Sohn!» nickte er. «Meine tüchtige Jenny.»

Sie lachte schwach und ließ den Blick forschend über sein Gesicht gleiten. «Freuen Sie sich?» fragte sie ängstlich.

«Sehr!»

Sie stieß einen erleichterten Seufzer aus: «Ihre Mama sagt, er ist genau wie Ihr Bruder. Würden Sie ihn gerne auf den Namen Stephen taufen lassen?»

«Nein, keineswegs. Wir werden ihn Giles nennen, nach meinem Großvater, und Jonathan nach seinem», antwortete er.

Ihre Augen leuchteten auf. «Wirklich? Vielen Dank! Papa wird sehr stolz und glücklich sein! Lassen Sie ihn bitte von mir grüßen und sagen Sie ihm, daß es mir gut geht.»

«Das werde ich tun. Er läßt Sie auch grüßen – tausendmal sogar. Als ich ihn verließ, machte er eben die sonderbarsten Geräusche vor seinem Enkel, der sie mit eisiger Verachtung strafte – was ich sehr begreiflich fand!»

Das brachte sie so zum Lachen, daß die Hebamme, die sich taktvoll mit Martha ans andere Ende des Zimmers zurückgezogen hatte, Adams Besuch ein Ende setzte und ihm mit einer Stimme, die gar nicht zu ihrem ehrerbietigen Knicks passen wollte, mitteilte, daß Mylady nun schlafen müsse und sich freuen würde, ihn morgen früh wiederzusehen.

23

Als Mr. Chawleigh von Jenny erfuhr, daß der Enkel seinen Namen tragen sollte und dieser Vorschlag von Adam stammte, war er mehr als gerührt: er war überwältigt! Es dauerte einige Minuten, ehe er überhaupt ein Wort zu stammeln vermochte. Er saß an Jennys Bett, hatte die Hände auf die Knie gelegt und starrte sie an; als er endlich wieder sprechen konnte, sagte er bloß: «Giles Jonathan Deveril! Giles-Jonathan-Deveril!»

Und das war beileibe nicht das letzte Mal, daß er diese Namen vor sich hinmurmelte! Ab und zu verklärte ein Ausdruck tiefster Befriedigung sein Gesicht, seine Lippen bewegten sich, er rieb sich die Hände und lachte leise vor sich hin; und alle, die diese Anzeichen beobachteten, wußten, daß er wieder den Namen seines Enkelsohnes auskostete. Seine überschwengliche Dankbarkeit setzte Adam in Verlegenheit. Mr. Chawleigh sagte ihm, er hätte ein solches Kompliment nicht erwartet, und er beteuerte ihm ein übers andere Mal, daß er vorhabe, sich seinen Enkel etwas kosten zu lassen. Adam hatte gelernt, solche Bemerkungen hinzunehmen, ohne mit der Wimper zu zucken, aber schon der nächste Beweis des Stolzes Mr. Chawleighs auf seinen Enkel wurde ihm sehr lästig. Die Entdeckung, daß der Kleine keinen Titel besaß, war wie ein harter Schlag, der geeignet schien, einen bleibenden Schatten über Mr. Chawleighs Himmel zu werfen, und seine Laune wurde auch nicht besser, als Adam ihm ziemlich belustigt sagte, daß Mr. Chawleigh, sobald er Giles einmal schreiben würde, seine Epistel an den Honourable Giles Deveril adressieren dürfe. Von den Honourables hielt Mr. Chawleigh nicht viel. Er hatte dieses Wort zwar oft geschrieben gesehen, aber er betrachtete es mit Mißtrauen, da er noch nie gehört hatte, daß jemand mit diesem Titel angesprochen wurde.

«Natürlich nicht. In der Anrede wird er nicht verwendet», sagte Adam.

«Also mir geht nicht ein, welchen Sinn ein Titel haben soll, der nicht benutzt wird», sagte Mr. Chawleigh. «Schandbar, nenn ich so was! Wie sollen denn die Leute wissen, daß er ihn führt?»

«Das weiß ich nicht – aber als einer, der diesen Titel bis vor kurzem trug, verspreche ich Ihnen, daß Giles sich nichts daraus machen wird.»

«Ich hätte ihn gerne als Lord gesehen», sagte Mr. Chawleigh sehnsüchtig.

«Nun, ich möchte ja nicht ungefällig erscheinen», erwiderte Adam, dem das Gespräch allmählich auf die Nerven fiel, «aber ich halte es nicht für meine Vaterpflicht, das Zeitliche zu segnen, bloß um Giles meinen Titel zu vererben!»

Er sprach ein wenig gereizt und war sofort beschämt, da Mr. Chawleigh beteuerte, er hoffe, Adam hätte seine Bemerkung nicht übel aufgefaßt, da sie nicht böse gemeint gewesen sei. Um seine Unfreundlichkeit wettzumachen, widmete er sich den ganzen Nachmittag hindurch ausschließlich Mr. Chawleigh. Daß war eine solche Zerreißprobe für ihn, daß er ungeduldig den Tag herbeisehnte, an dem sein wohlmeinender, aber entsetzlich anstrengender Gast sich verabschieden würde. Dieser Tag ließ nicht lange auf sich warten. Mr. Chawleigh blieb nur so lange auf Fontley, bis er überzeugt war, daß Jenny nicht mehr vom Kindbettfieber bedroht war, vor dem er nicht wenig zitterte. Als diese Ängste endgültig zerstreut waren, brannte er genauso auf seine Abreise wie Adam. Gott allein wüßte, sagte er, was für Dummheiten und Fehler seine verschiedenen Untergebenen während seiner Abwesenheit vom Comptoir begangen haben mochten. Seinen schlimmsten Fauxpas sparte er sich für den letzten Augenblick auf, als seine Kutsche bereits vor der Tür stand und er sich auf der Veranda von Adam verabschiedete. Er war in leutseliger Stimmung; seine Tochter befand sich außer Gefahr, er besaß einen kräftigen Enkel, sein Schwiegersohn war ihm so herzlich begegnet wie einem mindestens Ebenbürtigen und hatte sogar das Baby nach ihm benannt und sich, als er völlig grundlos die Beherrschung verlor, so geduldig und nachsichtig gezeigt, als wäre er sein leiblicher Sohn. Mr. Chawleighs Herz war voller Dankbarkeit und Großmut und zum Unglück quoll es über. Er schüttelte Adam wärmstens die Hand, betrachtete ihn mit unbeholfener Zärtlichkeit und dankte ihm zum dritten Male für die Gastfreundschaft. «Wenn mir jemand gesagt hätte, daß ich mich gerne länger als vierzehn Tage auf dem Land aufhalten werde, hätte ich ihm ins Gesicht gelacht!» sagte er. «Aber Sie haben mir einen so herzlichen Empfang bereitet, Mylord, daß ich öfters als Ihnen lieb ist hier auftauchen werde, wenn Sie sich nicht vorsehen! Ich fühle mich hier bereits so zu Hause, daß ich bald genauso geläufig wie Sie über Hafer und Roggen und dergleichen sprechen werde! Was mich an etwas erinnert, das ich Ihnen sagen wollte!»

«Über Hafer und Roggen?» sagte Adam lächelnd. «Nein, nein, Sir! Sie bleiben bei Ihren Leisten und ich bei den meinen!»

Mr. Chawleigh nickte mit meckerndem Gelächter. «Ja, das ist immer mein Wahlspruch! Nein, aber das war es nicht. Jenny hat mir von einem Bauernhof erzählt, nach dem Sie ganz verrückt sind. Zu Versuchszwekken, sagte sie. Na ja, ich weiß zwar wirklich nicht, was Sie mit solchem Zeug anfangen wollen, und ich will ohne Umschweife zugeben, daß ich es reichlich verdreht finde! Aber bitte! Wenn Sie sich den Bauernhof in den Kopf gesetzt haben, werden Sie ihn wohl kriegen müssen. Sagen Sie mir also, wieviel Bargeld Sie brauchen, um ihn in Schwung zu bringen, und Mr. Chawleighs Schatzkammer steht Ihnen für diesen Unsinn offen!»

«Ungemein gütig, Sir», sagte Adam, der sich krampfhaft um einen freundlichen Ton bemühte. «Aber ich versichere Ihnen, daß ich nach keinerlei Bauernhof verrückt bin! Ich habe alle Hände voll zu tun, ohne mir noch eine Versuchswirtschaft aufzuhalsen.»

Mr. Chawleigh war gleichzeitig enttäuscht und erleichtert. Er wollte Adam gern ein stattliches Geschenk machen, aber er hielt es beinahe für Sünde, Geld für etwas so Verschrobenes wie eine Versuchswirtschaft hinauszuwerfen. Deshalb drängte er nicht weiter, sondern brach nach London auf und überlegte hin und her, womit er seinem unbegreiflichen Schwiegersohn eine ungetrübte Freude bereiten könnte.

Adam blieb das Opfer eines bitteren Hasses gegen dickfellige Neureiche, die niemals begreifen wollten, wie sehr ihre bedrückende Freizügigkeit die Gefühle jener verletzte, die von empfindsamerer Wesensart waren als sie selbst.

Dennoch verteidigte er bereits fünf Minuten später Mr. Chawleigh gegen die ätzende Kritik der Witwe und verstieg sich sogar zu der Behauptung, ihn zu schätzen und zu lieben, was im Augenblick keineswegs der Wahrheit entsprach.

Nach den aufregenden letzten Tagen setzte nun bei der Witwe die Reaktion ein. Sie war der Lage bewundernswert gerecht geworden, aber die Voraussetzungen hatten sich geändert. Solange es von größter Wichtigkeit gewesen war, daß sich ihre Schwiegertochter in einem ausgeglichenen, ruhigen Gemütszustand befand, war es ihr leichtgefallen, jede kritische Bemerkung zu unterdrücken. Aber Jenny schwebte nicht länger in Gefahr, wenngleich sie nur langsam wieder zu Kräften kam, und die Witwe empfand es als ihr gutes Recht, ihren so lange aufgestauten Nörgeleien jetzt freien Lauf zu lassen. Adam, der selbst eine höchst aufreibende Woche hinter sich hatte, in der er seine Mutter und seinen Schwiegervater einander hatte fernhalten müssen und, wenn dies unmöglich gewesen war, hastig jeden Bruch zu verhindern versucht hatte, zu dem es zwischen zwei so konträren Menschen immer wieder zu kommen drohte, war durchaus nicht in der Stimmung, den Klagen seiner Mutter zu lauschen und wies sie höchst ungebührlich zurecht. Es drohte eine ernste Entfremdung, die nur dadurch vermieden wurde, daß der Witwe das bevorstehende Debüt ihrer jüngsten Tochter einfiel. Bei ihrem erzwungen sparsamen Lebensstil war es ihr unmöglich, die kostspieligen Toiletten zu bestreiten, die für diesen Anlaß erforderlich waren.

Es war entschieden worden, daß es für Jenny so knapp nach ihrer Niederkunft zu gefährlich wäre, sich den Strapazen der Londoner Saison auszusetzen, und deshalb hatte Lady Nassington sich bereit erklärt, Lydia in die Gesellschaft einzuführen. Genaugenommen hatte die Witwe Lydia kurzerhand nach London gebracht und sie der Obhut ihrer Tante anvertraut. Sie hatte sie unter großen persönlichen Opfern mit einigen eleganten Ballkleidern, Tageskleidern und Abendroben ausgestattet, aber die Anschaffung einer Toilette für den Empfang bei Hof überstieg ihre wirtschaftlichen Möglichkeiten. Das Kind anderseits konnte es sich nicht leisten, diese Robe aus dem bescheidenen Taschengeld zu bestreiten, das ihr Bruder ihr eingeräumt hatte, und der liebe Adam hatte sicher wenig Lust, seine Tante um Unterstützung zu bitten.

Das wollte er auch tatsächlich nicht; noch weniger jedoch wünschte er, daß Jenny die Ausgaben für Lydias Debüt tragen sollte. Er überreichte der Witwe einen auf Drummonds Bank ausgestellten Scheck, der sie so nachhaltig mit ihm aussöhnte, daß sie nicht nur ihren sofortigen Aufbruch widerrief, sondern eine weitere Woche auf Fontley blieb.

Sie befand sich also noch dort, als Lady Oversley von Beckenhurst herübergefahren kam, um gemeinsam mit Lady Rockhill und den Ladies Sarah und Elizabeth Edgcott einen Gratulationsbesuch abzustatten; die letzteren waren zwei wohlerzogene und ziemlich mausartige kleine Mädchen, die (genau wie Jenny es vorausgesehen hatte) mit scheuer Bewunderung zu ihrer schönen Stiefmutter aufblickten.

Lady Oversley hatte weder die Absicht noch den Wunsch gehabt, Julia nach Fontley mitzunehmen, aber es hatte sich als unmöglich erwiesen, sie zurückzulassen. Die Rockhills hatten Beckenhurst auf ihrer Durchreise nach London, wo Julia für ihre Stieftöchter bedeutend hübschere Kleidchen zu kaufen beabsichtigte, als ihre gestrenge Großmama passend befunden hatte, einen kurzen Besuch abgestattet. Weiters wollte sie ihnen alle Sehenswürdigkeiten zeigen und sie fürstlich unterhalten, ehe sie die beiden wieder zu ihrer Erzieherin und ihren Büchern in das Schloß Rockhills zurückschickte. «Aber ehe wir Sie verlassen, Mama», sagte Julia, «muß ich natürlich nach Fontley, um mich nach Jennys Befinden zu erkundigen.»

Lady Oversley wandte ein, daß vielleicht ein Glückwunschschreiben angebrachter sein mochte als ein Besuch.

«Wenn jedermann weiß, daß ich hier bin, in Fontleys unmittelbarer Nachbarschaft?» sagte Julia. «O nein! Es wäre wirklich herzlos von mir, wenn ich Jenny nicht aufsuchte! Ich will mir nicht nachsagen lassen, daß ich eine Freundespflicht vernachlässigt habe!»

Als die Besucher einlangten, durfte Jenny noch nicht ihr Zimmer verlassen, aber die Witwe konnte Lady Oversley versichern, daß Jenny ausreichend bei Kräften sei, um sie und natürlich auch die liebe Julia zu empfangen. Sie geleitete sie hinauf, und die beiden kleinen Mädchen blieben, steif nebeneinander auf einem Sofa sitzend, im grünen Salon zurück und sahen sich ein bebildertes Buch an.

Jenny durfte nun bereits jeden Tag einige Stunden auf einer Chaiselongue verbringen und begrüßte erfreut ihre Gäste, aber Lady Oversley entschied schon nach kurzem, daß es für sie an der Zeit sei, zu gehen. Sie fand, daß Julia zu viel und zu lebhaft auf Jenny einsprach, die offensichtlich matt und angegriffen war. Man konnte beinahe schon sagen, Julia schwatzte auf eine Art drauf los, die Jenny vermutlich Kopfschmerzen verursachen mußte. Sie hatte sie abgeküßt, beglückwünscht und das Baby bewundert, was völlig richtig war, aber es wäre wohl besser gewesen, all ihre amüsanten Erlebnisse in Paris für ein späteres Zusammensein aufzuheben. Es konnte Jenny nicht interessieren, was dieser oder jener zu Madame la Marquise oder über sie gesagt hatte. Betreten gestand Lady Oversley sich ein, daß sie bei jeder außer Julia der Verdacht beschlichen hätte, sie sonne sich in ihren Erfolgen und ihrem jungen Eheglück vor der armen kleinen Jenny. Deshalb erhob sie sich, um sich zu verabschieden. Julia folgte ihrem Beispiel mit den Worten: «Aber ich muß zumindest einen letzten Blick auf dein Baby werfen, Jenny! Ein süßer kleiner Mann! Ich glaube, er sieht dir ähnlich!» Sie blickte lachend von der Wiege hoch. «Ich bin auch Mama, weißt du? Ich habe zwei Töchter – ganz entzückende! Sie sollten mich von Rechts wegen hassen, aber sie verwöhnen mich maßlos!»

Als die Damen wieder den grünen Salon betraten, fanden sie Adam vor, der versuchte, die Ladies Sarah und Elizabeth in ein Gespräch zu verwickeln. Julia reichte ihm die Hand und rief: «Oh, Sie haben also meine Töchter bereits kennengelernt! Wie schade! Ich bin eine ebenso stolze Mama wie Jenny und hatte vorgehabt, Ihnen die beiden, wie sich's gehört, vorzustellen.»

Er hatte sich vor diesem Zusammentreffen gefürchtet, aber als er Julia anblickte und ihr zuhörte, erschien sie ihm beinahe wie eine Fremde. Selbst ihr Aussehen hatte sich verändert. Sie war immer bezaubernd gekleidet gewesen, aber doch mit einer gewissen Bescheidenheit, wie sie einem jungen Mädchen geziemt. Zum ersten Male sah er sie jetzt in Samt und Seide und im Schmucke erlesener Juwelen. Sie war eine Frau geworden. Er fand, daß sie sehr reich und elegant wirkte mit den gekrausten Federn, die sich an ihren hohen Hut schmiegten, den Saphiren, die an ihren Ohrläppchen schimmerten, und der Zobelstola, die sie achtlos über eine Stuhllehne geworfen hatte, aber sie war nicht länger seine Julia. Es fiel ihm nicht auf, daß ihre Aufmachung für diesen Anlaß viel zu prächtig war. Lady Oversley aber hatte das sofort bemerkt und dagegen protestiert, allerdings nur mit dem Ergebnis, daß Julia behauptete, sie hätte nichts anderes anzuziehen und außerdem sähe Rockhill sie gerne elegant gekleidet.

Sie erzählte seiner Mutter, mit welchem Herzklopfen sie der Begegnung mit Rockhills Kindern entgegengesehen hatte, und machte eine drollige Geschichte daraus. Die kleinen Mädchen kicherten und quietschten abwehrend: «Oh, Mama!» Sie hatte gefürchtet, daß Rockhills Dienerschaft sie als Eindringling betrachten und seine Schwestern sie mißbilligen würden. Wie hatte sie sich vor diesem Augenblick der Gegenüberstellung gefürchtet! Aber sie waren alle so reizende Geschöpfe, die sie mit ihrer Güte einfach erdrückten. Sie wurde ungebührlich verwöhnt und würde sich, wenn ihre Umgebung darauf bestand, sie auch weiterhin so zu verhätscheln, bald zu der faulsten, widerlichsten und egoistischesten Kröte entwickeln, die man sich vorstellen konnte!

«Oh, Mama!»

Während dieser Schilderung mußte Adam plötzlich daran denken, daß sie ihm einmal gesagt hatte: «Ich muß geliebt werden. Ich kann nicht leben, ohne geliebt zu werden!» Der Gedanke durchzuckte ihn, daß sie sich in diesen Schmeicheleien sonnte, und flüchtig stieg der Verdacht in ihm auf, daß die Liebenswürdigkeit, mit der sie Rockhills Töchtern begegnete, eher ihrer Gier nach Bewunderung als dem Wunsche entsprang, die Kinder glücklich zu sehen. Er war entsetzt; nicht über sie, sondern über sich selbst. Sofort rief er sich tausend Beweise ihrer Herzlichkeit, ihrer Freigebigkeit, ihres rasch entflammten Mitleids und ihres weichen Herzens ins Gedächtnis und dachte: Wer hat größeres Anrecht darauf, geliebt zu werden als sie?

«Die liebe Julia!» seufzte die Witwe, sobald die Besucher sich verabschiedet hatten. «Es ist ja kein Wunder, daß die Edgcotts sie so ins Herz geschlossen haben! Dorothea Oversley hat mir erzählt, daß sie Rockhills Schwestern sofort eroberte, aber, wie ich schon zu Dorothea sagte, wäre ich vom Gegenteil überrascht gewesen, denn sie hat so bezaubernde Manieren und ist so aufmerksam – kurz, sie ist genau das, was man sich als Schwiegertochter nur wünschen kann!»

«Sie wollten doch sicherlich Schwägerin sagen, Ma'am!» verbesserte Adam trocken.

«Ja, mein Lieber – leider!» erwiderte sie bedauernd.

«Ich hoffe, daß der Besuch Jenny nicht überanstrengt hat. Ich will nach ihr sehen.»

Unter diesem Vorwand zog er sich zurück, ging aber tatsächlich hinauf und wurde beim Eintritt in Jennys Zimmer von kräftigen Schreien seines Sohnes begrüßt, der unter einem Wutanfall zu leiden schien. Adam wurde peinlich an Mr. Chawleigh erinnert, verbannte aber diesen Gedanken sofort. «Es verblüfft mich stets aufs neue, daß etwas so Kleines so kräftige Lungen besitzt», sagte er.

Jenny gab der Hebamme einen Wink, den Kleinen fortzubringen. «Ja, und auch einen so ausgeprägten Willen», antwortete sie. «Er ist entschlossen, sich nicht in die Wiege legen zu lassen; das ist alles, was ihm fehlt. Aber er benahm sich sehr artig, solange Lady Oversley und Julia bei mir waren. Es war doch freundlich von ihnen, zu kommen, nicht wahr? Haben Sie sie getroffen?»

«Ja, und die beiden Mädchen ebenfalls – beängstigend wohlerzogene Jüngferchen! Hat man Ihnen die Post heraufgebracht? Ich sah, daß Sie einen Brief von Lydia erhalten haben.»

«Ja, Gott segne sie! Sie schreibt, sie ist noch immer verdrossen wie ein rechter Brummbär, weil Lady Nassington ihr nicht gestatten will, ihren Täufling zu sehen. Ich hätte mich sehr über ihr Kommen gefreut, aber es ist viel zu weit – und ich kann nicht behaupten, daß er vorläufig ein großartiger Anblick ist!» Sie zögerte und sagte dann stockend: «Ich habe auch von Papa einen Brief erhalten.»

«Ja? Ist er gesund?»

Sie nickte, blieb aber vorerst stumm. Sie fühlte seit einigen Tagen bekümmert, daß Adam sich wieder ein wenig vor ihr zurückgezogen und hinter seiner undurchdringlichen Mauer verschanzt hatte. Einmal hatte sie gewagt, ihn zu fragen, ob sie ihn verärgert hätte, aber er hatte die Augenbrauen hochgezogen und gefragt: «Mich verärgert? Warum? Was habe ich gesagt, das Sie zu diesem Schluß verleiten könnte?» Darauf mußte sie ihm die Antwort schuldig bleiben, denn er hatte nichts gesagt und sie konnte ihm nicht bekennen, daß ihre Liebe sie für jeden Stimmungswechsel, dem er unterworfen war, hellhörig machte. Jetzt aber wußte sie, was diese leichte Reserviertheit ausgelöst hatte. Ziemlich verlegen raffte sie ihren ganzen Mut zusammen und sagte: «Papa schreibt mir, daß er Ihnen angeboten hat – die Versuchswirtschaft zu beginnen, die Sie sich wünschen – aber daß Sie seinen Vorschlag ablehnten.»

«Natürlich tat ich das», erwiderte er unbefangen. «Und er war richtig froh darüber! Ich bin ihm sehr dankbar – aber ich kann wirklich nicht verstehen, warum er mir etwas anbietet, das ihm völlig gegen den Strich gehen muß.»

«Sie dachten, ich hätte ihn darum gebeten», sagte sie und hob entschlossen den Blick zu ihm empor. «Deshalb –». Sie biß sich auf die Zunge und fuhr fort: «Ich habe ihn um nichts gebeten, aber ich erwähnte Ihren Plan, weil ich nicht daran dachte, daß Sie es nicht wünschen würden, und – Sie werden mir jetzt sagen, daß ich das hätte wissen sollen.»

«Meine liebe Jenny, ich versichere Ihnen –»

«Nein, lassen Sie mich erklären, wie es dazu kam», bat sie. «Ich hatte nie die Absicht ... Sehen Sie, Papa versteht das eben nicht! Er erblickt eine verrückte Flause darin und hält die Landwirtschaft nicht für die passende Beschäftigung eines Edelmannes. Ich wollte doch bloß sein Verständnis erwecken, und erzählte ihm von Mr. Cokes Bauernhof und wie er gedeiht und wie wichtig die Landwirtschaft ist ... Er sagte darauf, daß er vermute, Sie würden nun ebenfalls bald eine Versuchswirtschaft beginnen, deshalb sagte ich ihm, daß Sie das vorhätten, sobald Sie dazu in der Lage wären. Ich habe ihn um nichts gebeten, aber ich kann ebensowenig um den heißen Brei herumreden wie er, und ich will Ihnen gestehen, daß ich hoffte, er käme vielleicht selbst auf diesen Gedanken! Ich wußte nicht, daß Ihnen das mißfallen würde – Sie haben mir einmal gesagt, daß er, wenn er Ihnen schon etwas schenken will, eine Herde Kurzhornrinder kaufen soll.»

«Wirklich? Das war bloß so dahergeredet. Aber deshalb brauchen Sie sich doch nicht aufregen! Vielleicht wäre es mir lieber gewesen, wenn Sie ihm nichts von meinen in weiter Zukunft schwebenden Hoffnungen erzählt hätten, aber es liegt mir auch nichts an einer Geheimhaltung. Wie sollte ich also verärgert sein, weil Sie mit ihm darüber sprachen?»

«Sie sind aber verärgert», murmelte sie mit niedergeschlagenen Augen.

«Weniger verärgert als in gedrückter Stimmung», gab er zurück. «Hat man mir das angemerkt? Ich hoffte, es vor Ihnen verbergen zu können! Es macht mir gar keinen Spaß, wenn keine Jenny da ist, die jeder meiner Launen und Schrullen bereitwilligst willfährt, und das ist die Wahrheit!»

Sie glaubte ihm nicht ganz, war aber doch ein wenig getröstet. Es gelang ihr zu lächeln, als sie sagte: «Das freut mich!»

«Elende! Was ich von meiner Mutter auszustehen habe –! Ja, ich weiß, ich sollte das nicht sagen, aber wenn Sie wagen, mir das vorzuwerfen, werde ich wütend aus diesem Zimmer stürmen! Haben Sie übrigens das Neueste gelesen? Es steht in der *Morning Post*, die Dunster heraufbringen sollte: Der alte Douro ist in Brüssel gelandet!»

«Wellington! Ja, natürlich! Ich wußte, daß diese Nachricht Sie aufregen würde!»

Er lachte. «Auf jeden Fall werde ich jetzt bedeutend ruhiger schlafen. Das Bewußtsein, daß der Schlanke Billy das Oberkommando über das

Heer führte, genügte, um jeden unter Albträumen leiden zu lassen. Jetzt sind wir aus der Patsche!»

«Oh, mein Lieber, das hoffe ich. Papa glaubt es nicht. Er sagt –»

«Ich weiß genau, was er sagt, meine Liebe, und ich kann nur erwidern, daß Ihr Papa Douro nicht kennt!»

Er sprach zuversichtlich, aber es war nicht verwunderlich, daß Mr. Chawleigh und viele andere pessimistisch waren. Die Lage war nicht verheißungsvoll. In London trafen Berichte ein, daß der Kaiser nicht mehr der gleiche sei: er ermüdete leicht, erlitt plötzliche Wutausbrüche und versank in Depressionen. Er hatte seine Zuversicht verloren. Dennoch blieb die ungenießbare Tatsache bestehen, daß Frankreich seine Wiedereinsetzung hingenommen hatte – wenn nicht mit ungeteilter Freude, so doch jedenfalls ohne Widerstand. Der Süden mochte königstreu sein, aber die Hoffnung, die durch die Aufstellung einer Armee in Nîmes unter dem Herzog von Angoulème entfacht worden war, wurde bald erstickt, als Marschall Grouchy mit dem Befehl aus Paris eintraf, den Aufstand im Keime zu ersticken. Mitte April wurde in London bekannt, daß Angoulème kapituliert und sich per Schiff nach Spanien begeben hatte. Seine Gemahlin, die Tochter des leidgeprüften Königs Ludwig XVI., eine ungemein beherzte Frau, weilte in Bordeaux, als der Kaiser in Paris einzog, und hatte ihr möglichstes getan, die sinkende Treue der Truppen in Bordeaux anzufeuern; ihre Bemühungen waren jedoch nicht von Erfolg gekrönt, und sie mußte es sich gefallen lassen, auf einer englischen Korvette in Sicherheit gebracht zu werden.

Mittlerweile war in Paris eine neue Verfassung entworfen worden, auf die am 1. Mai im Rahmen einer großen Feier am Champ de Mars der Eid abgelegt werden sollte. Der Kaiser hoffte, bei dieser Gelegenheit seine österreichische Gemahlin und seinen kleinen Sohn krönen zu lassen, aber seine Briefe an Marie Louise blieben ohne Antwort. Er schob die geplante Feierlichkeit für einen Monat auf, da er noch immer hoffte, daß seine Gemahlin zu ihm zurückkehren und sich sein Schwiegervater, der Kaiser, von der in Wien eingegangenen Koalition zurückziehen würde. Da ihm hier der Erfolg versagt blieb, wandte er seine diplomatischen Bemühungen England zu. Auch hier scheiterte er, aber seine Vorstoßversuche lösten bei jenen, die überzeugt waren, daß seine Macht gebrochen werden konnte und mußte, beträchtliche Sorge aus, da sich in der Opposition viele lautstarke Parlamentsmitglieder fanden, die eine Neuaufnahme der Feindlichkeiten mit großem Stimmaufwand verurteilten.

«Diese verdammten Liberalen!» sagte Adam wütend. «Zweifeln sie denn daran, daß Bonaparte sich Europas im gleichen Augenblick bemächtigen wird, in dem er nicht auf Widerstand stößt?»

«Lambert sagt . . .» hob Jenny gleichmütig an.

Er blickte von der Zeitung auf und sein Ärger machte der Belustigung

Platz. «Jenny, wenn Sie nicht vorsichtig sind, werden wir einander bald in den Haaren liegen! Es war schon gestern nicht gut mit mir Kirschen essen, als Charlotte diese verhängnisvollen Worte gebrauchte.»

Lambert und Charlotte hatten Adam unabsichtlich bewiesen, daß seine Frau über einen gewissen trockenen Humor verfügte. Lamberts Horizont war nie mehr als durchschnittlich gewesen und er hatte schon immer dazu geneigt, über jedes Thema dogmatische Ansichten zu äußern, und dieser Hang hatte durch die Ehe nicht nachgelassen. Charlotte verfügte über keine eigene Meinung; sie besaß nur einen unerschütterlichen Glauben an Lamberts Überlegenheit und hatte rasch die Gewohnheit angenommen, jeden ihrer Beiträge zu einem wie immer gearteten Gespräch mit den Worten zu beginnen: «Lambert sagt . . .» Diese Worte äußerte sie in einem Ton, der sich jeden Widerspruch verbat, wodurch sie doppelt unerträglich wirkten. Adam war höchst überrascht, als Jenny nach einigen Stunden, die sie mit Charlotte verbracht hatte, ihn eines Abends mit dem Ausruf unterbrach: «Oh, aber Adam, Lambert sagt –»

Jetzt erwiderte sie: «Ja, wahrscheinlich finden Sie, ich sollte mich schämen, mich über Lambert lustig zu machen, der stets so zuvorkommend und liebenswürdig zu mir ist, nicht wahr? Gut, ich schäme mich, aber wenn ich mir nicht auf diese Art Luft mache, werde ich höchstwahrscheinlich zu ihm und zu Charlotte richtig grob werden! Denn wenn Lambert erst anfängt über Heerestaktiken zu sprechen – Sehen Sie! Es ist besser zu lachen als zu schimpfen!»

Er hatte sich wieder hinter seine Zeitung zurückgezogen und gab keine Antwort. Nach kurzer Zeit verkündete er: «Ich werde nach London fahren müssen! Das trifft sich höchst ungünstig! Meine Leute wollen den großen Kanal ablassen, und ich wollte sehen, ob . . . Aber es läßt sich leider nicht ändern!»

«Eine Parlamentsdebatte?» fragte Jenny.

Er nickte. «Krieg oder Frieden. Broughs Schreiben entnehme ich, daß die Entscheidung an einem Faden hängt. Sein Vater meint, Granville beginne zu schwanken. Grey, der für einen Frieden um jeden Preis ist, hat ihn beschwatzt.»

«Sie glauben doch nicht, daß es den Jakobinern gelingen wird, eine Republik auszurufen?»

«Sagt das Lambert? Nein, das glaube ich nicht. Ich halte es für ein Hirngespinst anzunehmen, daß Bonaparte dazu jemals seine Einwilligung geben könnte, und sie würden niemals den Versuch wagen, ihn zu zwingen. Die Zivilbevölkerung mag sich gegen ihn stellen, aber das Heer niemals – und geben Sie sich keiner Täuschung hin: Die französischen Soldaten verstehen ihr Handwerk viel zu gut, als daß man sie ignorieren dürfte. Ich weiß es, ich habe gegen sie gekämpft!»

«Ja, dann müssen Sie sich natürlich an der Abstimmung beteiligen», sagte sie. «Ich wollte, ich könnte mit Ihnen nach London fahren.»

«Warum tun Sie es nicht?»

«Aber, Adam –! Sie wissen doch, daß das Baby noch nicht entwöhnt ist –»

«Dann nehmen Sie es mit.»

Sie überlegte diese Möglichkeit, schüttelte aber schließlich den Kopf. «Nein, denn ich möchte das Palais nicht für wenige Tage aufsperren, und in ein Hotel mag ich ihn nicht bringen, denn die Leute würden sich bestimmt beschweren.»

«Er ist ein Schreihals», gab Adam ihr recht.

«Nur wenn er hungrig ist oder Blähungen hat!» verteidigte sie ihren Sohn. «Aber ich komme nicht mit.»

«Jenny, haben Sie mir eine Komödie vorgespielt?» fragte er streng. «Machten Sie mich glauben, daß Sie die heurige Saison nicht in London verbringen wollen, nur weil Sie dachten, daß ich lieber hier bleibe?»

Sie schüttelte den Kopf. «Ehrenwort, nein! Die einzige Komödie spielte ich Ihnen vor, als ich so tat, als würden mich all diese gräßlichen Empfänge entzücken, denen wir voriges Jahr beiwohnten, und das heuchelte ich nur, weil ich es für meine Pflicht hielt. Ich war selig, als ich entdeckte, daß Sie sich genauso langweilten wie ich! Sicher wird es eine angenehme Abwechslung sein, ab und zu nach London zu fahren. Aber nicht diesmal. Ich hatte nur plötzlich den Wunsch, Lydia und Papa wieder zu sehen – aber Lydia kommt nach Saisonschluß zu einem ungestörten ausgiebigen Besuch zu uns, und sicher wird auch Papa auf ein oder zwei Tage herausfahren. Nein, ich komme nicht mit; überlegen Sie nur, wie mühsam und anstrengend das wäre!»

«Ich glaube wirklich, daß es Sie ermüden würde», gab er zu. «Ich habe auch nicht die Absicht, länger als einige Tage zu bleiben.»

«Sie werden so lange bleiben, als Sie dazu Lust haben. Vor Ablauf von zwei Wochen werde ich Sie nicht zurückerwarten, denn Sie werden Lydia sehen wollen; von all Ihren Freunden ganz zu schweigen.»

Als sie ihn nach Market Deeping begleitete, wo er die Postkutsche bestieg, war sie insgeheim überzeugt, daß er mindestens zehn Tage fortbleiben würde, aber er kam schon nach fünf Tagen zurück und überraschte sie im Kinderzimmer, als sie eben ihr Kind stillte. Da sie annahm, es sei nur die Kinderfrau, sah sie nicht sofort auf. Voll Zärtlichkeit blickte sie auf ihr Kind, und Adam stellte fest, daß sie noch nie vorteilhafter ausgesehen hatte. Dann hob sie die Augen und rief verblüfft: «Adam!»

Er trat näher und sagte schalkhaft: «Gestehen Sie, daß ich Sie in Erstaunen versetzte – und meinen Ruf gerettet habe!»

Ihre Augen verengten sich zu einem plötzlichen Lächeln. «Nun, soviel ich weiß, ist es jedenfalls das erste Mal, daß Sie wirklich zu dem Zeitpunkt zurückgekommen sind, den Sie nannten.»

«Früher als ich sagte», erinnerte er sie vorwurfsvoll, beugte sich über sie, um sie zu küssen und dann seinen Sohn mit einem Finger an der Wange zu kitzeln. «Nun, Sir? Es wäre nur höflich von Ihnen, wenn Sie zugäben, mich zu kennen.»

Der Honourable Giles befürchtete eine Unterbrechung, warf ihm einen zornigen Blick zu, und gab sich mit erneuter Kraft der wichtigsten Aufgabe seines jungen Lebens hin.

«Du bist genauso gierig wie deine Tante Lydia», belehrte Adam ihn und ließ sich auf einen Stuhl sinken.

«Wie können Sie so etwas sagen!» verwahrte sich Jenny. «Lydia ist nicht gierig!»

«Das würden Sie nicht behaupten, wenn Sie sie beim Abendessen auf dem Russel Square beobachtet hätten, zu dem uns Ihr Papa einlud!»

«Ach, wie nett! Da wird Papa entzückt gewesen sein. Aber erzählen Sie mir, wie es Ihnen ergangen ist!»

«Prächtig! Wir haben in beiden Häusern gesiegt! Granville unterstützte die Minister mit einer Ansprache – es war keine besondere Rede, aber Greys Antrag wurde elegant überrundet. Die Stadt schwirrt von Gerüchten und man weiß nicht, wieviel man davon glauben darf, aber eines steht fest: Österreicher, Preußen und Russen greifen zu den Waffen. Ich persönlich glaube, daß wir uns in nächster Zukunft mit den Franzosen schlagen werden – und ich habe keinen Zweifel am Ausgang. Bonapartes einzige Hoffnung besteht darin, uns mit seinem im Norden liegenden Heer zu überrennen, ehe die übrigen Verbündeten eingreifen können. Wenn ihm das glückte – aber es wird ihm nicht gelingen!» Er lachte und fuhr fort: «Ihr Vater unkt, daß Wellington bisher noch nie Bonaparte selbst gegenüberstand. Das stimmt – aber auch umgekehrt!» Er wurde von seinem Sohn unterbrochen, der sich bis zum Überdruß vollgetrunken hatte und nun rülpste. «Wir werden nie imstande sein, ihn wohlerzogenen Menschen vorzustellen, nicht wahr, Jenny? Ist hier alles in Ordnung?»

Sie nickte, klopfte dem Honourable Giles hilfreich auf den Rücken und sagte: «Erzählen Sie mir etwas von Lydia. Genießt sie die Londoner Geselligkeit? Hat sie Erfolg?»

«Meine Tante behauptet, daß sie Aufsehen erregt. Jedenfalls scheint sie wirklich eine Schar von Verehrern um sich gesammelt zu haben. Bitten Sie mich nur ja nicht, ihre Toilette zu beschreiben, die sie zum Empfang bei Hof trug! Ich habe sie nicht gesehen und kann Ihnen nur versichern, daß sie einfach himmlisch war!»

Jenny lachte hell auf. «Oh, ich höre beinahe, wie sie das sagt! Besucht sie viele Gesellschaften?»

«Sie hat mir mit großem Stolz verkündet, daß sie an einem einzigen Abend nicht weniger als dreien beiwohnte. Meine Tante muß eine eiserne Konstitution haben! Übrigens ist das ein reizendes Armband, das Sie ihr geschenkt haben, Jenny!»

Sofort wurde sie dunkelrot. Mißtrauisch sah sie ihn an und stotterte: «Ach, es war – es war nur eine Kleinigkeit.»

«Sie hätten sich nicht fürchten müssen, es mir zu sagen», fuhr er mit leisem Lächeln fort. «Ja, ich weiß, daß Sie Angst hatten: Sie erinnerten sich, daß ich ihr nicht erlaubte, Ihre Perlen zu tragen. Das würde ich nach wie vor nicht gestatten – sie sind völlig unpassend für sie – aber es ist ein gewaltiger Unterschied, ob Sie Lydia Ihre Perlen leihen, weil sie meine Schwester ist, oder ihr ein entzückendes Armband schenken, weil sie zu Ihrer Schwester wurde! Und ich darf hinzufügen, meine Teure, daß ich trotz meiner Schrullen nicht die leiseste Absicht habe, eine Szene zu machen, weil Ihr Vater die Freundlichkeit hatte, ihr einen elfenbeingefaßten Fächer zu schicken, der ganz bestimmt nicht um ein Butterbrot zu haben war! Geschah das über Ihre Anregung?»

«Ja», gab sie schuldbewußt zu. «Sie wissen doch, wie Papa ist, Adam! Er liebt Lydia so sehr, daß er ihr wahrscheinlich etwas in Ihren Augen höchst Unpassendes geschenkt hätte, wenn ich ihm mit meinem Vorschlag nicht zuvorgekommen wäre.» Sie zwinkerte ihm zu. «Ich warne Sie aber schon heute, daß ich ihn nicht zurückhalten werde können, wenn es sich um ein Hochzeitsgeschenk handelt!»

«Ah!» versetzte Adam. «Das erinnert mich an eine besonders delikate Neuigkeit!»

«Adam!» rief sie aus. «Sie meinen doch nicht etwa –»

«Zwei Herren hielten bei mir um die Hand meiner Schwester an», antwortete Adam würdevoll.

«Nein!»

«Mein Wort darauf! Sie haben keine Ahnung, wie patriarchalisch ich mir jetzt vorkomme! Oder in welch peinliche Verlegenheit ich geriet, als mich ein Mann um meine Zustimmung bat, der zumindest zwölf Jahre älter ist als ich!»

Sie brach in Gelächter aus. «Oh, Adam, es war doch nicht etwa Lydias Eroberung?»

«Kein anderer! Würden Sie das für möglich halten? – Nachdem er Mamas Segen gewonnen hatte, kam er Lydia in die Stadt nachgefahren und hat sich mit seinen Aufmerksamkeiten unsterblich blamiert. Sie schwört, daß sie ihn nicht abschütteln konnte, sosehr sie es auch versuchte, aber ich sehe das nicht als Entschuldigung an, ihn auf mich abzuwälzen, dieser abscheuliche kleine Mistkäfer! Mit der Weisung, ihm zu sagen, daß seine Werbung aussichtslos sei! Sie können sich ausmalen, mit welcher Begeisterung ich diese Aufgabe übernahm!»

«Und haben Sie es ihm gesagt?»

«Allerdings, aber ich war gezwungen anzudeuten, daß Lydia ihr Herz bereits einem anderen geschenkt hätte, ehe ich ihn überzeugen konnte.» Er lächelte, als er die unverhohlene Frage in ihren Augen las. «Ja, der zweite Antrag kam von Brough, genau wie Sie es vorhersagten. Zumindest fragte er mich, ob ich etwas dagegen einzuwenden hätte, wenn er Lydia heiratete.» Er gewahrte Jennys Genugtuung und fuhr gemächlich fort: «Natürlich riet ich ihm, sich diesen Unsinn aus dem Kopf zu schlagen –»

«Adam!» stöhnte sie auf.

Nun konnte er das Lachen nicht länger verbeißen. «Ich kenne keinen Fisch, der bereitwilliger auf einen Köder anspringt als Sie, Jenny! Und ich habe nie etwas Drolligeres als diesen jähen Wechsel Ihres Gesichtsausdruckes erlebt! – Nein, mein Gänschen, ich gab ihm meinen Segen und meinen weisen Rat. Er wollte sich sofort auf dem kürzesten Wege nach Bath begeben – denn was auch Ihre Ansicht sein mag, meine Liebe, sind er und ich uns doch darüber einig, daß Mamas Einwilligung genau wie meine eingeholt werden muß. Aber ich kenne Mama besser als Brough sie kennt und bin überzeugt, daß nichts verhängnisvoller sein könnte, als wenn er ihr seine Aufwartung unmittelbar nach der abgeblitzten Eroberung macht. Man muß Mama Zeit lassen, damit sie sich von ihrer Enttäuschung erholt. Wir beschlossen daher, sie erst nächsten Monat ins Vertrauen zu ziehen, wenn sie eine Nacht bei meiner Tante verbringen will, ehe sie Charlotte besuchen fährt. Meine Tante meint, daß Mama sich bis dahin mit der trübseligen Aussicht abgefunden haben wird, Lydia zu einer vertrockneten alten Jungfer einschrumpfen zu sehen, und daher Broughs Antrag vielleicht dankbar annehmen wird!»

«Dann weiß Ihre Tante also davon und ist damit einverstanden? Aber es ist sehr hart, daß Brough vorläufig noch nicht mit Lydia darüber sprechen darf.»

«Meine liebe Jenny, das hat er schon getan, ehe ich noch in London eintraf», antwortete Adam amüsiert.

«Oh, da bin ich froh! Und sie?»

«Sie sagte mir, sie sei irrsinnig glücklich und es fiel mir nicht schwer, ihr zu glauben.»

«Ich wollte, ich könnte mit ihr plaudern. Na, jedenfalls ist damit die Entscheidung gefallen.»

«Welche Entscheidung?»

«Das Stadtpalais muß wieder seine Pforten öffnen.»

«Du lieber Himmel, warum?»

«Für die Feier. Und sagen Sie mir nicht, welche Feier, denn Sie wissen ganz genau, daß mit jeder Verlobung eine Feier verbunden ist, und diese Gesellschaft wird Lady Nassington nicht selbst geben!»

«Aber –»

«Gar kein Aber!» fiel Jenny ihm ins Wort, stand auf und trug ihren schlafenden Sohn zur Wiege. «Sobald ich weiß, daß Ihre Mutter ihre Einwilligung erteilt hat, werde ich sofort Dienstpersonal aufnehmen. Obzwar ich glaube, daß ich Dunster und Mrs. Dawes mitnehmen werde –

Scholes übrigens auch –, denn sie müssen sich mit meinen Vorbereitungen vertraut machen, und Sie dürfen sich darauf verlassen, daß sie nur zu gerne nach London fahren werden. Und es hat nicht den geringsten Zweck, mit mir zu streiten, Mylord, denn mein Entschluß ist gefaßt, und wenn Sie nicht wissen, worauf Ihre Schwester Anspruch hat, ich weiß es!»

24

Zu diesem Aufbruch nach London kam es allerdings nie. Lydia hatte ihre eigenen Pläne geschmiedet, von denen Jenny teils durch einen von Lydias charakteristischen Briefen erfuhr, und teils durch die Witwe, die auf ihrem Weg nach Membury Place in Fontley Station machte, ehe sie der Geburt ihres zweiten Enkelkindes beiwohnte.

Sie hatte in Lydias Heirat eingewilligt, fühlte sich aber immer noch wie betäubt. Es fiel ihr nicht leicht, von einmal gefaßten Vorstellungen wieder abzugehen, und da sie Brough kennengelernt hatte, als er ein zu hoch aufgeschossener Schuljunge war, der oft für kurze Zeit auf Fontley wohnte und mit halsbrecherischer Geschwindigkeit die Stiegen hinauf- und hinunterpolterte, eine Menge Schmutz ins Haus trug und mit Adam zu Abenteuern auszog, bei deren bloßer Erinnerung sich ihr heute noch die Haare sträubten, hatte sie niemals etwas anderes als Adams Freund aus Harrow in ihm gesehen. Jenny hatte angenommen, daß seine Besuche in Bath ihr die Augen geöffnet hätten, aber die Witwe hatte in gutem Glauben den Vorwand hingenommen, mit dem er seinen Aufenthalt begründete. Sie hatte es sehr anständig von ihm gefunden, in Camden Place vorzusprechen, und äußerst liebenswürdig, Lydia zu Spazierfahrten einzuladen und zu Veranstaltungen zu begleiten. Ihr war nie aufgefallen, daß er anderen gegenüber nicht halb so verschwenderisch mit seiner Aufmerksamkeit war. Als er und Adam noch Schuljungen gewesen waren, hatte Lydia sich niemals aus dem Kinderzimmer weggerührt, und wenn sie überhaupt darüber nachgedacht hätte, wäre die Witwe wohl zu dem Schluß gelangt, daß Brough Lydia bloß als die kleine Schwester seines Freundes ansah, der Artigkeiten zu erweisen ihm geziemte.

Sie war daher gänzlich unvorbereitet, als Brough sie im Nassington-Palais besuchte, um ihre Einwilligung zu erbitten, Lydia seinen Antrag machen zu dürfen. Sie sagte Adam, daß die vorgeschlagene Verbindung wohl nicht das sei, was sie selbst für die liebe Lydia erhofft hatte, aber Brough hatte seinen Gefühlen mit so viel Anstand und Takt Ausdruck zu verleihen verstanden, daß sie ihm schließlich nachgab.

Brough weiß, was er Mama schuldig ist, dachte Adam anerkennend.

Lady Nassington hatte mit ihrer Prophezeiung ziemlich ins Schwarze getroffen. Wenn die Witwe auch nicht so weit ging, sich ihre eigenwillige Tochter als alte Jungfer vorzustellen, so hielt sie es doch für durchaus denkbar, daß ein Mädchen, das imstande war, aus purem Mutwillen einen so ehrenwerten Bewerber wie Sir Torquil Tregony abzuweisen, sich ohne weiteres in einen bettelarmen Soldaten verlieben oder vielleicht gar mit einem Abenteurer durchbrennen mochte. In diesem Lichte betrachtet, erschien ihr Brough wie ein Geschenk des Himmels. Es war keine brillante Partie, wie jene Julia Oversleys; Broughs Vermögen reichte bei weitem nicht an jenes Sir Torquil Tregonys heran, anderseits aber würde Brough einmal den Grafentitel erben und dieser Umstand bereitete der Witwe, die mitansehen hatte müssen, wie sich ihre anmutige ältere Tochter an einen kleinen Landedelmann wegwarf, und der einzige, ihr erhalten gebliebene Sohn eine Person geheiratet hatte, die selbst bei größter Nachsicht nicht als Dame bezeichnet werden konnte, tiefere Genugtuung, als sie das in glücklicheren Tagen je für möglich erachtet hätte. Es war auch eine angenehme Vorstellung, daß zumindest eines ihrer Kinder eine Ehe einging, die ihre sämtlichen Freunde billigen mußten.

Sie war in ungewöhnlich nachgiebiger Stimmung, als sie auf Fontley eintraf. Ihre erste Frage galt ihrem Enkel, aber nachdem sie sich eine Weile verzückt über ihn gebeugt, sein schnelles Wachstum bewundert und festgestellt hatte, daß seine Ähnlichkeit mit Onkel Stephen sogar noch ausgeprägter sei, als sie anfangs gedacht hatte, war sie bereit, über Lydias Verlobung zu sprechen und mit Adam und Jenny Lydias Plan für die unvermeidliche Feier zu erörtern.

Lydia wollte ihre Verlobung auf Fontley feiern. Auf den ersten Blick erschien dies undurchführbar, aber bei genauerer Betrachtung zeigte sich, daß dieser Plan der vernünftigste war, der sich fassen ließ. Lydia strebte keine eindrucksvolle Zusammenkunft von Verwandten, Freunden und flüchtigen Bekannten an. Sie zog eine ungezwungene Geselligkeit vor, an der nur ihre und Broughs nächsten Verwandten teilnehmen sollten, und da Charlotte durch ihren Zustand verhindert war, nach London zu kommen, und Mama Charlotte zu einem solchen Zeitpunkt nicht verlassen konnte, erwies sich Fontley als der am besten für die Feier geeignete Ort. Außerdem war es von Lord Adversanes Landsitz bedeutend näher nach Fontley als nach London, und da die Adversanes in dieser Saison nicht in die Stadt gekommen waren, bot auch für sie diese Lösung nur Annehmlichkeiten. Natürlich würden sie über Nacht bleiben müssen, aber Lydia hoffte, daß Jenny nichts dagegen haben würde. Broughs Schwester mußte eingeladen werden, aber nur, um der Höflichkeit Genüge zu tun; sie lebte in Cornwall und würde sicher nicht kommen; und sein Bruder war bei seinem Regiment in Belgien. Außer diesen beiden wünschte Lydia nur die Rockhills einzuladen.

«... das heißt, wünschen wäre zu viel gesagt», schrieb sie in einem vertraulichen Brief an Jenny, «aber ich weiß, daß Brough es gerne sähe, wenn er auch nicht darauf besteht. Er hängt sehr an Rockhill, der ihm stets mit besonderer Liebenswürdigkeit begegnete, weshalb es peinlich und verletzend wäre, ihn zu übergehen. Bestimmt werden sie ablehnen, weil ihnen die Entfernung von der Stadt zu groß ist, aber ich persönlich glaube nicht, daß es schlimm wäre, wenn sie annähmen, denn als Adam meine Tante und mich zu der Abendgesellschaft der Bickertons begleitete, waren auch die Rockhills dort, und Julia sah wunderschön aus, aber Adam schien das nicht zu berühren; vielmehr benahm er sich völlig gelassen und begrüßte sie auf die unbefangenste Art ...»

Gott segne die Unschuld, hat sie erwartet, daß er sich in einem überfüllten Salon verraten würde? dachte Jenny und lächelte spöttisch, als sie den Brief weglegte und ihre Aufmerksamkeit wieder der zwischen Adam und der Witwe geführten Unterhaltung zuwandte.

Sie erklärte ihm mit ermüdender Umständlichkeit, aus welchem Grunde der 21. Juni der einzige in Betracht kommende Tag sei. Der bestimmende Grund war, daß sowohl Brough als auch Lydia in der diesem Tage vorangehenden Woche gesellschaftliche Verpflichtungen in London hatten, während ein Hinausschieben des Datums die Gefahr in sich barg, daß es mit Charlottes Niederkunft zusammenfallen könnte; und ein weiterer Grund lag darin, daß der 21. auf einen Mittwoch fiel.

«Sind Sie wirklich damit einverstanden, Jenny?» fragte Adam, sobald sie allein waren.

«Ja, sicher», erwiderte sie. «Sie nicht?»

«Doch, natürlich. Solange es Ihnen nicht zu große Umstände bereitet.»

«Nicht die mindesten. Aber wenn Sie lieber –»

«Nein, selbstverständlich muß es eine Feier geben – oder zumindest seid ihr alle dieser Meinung.»

«Das ist doch natürlich, aber wenn Sie es nicht wünschen –»

«Meine Liebe, Sie haben völlig recht, und ich wünsche es!»

Er sprach ungeduldig und sie sagte nichts mehr, da sie annahm, sein Zögern rührte von dem Wissen, daß die Rockhills eingeladen werden sollten. Er dachte nicht an Julia, obwohl er sie nicht gerne auf Fontley sah und unangenehm berührt gewesen war, als er von dieser Möglichkeit erfahren hatte. Sein Zaudern entsprang vielmehr seiner Überzeugung, daß kein Zeitpunkt sich weniger zum Feiern eignete als der gegenwärtige. Diesen Einwand behielt er jedoch für sich. Sein kurzer Aufenthalt in London hatte ihn erkennen lassen, daß zwischen Militärs und Zivilisten eine Kluft gähnte, die sich einfach nicht überbrücken ließ. Es war ihm nicht schwergefallen, seinen Besuch auf ein Minimum zu beschränken. Die Saison war auf ihrem Höhepunkt angelangt; der drohende Kampf jenseits des Kanals erschien der Hautevolee nicht wichtiger als ein bevorstehender Skandal und wurde kaum besprochen. Für einen

Mann, der seit seiner Großjährigkeit den überwiegenden Teil seines Lebens kämpfend verbracht hatte, blieb es unbegreiflich, daß die Menschen so wenig Anteil am Weltgeschehen nahmen, daß sie fortfahren konnten zu tanzen, zu kokettieren und hitzig darin wetteiferten, den Vogel für das glänzendste Fest, die amüsanteste Gesellschaft oder den rauschendsten Empfang abzuschießen, während das Schicksal Europas auf dem Spiele stand. Aber England befand sich seit zweiundzwanzig Jahren im Kriegszustand, die Engländer hatten sich daran gewöhnt und nahmen diesen Zustand beinahe mit demselben Gleichmut hin, mit dem sie den Londoner Nebel oder einen verregneten Sommer ertrugen. In politischen Kreisen und in der Geschäftswelt standen die Menschen auf einem anderen und ernsteren Standpunkt, aber bei der überwiegenden Mehrheit der Bevölkerung sahen einzig jene Familien, die einen Sohn oder einen Bruder in der Armee hatten, in der Wiederaufnahme der Feindseligkeiten mehr als eine unvermeidliche und unvorhergesehene Belästigung. Praktisch war es eine Wiederholung des Friedens von Amiens, nur hatte Napoleon im März des Jahres 1802 nicht abgedankt. Es war unerfreulich, weil die Steuern hoch bleiben würden und man wieder einmal auf Auslandsreisen verzichten mußte, aber nicht katastrophal, denn was immer Napoleon auf dem Kontinent tun mochte, Großbritannien würde er nicht überrennen. Vielmehr würde das Leben so weitergehen, wie die Menschen es seit vielen Jahren gewöhnt waren.

Für Adam, der bis vor kurzem kein anderes Ziel gekannt hatte als die Niederlage der napoleonischen Truppen, war eine solche Teilnahmslosigkeit gleichermaßen abstoßend wie ungeheuerlich. Angesichts dieser Haltung verstärkte sich seine geheime Sehnsucht, wieder bei seinem Regiment zu weilen, um vieles und vertrieb ihn aus London, denn wenngleich er nicht dort sein konnte, wohin es ihn drängte, so mußte er doch zumindest nicht in der Gesellschaft von Menschen bleiben, die über Picknicks und Bälle schnatterten oder sich in komfortablen Klubs verständnislos und schlecht informiert über die Truppen unter Wellingtons Befehl ergingen.

Keinem Veteran, der Spanien miterlebt hatte, fiel es leicht, sich die Möglichkeit einer Niederlage der englischen Armee unter diesem Kommando vorzustellen; aber niemand, der auch nur einigermaßen in Militärfragen bewandert war, konnte mit Befriedigung die Streitkräfte betrachten, die sich nun in Belgien versammelt hatten. Die Menschen redeten, als wäre es die gleiche Armee, die sich ihren Weg von Lissabon bis Toulouse erkämpft hatte, aber davon war sie weit entfernt. Ihr Kern bestand aus erprobten Regimentern, aber ihre zahlenmäßige Stärke, die einem Außenstehenden gewaltig erschien, war durch neu erstellte Bataillons und zweifelhafte ausländische Truppen erreicht worden. Eingebildete, wohlgenährte Herren klärten mit himmelschreiender Unkenntnis jedermann, den sie zum Zuhören bewegen konnten, über die Strategie und die Taktiken auf, die der Herzog anwenden würde. Sie über die holländisch-belgische Armee schwatzen zu hören, war mehr, als Adam ertragen konnte. Sie schienen anzunehmen, daß diese Truppen das gleiche hohe Niveau hätten wie die portugiesischen Caçadores, die Marschall Beresford abgerichtet hatte. Weit eher werden sie sich als genauso unverläßlich erweisen wie die Spanier, schätzte Adam, der daran dachte, wie oft diese unbeständigen, elend befehligten Truppen sich während des Krieges in Spanien als gefährlicher Hemmschuh erwiesen hatten. Aber er hielt den Mund, da es als Kriegsverbrechen galt, Mutlosigkeit zu verbreiten. Außerdem gab es bei Gott schon zu viele Schwarzseher, die düster die Köpfe schüttelten und sagten, daß sie diese Entwicklung immer schon vorausgesehen hätten und es Wahnsinn sei, anzunehmen, Napoleon könnte jemals besiegt werden. Selbst der dümmste Optimist war diesen Leuten vorzuziehen; ebenso die Modegecken, die einzig ihre Bälle und Gesellschaftsskandale im Kopfe hatten und für die es nichts Wichtigeres gab als einen neuen Stil, ein Halstuch zu knüpfen, oder die Aussichten eines Boxers bei einem bevorstehenden Kampf. Es war unvernünftig, sich über diesen vergnügungssüchtigen Klüngel dermaßen zu ärgern. Schließlich hatten die Leute nichts weiter zu tun, als sich ihren obligaten Zerstreuungen zu widmen. Es war sogar unvernünftig, mit bitterer Verachtung auf jene fanatischen Liberalen hinabzusehen, die seit Jahren behaupteten, Wellingtons Siege seien maßlos überschätzt worden und er sei nichts weiter als ein Sepoygeneral, und die sich nun beinahe vor Dankbarkeit überschlugen, daß er das Kommando führte. Adam wußte, daß er sich über ihre Wandlung freuen müßte. Das gelang ihm jedoch nicht und es blieb ihm kein anderer Ausweg, als ihnen auszuweichen. Vielleicht würde er sich niemals als Zivilist fühlen können, aber er war nun einmal einer und hatte an der gegenwärtigen militärischen Krise ebensowenig Anteil wie der oberflächlichste Salonlöwe. Deshalb war er nach Fontley gefahren, wo es so viel für ihn zu tun gab, daß seine innere Unruhe auf ein vernünftiges Maß beschränkt wurde. Er wünschte noch immer, bei seinem Regiment sein zu dürfen, aber wenn die Arbeit, in die er sich mit solchem Feuereifer gestürzt hatte, schon keinen militärischen Wert besaß, so war sie doch zumindest von ungeheurer Bedeutung – wie Mr. Chawleigh auch darüber denken mochte.

Da er sich mit der beabsichtigten Verlobungsfeier einverstanden erklärt hatte, dachte er nicht länger daran. Jenny langweilte ihn niemals mit ihren hausfraulichen Sorgen, und daher rief ihm einzig seine Mutter die Gesellschaft wieder in den Sinn. Da aber Membury Place zehn Meilen von Fontley entfernt lag, bekam er die Witwe nicht häufig zu sehen. Jenny vermied es, ihn mit sinnlosen Kommentaren über die militärische Lage zu verärgern. Anders stand es mit Lambert und Charlotte, die sein getreues Echo war, aber er traf die Rydes ebenso selten wie seine

Mutter, und dank Jenny war Lambert auf jeden Fall zur Witzfigur geworden.

Jenny erwähnte den Krieg äußerst selten, aber wenn sie es tat, bewies sie nach Adams Ansicht einen überaus regen Verstand. Er verfiel nie auf den Verdacht, daß Jenny genau wie Charlotte die Ansichten ihres Gemahles wiederholte.

Abseits von all den Gerüchten, die in London die Runde machten, gewann er seine Zuversicht zurück. Ein oder zwei seiner alten Kameraden schrieben ihm manchmal aus Belgien, und allmählich besserten sich die Meldungen. Einige in Spanien erprobte Regimenter, die aus Amerika zurückbeordert worden waren, standen nun in erstklassiger Verfassung bereit; die aus beängstigend uneinheitlichen Elementen zusammengewürfelte Armee war zu einem einsatzbereitem Ganzen zusammengeschmolzen; Blüchers Preußen hatten sich in imponierender Stärke eingefunden und wurden von glaubwürdigen Zeugen als ausgezeichnet disziplinierte Soldaten geschildert. Das alliierte Heer war bereit, Napoleon zu jedem ihm genehmen Zeitpunkt zu empfangen.

«Wir sind alle höchst neugierig, welches Kostüm er zu diesem Anlaß zu tragen beabsichtigt», schrieb einer von Adams Freunden, womit er spöttisch auf die verzögerte Feierlichkeit auf dem Champ de Mars anspielte, bei der der Kaiser, soviel sich zwischen den Zeilen der Zeitungsberichte herauslesen ließ, in einer uralten Uniform erschienen war, die einem Maskenball im Convent Garden zur Ehre gereicht hätte.

Inzwischen traf Jenny still und unauffällig ihre Vorbereitungen für ihren ersten Empfang auf Fontley. Mrs. Dawes unterstützte sie dabei hingebungsvoll, da sie in diesem bescheidenen Anfang die Auferstehung des alten Glanzes von Fontley erblickte.

Es überraschte Jenny keineswegs, daß die Rockhills die Einladung annahmen. Sie glaubte, daß Julia aus einem Grunde, der ihrem eigenen unkomplizierten Gemüt verborgen blieb, nicht fähig war, Fontley und Adam fernzubleiben, und sie hatte keinen Grund zu der Annahme, daß Rockhill sich ihr in den Weg stellen würde. Soweit sie Rockhill verstand, hielt er Julias Liebe zu Adam für eine romantische Einbildung, die nur in der Phantasie Blüten trieb und angesichts der Wirklichkeit verdorren mußte. Jenny hoffte, daß er damit recht hatte, aber sie bedauerte die Belastung, der Adam durch diese sonderbare Heilmethode ausgesetzt wurde.

Es hätte jedoch schlimmer kommen können. Sie fühlte sich verpflichtet, die Rockhills einen Tag vor der Verlobungsfeier nach Fontley einzuladen, da sie eine mindestens neunstündige Reise zurücklegen mußten, aber Julia hatte mit höflichen Worten dieses Anerbieten abgelehnt. Sie brachte ihre Schwester Susan nach Beckenhurst, die sich dort von der alten Kinderfrau wieder gesundpflegen lassen wollte, da sie nach einer Grippe einen hartnäckigen Husten zurückbehalten hatte. Sie und Rockhill würden also die Nacht auf Beckenhurst verbringen und am nächsten Tag nach Fontley fahren.

Brough brachte Lydia am Samstag, den 17., nach Fontley. Man brauchte Lydia nicht lange zu fragen, ob sie glücklich sei: sie strahlte übers ganze Gesicht. Mrs. Dawes sagte tief gerührt: «Oh, Mylady, es treibt einem richtig die Tränen in die Augen, wie Miss Lydia und seine Lordschaft einander ansehen!»

«Gibt es etwas Neues, Brough?» fragte Adam, sobald Jenny Lydia zu ihrem Täufling hinaufgeführt hatte.

Brough schnitt eine Grimasse und schüttelte den Kopf. «Nichts als Ondits. Es scheint ziemlich sicher zu sein, daß Bonaparte nicht in Paris ist; mehr weiß ich auch nicht.»

«Wenn er Paris verlassen hat, dann ist er zu seiner Armee im Norden gereist. Wir müssen nun täglich mit Neuigkeiten rechnen: Zeitverluste sähen ihm gar nicht ähnlich! Glauben Sie an die Gerüchte, daß er ein gebrochener Mann ist? Nichts als Unsinn!»

«Verdammt will ich sein, wenn ich weiß, was man glauben darf!» sagte Brough. «Soviel Blödsinn wie jetzt habe ich noch nie zu Ohren bekommen, das kann ich wohl sagen! Es ist ganz sonderbar, Adam: Man sollte meinen, es steht außer Frage, daß es wieder einmal soweit ist, aber es gibt eine ganze Schar von Leuten, die noch immer behaupten, es wird keinen Krieg geben – und das sind Männer, deren Positionen sie weit eher dazu befähigen als mich, zu wissen, was sich zusammenbraut.»

«Es gibt Krieg», sagte Adam überzeugt. «Es muß Krieg geben. Ich habe bereits die ganze Woche auf die Meldung gewartet, daß wir an der Grenze im Gefecht stehen: Boney wird es nicht darauf ankommen lassen, von zwei Fronten angegriffen zu werden! Seine einzige Hoffnung besteht darin, uns zu schlagen, ehe die Österreicher und die Russen zu uns stoßen können.»

«Glauben Sie, daß ihm das gelingen wird?» fragte Brough mit gerunzelten Augenbrauen.

«Ausgeschlossen!»

Die Damen kamen ins Zimmer zurück und setzten damit dem Gespräch ein Ende. Der Krieg wurde nicht wieder erwähnt. Er schien weit von Fontley entfernt zu sein, das in den schrägen Sonnenstrahlen eines Sommerabends friedlich vor sich hindöste. Als die kleine Gesellschaft sich zu Tisch gesetzt hatte, rückte der Krieg jedoch mit dem Eintreffen eines von Mr. Chawleighs jungen Angestellten schlagartig näher, der mit einer Mietskutsche aus Market Deeping gekommen war, um einen Brief seines Herrn zu übermitteln.

Dunster brachte Adam, der am Kopfende der Tafel saß, das Schreiben. Überrascht fragte Adam, der das Gekritzel auf dem Umschlag erkannt hatte: «Für mich?»

«Ja, Mylord. Der junge Mann hat mir aufgetragen, Seiner Lordschaft auszurichten, daß es äußerst dringend sei. Es ist wohl einer von Mr. Chawleighs Schreibern, nehme ich an.»

Adam erbrach das Siegel, entfaltete das einfache Blatt und versuchte stirnrunzelnd, die Schrift zu entziffern. Ängstliches Schweigen hatte sich über die Anwesenden gesenkt, die ihn gespannt beobachteten. Sein Stirnrunzeln vertiefte sich und seine Lippen wurden schmal. Jennys Herz sank, aber sie sagte gefaßt: «Hat Papa einen Unfall erlitten? Bitte sagen Sie es mir, Mylord!»

«Nein, nichts dergleichen.» Adam blickte zu Dunster auf. «Wo ist der junge Mann? Bring Er ihn herein!» Er wartete, bis Dunster das Zimmer verlassen hatte, ehe er fortfuhr: «Es ist nicht einfach zu entdecken, was tatsächlich geschehen ist. Er scheint es für nötig zu erachten, daß ich mich unverzüglich auf dem schnellsten Wege nach London begebe, und war so freundlich, im Hotel Fenton Weisung zu geben, man möge mich dort morgen abend erwarten.» Seine Stimme klang gereizt. Er hörte es selbst, zwang sich zu einem Lächeln, und reichte Jenny den Brief mit den Worten: «Versuchen Sie, sich ein Urteil zu bilden, meine Liebe.»

«Nach London fahren?» rief Lydia aus. «Aber das ist ausgeschlossen! Wie kann Papa Chawleigh dich darum bitten? Er weiß, daß du Fontley nicht verlassen kannst, denn ich habe ihm selbst von der Verlobungsfeier erzählt.»

Mr. Chawleigh hatte die Verlobung nicht vergessen. In einem Nachsatz versicherte er seinem Schwiegersohn, daß er mühelos lange vor der Feier wieder in Fontlev sein könnte.

Jenny vermochte den Brief zwar leichter als Adam zu entziffern, aber auch sie war weit davon entfernt zu begreifen, warum er so kategorisch in die Stadt befohlen wurde. Sie erkannte jedoch sofort, was ihn verärgert hatte. Mr. Chawleigh zeichnete sich niemals durch Taktgefühl aus; unter dem Druck einer unaufschiebbaren Entscheidung jedoch hatte er seiner Tyrannei vollends die Zügel schießen lassen. Adam hatte am nächsten Tag nach London zu kommen; daß dieser Tag ein Sonntag war, durfte ihn nicht stören; er mußte so schnell wie möglich reisen und sollte im Fenton absteigen, wo für ihn bereits ein Schlaf- und ein Wohnzimmer reserviert war. Dort sollte er weitere Erklärungen abwarten. Mr. Chawleigh würde ins Fenton kommen, um ihm zu sagen, was er zu tun hatte. Schließlich hieß es noch, er solle dieser Aufforderung unverzüglich nachkommen oder er würde es bereuen.

Als Jenny den Brief zu Ende gelesen hatte, war auch Dunster mit einem pfiffig aussehenden jungen Mann zurückgekehrt, der erklärte, daß er mit der Post gekommen sei und den Befehl seines Prinzipals habe, nicht ohne Seine Lordschaft zurückzufahren. Mehr wußte er selbst nicht. Der Herr hatte ihm nicht gesagt, weshalb Mylords Anwesenheit in London gewünscht wurde; er hatte keine Neuigkeiten über den Krieg erfahren. Es war sichtlich sinnlos, ihn weiter auszufragen, deshalb brachte Jenny ihn hinaus und überließ ihn der Obhut Mrs. Dawes, nachdem sie ihm versprochen hatte, daß Seine Lordschaft ihn am Morgen seine Entscheidung wissen lassen würde.

«Sonderbarer Anfang», sagte Brough, als Jenny das Zimmer verlassen hatte. «Ich möchte wissen, woher der Wind weht? Klingt mir ganz so, als ob der alte Knabe etwas wüßte – und nicht gerade etwas Gutes.»

«Sie hörten, was der Schreiber sagte. Wenn es neue Meldungen aus Belgien gäbe, müßte er davon wissen.»

«Nicht unbedingt. Den Kaufleuten kommen wichtige Nachrichten oft bedeutend eher zu Ohren als allen übrigen.»

«Warum, zum Teufel, sagt er mir dann nicht, worum es sich handelt?» begehrte Adam wütend auf.

«Wahrscheinlich schreibt er nicht gerne und wollte seine Mitteilung niemandem anvertrauen.»

«Adam», platzte Lydia heraus. «Wenn du bei meiner Verlobung nicht da bist –»

«Aber natürlich werde ich da sein! Ich wüßte nicht, weshalb ich in fliegender Eile nach London reisen sollte, was immer Mr. Chawleigh auch gehört haben mag.»

Lydia sah erleichtert aus, aber als Jenny das Zimmer betrat, sagte sie ohne jede Einleitung: «Soviel ich aus dem Burschen herauskriegen konnte, befindet sich Papa in hellster Aufregung. Sie werden fahren müssen, Adam.»

«Da soll mich doch gleich der Henker holen! Wenn Ihr Vater mich in Windeseile in London sehen möchte, hätte er mir wenigstens den Grund verraten sollen.»

Sie sah ihn aus ernsten Augen an. «Er schreibt höchst ungern. Aber ich kenne Papa, und Sie dürfen sich darauf verlassen, daß er Sie niemals auf diese Art aus Ihrem Hause hätte holen lassen, wenn er dafür nicht seine guten Gründe hätte. Er glaubt, daß Sie etwas Wichtiges erledigen sollen. Es sieht mir nach einer geschäftlichen Angelegenheit aus, und wenn das zutrifft, dann folgen Sie seinem Rat, Mylord, denn in der ganzen Geschäftswelt hat keiner eine feinere Spürnase als er.»

Er starrte wütend und trotzig vor sich hin. Als jedoch Brough sich Jennys Rat anschloß und ihm zuredete, kein Querkopf zu sein, zuckte er die Achseln und sagte: «Na, schön!»

Er unternahm die Reise in seiner eigenen Equipage, nahm Kinver und den Schreiber mit sich und traf kurz nach sechs Uhr in der St. James Street ein. Tiefe Sonntagsstille lag über der Stadt, und als er das Hotel betrat, wurde er mit der gewohnten Zuvorkommenheit empfangen, ohne daß sich Anzeichen einer Unruhe erkennen ließen. Er betrachtete seine Reise nun erst recht als überstürzt und begab sich in seinen Privatsalon. Seine Stimmung war alles andere als huldvoll.

Mr. Chawleigh erwartete ihn bereits und lief ungeduldig auf und ab.

Er sah noch viel grimmiger aus als sonst, aber sein Gesicht erhellte sich, als er Adam erblickte, und er stieß einen tiefen Seufzer der Erleichterung aus: «Herrjeh, bin ich froh, Sie zu sehen, Mylord!» sagte er und packte Adams Hand. «Guter Junge, guter Junge!»

Adam zog fragend die Brauen hoch. «Wie geht es Ihnen, Sir? Ich hoffe, ich ließ Sie nicht zu lange warten?»

«Na, das spielt gar keine Rolle. Vor morgen früh können wir nichts tun. Es tut mir leid, Sie so hastig aus Fontley abzuberufen, aber das ließ sich nicht vermeiden, denn es handelt sich um eine verdammt dringende Sache!»

«Das dachte ich mir bereits, Sir. Augenblick, jedoch . . . Haben Sie ein Abendessen bestellt?»

«Nein, nein, ich habe Wichtigeres im Kopf», erwiderte Mr. Chawleigh gereizt.

«Aber wenn wir vor morgen nichts unternehmen können, besteht doch kein Grund, heute abend zu fasten, nicht wahr?» fragte Adam. «Was möchten Sie gerne, Sir?»

«Ich weiß noch gar nicht, ob ich so lange bleibe . . . Ach, bestellen Sie für mich einfach dasselbe wie für sich! Meinethalben brauchen Sie keine Geschichten machen!»

Adam schloß, daß es sich um sehr böse Nachrichten handeln mußte, wenn sein Schwiegervater einmal keinen Appetit mehr verspürte. Er musterte ihn scharf und wandte sich dann seinem Diener zu. «Sag Er in der Küche, man möge ein anständiges Abendessen heraufschicken, Kinver. Um sieben – und etwas Sherry, aber den bitte gleich!» Er lächelte Mr. Chawleigh zu, als Kinver sich zurückzog, und sagte: «Ich habe gute Lust Sie auszuschelten, Sir, daß Sie sich nicht selbst den Sherry kommen ließen. Also, worum geht es? Weshalb war es nötig, daß ich hierher kam?»

«Wir haben schlimme Nachrichten bekommen, Mylord», sagte Mr. Chawleigh bedrückt. «Verdammt schlimme Nachrichten! Wir sind geschlagen worden!»

Eine steile Stirnfalte grub sich zwischen Adams Brauen ein. «Wer sagt das? Wo haben Sie das erfahren?»

«Das lassen Sie meine Sorge sein! Die Quelle würde Ihnen auch nichts sagen, aber es ist weder eine Zeitungsente noch ein bloßes Gerücht. Es gibt Leute in der City, deren Geschäft es ist zu wissen, was auf der Welt geschieht, und sie haben überall ihre Mittelsmänner und noch andere Mittel und Wege, Dinge zu erfahren, ehe sie allgemein bekannt sind! Unsere Reihen sind zerschlagen worden, Mylord! Kurz und klein geschlagen!»

«Gewäsch!» Adam war erblaßt, aber er lächelte verächtlich. «Du lieber Himmel, Sir, haben Sie mich deshalb die lange Reise machen lassen, um mir ein Ammenmärchen aufzutischen?»

«Nein, und es ist kein Gewäsch! Glauben Sie mir, drüben wird seit zwei Tagen gekämpft!»

«Das will ich gerne glauben», erwiderte Adam kühl. «Aber daß man uns vernichtend geschlagen hat – nein!»

Mr. Chawleighs Kiefer begannen drohend zu knirschen. «Nein? Sie glauben wohl nicht, daß Boney in diesem Augenblick in Brüssel sitzt, was? Oder daß diese Preußen aufgerieben wurden – erledigt – gleich zu Beginn? Oder daß Boney zu rasch für Ihren geliebten Wellington war und ihn überrumpelte? Ich wußte ja, wie es kommen würde! Habe ich nicht gesagt, er wird wieder ganz Europa in Brand stecken?»

Der Eintritt des Kellners zwang ihn zum Schweigen. Er mußte sich beherrschen, bis der Mann wieder gegangen war, und als er abermals zum Sprechen anhob, klang seine Stimme versöhnlicher: «Es hat keinen Sinn, daß wir darüber streiten, Mylord! Sie haben Ihre Vorstellungen, und wie meine aussehen, fällt nicht ins Gewicht, denn was ich Ihnen hier sage, sind keine Annahmen; es ist die reine Wahrheit! Sie traf direkt aus Gent ein, wo sie vielleicht ein wenig mehr wissen als wir hier! Die Stadt ist von Flüchtlingen überflutet, und Antwerpen ebenso!»

Adam goß zwei Gläser Sherry ein und reichte ihm eines. «Das ist leicht möglich, wenn sich die Armee auf dem Rückzug befindet – was ebenfalls möglich ist. Sie sagen, die Preußen erlitten eine böse Schlappe. Das vermag ich zu glauben, aber überlegen Sie doch, Sir! Wenn sich Blücher zum Rückzug gezwungen sah, mußte Wellington das gleiche tun, um die Verbindung mit ihm aufrechtzuerhalten. Das kann Ihnen jeder Soldat bestätigen! – Und ebenso, daß es Boneys erstes Ziel gewesen sein muß, eben diese Verbindung zu unterbrechen.» Er lächelte ihm ermunternd zu. «Ich habe unter dem Befehl des alten Hookey an einigen Rückzügen teilgenommen, Sir, und Sie dürfen mir glauben, wenn ich sage, daß er niemals großartiger ist, als wenn er die Front verkürzt.»

Mr. Chawleigh goß seinen Sherry mit einem Schluck hinunter, rang nach Luft und rief: «Die Front verkürzt? Ja, du lieber Gott, Junge, verstehst du denn kein schlichtes Englisch? Es ist eine zügellose Flucht!»

«Offenbar verstehe ich das nicht», sagte Adam vergnügt. «Aber ich habe keine Erfahrung in heilloser Flucht, müssen Sie mir zugute halten – es sei denn, Sie zählten Salamanca zu einer wilden Flucht? Wir schlugen Marmont, daß es eine wahre Lust war, aber ich hätte seinen Rückzug keine heillose Flucht genannt.»

«Marmont! Marmont! Hier geht es um Bonaparte!»

«Sehr richtig, aber es ist mir nach wie vor unmöglich, an unsere wilde Flucht zu glauben.» Er sah, daß Mr. Chawleigh rot anlief, und sagte: «Wir wollen darüber nicht in Meinungsverschiedenheiten geraten, Sir! Eröffnen Sie mir, weshalb ich hier bin. Selbst wenn Ihre Information richtig ist, verstehe ich nicht, warum ich deshalb unbedingt nach London kommen mußte. Was, zum Teufel, kann denn ich tun, um es zu ändern?»

«Sie können Ihr Schäfchen ins trockene bringen», versetzte Mr. Chawleigh brummig. «Nicht alles, zumindest einen Teil! Eh, ich mache mir die bittersten Vorwürfe! Ich hätte Sie schon vor Wochen warnen sollen – genau wie ich selbst hätte aussteigen sollen, als ich hörte, daß die Börsenmakler ihre Bücher zuklappten! Ich habe eine schöne Stange Geld verloren, Mylord, das kann ich Ihnen verraten!»

«Das bedaure ich unendlich, Sir», sagte Adam und goß abermals ein. «Wie ist es dazu gekommen?»

Mr. Chawleigh rang hörbar nach Luft und musterte ihn mit einem Blick, wie ihn ein cholerischer Schulmeister einem begriffsstutzigen Schüler zuwerfen mochte. Sich mühsam zur Geduld zwingend, sagte er: «Ihr Geld ist in Staatsobligationen angelegt, nicht wahr? Nicht Ihre kleinen Pachtzinse! Ich spreche von Ihrem Privatvermögen. Schön, ich weiß, daß es so ist – zumindest jener Teil, der Ihnen übrigblieb. Ich und Ihr Agent Wimmering sind der Sache gründlich nachgegangen, ehe Sie meine Jenny heirateten. Wenn ich es ungeschminkt sagen darf, ist Ihr Pa recht leichtfertig mit seinem Zaster umgesprungen, und was davon übrigblieb, ist herzlich wenig, zumindest in meinen Augen. Und Ihre Pachteinkünfte sind auch nicht üppig – und verschwenden Sie nicht Ihren Atem daran, was sie einbringen *könnten*, denn das ist im Augenblick uninteressant. Ich will verhindern, daß Sie Ihr Vermögen verlieren, Mylord. Also mir tät's ja nichts ausmachen, aber ich weiß, Sie würden fast daran ersticken, wenn Sie gezwungen wären, mir für jeden Penny, den Sie ausgeben, verpflichtet zu sein! Sie sind stolz wie ein König, so sehr Sie es auch vor mir verbergen wollen, was ich ja nicht leugnen will, gar nicht davon zu reden, daß Sie mich so herzlich und ehrerbietig behandeln, wie wenn Sie mein leiblicher Sohn wären!» Er setzte ab und beobachtete Adams Erröten mit nachsichtigem Blick. «Sie brauchen deshalb nicht rot zu werden, Mylord», sagte er freundlich. «Und wir brauchen nicht lange um den heißen Brei herumzureden! Jeder Kaufmann in der City wird Ihnen bestätigen, daß Jonathan Chawleigh eine sichere Trumpfkarte ist. Vielleicht stimmt's, vielleicht auch nicht, aber ich bin kein heuriger Hase, mein Junge, und ich weiß genau, warum Sie nicht den Zweispänner fahren, den ich Ihnen schenkte, und warum Sie nicht zulassen, daß ich Ihrer Versuchswirtschaft auf die Beine helfe! Es behagt Ihnen nicht, verpflichtet zu sein, und ich rechne Ihnen das hoch an. Deshalb habe ich Sie auch gebeten, in die Stadt zu kommen, denn ohne Ihre persönliche Anweisung kann ich nichts ausrichten. Ich habe mit Wimmering gesprochen; er weiß, was zu tun ist, aber ohne Ihre Ermächtigung sind ihm die Hände gebunden.»

«Liegt es denn überhaupt noch bei mir, Ermächtigungen zu erteilen?» unterbrach ihn Adam, der nun so blaß geworden war, wie er zuerst errötet war.

«Reden Sie keinen Quatsch!» sagte Mr. Chawleigh. «Es ist ja klar, daß Ihr Hausjurist nichts tun kann, ohne daß Sie ihm den Auftrag dazu geben.»

«Das hatte ich ebenfalls angenommen! Aber ich bin beklagenswert unerfahren: Ich hätte nämlich ebenso angenommen, daß mein Hausjurist jedermann – selbst meinem Schwiegervater! – die Tür gewiesen hätte, der versuchen wollte, ihm in meinen Angelegenheiten Ratschläge zu erteilen.»

«Nun, genau besehen hat er das auch getan», sagte Mr. Chawleigh, dem es nicht mehr sehr leicht fiel, die Beherrschung zu wahren. «Sind Sie doch nicht gleich so angerührt, Mylord! Wimmering und ich haben nur Ihr Bestes im Sinn, und er hatte niemals die Absicht, eigenmächtig zu handeln. Aber er ist ein schlauer alter Fuchs und er weiß, selbst wenn Sie es nicht tun, was ein Tip Jonathan Chawleighs wert ist, und er wäre ein elend schlechter Berater, wenn er ihn nicht beachten und entsprechend handeln wollte! Ja, wenn ich abgewartet hätte, bis Ihnen klar wird, worum es geht, ohne vorher ein Wort mit Wimmering gesprochen zu haben, wäre es zu spät geworden, und wenn Sie Wimmering Weisungen gegeben hätten, wäre vermutlich ein riesiges Durcheinander entstanden, weil Sie vom Geschäft nicht mehr verstehen als ein Neugeborenes.»

Allmählich verrauchte Adams Zorn. «Na schön, und was muß also getan werden?»

«Sie müssen natürlich verkaufen! Verkaufen, Mylord, und zum besten Preis, den Sie kriegen können! Wenn Sie verkaufen – falls es nicht bereits zu spät ist –, werden Sie einen Verlust einstecken müssen, genau wie ich, aber Sie werden sich vor dem Ruin bewahren! Es wird schlimm sein, das will ich gar nicht leugnen, aber verlassen Sie sich darauf, ich werde Ihnen bald wieder die Möglichkeit bieten, sich durch eine glückliche Spekulation zu erholen! Aber jetzt ist keine Zeit zu verlieren: Wenn die Wahrheit erst einmal durchsickert, können Sie Ihre Schuldverschreibungen nie wieder losschlagen, und wenn Sie sie für ein Butterbrot anbieten! Neunundvierzig war alles, was ich für meine erzielen konnte, und sie standen auf fünfundsiebzig, als die Börsenmakler ihre Bücher schlossen! Eh, ich darf nicht daran denken! Eine Niete werden sie mich nennen!»

Seine Stimme klang so tragisch, daß Adam hätte annehmen können, er stünde vor dem Ruin, wenn er nicht allen Grund zu der Überzeugung gehabt hätte, daß, einen wie großen Teil seines Privatvermögens er auch in die Staatsobligationen investiert hatte, sie doch nur einen Bruchteil seines enormen Reichtums darstellten. «Ich fürchte, ich verstehe Sie nicht ganz, Sir», sagte er. «Wie soll ich denn meine Papiere verkaufen, wenn die Börse geschlossen ist?»

«Das überlassen Sie Wimmering», erwiderte Chawleigh. «Der kennt schon die Hintertürchen, nur keine Bange! Außerdem ist er ja bereit, sofort loszuziehen, sobald Sie ihm den Auftrag dazu geben. Er wird Sie morgen früh aufsuchen und Sie werden sehen, daß er Ihnen das gleiche rät wie ich.» Er warf Adam einen wissenden Blick zu. «Er hat es ja auch getan, als Bonaparte floh, nicht wahr?»

Adam nickte. Mr. Wimmering hatte ihm im März geschrieben und Seiner Lordschaft empfohlen, angesichts der schwankenden politischen Lage sein Paket Staatspapiere zu veräußern. Adam jedoch hatte eine derartige Handlung weder ratsam noch patriotisch gefunden und dementsprechend geantwortet.

«Ach, wenn Sie doch bloß auf ihn gehört hätten!» jammerte Mr. Chawleigh kopfschüttelnd.

Adam blickte ihn nachdenklich an. Offensichtlich war es Zeitverschwendung, ihn davon überzeugen zu wollen, daß ein strategischer Rückzug keine wilde Flucht war: Zivilisten wurden bei jedem Rückzug unweigerlich von Panik erfaßt, genau wie sie über ganz unbedeutende Siege in Freudentaumel ausbrachen. Deshalb unterließ er es, Mr. Chawleigh mitzuteilen, daß sein Vertrauen nicht im mindesten erschüttert war, und versuchte statt dessen, den genauen Wortlaut jener Nachricht zu erfahren, die Mr. Chawleigh zugeraunt worden war. Das war keine leichte Aufgabe, aber als das ausgezeichnete Abendessen verzehrt war und sich Mr. Chawleigh zum Aufbruch anschickte, hatte Adam seine eigenen Schlüsse gezogen. Es stand fest, daß die Kampfhandlungen begonnen hatten; es durfte als wahrscheinlich angenommen werden, daß Napoleon, weit davon entfernt, ein gebrochener Mann zu sein, mit seiner gewohnten erschreckenden Schnelligkeit zugeschlagen hatte. Es war möglich, daß er Wellington überrascht hatte, der sich deshalb gezwungen sah, dem Feind einzig mit seinen Stoßtrupps entgegenzutreten. Zumindest klang es so. Es klang auch so, als sei der Kampf nicht auf einem Gelände ausgetragen worden, das Wellington sich ausgesucht hatte. Daß er sich in diesem Fall zurückzog, war eine Selbstverständlichkeit. Sicher befiel die Schar von Vergnügungsreisenden in Brüssel sofort heillose Angst und sie reisten zur Küste ab. Schwierig war nur, das vermutliche Ausmaß der preußischen Schlappe abzuschätzen. Adam hatte die Preußen noch niemals im Einsatz gesehen, aber er kannte die Hannoveranischen Truppen gut und dachte, wenn die Preußen nur einigermaßen den Männern der Deutschen Legion des Königs glichen, bestünde geringe Fluchtgefahr, selbst, wenn sie zurückgeworfen worden waren. Mr. Chawleigh sprach, als ob Napoleon die Truppen aufgerieben hätte; das hielt Adam für höchst unwahrscheinlich, denn auch die Koalitionsarmee war in den Kampf eingetreten und hatte Napoleon so zu einem Zweifrontenkrieg gezwungen.

Er beließ Mr. Chawleigh in dem Glauben, daß er seinem Rat folgen würde. Es hatte keinen Zweck, sich mit ihm auf eine Diskussion einzulassen; das würde unweigerlich zu einem Streit führen. Außerdem saß

Verkaufen, Mylord! Verkaufen . . .

. . . rät der börsenkundige Schwiegervater.

Mitnichten, Mylord: Festverzinsliche Wertpapiere sollte man nie und nimmer verkaufen, wenn die Kurse sinken. Im Gegenteil: Man sollte nach Möglichkeit weitere Papiere hinzukaufen, solange sie so billig sind. Denn die Kurse steigen bestimmt wieder.

Wie bitte? Sie waren ohnehin im Begriff, dem Rat Ihres Schwiegervaters nicht zu folgen? Pardon, Mylord! Wir hätten ein paar Seiten weiterlesen sollen, ehe wir . . . Nichts für ungut! Vielleicht nützt der Rat einem anderen.

dem armen Mann bereits jetzt die Angst in der Kehle; vermutlich würden manche seiner zahlreichen Kaufabschlüsse durch einen französischen Sieg gefährdet werden.

Adam erwog gewissenhaft sämtliche Für und Wider und gelangte zu dem Schluß, daß er seine Wertpapiere nicht verkaufen würde. Mr. Chawleigh hatte sie mit Verlust abgestoßen und schien anzunehmen, daß der Preis weiterhin rapid absank. Jetzt zu verkaufen hieße, sein Kapital mutwillig zu verringern. Das wollte er gewiß nicht tun; sich ins Bockshorn jagen zu lassen, bloß weil die Koalitionsarmee aus einem Zusammenprall mit dem Feind mit gewissen Verlusten hervorgegangen war und sich zurückgezogen hatte, vermutlich auf ein strategisch günstigeres Gebiet, und es sich beinahe mit Sicherheit annehmen ließ, daß die Verbindung mit den Preußen wieder hergestellt war.

Adam trank langsam sein letztes Glas Brandy, ehe er zu Bett ging. Dabei gedachte er der vielen Jahre seines Militärdienstes und sein Vertrauen festigte sich. Unter Douros Kommando hatte es viele Rückzüge gegeben, aber keine einzige verlorene Schlacht!

Er bedauerte nur, daß er seine Wertpapiere nicht schon Anfang März veräußert hatte, wie Wimmering es ihm riet. Hätte er das getan, stünde ihm jetzt ein großer Bargeldbetrag zur Verfügung und er hätte erneut kaufen und einen beachtlichen Gewinn erzielen können.

Mit plötzlichem Entschluß stellte er sein leeres Glas auf den Tisch. Sein gelassener, nachdenklicher Blick verschwand. Er starrte gespannt vor sich hin, und seine Augen nahmen zwischen leicht zusammengekniffenen Lidern einen harten Ausdruck an. Ein sonderbares Lächeln spielte um seinen Mund. Sein tiefes Atemholen glich einem Seufzer, er erhob sich und füllte sein Glas aufs neue. Lange stand er reglos da, schwenkte den Cognac im Glas und betrachtete ihn, ohne ihn zu sehen. Ein lautloses Lachen erschütterte seinen Körper; er stürzte den Cognac in einem Zug hinunter, stellte das Glas ab und ging zu Bett.

25

Am nächsten Morgen hatte er eben sein Frühstück beendet, als Mr. Wimmering in seinen Privatsalon geführt wurde. Wimmering sah ernst aus, sagte jedoch, sich sehr glücklich zu schätzen, Mylord anzutreffen.

«Ich bin sehr froh, Ihn zu sehen», erwiderte Adam. «Ich benötige Seinen Rat und Seine Hilfe.»

«Seine Lordschaft wissen, daß beides zu Eurer Verfügung steht.»

«Sehr freundlich. Nehme Er Platz! Und jetzt sage Er mir, Wimmering, wieviel bin ich Seiner Schätzung nach wert? Welchen Kredit würde Drummond mir einräumen?»

Mr. Wimmerings Mund klappte auf; er blickte Adam verständnislos an und sagte unsicher: «Kredit? Drummond?»

«Ich will nicht zum Wucherer gehen, wenn es sich vermeiden läßt.»

«Nicht zum – aber, Mylord! – Ihr könnt Euch doch nicht in Schulden gestürzt haben? Ich bitte um Vergebung! Aber ich hatte nicht den leisesten Verdacht –»

«Nein, ich habe mich nicht in Schulden gestürzt», sagte Adam. «Aber ich brauche dringend Bargeld – die größtmögliche Summe, die Er auftreiben kann. Und zwar sofort!»

Wimmering fühlte, wie sich das Zimmer leise um ihn zu drehen begann. Zu jeder anderen Tageszeit hätte er angenommen, daß sein Klient zu tief ins Glas geschaut hatte und nun mehr als nur beschwipst war. Er überlegte, ob Mr. Chawleighs Mitteilung seinen Verstand vorübergehend getrübt hatte. Er wirkte weder betrunken noch verrückt, aber gleich beim Eintreten war Wimmering aufgefallen, daß er wie ein Fremder aussah. Eine atemlose Erregung, die Wimmering nie zuvor an ihm gesehen hatte, schien ihn zu beherrschen; seine Augen, die für gewöhnlich kühl blickten, glänzten beinahe fiebrig, und das Lächeln, das in seinen Mundwinkeln saß, verriet ein beängstigendes Draufgängertum. Wimmering vermochte diese Anzeichen nicht zu deuten, da er seinen Klienten nie zuvor einer Chimäre hatte nacheilen sehen.

«Nun?» fragte Adam ungeduldig.

Wimmering riß sich zusammen und sagte fest: «Mylord, ehe ich diese Frage beantworte, möchte ich Euch untertänigst daran erinnern, daß im Augenblick bedeutend dringendere Angelegenheiten Eure Aufmerksamkeit erfordern! Wenn Ihr mit Mr. Chawleigh gesprochen habt, muß ich Euch nicht erst sagen, daß keine Zeit zu verlieren ist, mich zur Veräußerung Eurer Obligationen zu ermächtigen!»

«Oh, ich verkaufe nicht!» antwortete Adam fröhlich. «Er muß schon verzeihen! Natürlich hat Er vorausgesetzt, daß ich dazu Seine Hilfe brauche. Nein, ich kaufe!»

«Ihr kauft!» stammelte Wimmering und erbleichte. «Das ist doch nicht Euer Ernst, Mylord?»

«Mein vollster sogar – und ich versichere Ihm, daß ich im Vollbesitz meiner geistigen Kräfte bin. Nein, erspare Er mir Mr. Chawleighs Ammenmärchen! Ich habe es einmal vernommen, und das genügt mir vollauf! Mein Schwiegervater ist ein vortrefflicher Mann, aber er bringt für militärische Fragen nicht das geringste Verständnis auf. Soweit ich es mir zusammenreimen kann, ist die Nachricht über einen Rückzug in die Stadt gesickert. Sie stammt von einem Agenten, der vernommen hat, daß die Preußen ein wenig zur Ader gelassen wurden und wir uns abgesetzt haben, und der sicherlich gesehen hat, wie die Flüchtlinge nach Antwerpen oder Gent strömten, oder wo immer er sich eben zufällig aufhielt. Aus diesen Beobachtungen hat er eine verschreckte Hiobsbotschaft zusammengebraut. Mein lieber Wimmering, glaubt Er wirklich, daß in den heutigen Zeitungen nicht die leiseste Andeutung stünde, wenn sich die Armee in heilloser Flucht befände?»

Mr. Wimmering sah ziemlich betroffen aus. «Ich muß zugeben, daß anzunehmen wäre –» Er brach ab, als ihm etwas einfiel, und fragte voll Hoffnung: «Habt Ihr vielleicht Nachrichten aus Belgien erhalten, Mylord?»

«Mir ist im Laufe der letzten Woche eine ganze Menge zu Ohren gekommen», erwiderte Adam kühl. «Ich möchte Ihn jedoch nicht täuschen: Ich besitze keine geheime Nachrichtenquelle und habe nichts gehört, das die Geschichte meines Schwiegervaters bestätigt oder entkräftet.» Er schaltete eine Pause ein und das unheimliche Lächeln vertiefte sich. «Hat es in Seinem Leben je Augenblicke gegeben, Wimmering, in denen Er in Seinem tiefsten Innern einen starken, nein, einen überwältigenden Zwang verspürte, etwas zu tun, was Sein Verstand vielleicht als Wagnis, ja als Gefahr erkannte? Wenn Er ohne Zögern seinen letzten Penny aufs Spiel setzte, weil Er wußte, daß die Würfel zu Seinen Gunsten fallen würden?» Er sah das Entsetzen, das sich auf Wimmerings Gesicht spiegelte, und lachte. «Nein, nicht wahr? Na, lassen wir das!»

Aber so rasch vermochte Mr. Wimmering sich nicht von seinem Schreck zu erholen. Wie in einer plötzlichen Erleuchtung hatte er seinen verstorbenen Klienten in dem jetzigen Vicomte wiedererkannt, und sein Herz sank wie ein Stück Blei. Schaudernd erinnerte er sich an die vielen Anlässe, da der Fünfte Vicomte einer inneren und nur zu oft trügerischen Stimme gefolgt war, weil er unbelehrbar immer wieder fest daran glaubte, daß sich das Blatt endlich zu seinem Vorteil gewendet hatte. Verzweiflung übermannte ihn, denn er wußte aus bitterer Erfahrung, wie zwecklos der Versuch war, Seine Lordschaft zur Räson bringen zu wollen. Es stand nicht in seiner Macht, ihn abzuhalten, aber er murmelte einen flehenden Einspruch, als Adam nach Aufzählung seiner greifbaren Aktiven sagte: «Und dann ist da noch Fontley. Er weiß so gut wie ich, daß es nie belehnt und auch nicht besiedelt wurde. Mein Vater machte sich deshalb bittere Vorwürfe, nicht wahr? Ich wollte, er könnte heute wissen, wie dankbar ich ihm dafür bin, daß auf diesem Besitz niemals ein Pächter wohnte.»

Mr. Wimmering mußte sich so gut es ging mit der Hoffnung trösten, daß Mylords unantastbarer Besitz ihn vor der Armut bewahren würde. Bestimmt würde Fontley in Mr. Drummonds Erwägungen größeres Gewicht haben als jede andere Sicherstellung, die er zu bieten hatte – vorausgesetzt, der Bankier entdeckte nicht, daß er gegen Mr. Chawleighs Rat handelte.

«Das wird er nicht entdecken», sagte Adam. «Die Bank meines Schwiegervaters ist Hoarse.»

«Mylord!» sagte Wimmering beschwörend. «Habt Ihr überlegt – habt

Ihr in Erwägung gezogen – in welche Lage Ihr gerietet, wenn dieses – dieses Wagnis fehlschlagen sollte?»

«Das wird es nicht», erwiderte Adam mit so fester Überzeugung, daß Wimmering gegen seinen Willen beeindruckt war.

Er bat Adam jedoch, ihn nicht zu verpflichten, Drummond Vorschläge zu unterbreiten, die er aus ganzem Herzen mißbilligte. Die schwache Hoffnung, daß diese Worte Seine Lordschaft bedenklich stimmen würden, erwies sich als trügerisch.

«Bestimmt nicht!» sagte Adam und seine Augen blitzten in spöttischem Lachen. «Wenn Drummond Seine Leichenbittermiene zu Gesicht bekäme, hätte ich schon ausgespielt! Er würde mir nicht einmal ein Wagenrad leihen!» Das Gelächter verebbte, er betrachtete Wimmering kurze Zeit wortlos und sagte dann sehr ernst: «Ich glaube nicht, daß einem die Vorsehung mehrere Male eine Chance einräumt, sondern daß sich mir – wenn ich diese Gelegenheit ausschlage – niemals mehr eine zweite bieten wird. Es bedeutet mir sehr viel. Kann Er das nicht begreifen?»

Mr. Wimmering nickte und sagte betrübt: «Doch, Mylord. Mir war schon seit langem bekannt, leider –» Er ließ den Satz unbeendet und seufzte tief.

«Mißverstehe Er mich nicht», sagte Adam rasch. «Es ist eine Grille von mir – ein sonderbares Ausbrechen in meiner Gangart, hätte mein Vater gesagt –, aber durchaus nicht die Schuld Mr. Chawleighs! Ich habe stets nur Güte von ihm erfahren, und er ist mir wirklich teuer geworden!»

Mr. Wimmering wußte, daß danach nichts mehr zu sagen übrig blieb. Er kannte Mr. Chawleigh genügend, um tiefes Mitleid für jeden zu empfinden, der in seiner Gewalt war; aber er konnte noch immer die Hoffnung nicht unterdrücken, daß Mr. Drummond weniger entgegenkommend sein mochte, als Mylord es erwartete. Kaum aber hatte er das überlegt, baute sich vor ihm die düstere Vorstellung Mylords auf, der in die Fänge eines blutsaugerischen Geldverleihers gefallen war, und dieses Bild verschreckte ihn derart, daß der Kutscher ihn zweimal fragen mußte, wohin er fahren wollte, ehe er sich soweit gesammelt hatte, um die Adresse seiner Kanzlei in der Stadt zu murmeln.

Er hatte sich erbötig gemacht, das Ergebnis des Bankbesuches seines Klienten im Fenton abzuwarten, aber Adam (der eine beunruhigende Ähnlichkeit mit einem Schuljungen aufwies, der einen dummen Streich ausheckt) sagte, er werde erst spät abends wieder ins Hotel zurückkehren, da er geflissentlich darauf bedacht sei, seinem Schwiegervater auszuweichen, und die Gefahr bestehe, daß Mr. Chawleigh im Fenton vorsprechen werde, um zu erfahren, ob sein Rat befolgt worden sei. «Dann müßte ich ihm die Wahrheit gestehen, und das wäre völlig verkehrt», sagte Adam. «Ich werde Ihn in Seiner Kanzlei aufsuchen und vermutlich auch dort bleiben. Ich glaube nicht, daß Mr. Chawleigh dort hinkommen wird. Was meint Er? Er wird vermuten, daß Er die Stadt abgrast, um meine Wertpapiere loszuschlagen. Auf jeden Fall werden wir Seinen Schreiber einweihen. Gibt es einen Schrank, in den ich im Notfall schlüpfen könnte?»

Während Mr. Wimmering in der alten und übelriechenden Kalesche über die Pflastersteine rumpelte, dachte er, daß der Fünfte Vicomte bei all seinen Fehlern niemals von seinem Rechtsbeistand einen Schrank verlangt habe, um sich darin zu verbergen.

Nach Rückkehr in seine Kanzlei mußte er einige Zeit warten, ehe er Adams schleppenden Schritt im verstaubten Treppenhaus vernahm. Er erhob sich hinter seinem Schreibtisch, als Adam hereingeführt wurde, aber er mußte nicht erst fragen, wie es ihm ergangen war: Sein Lächeln sprach Bände. Wimmering hatte mittlerweile Zeit gehabt, seine gewohnte Beherrschung wiederzugewinnen, und er fragte im Ton einer ehrerbietigen Erkundigung: «Die Bemühungen Eurer Lordschaft waren von Erfolg gekrönt?»

Adam nickte. «Ja, natürlich! Hatte Er es anders erwartet? Fünfzigtausend – ist Er imstande, Papiere für diesen Gegenwert zu kaufen?»

«Fünfzigtausend?» wiederholte Wimmering fassungslos. Drummond will Euch fünfzigtausend Pfund Sterling leihen, Mylord?»

«Aber warum denn nicht? Überlege Er doch nur! Ich habe ungefähr zwanzigtausend bereits in Wertpapieren angelegt; ich besitze Fontley mit dem unantastbaren Grundeigentum, und außerdem noch drei Bauernwirtschaften, die –»

«Wußte er, wofür Ihr die Summe haben wollt, Mylord?»

«Natürlich! Er hält mich nicht für verrückt. Und er zittert auch nicht wie Espenlaub, weil wir vielleicht eine Schlappe erlitten haben. Wir unterhielten uns sehr ausführlich miteinander. Er ist ein vernünftiger Mann – ein wahrer Prachtmensch!» Er musterte Wimmering mit unverhohlenem Zwinkern und sagte vorwurfsvoll: «Nein, nein, da befindet Er sich gewaltig im Irrtum!»

«Mylord?» fragte Wimmering verdutzt.

«Ich erklärte ihm sofort, daß ich ihn ausdrücklich darauf aufmerksam zu machen wünschte, daß der von mir beabsichtigte Vorschlag nicht das geringste mit meinem Schwiegervater zu tun hätte.»

Wimmering öffnete den Mund und schloß ihn wieder. Er konnte sich unschwer vorstellen, welche Wirkung diese Warnung gehabt haben mußte. Allmählich beschlich ihn der Verdacht, daß er Seine Lordschaft unterschätzt hatte, aber er sagte bloß: «Natürlich, Mylord. Das war sehr richtig.»

Adam lachte. «Nun, er kann jedenfalls nicht behaupten, ich hätte ihm keinen reinen Wein eingeschenkt! Jetzt hör Er mir zu, Wimmering! Mr. Chawleigh versicherte mir, daß Er wüßte, wo Er meine Papiere abstoßen kann, daher bin ich überzeugt, daß Er auch weiß, wo Er welche für mich zu kaufen bekommt.»

«Das wird keine Schwierigkeiten machen, Mylord», sagte Mr. Wimmering trocken.

«Gut! Ich weiß nicht, wie weit die Preise noch absinken werden, aber ich glaube, ich sollte besser kein Risiko eingehen, also beginne Er sofort aufzukaufen.»

Mr. Wimmering schloß verzweifelt die Augen. «Kein Risiko eingehen ...!» stöhnte er schwach.

«Wenn ich den Erwerb hinauszögere, weil ich hoffe, später billiger zu kaufen, kann mir meine Chance entgehen. Wir dürfen jetzt wohl jeden Augenblick eine Nachricht aus dem Hauptquartier erwarten, die der Panik in der City ein Ende setzen wird. Drummond bereitete mich darauf vor, nicht sofort einen verblüffenden Preisaufschwung zu erwarten. Er nimmt an, die Preise werden vermutlich nicht über jenen Punkt anziehen, den sie bei Schließung der Börse erreicht hatten. Tu Er also Sein Bestes für mich, Wimmering! Ich weiß, ich kann mich auf Ihn verlassen.»

«Ich würde es lieber so formulieren, Mylord, daß ich Euren Befehlen gehorche», sicherte Wimmering sich ab.

Wenn er sich der Aufgabe auch nur mit größtem Widerwillen unterzog, erfüllte er sie doch zur absoluten Zufriedenheit seines Auftraggebers. «So billig!» rief Adam aus, der sich noch immer in Hochstimmung befand. «Er ist ein Hexenmeister, Wimmering! Wie, zum Teufel, hat Er das zuwege gebracht? Ach, mache Er doch ein etwas fröhlicheres Gesicht!»

«Mylord», versetzte Wimmering, «wenn es sich als unmöglich erwiesen hätte, derart billig zu kaufen, wäre mir fröhlicher zumute!»

Adam begab sich in Brooks Club, wo er aß und den Abend zubrachte. Es waren viele Mitglieder anwesend, und eine Zeitlang unterhielt er sich recht gut, plauderte mit Freunden und lauschte amüsiert den lächerlichen Theorien, die über den Verlauf des Krieges aufgestellt wurden. Je weiter der Abend allerdings fortschritt, desto mehr verlor sich seine Belustigung. Er begann nervös zu werden und beantwortete einige Male an ihn gerichtete Worte mit einer Kürze, die an Unhöflichkeit grenzte. Er brach bald darauf auf und überlegte, weshalb die Pessimisten um so vieles zahlreicher und stimmgewaltiger waren als die Optimisten. Überrascht stellte er fest, daß dumme Bemerkungen ihn wütend machten, aber er fand, daß Leute, die bedrohliche Nachrichten in Umlauf brachten, eine schroffe Zurechtweisung verdienten, auch wenn immer wieder beteuert wurde, daß diese Nachrichten aus verläßlichen Quellen stammten. Einzig Hohlköpfe schenkten jenen Gerüchten auch nur den leisesten Glauben, die von Schwätzern wiederholt wurden, die sie wieder von einem Freund erfahren haben wollten, der seinerseits einen Mann gesprochen hatte, der eben aus Belgien eingelangt war. Wenn schon die gesamte Öffentlichkeit beunruhigt war, grenzte es ans Verbrecherische, Schreckensmeldungen zu verbreiten, die nur dazu führen konnten, die Verzagtheit zu fördern. Er zog sich aus der Hörweite der über den Krieg Debattierenden zurück und nahm Platz, um die jüngste Ausgabe des *Gentleman's Magazine* durchzublättern. Er fand nichts Interessantes darin, versuchte, einen Artikel zu lesen, wurde aber durch zwei ältere Herren abgelenkt, die hitzig über die Vorzüge Turners und Claudes debattierten. Bruchstücke anderer Gespräche drangen an sein Ohr: Bewunderung des Panoramas von Leicester Fields, das jüngste Bonmot einer Persönlichkeit, das unfaßbare Spielerglück eines Adeligen; es war unglaublich, daß die Menschen in einem solchen Augenblick in derlei Trivialitäten vertieft waren!

Sein Kopf hatte zu schmerzen begonnen; er fühlte sich niedergeschlagen und bemerkte, daß er sehr abgespannt war. Sicher war das der Grund, daß er sich nicht auf diesen langatmigen Artikel konzentrieren konnte. Es war Zeit, zu Bett zu gehen. Er verließ den Klub, ging zu Fuß in sein Hotel zurück und redete sich ein, daß ausreichender Schlaf genügen würde, um ihn wieder mit jener unerschütterlichen Zuversicht zu erfüllen, die er den ganzen Tag über verspürt hatte.

Er hatte erwartet, sofort einzuschlafen, aber kaum schloß er die Augen, begannen seine Gedanken auch schon durcheinanderzuwirbeln. Er dachte an die im Laufe des Tages durchgeführten Transaktionen und versuchte sich ein Bild darüber zu machen, was jenseits des Kanals geschah. Er wollte nicht mehr an den Krieg denken und zwang sich, statt dessen nochmals die Pläne zu überschlagen, die er für die Verbesserung seines Besitzes ausgearbeitet hatte, aber es gelang ihm nicht. Sein Körper schmerzte vor Müdigkeit, aber wie er sich auch legen mochte, es erwies sich jede Stellung nach wenigen Minuten als unerträglich, und je müder er wurde, desto lebhafter regte sich sein Geist. Er sagte sich, daß sein schwindender Optimismus nichts weiter als eine Reaktion auf seine vorherige Hochstimmung sei, und hielt sich vor Augen, wie oft dumpfe Bedrückung nach einem schwer errungenen Kampfsieg die ursprüngliche jubelnde Stimmung abgelöst hatte; aber das Für und Wider in seinem Kopfe wollte kein Ende nehmen. Zweifel erfaßten ihn. Eine Niederlage, die er kaum in Erwägung gezogen hatte, erschien mit einem Schlage wahrscheinlich. Stärker als die Erinnerungen an Talavera, Salamanca und Vittoria drängte sich der Gedanke in den Vordergrund, daß Wellington noch nie Napoleon selbst gegenübergestanden war. Er hatte den Leuten ins Gesicht gelacht, die das ins Treffen geführt hatten, aber es war richtig: Masséna war der berühmteste Marschall gewesen, der gegen Wellington entsandt worden war, und der war zwar ein guter General, aber kein Napoleon. Natürlich war es ebenso richtig, daß Wellington noch nie eine Schlacht verloren hatte, aber das ließ sich von jedem

General vor seiner ersten Niederlage behaupten. Er kämpfte gegen die ihn leise beschleichende Furcht vor der unvermeindlichen Katastrophe an und dachte an die prächtigen Burschen, aus denen die spanische Armee bestanden hatte: Trunkenbolde vielleicht, aber mehr als ebenbürtige Gegner für eine dreifache Übermacht der Franzosen, wie sie es immer wieder und wieder bewiesen hatten. Die Franzosen waren im Angriff ja recht gut, aber wenn es zu hartnäckigerem Ringen kam, konnte kein Soldat der Welt den Vergleich mit den Engländern aufnehmen.

Ein Hoffnungsfunke sprang hoch und verlosch sofort wieder. In der neuen Armee Wellingtons befanden sich zu viele Ausländer, zu viele Bataillons ohne jede Kampferfahrung. Der Rekrut, der noch nie im Kugelhagel gestanden hatte, mochte wahre Wunder an Heldentum vollbringen, aber angesichts eines entschlossenen Angriffes war einzig auf die zähe Unerbittlichkeit eines erfahrenen Soldaten Verlaß. Die Koalitionsarmee war nicht die Spanien-Armee; sie war eine vielsprachige Streitmacht, deren Kernstück allerdings die Veteranenregimenter bildeten, aber ihre Mannschaften rekrutierten sich aus unerprobten Kadern wie den Holland-Belgien-Einheiten, den Brunswickern (von denen viele, wie Major Rowan schrieb, kaum mehr als Kinder waren) und den Hannoveranischen Landwehr-Bataillons.

Als grau der Tag heraufkroch, übermannte Adam die Erkenntnis, daß er wie ein Irrer gehandelt hatte, und ehe ihn ein unruhiger, von Angstträumen gepeinigter Schlummer umfing, litt er schlimmere Folterqualen als unter den Messern der Chirurgen.

Als Kinver die Jalousie in seinem Zimmer hochzog und er erwachte, erschienen ihm seine schlimmsten Befürchtungen übertrieben, aber er fühlte sich beim Aufstehen erschöpfter, als er sich abends zu Bett gelegt hatte, und die Hoffnung wollte sich nicht wieder einstellen.

Er vermochte sich später nicht zu erinnern, was er während dieses endlosen Tages getan hatte. Als die Zeitungen erschienen, brachten sie die ersten Berichte von den Kampfhandlungen des 16. und 17. Juni. Selbst wenn man Übertreibungen und Mißverständnisse einkalkulierte, klangen die Nachrichten nicht eben ermunternd. Es gab keine offizielle Mitteilung. Das war ein sicheres Zeichen, daß die Geplänkel in Ligny und Quatre-Bras erst das Vorspiel zu der eigentlichen Schlacht waren, von der noch keine Meldung London erreicht hatte.

Eine böse Sache, dieses Quatre-Bras, das ließ sich erkennen. Boney hatte den Herzog überrumpelt; unbegreiflich blieb nur, daß Ney anscheinend nicht zum Angriff geschritten war, obwohl er wissen mußte, daß der Feind ihm zahlenmäßig weit unterlegen war. Seine eigenen Ängste vergessend, dachte Adam, daß sie sich wie Helden benommen haben mußten, jene Männer, die keinen Zoll Bodens aufgaben, ehe Picton in der zweiten Hälfte des Nachmittags mit seiner Reserve nachrückte. Auch die holländisch-belgischen Einheiten hatten gehalten: nun, das war jedenfalls erfreulich! Aber Picton war unter schweren Beschuß geraten, und nirgends stand etwas von der englischen Kavallerie zu lesen. Es mußte ein verzweifelter Nahkampf mit schweren Verlusten gewesen sein, aber zum Glück war er nicht entscheidend. Die Scharmützel der Kavallerie bei Genappe am 17. Juni lieferten den Federn der Journalisten aufregendes Material, waren aber relativ unbedeutend. Die böseste Nachricht war, daß die Preußen schwer angeschlagen schienen und in Unordnung zurückgeworfen worden waren. Es ging sogar das Gerücht vom Tode Blüchers, und wo die Preußen zur Zeit standen, ob sie sich wieder zum Angriff sammelten oder weiter zurückzogen, wußte niemand. Die Lage würde bedenklich sein, überlegte Adam, wenn es den deutschen Offizieren nicht gelingen sollte, die Truppen wieder zur Ordnung zu zwingen.

Es war nicht leicht, sich aus den unverläßlichen Berichten ein Bild zu machen, aber für kurze Zeit kehrte Adams Hoffnung zurück, der sich mit der Überlegung tröstete, daß zwar die Reserve ernstlich geschwächt schien, Wellington jedoch imstande gewesen war, seine Truppen in guter Ordnung zurückzuziehen, ohne dabei vom Feind gestört zu werden.

Es folgten keine weiteren Zeitungsmeldungen, aber mit jeder sich schwerfällig dahinschleppenden Stunde trafen bedrohlichere Gerüchte in London ein und gingen von Mund zu Mund. Die Koalitionsarmee hätte eine vernichtende Niederlage erlitten; ihre Überreste hätten sich in heilloser Verwirrung nach Brüssel geflüchtet, und man hatte sie durch das Antwerpener Tor marschieren sehen. Flüchtende Soldaten waren bis Gent und Antwerpen versprengt und berichteten von einem noch nie dagewesenen Feuerhagel, überwältigenden Angriffen von riesigen Kavallerieeinheiten und schrecklichen Gemetzeln.

Adam durchschaute viele der Gerüchte als falsch, aber es war unmöglich, unter der immer drückenderen Wucht der Katastrophenberichte unerschütterliches Vertrauen zu bewahren. Wenn auch nicht die winzigste Erfolgsbotschaft zu entdecken war, ließen sich die Gerüchte nicht länger lachend in den Wind schlagen; selbst wenn die Geschichten stark übertrieben waren, mußten sie doch auf Wahrheit beruhen, und er war schließlich gezwungen, sich nicht nur mit der Möglichkeit einer Niederlage, sondern mit deren fatalen Sicherheit abzufinden. Die Zuversicht, die am Vortage gleich einer Flamme in Adam gelodert hatte, war während der Nacht zu Asche verglommen und züngelte nun schwach und immer kraftloser unter seiner Anstrengung auf, sie am Leben zu erhalten, ohne jedoch bereits gänzlich erloschen zu sein, als er an diesem Abend zu Brooks hinunterwanderte. Immer gloste die Hoffnung, aber mit einem so spärlichen Schimmer, daß er sich ihrer kaum noch bewußt war. Er fühlte sich wie betäubt – als sei er bewußtlos geschlagen worden. Er versuchte zu begreifen, daß das Heer besiegt war, aber die Worte prallten ohne Echo von ihm ab, und er begriff ihren Sinn sowenig, als wären sie Kauderwelsch. Da fiel ihm noch die Erkenntnis leichter, daß er seine Existenz ruiniert hatte. In den Qualen der Ernüchterung hatte er laut vor sich hingemurmelt: «O Gott, was habe ich getan?» und das Entsetzen vor seiner scheinbar verrückten Tat hielt ihn gefangen. Dennoch vermochte er weiterhin schüchtern daran zu glauben, daß sein Wagnis sich trotz allem noch erfolgreich zeigen würde. Der kleine Hoffnungsfunke glomm unter der Verzweiflung, und die Selbstvorwürfe stützten sich genauso wenig auf eine klare Überlegung wie die Ungläubigkeit, die er empfand, sooft ihm ein neuer Bericht über eine feige Flucht zu Ohren kam. Er wußte, daß er es nicht für ein Hasardspiel gehalten hatte, als er alles, was er besaß, selbst Fontley, zum Einsatz brachte, aber es gelang ihm nicht, jene Zuversicht zurückzugewinnen, die ihn damals zu diesem Schritt veranlaßt hatte, oder zu begreifen, wieso er so aufreizend, so unverzeihlich dumm gewesen sein konnte, Mr. Chawleighs Rat und Wimmerings Vorstellungen zuwiderzuhandeln.

Der Klub war überfüllt, und ausnahmsweise befanden sich nur wenige Mitglieder im Spielzimmer. Alles erörterte die Berichte aus Belgien, aber es gab keine neuen Nachrichten und auch kein Anzeichen dafür, daß eine Meldung aus dem Hauptquartier des Herzogs eingetroffen sei. In dem großen Saal, dessen Fenster auf die St. James Street hinausgingen, bewies Lord Grey zur sichtlichen Zufriedenheit seiner enormen Zuhörerschar, daß Napoleon in diesem Augenblick Brüssel besetzt hatte. Napoleon hatte zweihunderttausend Mann jenseits der Sambre, was jeden Zweifel an dieser Frage ausschloß. Niemand versuchte, Lord Grey zu widersprechen. Sir Robert Wilson begann einen Brief vorzulesen, der das Gerücht bestätigte, daß die Überreste der Armee Brüssel geräumt hätten und sich zur Küste absetzten.

Ein fremder Herr mittleren Alters, der an einem der Fenster neben Adam stand, sagte leise mit zornerfüllter Stimme: «Unsinn! Bösartiger Idiot! Ich glaube kein Wort davon. Sie etwa?»

«Nein!» antwortete Adam.

Das Stimmengewirr wurde lauter, Friedensbedingungen wurden besprochen, als plötzlich der Lärm verstummte und jemand ausrief: «Hören Sie nur!»

Aus der Ferne ließen sich Hochrufe vernehmen. Sie kamen näher. Adams unbekannter Gesellschafter reckte den Kopf aus dem Fenster und blickte angestrengt in die Dämmerung die Straße hinauf. «Es ist eine Kalesche, glaube ich», sagte er. «Ja, aber – kommen Sie, Sir, Ihre Augen sind jünger als meine. Was ist das, was aus den Kutschenfenstern ragt?»

Adam war mit schnellen, hinkenden Schritten ans Fenster getreten. Mit merkwürdig belegter Stimme sagte er: «Adler! Das Heereszeichen der Franzosen!»

26

Nun brach ein Höllenspektakel los. Alles stürzte zu den Fenstern. Als die Postkutsche vorbeirollte, neigten sich gesetzte Herren aus dem Fenster und winkten und riefen; Leute, die einander nie mehr als flüchtig zugenickt hatten, klopften sich auf den Rücken, und selbst die schärfsten Kriegsgegner jauchzten um die Wette.

Adam lehnte sich gegen die Wand. Er war so benommen, daß er die Augen schließen mußte. Das Zimmer drehte sich um ihn, es wurde ihm abwechselnd siedend heiß und eiskalt, aber es gelang ihm, sich auf den Beinen zu halten und seinen Schwächeanfall zu überwinden.

Kellner rannten nach Champagnerflaschen, Korken begannen zu knallen, und jemand brachte einen Trinkspruch auf Wellington aus. Alle erhoben ihr Glas. Adam sah, daß der Sprecher einer der vormals schärfsten Kritiker des Herzogs war, und grinste innerlich. Heute abend hatte der Herzog keine Gegner, sondern nur begeisterte Anhänger. Adam nahm an, daß der Freudentaumel nicht lange anhalten würde, aber er sah nicht voraus, daß innerhalb von drei Tagen so mancher, der heute Wellington als den Retter des Landes bejubelte, behaupten würde, die Schlacht wäre eher einer Niederlage als einem Sieg gleichgekommen.

Adam blieb nicht mehr lange im Klub, sondern zog sich unauffällig zurück und begab sich in sein Hotel. Kinver erwartete ihn bereits mit breitem Lachen. Adam lächelte ihm mühsam zu. «Hat Er die Kutsche gesehen, Kinver?»

«Das kann man wohl sagen, Mylord! Mit den Adlern, die aus den Fenstern herausragten! Drei Stück!»

Adam sank schwer in den Sessel vor seinem Ankleidetisch und hob die Hand, um die Nadel aus seinem Halstuch zu zerren. Kinver sagte: «Ich hoffe, Ihr werdet heute nacht schlafen, Mylord!»

«Ich glaube, ich könnte vierundzwanzig Stunden pausenlos durchschlafen», erwiderte Adam.

Ehe sein Kopf noch das Kissen berührte, war er schon fast eingeschlafen. Kinver fand, daß er noch nie so erschöpft ausgesehen hatte. Er hätte gern die Vorhänge rund um das Bett zugezogen, um ihn vor den Sonnenstrahlen zu schützen, die in wenigen Stunden durch das Fenster fallen würden, aber er wagte es nicht. Seine Lordschaft, die jahrelang an Zeltbetten gewöhnt gewesen war, behauptete, er könne in einem durch geschlossene Vorhänge vor jeder frischen Luft geschützten Bett nicht schlafen.

Ungeachtet des Umstandes, daß sein Zimmer gegen Osten lag, schlief er tief und traumlos und beinahe ohne sich zu bewegen. Als er endlich erwachte, war sein Zimmer in goldenes Licht getaucht, das durch die Jalousie gedämpft wurde, die Kinver fürsorglich herabgelassen hatte. Er gähnte, räkelte sich genußvoll, ohne noch hellwach zu sein, und empfand ein unbestimmtes, grenzenloses Wohlbehagen. Sobald ihm die Ursache dieser Stimmung wieder einfiel, galt sein erster Gedanke der Freude über den Sieg. Dann begriff er, wozu er vorher noch kaum in der Lage gewesen war, nämlich daß er nicht ruiniert, sondern vermutlich wohlhabender war als je zuvor.

Die Tür knarrte. Er sah Kinver vorsichtig einen Blick hereinwerfen und sagte faul: «Ich bin schon wach. Wie spät ist es?»

«Elf Uhr vorbei, Mylord», erwiderte Kinver und zog die Jalousie hoch.

«Du lieber Gott, habe ich so lange geschlafen? Ich muß gleich aufstehen!» Mit einem Satz sprang er aus dem Bett und schlüpfte in den Morgenrock, den Kinver bereithielt. «Sag Er dem Kellner, er möge das Frühstück sofort heraufschicken, ja? Ich bin hungrig wie ein Wolf! Sind die Zeitungen schon da?»

«Ja, Mylord, sie liegen im Salon bereit. Sieht aus, als ob Napoleon diesmal gründlich und endgültig ausgespielt hätte.»

Er ging, um das Frühstück zu bestellen, und Adam begab sich in den angrenzenden Salon, schlug die *Gazette* auf und setzte sich nieder, um die Meldungen über Waterloo zu lesen. Er hatte seine Lektüre eben beendet, als das Frühstück aufgetragen wurde. Sein Gesicht war so ernst, daß Kinver fragte, als der Kellner sich zurückgezogen hatte: «Er ist doch geschlagen, Mylord, nicht wahr?»

«Endgültig, nehme ich an. Aber die Schlacht hat zwölf Stunden getobt! Ich fürchte, unsere Verluste sind ungeheuerlich.» Er legte die Zeitung beiseite und dabei fiel sein Blick auf das Datum. Ungläubig starrte er es an und rief: «Mittwoch, der 21. Juni! O mein Gott!» Er sah, daß Kinver ihn verständnislos anblickte, und sagte: «Heute findet doch Miss Lydias Verlobungsfeier statt! Jetzt sitze ich fein in der Patsche! Warum, zum Kuckuck, hat Er mich nicht schon früher geweckt?»

«Ich bitte tausendmal um Vergebung, Mylord», sagte Kinver tödlich verlegen. «Aber in der allgemeinen Aufregung – und da Ihr völlig ungestört zu schlafen wünschtet – ist es mir völlig entfallen!»

«Mir auch. Kann es wirklich schon Mittwoch sein? Sicherlich –» Er fuhr sich mit der Hand über die Stirn und versuchte, die Tage nachzuzählen. «Ja, es wird wohl stimmen. Du lieber Himmel!»

«Eßt Euer Frühstück, Mylord, und ich werde Nachricht geben, daß Ihr die Equipage in einer Stunde braucht!» schlug Kinver vor. «Wir werden gegen neun in Fontley sein, vielleicht sogar früher.»

Adam zögerte, dann schüttelte er den Kopf. «Nein, das geht nicht. Ich muß Wimmering sprechen, ehe ich die Stadt verlasse. Gib Er jedoch Auftrag, daß die Kutsche bereitstehen soll – um etwa zwei Uhr. Ich bin überrascht, daß Wimmering noch nicht hier war.»

«Mylord, Mr. Wimmering war hier», gestand Kinver schuldbewußt. «Als ich ihm jedoch sagte, Eure Lordschaft schliefe, wollte er Eure Lordschaft nicht wecken lassen und sagte, er würde am Nachmittag wiederkommen.»

«So. Vermutlich hat Er es gut gemeint, aber ich werde nicht untätig hier herumsitzen. Ich werde in die City fahren.» Er überlegte dann, daß er bei dieser Gelegenheit auch gleich Drummond aufsuchen könnte, und lächelte seinem bekümmerten Diener zu. «Schon recht. Ich hätte auf jeden Fall zu Drummond fahren müssen.»

Sein Besuch bei der Bank dauerte länger, als er angenommen hatte, denn Mr. Drummond fand, daß dieser Anlaß seines erstklassigen Sherrys wert sei. Die Höflichkeit zwang Adam, seine Ungeduld zu zügeln, und so war es bereits zwei Uhr, als er in Wimmerings Kanzlei kam.

Wimmering wollte sich eben auf den Weg ins Hotel Fenton begeben und rief mißbilligend aus: «Mylord! Ihr hättet Euch nicht die Mühe machen sollen, mich aufzusuchen. Ich habe bei Eurem Diener die Botschaft hinterlassen, daß ich wiederkommen würde.»

«Ich weiß es, aber ich bin in wahnsinniger Eile!» sagte Adam. «Heute abend findet zu Ehren der Verlobung meiner Schwester ein großes Abendessen auf Fontley statt, und ich gab ihr mein Wort, daß ich rechtzeitig zurück sein würde. Das ist natürlich ausgeschlossen, aber vielleicht komme ich wenigstens noch rechtzeitig an, um mich von meinen Gästen zu verabschieden. Ich werde in tiefste Ungnade gefallen sein – und das mit Recht!»

Mr. Wimmering sagte förmlich: «Wenn erst bekannt wird, was Euch am Kommen hinderte, Mylord, wird Euch wohl verziehen werden. Und darf ich, ehe ich von Geschäften spreche, darum bitten, daß auch mir verziehen werden möge? Der Kopf Eurer Lordschaft ist besser als der meine. Ich muß gestehen, daß ich Euer weitblickendes Unterfangen mit tiefer Beunruhigung verfolgte, ja, ich wurde den ganzen gestrigen Tag von solchen Befürchtungen gequält, daß es mir unmöglich war, auch nur ein Stückchen Toast hinunterzuwürgen. Zwar treibt mir dieses Geständnis die Schamröte in die Wangen, aber so war es.»

«Zur Beschämung besteht gar kein Grund», sagte Adam. «Sprechen wir nicht von gestern! Was ich ausgestanden habe –! Weiß Er, daß ich mich ernstlich fragte, ob man mich nicht besser ins Irrenhaus sperren sollte? Ich werde mich nie wieder auf ein solches Wagnis einlassen. Ich habe einfach nicht die nötige Gelassenheit für Spekulationen!»

Als er Wimmering kurz darauf verließ, wollte er eben eine Mietskutsche herbeiwinken, als ihm einfiel, daß er einen dritten Besuch abstatten mußte. Er zögerte kurz, dann schickte er sich in diese Verpflichtung und ging zu Fuß nach Cornhill. Er würde entsetzlich spät in Fontley eintreffen, aber dagegen war nichts zu machen: Die gute Erziehung zwang ihn, seinen Schwiegervater aufzusuchen.

Er traf Mr. Chawleigh allein an und betrat sein Zimmer ohne Voranmeldung. Die Türklinke noch in der Hand, blieb er stehen und betrachtete ihn mit plötzlich erwachter Besorgnis. Mr. Chawleigh saß hinter seinem Schreibtisch, schien aber nicht zu arbeiten. Etwas an seiner Haltung, die vornüberhängenden breiten Schultern, die Düsterkeit seiner Züge ließ Adam fürchten, daß er bedeutend schwerere Verluste erlitten hatte, als er zugab. In ehrlicher Sorge sagte er: «Sir –!»

Mr. Chawleighs Ausdruck veränderte sich nicht. Dumpf sagte er: «Sie sind also nicht nach Hause gefahren, Mylord?»

«Noch nicht. Ich reise aber noch heute ab. Es ist doch Lydias Verlobungsfeier, aber ich wollte Sie noch sprechen, ehe ich London verlasse.»

«Ich weiß», antwortete Mr. Chawleigh. Er stand auf und stützte sich mit den Knöcheln seiner Hände auf die Tischplatte. «Sie brauchen mir gar nichts zu sagen», erklärte er. «Sparen Sie sich auch Ihre Vorwürfe, denn die können nicht beißender sein als meine eigenen. Tja, es zerstört jede Freude an dem Wissen, daß wir Bonaparte geschlagen haben! Zum erstenmal habe ich jemanden nachteilig beraten, und das mußten ausgerechnet Sie sein! Ich weiß nicht, wann ich etwas tiefer bedauerte, das dürfen Sie mir glauben!»

Adam legte rasch seinen Hut und seine Handschuhe auf einen Stuhl und hinkte näher. «Mein lieber Sir –» sagte er sehr gerührt. «Nein, nein, ich versichere Ihnen –»

«Na, sagen Sie nichts, Junge», unterbrach ihn Mr. Chawleigh. «In Ihrer Wohlerzogenheit wollen Sie mich nicht noch tiefer beschämen, aber ich habe Ihnen einen sehr üblen Streich gespielt, und es nützt gar nichts, daß ich dieses Ergebnis nicht gewollt hatte. Jetzt –»

«Mr. Chawleigh –»

«Nun, hören Sie, was ich Ihnen zu sagen habe, Mylord!» fuhr Mr. Chawleigh fort, trat hinter seinem Schreibtisch hervor und legte Adam die Hand auf die Schulter. «Ohne mich hätten Sie nie daran gedacht zu verkaufen, nicht wahr?»

«Nein, aber –»

«Also ist es meine Schuld und es ist an mir, meinen Fehler wieder gutzumachen, was ich auch tun werde, und hier ist meine Hand darauf! Nein, wir wollen uns jetzt in keine Debatten einlassen –»

«Sie sind viel zu gütig zu mir, Sir», fiel Adam ihm ins Wort. Seine schlanke Hand war in der riesigen Pranke seines Schwiegervaters völlig verschwunden. Er lächelte ihn an. «Aber ich kam nicht her, um Ihnen Vorstellungen zu machen. Ich kam, weil ich Ihnen mitteilen wollte, daß ich ein Vermögen gemacht habe!»

«*Was* haben Sie?» rief Mr. Chawleigh und starrte ihn unter plötzlich gerunzelten Augenbrauen an.

«Nun, Sie werden es sicher nicht für ein Vermögen halten», sagte Adam, «aber ich versichere Ihnen, daß es in meinen Augen eines ist! Ich hoffe, Sie werden mir verzeihen: Ich habe Ihren Rat nicht befolgt.»

Die mächtigen Finger Mr. Chawleighs gruben sich tiefer in seine Schulter. «Sie haben nicht verkauft?» forschte er.

«Nein, Sir. Ich habe gekauft!»

«Sie – da schlägt's dreizehn!» sagte Mr. Chawleigh überwältigt. «Wenn ich und Wimmering Ihnen gesagt haben – Donnerwetter, das hätte ich Ihnen nie zugetraut –!» Ein entzücktes Lächeln breitete sich über sein Gesicht. Er gab Adams Schulter frei und klopfte ihn auf den Rücken. «Guter Junge, braver Junge!» sagte er. «*Gekauft* –! Und wie hoch ist der Gewinn?»

«Das weiß ich noch nicht genau, aber Drummond schätzt ihn ungefähr auf zwanzigtausend, Sir.»

«Zwanzig – Und woher hatten Sie das Geld, um soviel aufzukaufen?»

«Ich lieh es mir von Drummond – gegen meine eigenen Sicherstellungen.»

«Ach!» sagte Mr. Chawleigh. «Und ich nehme an, er hatte keine Ahnung, daß ich eine Ihrer Sicherstellungen bin, wie?»

«Ich sagte ihm», antwortete Adam ohne Umschweife, «daß er nicht annehmen dürfe, Sie hätten das geringste mit dieser Transaktion zu tun.»

Mr. Chawleigh musterte ihn mit funkelnden Augen, aber etwas wie Bewunderung lag in seinem Blick. «Wenn Sie kein Lord wären», sagte er, «würde ich Sie einen jungen Windbeutel nennen.»

Adam lachte. «Wirklich? Es war die volle Wahrheit! Sie hatten nichts damit zu tun.»

«Natürlich nicht! Ich hätte bestimmt ruhig zugeschaut, wenn man den Mann meiner Tochter pfändet, nicht?» gab Mr. Chawleigh mit einer gewissen Schärfe zurück. «Nein, wenn ich mir vorstelle, daß Sie es so faustdick hinter den Ohren haben –! Zwanzigtausend Pfund!» Er lachte schallend. Plötzlich aber verfinsterte sich seine Miene und er warf Adam einen argwöhnischen Blick zu. «Sie werden jetzt wohl Ihre Hypotheken einlösen wollen, nehme ich an?» sagte er herausfordernd.

Es trat eine lange Pause ein. Die Hypotheken auszubezahlen, Fontley wieder zu seinem Eigentum zu machen, unabhängig von Chawleighs Gold zu sein, frei auch nur von dem Schatten einer möglichen Einmengung Chawleighs, war Adams einziges Motiv zu einer Spekulation gewesen, die er jetzt als die verrückteste Tat seines Lebens ansah. Selbst als die Angst ihm die Kehle zuschnürte, hatte er sich an den Gedanken geklammert, daß dieser Zweck jedes Mittel heilige. Sein Hasardspiel war geglückt. Aber während er seinen mißtrauischen Schwiegervater betrachtete, erkannte er betroffen, daß er nun, da es in seiner Macht lag, die Hypotheken einzulösen, nicht mehr den Wunsch dazu empfand. Beinahe vom Tage seiner Hochzeit an war all sein Sinnen und Trachten auf die Tilgung seiner Schulden gerichtet gewesen. Daß dieser Zeitpunkt nun gekommen war, hätte auch heute früh beim Aufwachen sein erster

Gedanke sein müssen; aber es war ihm nicht eingefallen, ehe Mr. Chawleigh selbst ihn daran erinnert hatte. Statt dessen waren seine Gedanken um Entwässerung, neue Bauernhäuser und die Versuchswirtschaft gekreist, die er sich nun leisten konnte. Seine bisherige Besessenheit erschien ihm mit einemmal kindisch. Wenn Mr. Chawleigh zu einem seiner wutschnaubenden Angriffe ansetzte, geriet Adam selbst zwar auch in Zorn, aber er war jederzeit imstande, sich gegen Mr. Chawleigh zu behaupten. Und, um ihm Gerechtigkeit widerfahren zu lassen, mußte er zugeben, daß Mr. Chawleigh nie auch nur die leisteste Neigung hatte erkennen lassen, sich in die Angelegenheiten Fontleys einzumengen. Unter dem Druck einer schweren Gemütsbelastung hatte er einmal gedroht, die Hypotheken als verfallen zu erklären, aber Adam hatte selbst während dieser hitzigen Auseinandersetzung gewußt, daß Mr. Chawleigh diese Drohung niemals in die Tat umzusetzen beabsichtigte und weit entfernt davon war zu begreifen, was für einen abstoßenden Eindruck es auf jemanden machen mußte, der empfindsamer war als er selbst, wenn er sich so brutal auf seine Macht berief. Sein vulgäres Gehaben stellte oft große Ansprüche an die Beherrschung seines Gegenübers, aber unter seiner Unerzogenheit verbargen sich viele bewundernswerte Charakterzüge und ein weicheres Herz, als sein grimmiges Aussehen vermuten ließ. Als Adam ihn jetzt ansah, wußte er, daß er so feindselig die Haare sträubte, weil er fürchtete, verletzt zu werden. Nein, das sollte nicht geschehen! Auf keinen Fall durch seinen Schwiegersohn, der ihm so viel Dank schuldete und den er so deutlich in sein Herz geschlossen hatte.

«Natürlich werde ich sie einlösen, wenn Sie das wünschen, Sir», sagte Adam.

Der finstere Blick wurde um eine Schattierung freundlicher.

«Warum sollte ich es wünschen? Ich hab mir eingebildet, Sie können es kaum ertragen, daß ich etwas mit Ihrem heißgeliebten Besitz zu tun habe – und daß Sie nicht eher ruhig schlafen werden, bis Sie mir jeden Penny, den Sie von mir bekommen haben, zurückgezahlt haben!»

«Du lieber Himmel, Sir, ich hoffe, das erwarten Sie nicht von mir», parierte Adam. «Ich könnte Ihnen niemals alles zurückzahlen, was ich Ihnen schulde!»

«Reden Sie keinen Quatsch!» brummte Mr. Chawleigh. «Sie wissen genau, daß ich das nicht erwarte.»

«Natürlich weiß ich das – und auch, daß Ihnen nichts größere Freude macht, als mich mit den kostspieligsten Luxusdingen zu überschütten», sagte Adam und sein Blick verriet nicht nur Belustigung, sondern auch herzliche Zuneigung. «Und was Fontley anbelangt, so haben Sie vollkommen recht, wenn Sie glauben, daß ich mir die Freitreppe nicht von Ihnen mit einem Teppich belegen oder meinen Park mit einem Rudel Rehen bevölkern lasse! Aber ich warne Sie schon heute, daß ich fest beabsichtige, Sie zu überreden, Ihren kleinen Finger in ein Projekt zu stecken, das mir vorschwebt. Im Augenblick habe ich jedoch keine Zeit, mich näher darüber auszulassen. Und wegen der Hypotheken habe ich einen bedeutend besseren Plan, als mein Geld daran zu verschwenden, sie von Ihnen einzulösen: es wäre mir unendlich viel lieber, wenn Sie Giles damit belasteten.»

Die Stirnfalten Mr. Chawleighs waren gänzlich verschwunden. «Das ist ein prächtiger Einfall!» rief er und rieb sich die Hände. «Ei, das werde ich, Gott segne das kleine Bürschchen! Ich werde sie ganz legal eintragen lassen, in bester Ordnung und mit allem Drum und Dran, nur keine Angst!» Plötzlich kam ihm ein neuer Gedanke und er sagte: «Wenn Sie der Regierung einen Dienst erwiesen, könnten Sie sich wohl zum Grafen ernennen lassen, wie?»

«Um Giles zu einem Titel zu verhelfen? Nicht um alles in der Welt! Er ist schon heute viel zu arrogant – er glaubt, alles müßte sich einzig um ihn drehen!»

«Der kleine Schlingel!» sagte Mr. Chawleigh zärtlich. «Ich hätte aber doch gerne einen ansehnlichen Titel für ihn. Ach, und ich würde auch Sie gern als Grafen begrüßen dürfen, Mylord, das will ich gar nicht erst leugnen.»

«Wenn Ihnen so viel an Titeln liegt, Sir, warum beschaffen Sie sich nicht selbst einen? Ich finde, Sie sollten Ratsherr werden.»

Er hatte diese Bemerkung rein zufällig hingeworfen, bloß um Mr. Chawleigh auf andere Gedanken zu bringen, bemerkte aber sofort, daß er einen unbeabsichtigten Volltreffer erzielt hatte. Mr. Chawleigh fixierte ihn streng und sagte: «Wie sind Sie nur auf diese Idee verfallen, Mylord?»

«Ah!»

«Nun, vielleicht werde ich bald Ratsherr sein», gab Mr. Chawleigh zu. «Aber tratschen Sie es nicht aus, Mylord, denn es steht noch gar nicht fest, wohlgemerkt! Ich sage nur, daß einer dieser Posten jetzt unbesetzt ist, was jedermann weiß, da der arme alte Ned Quarm ins Gras gebissen hat, und es kann sein, daß ich gewählt werde.»

«Ich werde es keiner Menschenseele verraten», versprach Adam. «Ratsherr Chawleigh! Gar nicht übel!»

«Finden Sie, daß es gut klingt, Mylord?» fragte Mr. Chawleigh eifrig.

«Ausgezeichnet sogar! Ich kann mir schon vorstellen, wie ich sage: ‹Mein Schwiegervater, der Ratsherr!› Wir werden alle grauenhaft eingebildet sein – und völlig unerträglich, wenn Sie erst einmal Oberbürgermeister sind!»

Dieser Spaß gefiel Mr. Chawleigh so ungeheuer, daß er noch immer vergnügt in sich hineinlachte, als sich Adam von ihm verabschiedete.

Es war bereits vier Uhr, als Adam in sein Hotel zurückkam, und nach Ansicht seines Dieners viel zu spät, um noch aufzubrechen. «Denn wir können nicht vor zwei oder drei Uhr früh in Fontley sein, Mylord, da

Nachtreisen lange dauern, und zu dieser Zeit werden alle zu Bett gegangen sein und schlafen.»

«Ja, aber wenn ich meinen Aufbruch bis morgen verschiebe, werden meine Gäste Fontley verlassen haben, ehe ich ankomme, und das wird man mir nie verzeihen», wandte Adam ein. «Wenn sie jedoch erfahren, daß ich die ganze Nacht unterwegs war, um mich persönlich bei ihnen zu entschuldigen, wird sie das versöhnlicher stimmen – das hoffe ich zumindest. Du lieber Himmel! Sie werden ja noch gar nichts von Waterloo wissen! Oh, damit ist alles entschieden. Man wird mir augenblicklich die Absolution erteilen. Und außerdem will ich auch endlich nach Hause!»

27

Es war knapp vor neun Uhr am folgenden Morgen, als Jenny auf ein Pochen an ihrer Tür «Herein» rief. Sie saß vor ihrem Toilettentisch und Martha Pinhoe steckte ihr die letzten Haarnadeln in die glatten Zöpfe. Im Spiegel vor ihr tauchte das schuldbewußte, aber lachende Gesicht ihres fahrenden Ritters auf. Auch ihre eigenen Augen zwinkerten unwillkürlich vergnügt, aber sie sagte vorwurfsvoll, als sie sich in ihrem Sessel umdrehte, um ihn anzusehen: «Sie haben mich ja fein ausgenützt, Mylord!»

«Ich weiß, ich weiß!» sagte er reumütig und gab ihr einen Kuß. «Aber selbst wenn ich daran gedacht hätte, welcher Tag es ist, was ich freilich unterließ, hätte ich nicht kommen können! Haben Sie schon die große Neuigkeit vernommen?»

Sie legte ihm die Hand für einen flüchtigen Augenblick auf die Schulter. «Ich glaube, daß sie mittlerweile im ganzen Haus die Runde gemacht hat. Wann sind Sie angekommen?»

«Knapp vor drei. Ich fuhr gleich in den Hof, um euch nicht alle zu wecken. Es ist unverzeihlich von mir, Sie so im Stich gelassen zu haben. Haben Sie Lambert ersucht, mich zu vertreten?»

«Er war nicht hier«, antwortete sie. «Genauso wenig wie Charlotte und Ihre Mama!»

«Allmächtiger!» rief er entsetzt. «Sie wollen damit doch nicht sagen, daß Charlotte bereits niedergekommen ist?»

«Genau das will ich sagen. Und ohne ein vorbereitendes Wort an mich. Obwohl ich ihr das nicht verarge, denn sie wollte eben ihre Equipage besteigen, als sie von den ersten Wehen befallen wurde. Lambert sandte unverzüglich einen seiner Diener herüber, aber wir saßen schon alle im großen Salon und rechneten jeden Augenblick damit, die Gäste von Membury Place eintreten zu sehen. Und zum Schluß hatte die arme Lydia nicht ein Mitglied ihrer eigenen Familie bei ihrer Verlobungsfeier.»

«Mit Ausnahme von Ihnen.»

«Das ist etwas anderes. Nun, es war eine bittere Pille für sie, aber sie benahm sich tapfer – abgesehen davon, daß sie laut vor allen Anwesenden erklärte, es wäre noch schlimmer gewesen, wenn Charlotte inmitten der versammelten Gesellschaft ihr Kind zur Welt gebracht hätte! Ist sie nicht unverbesserlich? Wir müssen jemanden hinüberschikken, um zu erfahren, wie es Charlotte geht. Weshalb ließ Papa Sie nach London holen, Adam?»

Er blickte sich um, ob Martha auch wirklich das Zimmer verlassen hatte. «Er wollte, daß ich meine Obligationen verkaufe. In der City hatte eine gewisse Panik um sich gegriffen. Er und Wimmering zappelten nicht wenig.»

Sie sah ihn forschend an. «Ich hatte mir etwas Ähnliches gedacht. Aber ich bin überzeugt, daß Sie nicht verkauften! Ich kenne doch ihre Einstellung!»

«Erraten!» Er lachte plötzlich auf. «Obwohl ich am Dienstag nicht ganz so zuversichtlich war! Jenny, ich habe eine umwerfende Neuigkeit für Sie. Ich mußte meine ganze Beherrschung aufbieten, um Sie nicht zu wecken, als ich ankam, und es Ihnen gleich zu erzählen! Ich habe Obligationen gekauft und ich glaube, daß wir jetzt dadurch um ungefähr zwanzigtausend reicher geworden sind! Nun, wird mir jetzt vergeben?»

«Du lieber Himmel!» rief sie aus. «Dann ist es ja kein Wunder, daß ich mir gleich dachte, Sie sähen so vergnügt aus!»

Sie wurden durch stürmische Schritte auf dem Gang unterbrochen. Nach flüchtigem Klopfen stürzte Lydia ins Zimmer. «Darf ich hereinkommen? Ach, mein lieber Bruder ist also schon da! Nein, wie reizend! Und wie ungemein freundlich von dir, rechtzeitig erschienen zu sein, um deinen Gästen auf Wiedersehen zu sagen, liebster Lynton!»

«Nein, ich lasse ihn nicht ausschelten», mengte Jenny sich ein. «Habe ich Ihnen nicht gesagt, daß er nicht ohne zwingenden Grund fortbleiben würde? Stellen Sie sich vor, mein Herz, er hat sein Glück an der Börse gemacht!»

«Sein Glück? Adam, du ziehst mich durch den Kakao!»

«Nein, aber trompete die Nachricht nicht gleich in der gesamten Nachbarschaft aus. Und wo hast du diese entsetzlich ordinäre Redewendung aufgegriffen?»

«Bei Brough!» erwiderte sie und schnitt ihm eine Grimasse. «Nein, ich freue mich wirklich, obwohl ich dich nach wie vor abscheulich finde! Oh, Adam, es war die jämmerlichste Gesellschaft, die du dir vorstellen kannst! Du hast ja keine Ahnung! Ich behaupte zwar nicht, daß die Adversanes nicht entzückend sind, aber nur sie und die Rockhills zu Gast zu haben –! Und um alles noch zu verschlimmern, benahm sich Julia einfach unerträglich!»

«Sie hatte Kopfschmerzen, mein Herz.»

«Das berechtigt sie noch lange nicht, bei einer Verlobungsfeier zu sagen, sie litte unter einer Vorahnung kommenden Unheils!» gab Lydia zurück. «Besonders, wenn sie genau weiß, daß Broughs Bruder im Felde steht und die Adversanes tausend Ängste ausstehen, obwohl sie nie darüber ein Wort verloren! Und ich persönlich glaube gar nicht, daß sie überhaupt Kopfschmerzen hatte! Leute mit Schmerzen setzen sich nicht ans Pianoforte, um schwermütige Melodien zu spielen!»

«Es scheint wirklich eine mißglückte Gesellschaft gewesen zu sein», sagte Adam. «Es tut mir ganz außerordentlich leid, aber glaubst du, daß meine Anwesenheit die Stimmung verbessert hätte? Und ich war für das Nichterscheinen der anderen nicht verantwortlich!»

«Nein, aber . . . Na, schön, es war wohl nicht so übertrieben wichtig, und Brough und ich haben uns jedenfalls darüber krank gelacht! Jenny, hätten Sie etwas dagegen, wenn ich mit Lady Adversane abreiste? Lord Adversane und Brough wollen nämlich gleich jetzt nach London fahren, weil sie hoffen, etwas über Vernon zu erfahren, der bei den Horse Guards dient, aber sie wollen die arme Lady Adversane zu einem solchen Zeitpunkt nicht allein lassen, und so habe ich sie natürlich gefragt, ob ich sie begleiten dürfe und sie sagte, sie wäre sehr froh darüber, falls Sie mich entbehren könnten – was ich sofort bejahte.»

«Daran taten Sie recht», sagte Jenny und erhob sich. «Ist Lady Adversane bereits heruntergekommen? Adam, wir müssen auch sofort hinunter gehen! Ach Gott, als wäre es nicht schlimm genug, daß Sie gestern nicht hier waren, bin ich jetzt nicht einmal rechtzeitig vor den Gästen im Frühstückszimmer!»

«Sie ist noch nicht hinunter gegangen», antwortete Lydia. «Aber sie wird bald soweit sein, denn sie war beinahe vollständig angekleidet, als ich in ihrem Zimmer war. Und Julia läßt sich Tee und Toast ans Bett bringen, worüber ich heilfroh bin. Die Herren sind alle im Salon, aber sie lesen die Zeitungen, die Adam aus London brachte, daher braucht man sich um sie nicht zu kümmern. Ich will Anna sagen, daß sie meine Sachen packt.»

Sie eilte hinaus. Jenny griff nach dem Taschentuch, das auf dem Frisiertisch für sie bereitlag, steckte es in ihren Pompadour und sagte: «Mir bleibt nur zu hoffen, daß Lady Adversane dieses Haus nicht für das schlechtest geführte betrachtet, in dem sie jemals zu Gast war! Wir müssen rasch frühstücken gehen, denn sie sagte, sie wolle bereits mittags zu Hause sein. Wo sind meine Schlüssel? Ach, lassen Sie nur! Ich flehe Sie an, Mylord, gehen Sie in den Salon!»

Die Herren waren noch immer in die Zeitungen vertieft, als Adam zu ihnen trat. Er entschuldigte sich bei ihnen, aber sie versicherten ihm, daß dazu keine Veranlassung bestünde. «Mein lieber Lynton, das wäre wohl zu viel verlangt gewesen, daß Sie London verlassen sollten, ehe das Ergebnis dieser Schlacht bekanntgegeben wurde!» sagte Adversane. «Sie haben uns sehr zu Dank verpflichtet, daß Sie so rasch hierherkamen, um uns auf kürzestem Wege über die jüngsten Ereignisse zu informieren. Ein gewaltiger Sieg, nicht wahr?» Er lächelte verständnisinnig und sagte: «Sie wären sicher gerne bei Ihrem Regiment gewesen! Wir haben in den Zeitungen gesucht, ob es erwähnt wurde, aber der Herzog äußerte sich, neben anderen Generälen, einzig über Generalmajor Adam lobend. Sie wissen natürlich, daß das 52. Regiment zu seiner Brigade gehört?»

«Ja, Sir, aber darüber hinaus weiß ich leider herzlich wenig. Am 16. und 17. Juni war unser Regiment jedenfalls nicht an den Kampfhandlungen beteiligt. Welche Rolle wir oder eine von Clintons Divisionen bei Waterloo spielten, vermochte ich nicht herauszufinden. Aber ich glaube, daß Hills Corps nicht in der vordersten Linie stand. Der mittlere Frontabschnitt wurde vom 1. Corps gehalten, das dem Prinz von Oranien untersteht. Daran, glaube ich, ist nicht zu zweifeln.»

«Befreien Sie uns von unserer Unwissenheit!» sagte Rockhill. «Meine, wie ich schamrot gestehen muß, ist überwältigend. Warum besteht daran kein Zweifel?»

«Haben Sie nicht bemerkt, daß sämtliche Namen, die in dem Bericht genannt werden, jene von Angehörigen des 1. Corps sind? Ich meine jetzt nicht die Liste der Ausgezeichneten, sondern den Bericht des Herzogs über die Schlacht. Und ich halte es für bedeutungsvoll, daß in der Liste der Generäle, die gefallen oder verwundet wurden, nicht einer aus Hills Corps aufscheint. Der alte Picton ist gefallen; Oranien, Cook, Alten, Halkett – alle verwundet! Das spricht eine deutliche Sprache: Sie waren dem ärgsten Anprall ausgesetzt, nicht Hills Leute!»

Lord Adversane sah sichtlich erleichtert aus. Die Damen traten ein, und in der allgemeinen Begrüßung und Erörterung der Neuigkeiten benützte Brough die Gelegenheit, Adam ein wenig zur Seite zu ziehen und auf seine schläfrige Art zu sagen: «Das ist sehr tröstlich, mein lieber Junge! Ich bin Ihnen wirklich dankbar. Haben Sie die Wahrheit gesprochen?»

«Ja, Ehrenwort.»

«Ziemlich schwer, unsere Verluste, nicht wahr? Hat man je von der Verwundung so vieler Generäle vernommen? Schaut mir reichlich böse aus!»

«Natürlich ist es schlimm! Douro bezeichnet unsere Verluste als enorm, und wenn er sich einmal dieses Ausdrucks bedient –» Adam brach ab. «Nun, wir werden ja sehen, wenn die Listen der Gefallenen veröffentlicht werden.»

Brough nickte. «Richtig. Und Ihnen geht es gut, Dev?»

«Mehr als das! Ich habe mein Vermögen wieder aufgefüllt. Näheres erzähle ich Ihnen später.»

«Hat Chawleigh Ihnen einen seiner todsicheren Tips gegeben?»

«Nein, ganz im Gegenteil! Ich habe genau konträr zu seinem Rat gehandelt und den Teufel beim Schlafittchen erwischt!»

«Tatsächlich? Bravo, mein Lieber!» Brough packte ihn beim Ellbogen und drückte ihm heftig den Arm. «Könnte mir keine größere Freude machen, wenn es um mein eigenes Vermögen ginge! Habe Sie immer für denjenigen meiner Bekannten gehalten, dem das Schicksal am übelsten mitgespielt hat, Dev, aber in letzter Zeit glaube ich das nicht mehr.»

«Du liebe Zeit, das war nie der Fall! Außerdem sagte man mir immer nach, daß ich mich stets in letzter Minute zu retten verstand!»

«Das sollte mich nicht wundern; eine dieser Rettungen habe ich selbst beobachtet», sagte Brough undurchsichtig. Übergangslos fuhr er fort: «Sie haben nichts dagegen, daß Lydia mit meiner Mutter abreist, nicht wahr? Mama läßt es sich zwar nicht anmerken, aber sie schwebt in Todesangst.»

«Natürlich habe ich nichts dagegen, Dummkopf!»

«Sie hat Lydia sehr ins Herz geschlossen», sagte Brough und sein Blick wanderte unwillkürlich zu dem jungen Mädchen hinüber. «So lange Lydia bei ihr ist, wird sie keine Gelegenheit zu trüben Gedanken finden. Auch meinen Vater hat sie erobert. Er sagte mir gestern abend, daß ich das große Los gezogen hätte. Ich persönlich halte ihn ja für einen unverbesserlichen alten Schürzenjäger!»

Es gab keinen Zweifel darüber, daß die Adversanes Broughs Verlobung aus ganzem Herzen billigten. Adam stellte fest, daß Lydia, die der Witwe niemals eine Stütze bedeutet hatte, bereits jetzt ein Trost für ihre Schwiegermutter war und bald eher eine Beamish als eine Deveril sein würde. Früher einmal war es ihr brennendster Ehrgeiz gewesen, das Vermögen der Deverils wiederherzustellen. Heute erkannte er mit leisem Bedauern, daß ihr das Geschick ihres zukünftigen Schwagers mehr am Herzen lag als die Angelegenheiten ihres leiblichen Bruders.

Als hätte sie seine Gedanken erraten, sagte Jenny später, als sie neben ihm stand und Lydia nachwinkte: «Tja, es packt einen der Kummer, daß sie abreist, aber sie wird sicher sehr glücklich sein! Und außerdem werden wir sie nicht verlieren, was leicht hätte geschehen können, wenn sie jemanden geheiratet hätte, mit dem Sie nicht befreundet sind und der Ihnen vielleicht nicht zugesagt hätte. Es wird alles sehr angenehm werden. Zwar vertragen wir uns auch mit Charlotte und Lambert ausgezeichnet, aber ... Du meine Güte: Charlotte! Sie habe ich ganz vergessen! Heute geht es aber auch drunter und drüber! Ich muß –» Sie blieb stehen, denn sie waren gemeinsam ins Haus zurückgegangen, und sie sah Julia die Stiegen herunterkommen. Sofort sagte sie in ihrer nüchternsten Stimme: «Guten Morgen, Julia! Ich hoffe, du hast gut geschlafen! Du bist etwas zu spät gekommen, um Lady Adversane und Lydia Adieu zu sagen, aber sie lassen dich alle bestens grüßen. Brough und sein Vater sind vor einer halben Stunde nach London abgereist, weil sie hoffen, Näheres über die Schlacht erfahren zu können.»

Julia hatte die eine Hand auf das Treppengeländer gelegt. Nun hob sie die andere an die Stirn. «Die Schlacht – die Schlacht – die Schlacht! Keiner kann mehr von etwas anderem sprechen!»

«Es ist nur natürlich, daß die Adversanes sich Sorgen machen», sagte Jenny. «Adam, bringen Sie Julia in den grünen Salon! Ich muß rasch ein paar Zeilen schreiben, die Twitcham nach Membury Place tragen soll.»

Mit diesen Worten wandte sie sich ab und ging mit energischen Schritten den Kreuzgang hinunter. Im krassen Gegensatz zu diesen Schritten kam Julia langsam in die Diele, als schwebte sie über die Treppen.

Adam erwartete sie stumm. Wie jedesmal, war er von ihrer zarten Schönheit und der Anmut ihrer Bewegungen betroffen.

Sie ließ den Blick nicht von seinem Gesicht, als sie sagte: «Sie hätten eben nicht so rasch zurückkehren dürfen. Wie Sie sehen, bin ich noch immer hier. Allerdings nicht mehr lange.»

Er trat mit den Worten auf sie zu: «Ich freue mich sehr, daß Sie noch hier sind. Ich hoffte Sie anzutreffen, um Sie um Verzeihung bitten zu können. Ich bin ein furchtbar ungezogener Gastgeber, nicht wahr? Sie dürfen mir glauben, daß mir dieser Verstoß schwer zu schaffen machte, und ich weiß, daß es unverzeihlich ist – denn Sie brauchen mir nicht erst zu sagen, daß Sie die Schlacht nicht als Entschuldigung akzeptieren.»

«Können Sie es anders erwarten? Ich kenne Sie viel zu gut! Sie wollten nicht, daß ich nach Fontley komme, nicht wahr? Das hätten Sie mir sagen sollen.»

«Aber meine liebe Julia –! Nein, nein, hier irren Sie aber gewaltig!»

«Ach, sprechen Sie nicht so», sagte sie impulsiv. «Nicht zu mir! Nicht zu mir, Adam!»

Er war ziemlich verblüfft. Der zittrige Klang in Julias Stimme verriet selbst seinen unerfahrenen Ohren, daß sie sich in einer unheilvollen Erregung befand. Ihm fiel ein, daß Lady Oversley ihm einmal gesagt hatte, Lydias übermäßige Empfindsamkeit mache sie leicht zum Opfer hysterischer Anfälle, und er betete heimlich, daß ihm keine Szene bevorstand, noch dazu in der Diele, in der jede Minute jemand auftauchen konnte. «Kommen Sie in den Salon! Hier können wir nicht reden», sagte er.

Sie zuckte die Achseln, ließ sich jedoch in den Salon führen. Er schloß die Tür und fragte: «Also, was haben Sie auf dem Herzen, Julia? Sie glauben doch nicht im Ernst, daß ich von Fontley floh, weil Sie uns besuchen kamen?»

«Sie finden es unerträglich, mich hier zu sehen. Das haben Sie mir selbst einmal gesagt –»

«Ganz bestimmt nicht!» protestierte er.

«Sie sagten, es sei Ihnen schmerzlich. Ist es das immer noch? Weshalb ließen Sie zu, daß Jenny mich einlud? Wie konnte ich ahnen –»

«Julia, um Himmels willen –! Sie reden blanken Unsinn, meine Teuerste – wirklich! Ich verließ Fontley, weil Mr. Chawleigh mir eine dringende Nachricht übersandte, und aus keinem anderen Grund. Ich hatte gehofft, rechtzeitig zu Lydias Feier wieder zurück zu sein, aber die Ereignisse machten mir einen Strich durch die Rechnung. Er war unverzeihlich von mir – und Lydia ist sehr gekränkt, das arme Kind! Sie hatte sich vorgenommen, uns alle um sich versammelt zu sehen, und zum Schluß war keiner von uns anwesend!»

«Lydia! Sie fühlte sich durch Ihre Abwesenheit nicht gedemütigt! Keiner nahm an, daß Sie Ihr Haus meiden, weil sie hier war! Ich hätte es nie für möglich gehalten, daß Sie mich dermaßen brüskieren würden! Sie hätten mir schreiben sollen – eine einzige Zeile hätte genügt, und ich hätte verstanden und einen Vorwand gefunden, um in London zu bleiben! Aber einfach zu verschwinden – ebensogut hätten Sie laut herausposaunen können, daß Sie es vorziehen, mich nicht zu sehen! Lady Adversane ist nicht so dumm, sich über die wahren Zusammenhänge hinwegtäuschen zu lassen! Sie hat in Schadenfreude geschwelgt! Sie mögen mich nicht, keiner von ihnen mag mich. Das ließen sie mich deutlich genug fühlen! Und Brough hat mich immer gehaßt! Er war einfach nicht zu übersehen, wie sehr sie sich alle um Lydia bemühten, und wie unhöflich sie zu mir waren. Jenny und ich wurden einfach geschnitten – bis sich Rockhill Jennys erbarmte und sie in ein bedeutungsloses Gespräch verwickelte. Mir blieb kein anderer Ausweg, als mich ans Klavier zu flüchten, was ich tun konnte, ohne zu fürchten, die Konversation zu stören, da mir niemand auch nur die geringste Beachtung schenkte!»

Er hatte ihr zuerst erstaunt und später belustigt zugehört, als er begriff, daß der wahre Grund ihres Zornes nicht sein Fernbleiben war, sondern die Kränkung darüber, daß Lydia die Königin des Abends gewesen zu sein schien. Er glaubte nicht eine Minute, daß die Adversanes unhöflich gewesen waren, oder daß Julia Lydia beneidete. Hätte man Julia umschwärmt, so hätte sie bestimmt darauf bestanden, Lydia, die doch ihre Verlobung feierte, in den Mittelpunkt zu rücken. Sie versuchte niemals, ihre Freundinnen auszustechen; Adam wußte, wie geschickt sie ein schüchternes Mädchen aus seiner Reserve hervorzulocken verstand, und er nahm an, daß sie, hätte sie auf Fontley einen leeren Thron vorgefunden, Lydia mit bezaubernder Anmut vorgeschoben hätte. Zu ihrem Unglück war Lydia bereits fest auf diesem Thron etabliert und Julia hatte keine Gelegenheit gehabt, großmütig zurückzutreten; niemand hatte ihr das Recht zu dieser hochherzigen Geste eingeräumt. Es war auch nicht anzunehmen, daß man ihr die Bewunderung gezollt hatte, die sie ganz unbewußt überall und jederzeit erwartete. Brough hatte nie zu ihrem Hofstaat gezählt, und die Adversanes waren selbstverständlich bedeutend mehr an ihrer künftigen Schwiegertochter als an Rockhills Gemahlin interessiert gewesen. Sie hatte sichtlich einen unglücklichen Abend verbracht, fühlte sich vernachlässigt und war jetzt in der Stimmung, jede Möglichkeit, sich gekränkt zu fühlen, aufzugreifen und eine Tragödie daraus zu machen.

Adam hatte sie nie zuvor schlecht gelaunt gesehen oder sich träumen lassen, daß sie sich wie ein verwöhntes Kind benehmen könnte. Er war ihr keinesfalls böse, aber er fand, daß sie sich dumm benahm und anstrengend war. Er fragte sich, ob sie oft solche hochdramatischen Launen hatte, und stellte fest, daß er Rockhill bedauerte.

«Ich werde nie wieder nach Fontley kommen», sagte Julia.

«Aber natürlich werden Sie kommen», widersprach er lächelnd. «Und zwar im September, zu Lydias Hochzeit, und da werden Sie konstatieren, was für ein hervorragender Gastgeber ich sein kann!»

«Ich hätte nie gedacht, daß Sie mich verletzen und dabei noch lachen können», sagte sie und wandte sich mit bebenden Lippen ab.

Er fühlte, wie statt des brennenden Wunsches, sie in die Arme zu schließen und ihr den Kummer fortzuküssen, eine handfeste Wut in ihm aufstieg. «Oh, Julia, nicht ausgerechnet jetzt!» bat er und führte ihre Hand an seine Lippen, als sie ihn fassungslos betrachtete. «Meine Teuerste, ich bitte Sie um Vergebung, aber Sie benehmen sich einfach lächerlich! Sie wissen ganz genau, daß ich nicht davonlief, weil ich die Begegnung mit Ihnen vermeiden wollte!»

«Oh nein! Das nicht, sondern weil es schmerzlich ist, an die Vergangenheit und unsere gemeinsamen Hoffnungen erinnert zu werden! War es das, Adam?»

«Nein, Julia», erwiderte er fest, «das war es nicht. Ich hatte nicht einmal an Sie gedacht – ja, ich habe Lydias Verlobungsfeier völlig vergessen gehabt!»

«Vergessen?» fragte sie, entzog ihm die Hand und wich beinahe vor ihm zurück. «Wie konnten Sie das? Das ist unmöglich!»

«Ich fand es nur allzu leicht möglich. Ich war in eine um so vieles wichtigere Angelegenheit verstrickt, daß daneben alles andere verblaßte. Entsetzlich, nicht wahr? Aber ich nehme an, daß Sie mich begreifen werden, wenn ich Ihnen sage, daß es um Fontley ging. Sie haben es stets so geliebt, daß es Sie sicher freuen wird zu hören, daß es mir gelang, mein kleines Kapital in ein recht ansehnliches Vermögen zu verwandeln – zumindest groß genug, um Fontley wieder zu dem zu machen, was es einmal war – und vielleicht sogar noch schöner, wie ich hoffe!»

«Oh, nein, nein, verunstalten Sie es nicht!» rief sie.

«Verunstalten?» fragte er, wie vom Donner gerührt.

«Sie sagten dereinst, ich würde alles unverändert vorfinden, aber es ist nicht mehr so wie früher! Verwandeln Sie es nicht in ein prunkvolles, modernes Haus! Hindern Sie Jenny daran!»

Er betrachtete sie mit leisem, sonderbarem Lächeln. «Ich verstehe. Wenn Sie von Fontley reden, dann denken Sie an Ruinen und das Porträt meines albernen Ahnherrn, des edelmütigen Kavaliers, nicht wahr? Aber daran denke ich nicht. Die Priorei ist nur ein Teil Fontleys und nicht einmal der wichtigste.»

«Was denn?» fragte sie verwirrt.

«Meine Äcker, natürlich.»

«Oh, wie sehr haben Sie sich verändert», beklagte sie sich bitter. «Früher einmal schwebten Ihnen höhere Ziele vor!»

«Nun, sicher war es mein Ziel, eines Tages mein Regiment zu befehligen», gab er zu, «aber ich glaube nicht, jemals auch nur halb so romantisch veranlagt gewesen zu sein, wie Sie mich sahen. Vielleicht hatten wir nie genügend Zeit, einander gründlich kennenzulernen, Julia.»

Sie gab keine Antwort. Vor der Tür erklangen Schritte, und kurz darauf trat Jenny mit einem Brief ein. Sie sagte fröhlich: «Ich möchte nicht stören, aber einer von Lamberts Dienern kam eben herübergeritten, und Sie werden sicher schon neugierig sein, Adam. Charlotte hat heute um acht Uhr früh einem gesunden Knaben das Leben geschenkt und ist wohlauf! Ist das nicht herrlich? Jetzt wird Giles einen Spielkameraden haben! Lambert sagt –» Sie brach ab, fing Adams Blick auf, in dem das verhaltene Lachen funkelte, kicherte und sagte unsicher: «Also, Adam, wirklich –!» Sie sah, daß Julia ihren Blick verständnislos von ihr zu Adam wandern ließ, und sagte entschuldigend: «Verzeihung! Es handelt sich bloß um einen dummen Scherz – der es nicht wert ist, wiederholt zu werden! Charlotte fühlt sich kräftig, und das Baby soll auf die Namen Charles Lambert Stephen Bardolph getauft werden!»

«Was?» rief Adam aus. «Jenny, das ist Ihre Erfindung!»

Sie lachte und reichte ihm den Brief. «Lesen Sie doch selbst!»

«Du meine Güte!» murmelte er, als er das Schreiben überflog. «Und warum nicht auch noch Adam? Reichlich schäbig von ihnen, mich auszulassen, finden Sie nicht auch? Ich werde kein Taufgeschenk schicken. Haben Sie jemals eine so imponierende Namenskette vernommen, Julia?»

«Ich nehme an, sie werden ihn Charles rufen», erwiderte sie. «Bitte sagen Sie Charlotte, wie glücklich mich die Nachricht machte, daß sie einen Sohn hat, und daß es mir sehr leid getan hat, sie nicht angetroffen zu haben! Aber jetzt muß ich mich beeilen und meinen Hut aufsetzen, sonst wird Rockhill ungehalten werden!»

Sie schenkte ihnen beiden ein bezauberndes Lächeln und verließ eiligst den Salon. Auf dem Treppenabsatz stieß sie mit Rockhill zusammen, der eben hinuntergehen wollte. Er lächelte ihr zu und sagte leise: «Nun, meine Allerschönste?»

Ihr Gesicht verzog sich, sie stürzte in seine Arme und sagte mit erstickter, leidenschaftlicher Stimme: «Bringen Sie mich fort, Rock! Ich wollte, ich wäre nie gekommen! Es ist langweilig und abscheulich! Bitte, bringen Sie mich fort!»

«Mit dem allergrößten Vergnügen, meine Sylphide! Ich habe Sie eben gesucht, um Ihnen den gleichen Vorschlag zu machen. Wie lästig, daß wir uns verpflichtet haben, bei den Rossetts zu wohnen! Ich werde Sie nicht einmal fünf Minuten für mich allein haben: Man wird Sie mir entreißen, und Ihre Bewunderer werden Sie auf Tritt und Schritt verfolgen!»

Sie lachte leise auf. «O nein! Wie können Sie so etwas sagen, Rock?»

Er hob ihr mit einem Finger das Kinn hoch und küßte sie. «Mein schönes Hexlein! Laufen Sie um Ihren Hut, meine Liebe.»

Er schlenderte die Stiegen hinunter und plauderte mit seinem Gastgeber und dessen Frau, als Julia kurz darauf zurückkehrte. Sie sah hinreißend aus und hatte ihre gute Laune so weit wiedergewonnen, daß sie Jenny einen Abschiedskuß zu geben vermochte und ihr für die reizende Einladung dankte, ehe sie Adam die Hand reichte und ihn schelmisch mit seinen Heuschobern neckte und ihn ermahnte, die arme Jenny nicht bei lebendigem Leibe in seinen Mooren zu vergraben.

Er blieb ihr die Antwort nicht schuldig und begleitete sie vors Haus, wo bereits die Equipage wartete. Rockhill war noch in der Diele geblieben. Er hielt Jennys Hand und sagte leise: «Es war eine bezaubernde Einladung, Ma'am. Ich stehe tief in Ihrer Schuld! Bitte lassen Sie mich Ihnen versichern, daß ich Ihnen jederzeit zur Verfügung stehe!»

«Ich fürchte, es war schrecklich eintönig und reizlos», antwortete sie.

«Meine liebe Lady Lynton, ich schwöre Ihnen, es hätte nicht besser ausfallen können! Wissen Sie, daß ich annehme, wir brauchen uns keine Sorgen zu machen? Adieu – und tausend Dank!»

Er küßte ihr die Hand und war gegangen, ehe sie sich gezwungen sah, etwas zu erwidern. Sie trat auf die Veranda hinaus, um die Chaise fortfahren zu sehen, und sobald sie aus dem Blickfeld verschwunden war, drehte sich Adam um, kam zu ihr und sagte: «Dem Himmel sei Dank, daß wir das Haus wieder für uns haben!»

Sie blinzelte ihm zu. «Nun, Sie haben ja von Ihren Gästen nicht zu viel zu spüren bekommen!»

«Das stimmt! Meine arme Jenny, war es sehr arg? Ich kann es mir lebhaft vorstellen.»

«Je nun, es hätte schlimmer sein können», sagte sie gleichmütig. «Brough übernahm die Hausherrenrolle, und Lord und Lady Adversane waren so liebenswürdig und unbefangen, als sei Ihre Abwesenheit die natürlichste Sache der Welt. Aber daß es nicht dazu kommt, dafür werde ich schon sorgen!»

Er lachte. «Nein, nein, ich schwöre, ich werde nie wieder so lange fortbleiben! Kommen Sie in die Bibliothek! Ich möchte Ihnen erzählen, wie ich mein Vermögen machte!»

«Adam, sagten Sie wirklich, daß es zwanzigtausend sind?»

«Ungefähr, schätze ich, wenn sich die Obligationen so erholen, wie Drummond es erwartet. Ich setzte alles, was ich besaß, auf eine Karte, und ich weiß bis jetzt noch nicht, woher ich den Mut dazu nahm! Was für ein wahnwitziges Spiel!»

«Das würde ich nicht behaupten», widersprach sie. «Sie wußten doch immer, daß wir Bonaparte schlagen würden!»

Spöttisch sagte er: «So sicher war ich gar nicht, als ich meinen Einsatz wagte. Wimmering riet mir genauso dringend zum Verkauf wie Ihr Vater.»

Wortlos lauschte sie seinem Bericht über jene drei Tage in London und zum Schluß sagte sie langsam: «Jetzt werden Sie alle Ihre Pläne verwirklichen können.»

«Das ist zuviel gesagt. Nicht sofort! Aber ich kann jedenfalls genug unternehmen, um Fontley wieder auf die Beine zu stellen, und wenn das erst geschehen ist, bangt mir nicht mehr vor der Zukunft.» Er lächelte sie an. «Wer weiß? Wenn Giles einmal großjährig ist, sind wir vielleicht schon so reich wie Mr. Coke. Übrigens läßt Ihr Vater die Hypotheken auf Giles überschreiben.»

«Sie haben nicht die Absicht, sie einzulösen?» fragte sie überrascht.

«Nein. Er verlangt es nicht, und – ach, ich weiß nicht wieso, aber als ich dazu in der Lage war, erkannte ich plötzlich, daß mir gar nichts mehr daran lag.»

«Da bin ich sehr froh! Es hätte ihn tief gekränkt.»

«Das weiß ich. Statt dessen will ich versuchen, ihn zu überreden, einen Teil seines Reichtums in meinen Graben zu investieren – nur wird es, falls ich ihn herumkriege – kein Graben, sondern ein Kanal werden. Das ist es nämlich, was wir in dieser Gegend so bitter nötig haben, Jenny, nicht nur zur Entwässerung, sondern auch als Transportweg. Ich bin ziemlich sicher, er würde hübsche Dividenden abwerfen. Glauben Sie, daß er Interesse dafür haben könnte?»

«Das läßt sich schwer sagen, aber ich könnte es mir vorstellen. Er hat eine Schwäche für das Ingenieurwesen und Wasserleitungen. Aber – wenn Sie sich von ihm nicht bei dem Bauernhof helfen ließen, den Sie so gerne haben wollten –»

«Das ist etwas anderes. Das eine wäre ein Geschenk gewesen, und von der Sorte habe ich schon zu viele von ihm angenommen. Beim Kanal wären wir Geschäftspartner.» Er blickte sie mit leicht gerunzelten Brauen fragend an. «Gefällt Ihnen mein Vorschlag nicht, Jenny?»

«Doch, doch, natürlich», sagte sie und wurde dunkelrot.

«Das stimmt nicht. Warum sehen Sie mich so ernst an? Was bedrückt Sie?»

«Ich bin nicht bedrückt. Ich bin froh, wenn Sie es sein können.»

«Was wollen Sie damit sagen?»

«Wenn nicht alles zu spät gekommen ist», platzte sie heraus.

Im ersten Augenblick begriff er sie nicht, dann sagte er: «Nein, es kam nicht zu spät.»

Sie lächelte scheu. «Diese Höflichkeit sieht Ihnen ähnlich. Aber wenn sich das alles vor einem Jahr zugetragen hätte . . .»

«Hätte ich Julia geheiratet? Ich bezweifle es. Vermutlich wäre es mir gelungen, meine Schulden zu tilgen, aber ich glaube kaum, daß Oversley seine Einwilligung zu einer so armseligen Partie für Julia gegeben hätte. Er sagte mir vor langer Zeit, daß er nicht der Ansicht sei, wir paßten gut zueinander. Tatsächlich hätten wir sehr schlecht zusammengepaßt. Sie hätte entdeckt, daß ich ein langweiliger Patron bin, das arme Mädchen, und ich kann mir zu meiner Jenny nur gratulieren.»

Ihre Wangen färbten sich blutrot. «O nein – das ist nicht Ihr Ernst! Natürlich versuche ich, Ihnen das Leben behaglich zu machen, aber ich bin nicht schön oder in vielen Künsten beschlagen wie sie!»

«Nein, anderseits aber tischen Sie mir keine herzzerreißenden Szenen auf, wenn ich kaum noch den letzten Frühstücksbissen hinuntergeschluckt habe», sagte er. Er nahm ihr Gesicht zwischen die Hände, hob es empor und betrachtete es einen Augenblick, ehe er es küßte. «Ich liebe Sie, Jenny», sagte er weich. «Sehr sogar – und ich könnte nicht ohne Sie sein. Sie sind ein Teil meines Lebens. Julia war das niemals – bloß der unvernünftige Traum eines Knaben.»

Ein stechender Schmerz durchzuckte sie. Sie wollte ihn fragen: Liebst du mich ebenso sehr wie du sie geliebt hast? Aber sie war zu wenig gewandt, um diese Worte auszusprechen, und in Sekundenschnelle erkannte sie, daß diese Frage eine Dummheit wäre. Forschend sah sie ihm in die Augen und entdeckte darin Wärme und Zärtlichkeit, aber nicht jene inbrünstige Flamme, die einmal in ihnen geglüht hatte, als er Julia ansah. Sie verbarg ihr Gesicht an seiner Schulter und dachte still, daß auch sie ihren unvernünftigen Traum gehegt hatte. Aber sie hatte immer gewußt, daß sie zu durchschnittlich und nüchtern war, um in ihm jene leidenschaftliche Bewunderung zu erwecken, die er für Julia empfunden hatte. Vermutlich würde Adam in einem Winkel seines Herzens stets Julias Bild tragen. Sie war heute launenhaft gewesen und ihm auf die Nerven gegangen; aber Jenny setzte nicht voraus, daß diese plötzliche Abneigung anhalten würde. Julia war das Symbol seiner Jugend und seiner hochfliegenden Hoffnungen, und wenngleich er sich vielleicht nicht länger danach sehnte, sie zu besitzen, würde sie ihn doch sein Leben lang wie ein schmerzlicher Traum umschweben.

Dennoch fand Jenny, daß ihr das Schicksal mehr beschert hatte, als sie an ihrem Hochzeitstag zu hoffen gewagt hatte. Daß er sie liebte, wußte sie – anders als Julia, aber vielleicht beständiger; und allmählich war er von ihr abhängig geworden. Sie dachte, daß sich viele Jahre stiller Beschaulichkeit vor ihnen ausdehnten: ohne strahlende Höhepunkte, aber in tröstlicher Gemeinschaft und sich ständig vertiefender Freundschaft. Nun ja, man kann eben nicht alles haben, dachte sie, und da ich eine dauernde Ekstase nicht durchhalten würde, kann ich wohl von Glück sagen, daß mein Leben sich gestaltet hat, wie es ist.

Sie spürte, wie er ihr leise über das Haar strich und hob den Kopf. Er blickte sie ernst an; er fühlte, daß sie von zwiespältigen Gefühlen heimgesucht war, aber die Ursache blieb ihm verborgen. Sie drückte ihn an sich und lächelte ihm ermunternd zu. Sie dachte – und fand Trost an diesem Gedanken –, daß sie zwar nicht die Frau seiner Träume sei, aber daß es eben doch sie und nicht Julia war, mit der er die kleinen dummen Witze des täglichen Lebens teilte. Ihre Augen wurden schmal und blinzelten vergnügt, als sie ihm den jüngsten dieser Witze anvertraute.

«Ich wollte es Ihnen nicht sagen, ehe wir allein waren, aber Ihre Mama schreibt, daß es genauso gekommen ist, wie sie es prophezeite!»

Die leichte Beunruhigung wich aus seinem Gesicht und machte der Heiterkeit Platz. Er rief aus: «Charlottes Kind sieht Lambert ähnlich!»

Sie nickte lachend. «Ja, und sie schreibt, der arme kleine Bursche ist schon heute plump und hat gar nichts Vornehmes an sich, und außerdem trägt er unmißverständlich – eine typische Selbstüberschätzung zur Schau!»

Er brach in schallendes Gelächter aus, und die Wunde in ihrem Herzen schmerzte nicht länger. Schließlich bestand das Leben nicht aus Augenblicken der Verzückung, sondern aus ganz simplen, alltäglichen Geschehnissen. Die Vision der strahlenden, unerreichbaren Gipfel verlosch; Jenny erinnerte sich an zwei Vorfälle, die sich während seiner Abwesenheit zugetragen hatten, und berichtete ihm darüber. Sie waren nicht besonders romantisch, aber bedeutend wichtiger als himmelstürmende Leidenschaften oder unglückliche Lieben: Giles Jonathan hatte seinen ersten Zahn bekommen und Adams beste Kuh hatte einem prächtigen Kalb das Leben geschenkt.

GEORGETTE HEYER

Die drei Ehen der Grand Sophy
(2001)

Der Page und die Herzogin
(2002)

Venetia und der Wüstling
(2003)

Penelope und der Dandy
(2004)

Die widerspenstige Witwe
(2005)

Frühlingsluft
(2006)

Serena und das Ungeheuer
(2007)

Lord «Sherry»
(2008)

Ehevertrag
(2009)

Liebe unverzollt
(2010)

Barbara und die Schlacht von Waterloo
(2011)

Der schweigsame Gentleman
(2012)

Heiratsmarkt
(2013)

Die Liebesschule
(2014)

Ein Mädchen ohne Mitgift
(2015)

Eskapaden
(2016)

Findelkind
(2017)

Herzdame
(2018)

ro
ro
ro

C 2187/1